珍藏本·增订本

纪念版

汉译世界学术名著丛书

犯罪学

〔意〕加罗法洛 著

耿伟 王新 译

储槐植 校

SINCE 1897 商務印書館 The Commercial Press

Baron Raffaele Garofalo

CRIMINOLOGY

Little Brown and Company，1914

本书根据布朗出版公司1914年版译出

汉译世界学术名著丛书
（120 年纪念版·珍藏本）
增订本出版说明

2017 年 10 月，为纪念商务印书馆创立 120 周年，本馆推出“汉译世界学术名著丛书”（120 年纪念版·珍藏本），计七百种。近五六年来，仰赖学界同人倾力支持，订正旧译，增补新译，拓展新著，积累日多。为满足读者需要，本馆在七百种的基础上，继续推出“汉译世界学术名著丛书”（120 年纪念版·珍藏本·增订本）三百种。至此，“汉译世界学术名著丛书”累计出版已达千种。

今后，本馆将继续推进丛书的翻译出版工作，在积累单本名著的基础上陆续分辑刊行，汇印出版。为促进中外文明互鉴、推动我国学术发展，使“汉译世界学术名著丛书”这项对我国学术文化有基本建设意义的重大工程发挥更大作用，诚望海内外学术界、翻译界继续给予支持，帮助我们把这套丛书出得更好。

商务印书馆编辑部

2024 年 2 月

汉译世界学术名著丛书
（120年纪念版·珍藏本）
出 版 说 明

2017年2月11日，商务印书馆迎来120岁的生日。120年前，商务印书馆前贤怀揣文化救国的理想，抱持“昌明教育，开启民智”的使命，立足本土，放眼寰宇，以出版为津梁，沟通中西，为中国、为世界提供最富智慧的思想文化成果。无论世事白云苍狗，潮流左右激荡，甚至战火硝烟弥漫，始终践行学术报国之志，无改初心。

迻译世界各国学术名著，即其一端。早在20世纪初年便出版《原富》《天演论》等影响至今的代表性著作，1950年代后更致力于外国哲学和社会科学经典的译介，及至1980年代，辑为“汉译世界学术名著丛书”，汇涓为流，蔚为大观。丛书自1981年开始出版，历时三十余年，迄今已推出七百种，是我国现代出版史上规模最大、最为重要的学术翻译工程。

丛书所选之书，立场观点不囿于一派，学科领域不限于一门，皆为文明开启以来，各时代、各国家、各民族的思想与文化精粹，代表着人类已经到达过的精神境界。丛书系统译介世界学术经典，引领时代思想，为本土原创学术的发展提供丰富的文化滋养，为推动中国现代学术和现代化进程做出了突出的贡献。

为纪念商务印书馆成立120周年，我们整体推出“汉译世界学术名著丛书”120年纪念版的珍藏本，寄望既利于文化积累，又便于研读查考，同时向长期支持丛书出版的译者、编者和读者致以敬意。

两甲子后的今天，商务印书馆又站在了一个新的历史时间节点上。我们不仅要铭记先辈的身影和足迹，更须让我们的步伐充满新的时代精神。这是商务人代代相传的事业，更是与国家和民族的命运始终紧密相连的事业。我们责无旁贷，必须做好我们这代人的传承与创造，让我们的努力和成果不仅凝聚成民族文化的记忆，还能成为后来人可以接续的事业。唯此，才能不负前贤，无愧来者。

商务印书馆编辑部

2017年10月

中文版序

加罗法洛（1852—1934）是意大利著名犯罪学家，他与龙勃罗梭和菲利被公认为现代犯罪学的创始人。1885年问世的《犯罪学》是其代表作，该书在犯罪学学术史上第一次使用“犯罪学”概念，它的出版把犯罪学从其他学科中独立出来，从而形成一门新的学科。

加罗法洛在龙勃罗梭的“天生犯罪人”理论的基础上，运用实证和归纳方法，将犯罪区分为自然犯和法定犯，并认为两种犯罪各有不同原因，需要采取不同对策。《犯罪学》由四篇组成：第一篇是“犯罪”，系统地阐述了自然犯罪的原理，认为违背怜悯和正直等利他情感的犯罪是自然犯，并对犯罪行为进行了分析；第二篇“犯罪人”依据人类学统计数据，认为“无道德异常便无自然犯罪”，且把罪犯分为谋杀犯、暴力犯、缺乏正直感的罪犯和色情犯等四类；第三篇“遏制犯罪”，作者依据达尔文进化论提出“适应法则”，并在分析现行刑事诉讼缺陷的基础上，对不同的罪犯提出了相应的刑事处罚对策；最后，旨在各个国家相互协助，共同遏制犯罪，作者草拟了国际刑法典所依据的原则纲要。

加罗法洛的理论曾经对刑事政策的制定以及刑法和犯罪学的发展具有世界性影响，他的这本名著与龙勃罗梭的《犯罪人论》在犯罪学学术史上占有同等重要的地位。因而，除法文外，《犯罪学》

先后被译成西班牙文、葡萄牙文和英文等多种文本，并且常被中外犯罪学著作提及和引证。然而，国人从未见过全书。为了广开视野，拓展思路，当北京大学法律系刑法学博士生耿伟和王新邀请我担任校译时，我感到很高兴。尽管今天的读者将以当代观念审视加罗法洛的理论，但我相信，据英文本译出的《犯罪学》一书的出版，对于促进我国犯罪学的研究，将会起到积极的作用。

储槐植

1995年3月15日

目　录

第二篇　犯罪人

第三篇　遏制犯罪

第四篇　国际刑法典所依据的原则纲要

附录

索引

英译者序言

在所有研究犯罪和犯罪人的欧洲大陆学者中，任何一位所拥有 xi
的英语读者都无法同本书的作者加罗法洛相比。他的主要理论具有简明、直接的特点，易为盎格鲁-撒克逊人接受。它们所包含的道理是："不要在折断的骨头上涂药水，没有任何理论是终极的，没有什么观点能说服精神失常的人。"盎格鲁-撒克逊人的思想在作者的基本体系中确实并非毫无影响。达尔文、斯宾塞和白芝浩对他思想的形成和丰富都有所贡献。但是无论他为此欠债多少，他都已经加倍地偿还了。也许我们中很少有人会愿意接受他的所有理论，也许认为他所主张的程序体系是刑法结构的最后定论的人就更少；但是，尽管如此，他仍然给我们提供了很多东西，而且在英国和美国，如果这些东西不与它们的传统相违背，它们完全可以利用它，使它在未来的建设中发挥作用。

巴龙·拉法埃莱·加罗法洛（Baron Raffaele Garofalo）于1852年生于意大利那不勒斯城一个著名的西班牙血统的家庭。他在大学学习的是法律，而且在大学生活结束时担任了地方行政官，这在意大利以及欧洲大陆的任何地方都是一个真正的职业。经过逐级提升，他在相当年轻的时候就已获得了很高的地位。在他担任过的重要职位中有比萨民事法庭庭长、罗马最高上诉法庭代理检察长、

xii 那不勒斯上诉法庭庭长。目前他是威尼斯上诉法庭的检察长。此外，他还是意大利王国的参议员、那不勒斯大学刑法和刑事诉讼法的副教授。其个人荣誉还包括：传令官委员会领导机构成员，圣莫里斯和圣拉撒路勋章军官级，并荣获意大利王国皇家勋章。

在他被任命为参议员的时候，他已经进行了长期的刑法改革立法的研究。在这一领域中，他获得的突出成就是应司法部长的邀请，在1903年编写了意大利法庭刑事程序改革法典草案。不幸的是，由于某种政治原因，政府不得不把这一建议束之高阁。

加罗法洛是那不勒斯皇家研究会的成员，也是总部设在巴黎的国际社会学协会的会员。作为后一组织的会长，他是1909年波恩代表大会的主席，这次大会讨论的主题是“团结一致”。不久以前，他被选为意大利社会学学会的会长，任职至今。他发表了许多有关法学、社会学和经济学问题的文章。为了推进某些研究，尤其是犯罪及其矫正方面的研究，他在学会上宣读了大量的论文。他的其他著作有：《手段不充分的犯罪未遂》[①]、《审判的真正方式》[②]、《对犯罪被害人的赔偿》[③]、《社会主义的迷信》[④]以及《镇压犯罪中的国际协助》[⑤]。

但是，使加罗法洛享有国际声誉的主要是他的《犯罪学》。他
xiii 的主要思想虽然明显地区别于龙勃罗梭和菲利，但是由于同样注重

---

① *Il Tentativo Criminoso Conmezzi Inidonei*（Turin, Loescher, 1882）.

② *Ciòche Dovrebbe Essere un Giudizio Penale*（Turin, Loescher, 1882）.

③ *Riparazione alle Vittime del Delitto*（Turin, Bocca, 1887）.

④ Tr. Dietrich, *La Superstition Socialiste*（Paris, F. Alcan, 1895）.

⑤ *De la Solidarité des Nations Dans la Lutte Contre la Criminalité*（Paris, Giard et Brière, 1909）.

实验的和归纳的方法,使他成为意大利实证学派的三位代表人物之一,并使他在犯罪科学领域中赢得了领导者的地位。正如他在本书自序中所解释的,该书是在他1880年出版的小册子《刑罚的实证标准》基础上写成的。《犯罪学》的意大利文首版出版于1885年的那不勒斯,第二版出版于1891年的都灵。为了使读者范围更广,作者亲自写成了法文版。该书于1905年出版了第五版,作者在该版中作了彻底改动。该书还被译成西班牙文和葡萄牙文,译者分别为P. 多拉多·y. 蒙特罗(P. Dorado y Montero)和J. 德马托斯(J. De Mattos)。

根据作者的愿望,该英文版译自1905年的法文版,然而译者一直将第二版的意大利文本放在身边,而且获益匪浅。的确,对译成英文版的工作来说,意大利版有时似乎具有直接作用。因此在法文版中,某些地方需要对作者提出的有关刑事案件作一些词语的改变和扩充表述(通常情况存在大量的这样的案例),并且对注释作一些增加。因此,这也可能在相当程度上涉及到对作者意大利文本原意的引证问题。

在翻译过程中,翻译的贴切性并未被看作是一个固定的原则。我的目的是说出加罗法洛所要说明的,只不过以英国人或美国人所习惯的方式去说。如果某些地方逐字的翻译干扰了原意,就只能作一些变通。按照编辑委员会的意见,标题以节(在有些情况下,这
些题目在原书中并没有)和斜体副标题的形式出现,具体章节也作 xiv
了重新安排,这些都被证明是可取的。而且根据我们的编写习惯,索引的内容从第四篇之前移到了之后。译者对作者的一两处小疏漏作了校正,未在书中加以注明。

对于作者称呼第二种利他情感即尊重他人财产的情感所使用的名词“Probité”如何作适当的翻译，译者确实动了一些脑筋。根据这个词在现代英语中的特定意义，它应译作“诚实”，这与它在法语和意大利语中相应的词义不同。而且，广义的“诚实”并没有过时，我们将“诚实”的人看作罪犯的对立面，并不必然是指盗窃或说谎的罪犯。其次，“正直”（probity）一词与法语的“probité”和意大利语的“probità”词意稍有不同。现在我们使用“正直”一词是用来指对属于他人的东西的高度尊重，它意味着最大范围的道德品质，而不是相反。无疑，这个词在法语和意大利语中也是如此。加罗法洛在该书的意大利文第二版中虽然用了“probità”，但也承认这个词并不确切，并强调这只是因为没有找到更恰当的词。[①]正是由于以上原因，加之为了保持作者所用术语的一致性，使用“正直”这一词语是
xv 可取的办法。当然，这一词是不确切的，但在这里，它不过是已被承认的不确切的翻版。

有些注释是译者加上的，它们主要与法律术语有关。在这方面（或对某些翻译作参考方面），斯蒂芬爵士的《英国刑法史》起了很大作用。然而，如果读者在读过加罗法洛的这本书之后需要一个一般的说明，你可以参考法国刑事诉讼程序（它实际上与意大利的刑事诉讼程序是一致的），它收在斯蒂芬书的第一卷中，可以说是该书一个理想的附录。在这方面，杰拉尔德（Gerald）也翻译、编辑了一些有趣的短文。莫里亚蒂（Moriarty）所著的《巴黎法院》[②]将提供很多重要资料。巴罗斯（Barrows）的《法国、德国、比利时

---

① p. 32（Turin, Bocca, 1891）.

② New York, Scribner, 1894.

和日本刑法典》[①]中收入的阿尔弗雷德·德·普瓦特万（Alfred De Poittevin）所写的论文可能会使你获益匪浅。一些英国和美国的杂志中刊载的论文也涉及这方面的问题，它们包括“法国的刑事审判”（Thomas Barclay, 10 *Harvard Law Review*, 46—48）、“法国和英国的刑事诉讼程序”（Léon de Montluc, 12 *Journal of Comparative Legislation*［N. S.］, 157—174）、“法国的司法系统”（C. A. Hereshoff Bartlett, Part Ⅱ），“罪犯”（38 *Law Magazione and Review*, 428—446），以及劳森（Lawson）法官对法国法院进行研究后所作的有趣注释（*American Law Review*, Vol. 47, 143—152, 300—312, 458—469）。

最后，译者还要感谢编辑委员会主席，他提出的建议使一系列困难得到了顺利解决，他的鼓励给本书的翻译工作帮助颇大。

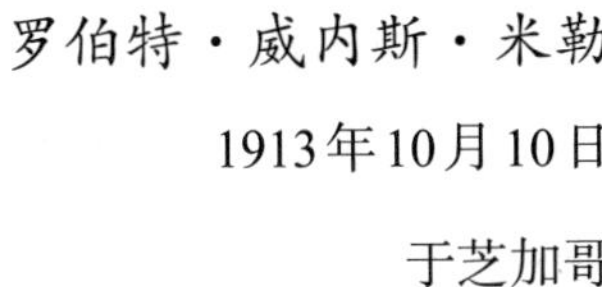

于芝加哥

① pp. 43—80（Washington, Government Printing Office, 1901）.

英译本导言

xvii 从被告人没有辩护人、没有证人，甚至没有证明自己的权利的时代起，社会长期以来就注重在做出判决前保护被告人。被告人的权利被《权利法案》和其他宪法条款规定得如此可靠，以至于它们常常是既保护了无罪的人免受惩罚，也保护了有罪的人逃避惩罚。我们坚持主张旧的保护被告人的方法，因为正像加罗法洛所说，当前决定性的理论与其说是保护社会免受罪犯的伤害，不如说是保护罪犯不受社会的伤害。

如果不是出于对这些很久以来便不再适于现代刑事审判的古老规则的尊重，我们将会强迫被告人参加刑事和民事诉讼，因为只有他最清楚自己是有罪还是无罪。刑事诉讼审判的目的应该是查明事实真相，而不是庇护犯罪者逃避公正的判决。对这些陈旧规则的遵守是对刑事审判活动不满的主要原因之一，因为被告人被允许用不正当手段获利，而法官却无能为力。[①] 这种局面得以容忍，是
xviii 因为社会仍将刑罚看作是私人复仇的替代物，将审判看作是一种战争，而在这场战争中，无罪开释为手段提供了正当理由。

直到近期以来，作为一个整体，社会认为它自己已尽责了，而

---

① Chief Justic Winslow, in *Hack v. state*, 141 Wis. 346, 352.

当它在判决前对被告人步步加以保护之后，它认为对被告人也已尽责。一旦被告人的判决确定，他便与社会不再有任何关系，至少直到他的刑期结束出狱并因犯某种新罪被公开报道之前是这样。直到近代，社会还未意识到当被告人的罪行确定之后，刑事审判活动的大问题才开始出现。

令人高兴的是，我们已经发现了少年法庭、不定期刑、缓刑和假释在刑事审判活动中所起的重大作用。但是，我们需要在我们前进的道路上洒上一点光亮，这种光正如巴龙·加罗法洛的这本具有实践性而合理的犯罪学著作所投下的一样。这本书给我们提供了一个从事律师、检察官和法官的刑事法律活动生涯中总结出的结论。当你读这本使人醒悟的著作时，你一定会一次又一次地对这样的事实留下深刻印象：作者所研究的人都被同样的动机所驱使，而且与我们英语国家刑事法庭上的那些犯罪人一样都需要同样的处理。

公众手中的刑罚是私人复仇的替代物，对这一理论作进一步
发挥，社会便试图通过衡量犯罪对社会所产生的危害来计算刑罚，
以便使对犯罪人施加的刑罚的强度从公正的角度看与被告人对他
人所施加的伤害相均衡。这种理论完全忽视了这样一个事实，刑罚
的目的不是去替代私人复仇，而是保护社会免受犯罪人的进一步侵 xix
害，解决的方法便是改变他的动机以引导他的行为，使其不再具有
威胁性。正如作者所说："我们努力的方向……不是计算对犯罪人
所施加的伤害强度，而是确定哪种限制最适合他的特殊品质"。

我们已经过多地考虑了犯罪，而对犯罪人则考虑得太少。我们必须多考虑一些个人，而少考虑一些规定每种犯罪刑罚的成文法的章节。如果罪行是夜盗，无论犯罪人是累犯还是初犯，我们总是施以同样的刑罚。在确定如何才能保护社会免受进一步伤害时，我们对个人的历史和性格考虑甚少。正如作者极力说明的，保护社会免受累犯侵犯的唯一办法就是减少累犯。现在，我们总是依照传统把他们监禁一段时间，然后释放他们，然而这样做除了给他们一个罪犯的坏名声和犯某种新罪的内在倾向（这事实上是他能够保证继续生存的唯一出路）以外，无法保证把他们变成社会的一名好成员。这些人同样需要治疗和关心，就像他们患了某种生理疾病一样。

我们之所以无法给予每个犯罪个人以加罗法洛所要求的治疗，原因在于法律强加给法官的是他们不可能实现的任务，即预先确定最符合每个犯罪人需要的刑罚。多数案件都需要这种确定，而给予他们观察犯罪人的机会却极其有限。在大多数情况下，这些犯罪人未经审问便被控告犯罪，而且实际情况常常是他们在社会中并不为人所了解。然而，在这种条件下，法官却必须扮演一名高明的内科
xx 医生的角色，去确定改造或治疗罪犯并保护社会需要多长时间。即使是最有能力和经验丰富的内科医生，如果没有机会逐天观察他的病人，也无法找到他们最需要的治疗方法并治好他们。法官并不比医生高明。

我们的刑事法庭所确定的绝大部分判决都是冒险的。犯人的需要只能通过对其历史的调查才能确定，包括他们的生理因素，以及他们的精神性格、伙伴、环境，其中尤其是驱使他们犯罪的动机。法官常常不能进行这种调查。在很多情况下，这种调查必须进行很长时间，而在此期间犯罪人已在经历惩罚。通常，犯罪人的年纪越大，隐藏这些基本事实的技巧就越熟练，并且可以装出初犯的样子。

本导言的作者就曾不止一次遇到过这种事：他相信了这些人都是初犯，但监狱官经过对犯人在其他州档案的调查后，却通知他说这些人都是顽固的罪犯。然而这些人在服满相当短的刑期之后又继续危害社会，这也许是成功地逃避了长期刑罚得逞给自己壮了胆。

这些经验以及预先确定每个犯罪人刑罚的不可能性，使我们不得不提出这样的建议：至少对所有比较严重的犯罪来说，法院的职能应该只是确定被告人的有罪或无罪。刑罚将由那些经过特别授权的人们来确定，这些人将判断个人和社会的需要，他们能够调查犯人的历史并像医生一样逐天观察他们的进步，在特殊规定的范围内，他们有权按照个人的需要改变这些人的处境。

本书作者的主要贡献在于发展了这样一种思想，驱使犯罪人犯罪的动机是我们确定以什么办法保护社会免受同一犯罪人的再次伤害时需要考虑的最重要因素之一。发现这一动机并确定将会改变这一动机的治疗办法是我们改变犯罪人，使其不再危害社会的第一步。 xxi

当我们读完作者有关用于不同种类罪犯的刑罚手段之后，上述刑罚方法便一目了然了。如果犯罪人夺取了他人的财产，那么对他所适用的刑罚应包括归还财产（如果他自愿这样做）、刑罚劳役（如果他不愿意归还或不能归还）；如果他抛弃了家庭，那么可以强迫他通过由指定机关确定的修路或履行其他劳务来供养他的家庭，而不是判决他们在监狱中过悠闲的生活，并在那里与其他像他自己一样悠闲的绅士们一起玩牌、抽烟，并用纳税人的钱享受一日三餐，而且正是这些纳税人还要被迫资助被他抛弃的家庭。

加罗法洛认为刑罚应该只有一个目标，即解除社会敌人的武装，以使他停止对社会的侵害——这是所有刑罚均应得到的结果，而达到这一目标的方法是确定符合每个犯罪人需要的刑罚强度和种类，以便使所有犯罪人所承受的刑罚都不超过他的个人应该承受的限度。如果我们承认这一点，我们的社会将在我们的刑法之下获得更好的保护，社会中的习惯性罪犯应该会减少。对于犯罪人中那些能够适应诚实生活的人，我们应该帮助他们，给那些能够恢复良
xxii 好市民身份的犯罪人以诚实生活，这是社会的责任。

作者对犯罪学提出了十分合情合理的看法，不带有一丝一毫的虚伪情感。他对问题所持的观点，预示着一个现代的和开明的刑事科学的新阶段。

E. 雷 · 史蒂文斯[*]

1913年9月于麦迪逊市

* E. 雷 · 史蒂文斯（E. Ray Stevens），威斯康星州麦迪逊市第九巡回审判庭法官，美国刑法及犯罪学协会执行委员会成员。——中译者注

作者为英文版所作序言

一

从我进行法学研究的最初阶段开始，有一个问题就一直出现在 xxiii
我的脑海里：立法者如何对各个不同罪犯确定合适的刑罚种类和刑罚幅度呢？他通过什么手段达到这样一种确信，例如，对一种侵害财产行为处以5年监禁是合适的刑罚，而对另一种上述行为处以2年的非监禁就足以起作用？他采取了哪些步骤使他能够如此精确地衡量这种或那种加重或减轻情节以至于根据具体情况他可以肯定地增加或减少刑罚中的6个月、1年、5年或10年？在这个迷宫中，他是如何找到他的标准和向导的呢？

我开始的想法很天真，以为立法者是通过实验确定这一切的。然而经过这种好奇和钦佩之后，我发现这种想法完全没有根据。我了解到立法者在确立他的原则时，根本没有费一丝力气去实验这些原则的效果。因为犯罪是一种呈现出不同的形式且根据个人情况而变化的社会疾病，因此人们会以为寻求对犯罪的矫治方法应该是一个追求的过程。显然，如果不采取这种途径，没有一个内科医生会做出他的诊断。但是这一点并未被立法者所遵循。任何特定刑罚的种类、期限以及它与犯罪性质或犯罪人本性的关系对于社会防卫或犯罪人的改造究竟有多少作用，这一点我们全然不了解。

xxiv 的确，在过去的四分之一世纪中，社会科学的发展使人们不得不承认法学的存在。因此这期间，法学与社会学、心理学和人类学的结合最终获得了承认。然而，这种承认还完全停留在理论阶段，因为它未引起任何法律体系的修正。法学家们仍然满足于那些抽象的看法，例如，“刑法的目标是恢复犯罪所违反并侵犯的法律秩序”，或者“任何刑罚的基本目标都是改造犯罪者”，以及“刑罚应该保卫社会使其免受犯罪的再次侵害”。但是他们完全无法给我们提供某种遏制手段是否合适的证据，而这种遏制手段的可取之处已经在法典中得到了具体化，对于今天的任何其他科学部门来说，实验的方法都是主要的。然而，尽管犯罪科学是一种杰出的社会科学，它却格格不入地拒绝承认这种实验方法的优越性。

本书首次出版于许多年以前，而这一次是首次翻译给英文读者，其目的是在研究犯罪现象的科学中引入这种实验方法，而这个科学应该寻求为消灭犯罪所能采用的最佳方法。犯罪学的这种目的也同样应该是刑法的目的。在我们能够谈改造罪犯之前，必须首先考虑能够被改造的罪犯是作为一个阶层还是作为个人，并考察影响这种改造的必要方法。而且，如果我们说保卫社会使其免受犯罪的侵害，我们必须从一开始就确定是否存在能够消除犯罪的刑罚，并决定用什么方式使用这些刑罚。这些都必须通过实验才能确定，也只有这样，才能防止理论的徒劳无益。

二

xxv 本书的另一个目的是协调法律逻辑与社会利益的关系。无可置疑，从道德的角度看，个人责任会由于在易受影响的年龄存在的坏榜样、社会环境的腐蚀、民族或家庭传统、固有的坏习惯、激情的影响以及气质等因素而大大减轻。但是按照法律理论，任何一种责任的减轻都是对罪犯的一种宽恕因素；刑罚应该根据这种因素重要性的大小按比例变化，而且，当刑罚可能对犯罪冲动形成绝对阻力时，它就应该被减少到最低限度。

罪犯不具有这种减轻情节的情况是很少的，事实上，在任何犯罪中都存在这种现象。我们只需稍作调查就会发现。简而言之，那些我们看起来没有什么宽恕理由的罪犯，只是因为我们没有费力去找。可能有人会说:“毕竟邪恶倾向是显而易见的，而且自由意志总是要表现自己。但是问题在于，我们如何区别出哪一部分是邪恶倾向在起作用，哪一部分是自由意志在起作用呢？而且，人类学数据已经表明：最危险的罪犯几乎总是表现出机体组织中的某种心理生理学的异常，对此我们又作何解释呢？把刑罚建立在道德责任基础之上，将会使最残忍类型的谋杀犯得到无罪宣判。一旦确定了他的极端残忍本性或不可阻止的犯罪冲动，便无道德责任可言。随着邪恶倾向的原因不断被人们了解和明显化，结果便是每个案件所适用的刑罚都会相对减轻。

因此，打击的强度将完全与罪犯的邪恶和顽固成反比。我们没 xxvi
有必要为此感到惊讶，何况永远也不会达到宣布犯罪不受惩罚的地步。新纪元的哲学观点甚至对最勉强的主体都产生了无法抵挡的影响。这一原则已在当今的刑事审判环境中得到确立，但它不断受到某种错误思潮的威胁，而这种思潮只能成为毫无价值的障碍。毕竟我们所看到的是司法逻辑的胜利，但是这种胜利是以社会安全和

道德为代价得到的。为此，主要的矫正方法就是采用某种不同标准的刑罚，这种方法是个人道德责任准则应遵循社会准则的替代物。

文明社会中的犯罪现象比在野蛮部落或原始人群中更可悲。其受害者更强烈地激起我们的同情，因为他们依靠法律保护，习惯对个人差异进行和平调整。总之，由于他们生活在文明社会中便忽略了对自己的生命和财产的保护，如果在一种不文明的环境下，他们肯定会谨慎行事的。杀人、强奸、纵火、抢劫、对妇女和儿童实施残忍行为等犯罪形式至今仍在继续存在，是当代文明的耻辱。

社会对犯罪的受害者或将来犯罪的预防都未给予足够的关注。在文明社会中，每年有成千上万的人因为直接谋杀或抢劫谋杀而失
xxvii 去生命，而犯罪人却因此获得大量钱财。①在我看来，这一问题比现在讨论的任何论题都不知要严重多少倍。随着人们的生存环境更加和平、生活更加不确定，杀人和抢劫这种事实将变得更加骇人听闻。然而，尽管这类残忍事实与时代如此不协调，我们却仍然愿意把它们视为是可悲的但却是例外的情况，由于我们很少用自己的眼睛去观察实际，我们坚持相信它的重新发生的危险性非常遥远。

但是这时出现了统计科学。它通过集中所有由人类弱点产生的人类苦难的零散数据使数字大大增加，从而向我们展示了震惊世

① 这并非夸大其词。仅仅在欧洲的俄罗斯，1901年引起令法官注意的杀人案件数量就达15,266件；在法国，从1896年到1900年年平均数量接近1,200件；在意大利，1899年向警察局报案的同类案件达3,587件。如果我们将西班牙、法国、意大利、奥地利、匈牙利、德国、大不列颠和爱尔兰、比利时、荷兰、瑞典、挪威、丹麦以及不包括波兰和高加索的俄罗斯各国的数量相加，据估计，各种形式的杀人案（包括杀婴案）的年平均判决数量将近10,000件。其他欧洲国家的统计数字还无法得到。参见本书的附录2以及有关的说明，而且我们应该注意一点，判决的数量仅为罪犯总数的三分之一。

界的悲剧场面。它向我们展示了带有某种可怕屠杀遗迹的战场；它将受伤者们的呻吟和其亲属们的悲哀汇集成令人心碎的惨景；它在我们面前排列了伤残者、孤儿和乞丐的大部队；烧毁森林和家园的冲天火光刺入了我们的视线；掠夺者大军的叫喊声震耳欲聋。它还向我们揭示了处于邪恶极点的这些荒凉情景的制造者——这个敌人在历史上并未得到理解和承认——我们将他们称作罪犯。

国家对于保护我们所做甚少。因为刑法是一回事（这多亏了法学家们），而打击犯罪者的必要措施又是另一回事，所以国家的所作所为几乎毫无作用。尽管警察竭尽全力，成千上万的职业盗窃犯们仍然可以从事他们的职业，这真是一件荒谬的事情。同样荒谬的是，唯一值得惧怕的刑罚充其量只有传统的价值，而对于职业罪犯来说，则无论如何也不具有任何价值。而且确实在某些情况下，这些刑罚还对罪犯意味着某种实际的好处。他们在被以公共费用提供住处、吃喝、取暖和衣物之后，便以自由人的身份出现，而且谁也没有权利提及他们的犯罪。他们被假定已经赎罪，已经向社会偿还了债务，因此他们必须被视为诚实的人。这一切都纯属花言巧语。实际情况是：罪犯们什么也没有付出，而另一方面，社会却要为他们支付生活费；纳税人也增加了一项新的负担。因此更增加了社会因犯罪受到的侵害。罪犯们并未得到道德改造，监狱没有创造这种奇迹。他们并未受到任何震慑，因为我们的刑罚体系已经太温和了，已失去了任何震慑的作用。即使他因为监禁而感到了痛苦，他也会很快忘记，因为生理痛苦的记忆很快便被抹去。因而，走出监狱大门的获释罪犯与进去时毫无区别，而且他们将被重新放到监禁前的社会环境中。在那里，他们将发现同样的诱惑并遇到重新走上

xxviii

犯罪生涯的同样的机会。

我刚刚所说的是指一般的欧洲刑罚体系，当然会有一些例外。特别是在法国，犯罪的问题一直受到极大关注。通过运用直接针对惯犯的法律，人们已经做出努力去检查惯犯的行为。尽管这种做法过于严厉，然而这些法律的效果却是显而易见的。自从这些法律通过以来，犯罪尤其是比较严重的犯罪形式已经明显地减少了。我们完全可以说，法国也许是欧洲大陆中唯一有关刑罚的法学理论没有
xxix 占绝对支配地位的国家。在这里，保护社会免受自然敌人侵害的原则比在其他地方获得了更大的理解，在立法中其他原则不言而喻都应服从这一原则，而且在普林斯和李斯特的提议下，还组织了一个联合机构“刑罚公正国际联合会”，其成员由那些摆脱了旧式先验的刑罚概念的法学家和法官组成。这个组织的目的是对犯罪和罪犯进行实验性研究。该组织提供的对这些问题进行研究的新方向已经在许多欧洲国家打击惯犯的法律或法律草案中形成了对初犯和少年罪犯的处置以及刑罚个别化。

以文明的名义向犯罪宣战并将此作为刑罚科学的口号的时刻已经来到了。我们所讨论的是一种特殊的社会功能，人们不应受到狭隘观点或司法学派错误推理的束缚。

在大多数人看来，实体法、程序法以及司法力量本身常常好像是联合起来保护罪犯免受社会侵害，而不是保护社会免受罪犯侵害。为了改变人们的这种印象，并证明在打击犯罪斗争中每年以几百万法郎的速度增加的代价的正当性[①]——这种斗争到现在为止还

① 据估计，仅欧洲7个国家（法国、德国、英格兰、奥匈帝国、意大利、俄罗斯和西班牙）犯人的生活费用和监狱设施的行政费用每年就增加221，481，174法郎，而监狱劳动的总收入只是该数目的九分之一，即25，893，232法郎。如果我们加上维持警察队伍的费用，这个数字将更大。

没有产生任何明显结果——这个责任便义不容辞地落在那些把握着国家命运的人们身上。

19世纪最大的成就是用大量的发明改变了世界的面貌。20世纪的任务就是铲除那些我们称之为犯罪的原始野蛮现象。 xxx

三

这本著作常常被归入刑事人类学派之中①。如果人们承认刑事人类学是法学中最主要的分支，那么我宁愿被看作是“理性人类学家”，莱韦耶正是这么称呼我的。

① 至于我的体系所具有的特征，请参见如下著作：Frassati, *La Nuova Scuola Penale in Italia*（Turin,1891）；Dorado-Montero, Introduction to My Work: *Indermnización á Las Victimas del Delito*（Madrid, 1893）；Van Kan, *Les Causes économiques de la Criminalité*（Paris,1903）；G.Tarde, *La Criminalité Comparée*; *La Philosophie du droit Pénal*; Prins, *Science Pénale et droit Positif*（Brussels,1899）；Saleilles, *L'Individualisation des Peines*（Paris,1898）；J.de Mattos, *Preface to the Portuguese Translation of the Present Work*（São Paulo,1893）；J.De Aramburu, *La Nuova Ciencia Penal*（Madrid,1887）；Lozano, *La Escuela Anthropologica Y Sociologica Criminal*（La Plata,1889）；Proal, *Le Crime et la Peine*（Paris,1891）；Puglia, *Prole-gomeni al Diritto Repressivo*（1883）；Viveiros de Castro, *A Nova Escola Penal*（Rio de Janeiro,1894）；A. Marucci, *La Nuova Filosofia del Diritto Criminale*（Rome,1904）；Mendes Martins, *Sociolgoia Criminal*（Lisbon,1903）；Havelock Ellis, *The Criminal*（London,1890）。

在某些犯罪类型中，对某些犯罪人适用的作为刑罚替代方式的强制补偿原则，我已经提倡了25年，并在很多学者会议上为其辩护，尤其是1885年罗马的监禁代表大会、1889年布鲁塞尔和1893年巴黎的“刑罚公正国际联合会”代表大会，以及布鲁塞尔1900年国际监禁代表大会（见附录1，边码419—435）。这一原则自从本书法文版问世以来已经取得很大进展，而且我了解到即使到现在（1911年）法国司法部长仍在考虑它。

我所建议并做出大体规划的刑罚个别化理论也是如此。接下来其主人已对此作了详细论述，较有影响的是萨利雷斯的上述有意义的著作。这一理论正稳步地发展，尤其在少年犯罪方面已对立法产生影响。在美国，获得最大发展的附加条件判决和刑罚学的改进措施，即少年法院、缓刑制度以及不确定刑等，都证明了这一理论的实践意义。

xxxi 确实，想要得出一种能使我们区别罪犯和其他人的确切外部特征的努力并未成功。但这一点并不影响以下前提的成立：在罪犯中存在着某种使他们区别于普通人的心理异常。一些生理学家认为这个前提缺乏科学价值。然而，正是这些拒绝承认在罪犯中明显存在的生理迹象具有任何科学价值的作者同时还公然断言，在个人的精神特征和生理结构之间存在着必然联系。他们不相信在这一点上可能在个体之间找出区别，因为这种区别必须在组织结构、血液构成、神经纤维以及器官的功能中去寻找。他们说：“生理的活动大部分都是分子现象的结果，而我们还远远不能解剖分子。”然而很显然，这种观点与犯罪异常的观点并不矛盾，它只不过说明这种道德异常的基础还不为我们所知。

生理学家没有理由拒绝与新的学派联盟。既然我们都无法否认罪犯的本能、冲动、道德感缺乏以及其神经细胞的构成（尽管这一点无法确定），我们的理论中就没有什么生理学家不能接受的。

为反对我们的学派而提出的宿命论的指责完全没有根据。接下来人们会看到，我们相信实验科学的所有新发现都有助于社会的道德进步。这种指责的原因主要是对我们的观点作了错误解释，他们认为我们相信人无法改造，因而犯罪人也是如此，并且他们的行为永远只能指向确定的方向。这种错误观点从未在我们的观点中
xxxii 占有一席之地。经验说明，只要个体的文化和道德因素保持不变而且处在同样的外部环境之中，那么其行为便总是指向同一方向。正因如此，我们认为，如果刑罚结束后罪犯仍被送回到与从前同样的环境和生存条件之中，那么通过监禁或任何其他种类的刑罚去改造

罪犯的希望都是极其愚蠢的。但这绝不意味着我们认为无法**改变犯罪人的行为**。而且当他们的环境得到改变时，当新的生存条件使他们确信诚实劳动十分必要时，当他们明白掠夺性生活已失去了任何吸引力和利润时，这种改变便会实现。

倒是我们的反对者更应受到这种责难。因为他们一边承认现行刑罚体系无效，一边却拒绝承认有什么东西需要改变。在他们看来，犯罪作为加害于社会的灾难之一将永远存在，而且必须永远加以容忍。既然他们持有这种观点，那么显然他们就不应将目的在于找到最确定和最有效的办法去消除文明的污点的学派称为宿命学派。

我们的对手也同样受到另一个我们所受到的指责，即物质主义的指责。因为是他们编制了一张犯罪的价目表，并制订了仅仅考虑客观事实而丝毫不考虑罪犯本性的法律体系，是他们使刑法物质化。相反，我们所主张的实证主义纯粹是个方法的问题，它不意味着任何哲学体系而仅仅代表某种实验方法。

我们考虑所有物质和精神环境的影响。正因如此，我们无法
理解将犯罪者置于这些环境中于不顾的那种理论，因为正是这种 xxxiii
影响加速了犯罪人的退化。有一种论点认为，作为刑罚的替代物，我们应该改变环境并以此来抑制犯罪原因。这种观点并没有多大的考虑价值。立法者无法实现这一点，而只有时间才能做到这一点。

立法用什么方式才能取消痛苦和无知，消除诱惑，抑制贪婪、奢望、空虚以及其他使人类感到不安的情感呢？国家不可能对任何事情都寄希望于缓慢的有时又是间歇的文明发展过程。而且进一

步讲，如果遏制犯罪的行动停止或变得缓和，这种发展过程能够不被粗暴地打断吗？我们不想打扰托尔斯泰的梦想，作为一名慈善家和作家，我们崇拜他，但是对于他不抵制邪恶的理论，我们甚至不承认它值得作为讨论的题目。无条件地宽恕所有犯罪人，只能意味着诚实的公民被邪恶和犯罪所压迫。对犯罪的斗争一刻也不能停止。这是国家首要的责任，因为公民的首要权利——我甚至可以说社会存在的主要原因——就是他的身体完整、行动自由和对合法财产的享用受到保障。国家在这场战斗中绝不能解除武装，它的目标必须是不断地使用越来越完备的武器，并随时抛弃那些被实验证明无效的武器。

但是要想使这种战斗有成功的希望，我们必须了解我们的敌人。对我们面对的敌人，司法学派的追随者们并不了解。对这些敌人的所有知识都只能来自于在监狱、矫正院和刑罚殖民地所做的长期不断地观察。未来将把制定对社会安全产生影响的刑法的任务交给那些在这些条件下对罪犯做过研究的人们。

四

xxxiv 我确信现行刑法原则与其真实的目标远非一致，这促使我在1876年到1878年间发表了一系列文章，这些文章后来成为我的第一部著作《论刑罚的客观标准》。[①]这本书中所作的设想后来在我的《犯罪学》[②]中得到实现。因为我希望对本书作些改动而又不可

① Naples,1880.

② Turin,1885.

能另写一本著作，因此我亲自把它译成法文。我首先要感谢法国的广大读者们，因为是他们仁慈地宽容了我的放肆，从他们那里我得到了许多鼓励。

当英文版的问题被提出来时，我明确地要求它应译自最新的法文版（即1905年版），而不是从前的意大利文版。因为法文版也是我自己的著作，所以对这一过程不可能存在什么矛盾。我之所以这样决定，是因为法文版做了彻底修订，事实上几乎是完全重写，而这一过程从本书上次在意大利出版以后就一直在进行。首先，它包含了对某些人提出的与我的观点相反的一些反对意见的回答；[①]其次，考虑了与欧洲犯罪相伴而生的许多变化；最后，我自己的观点也不能不做某些修改。因此，我去除了一些过于绝对的说法，但我的著作的基础却仍保持不变，而且我的表述在另外一些情况下也采取了不同的形式。某个作者在写作时看起来最能表达其思想的论述随着时间的推移可能会被证明是不充分或含糊的。时间也许还会证明他书中的有些问题与论题无关，或者揭示其著作的某些部分存在 xxxv
着某种无可置疑的完全的混乱。

但是有些思想无论是纯学术的批判，还是我后来所做的自我检查，都无法在最细微的程度上影响我去做出改变。这就是与仅仅法律上或传统上犯罪相对的“自然犯罪”思想。我承认它可能用不同形式来表达，但是我相信“自然犯罪”这一基本概念已经扎下根了。它是20年来一直讨论的问题而且现在仍在被讨论。我们不能消除

① 我之所以没有回答所有的批评家的观点，纯粹是因为客观上的原因。因为我的理论被几百种著作、小册子和论文加以讨论，我无法涉及所有这些作品，尤其是我没有回答对那些我一贯坚持的实验方法所进行的批评。

这一概念,因为它存在于普遍意识中,它将为国际刑法典的建立提供基础而文明世界都在等待着这一天。[①]这种国际法典是普遍团结的表现,它要求各个国家相互帮助,共同与犯罪作战。

① 这部法典的纲要请参见本书第四篇。

第一篇

犯　罪

第一章　自然犯罪

第一节　建立犯罪的社会学概念的必要性 3

一、犯罪的社会学概念的缺乏

接近19世纪时，从自然科学角度对罪犯所进行的研究开始
引起特别的关注，因而对罪犯的人类学和心理学描述也被人们
所关注。罪犯被描述为一种类型和各种各样的“人类”。可是，
当我们开始考虑如何将这种理论应用于立法时，就会遇到极大
的困难。绝不是任何一个按照法律标准被认为是罪犯的人都符
合自然法学家的犯罪人概念，这使人们对这种研究的实际意义
产生了怀疑。从以下事实我们可以得出同样的结论，即尽管自
然法学家也讲罪犯，却对我们避而不谈什么是他们所理解的犯 4
罪。他们不试图说明从法律角度所讲的犯罪行为与社会学角度
的犯罪行为是否有联系，却将这个界定的任务留给了法学家。
正是由于这种定义的缺乏导致到目前为止自然法学家对犯罪的
研究成为独立的东西，并被认为是出于一种纯科学兴趣而与立
法毫不相关。

二、犯罪不完全是一种法律概念

在我看来，我们研究的第一步应该是找到犯罪的社会学概念。如果认为我们正在探讨一种法律概念，并进而认为这种定义只是法学家的事，这是行不通的。我们这里所关注的不是一个技术性术语，而是一个不论掌握多少法律知识的人都能理解的词。立法者并未创造这个词，而是从大众语汇中借用来的。他们甚至没有给出它的定义，他们所做的一切就是对某些行为进行归类并将它们称为犯罪。这就是为什么在某个相同时期而且常常在同一国家的范围内，我们会发现某种行为在这里以犯罪对待而在那里却根本不予处罚。因此，我们认为法律的分类绝不能排除社会学的调查研究。社会学家不能把解决犯罪行为界线疑问的任务推给法律工作者，就像他应该去化学家那里了解盐和酸的特性，去物理学家那里了解光和电的概念一样。他必须自己去寻找犯罪的概念，而只有他耐心地告诉我们什么是他所理解的犯罪时，我们才可能了解他所谈的罪犯。总而言之，我们必须找出自然犯罪的概念。请注意，这里的“自然”一词并非通常意义，而是独立存在于脱离了某个特定时代的环境、突发事件以及某些立法者观点的人类社会之中。我借用“自然犯罪”
5 一词是因为我相信，相对于指明那些被所有文明国家都毫不困难地确定为犯罪并用刑罚加以镇压的行为，它是最清楚且不准确成分最少——我并未说最准确——的一个词。

第二节　得出社会学概念的方法

一、实证不足的分析

我们首先应问自己的问题是:“能否划定一类在任何时期和任
何地方都被认为是犯罪的行为。而是否所有现在或现代社会中的
犯罪一直或到处被以犯罪看待,这一点并非属于我们研究的范围,
因为这样的问题已不言自明。按照许多民族的风俗习惯,为报复谋
杀而进行的谋杀不仅是被容忍的,而且被看作是被谋杀者后代最神
圣的责任；在历史的进程中,某一时期决斗被处以重刑,而另一时
期内则是合法的,并成为法律程序的主要形式；异教、女巫和渎圣
曾被认为是最明显的犯罪,但今天却从所有文明国家的法典中消失
了；在某些国家,法律允许抢劫触礁船只；几个世纪以来,许多现在
已走向文明的民族曾以当土匪、强盗为其主要谋生手段；最后,当
我们不得不走出欧洲民族的范围时,就会发现在那些半文明的社会
中,杀婴和卖婴是被允许的,卖淫是一种光荣的职业,通奸甚至已成
为习俗,而且认为这些与野蛮习惯毫不相关,难道以上事实不是人
们熟知的吗？在文明的欧洲,在相当近代的时期里,政治观点与国
家统治者有分歧也被认为是重大犯罪,这不也同样是事实吗？囤积
面包原料或将其以超出法律确定的最高价格出售者也要被处以死
刑,这不也是历史事实吗？这样的事例已众所周知,无须详述。我 6
们研究的焦点在于：在被现存法律所确认的犯罪中,是否存在所有
时期和所有地方都认为应受处罚的行为。当我们想到如叛逆、暗杀、

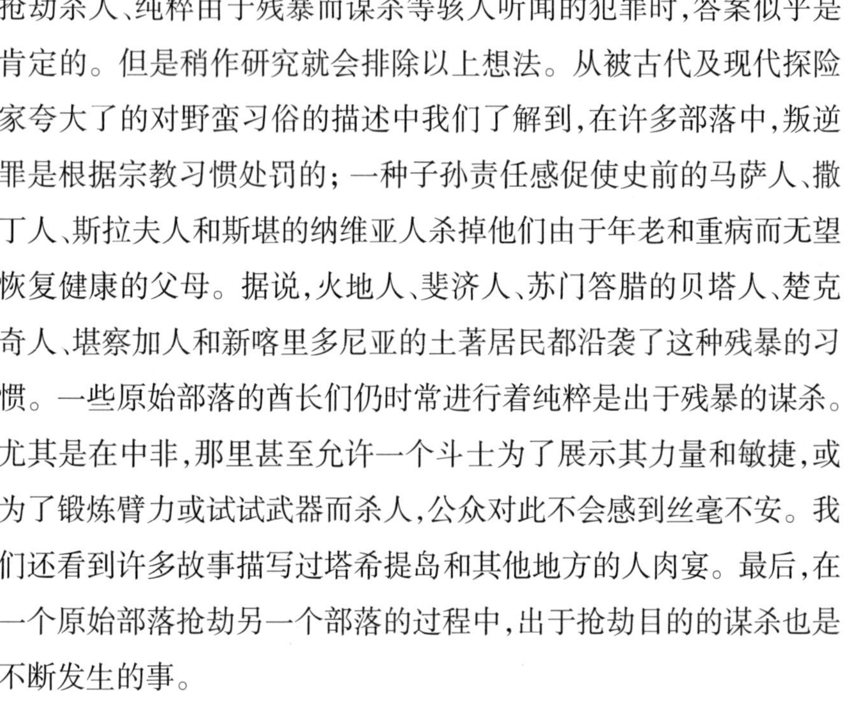

抢劫杀人、纯粹由于残暴而谋杀等骇人听闻的犯罪时，答案似乎是肯定的。但是稍作研究就会排除以上想法。从被古代及现代探险家夸大了的对野蛮习俗的描述中我们了解到，在许多部落中，叛逆罪是根据宗教习惯处罚的；一种子孙责任感促使史前的马萨人、撒丁人、斯拉夫人和斯堪的纳维亚人杀掉他们由于年老和重病而无望恢复健康的父母。据说，火地人、斐济人、苏门答腊的贝塔人、楚克奇人、堪察加人和新喀里多尼亚的土著居民都沿袭了这种残暴的习惯。一些原始部落的酋长们仍时常进行着纯粹是出于残暴的谋杀。尤其是在中非，那里甚至允许一个斗士为了展示其力量和敏捷，或为了锻炼臂力或试试武器而杀人，公众对此不会感到丝毫不安。我们还看到许多故事描写过塔希提岛和其他地方的人肉宴。最后，在一个原始部落抢劫另一个部落的过程中，出于抢劫目的的谋杀也是不断发生的事。

二、情感分析是真正的方法

如果说我们因此不得不打消对那些普遍憎恨和处罚的事实进行归类的念头，这绝不意味着自然犯罪的概念是无法获得的。然而，为了获得这个概念我们必须改变方法，即我们必须放弃实证分析而进行情感分析。实际上，犯罪一直是一种有害行为，但它同时又是一种伤害某种被某个聚居体共同承认的道德情感的行为。现在，道
7 德感已得到了发展，但是这种发展是缓慢的，而且根据民族环境和时间的不同它已经发生变化并且在继续变化着，构成情感总体的每个情感的力量也时时经历着明显的扩大或缩小。因此，道德观念存在着很大的区别，其结果必然是，在没有它就不存在能被称作犯罪

的有害行为的那一种不道德中，这种区别并非不值得考虑。尽管没有统一的情感，但对激发这种情感的行为，不同的聚居体评价也不相同。我们必须尽力去查明在被以某种特殊方式评价的行为所激发的情感中，是否不存在一种永远的特性，换句话说，要查明是否这种区别是一种实质的区别而不是形式的区别。参考一下道德感的进化过程，会使这个问题得到解释。

关于道德感的起源，达尔文将其归因于对我们同类本能的同情。斯宾塞将其归因于某种精神过程，这种过程迫使我们的祖先必须服从特定的行为戒律，以至于成为世代相传的思维习惯并转化为本能。因而，这些基本的道德本能似乎是“功利性经验积累的结果并最终成为有机整体并被加以继承”，以至于“它们成为意识体验中相当独立的一部分。……这些在人类世世代代过程中得到统一和巩固的功利经验一直在产生相应的精神修正，而这种修正经过不断地演变与积累，最终在我们体内形成了固定的道德直觉本能，即对于正确和错误行为所持的特定情感，而这种情感在个体功利经验中并无明显的基础。……憎与恶都是遗传的反应本能，它是我们祖先愉快与痛苦经历的反映。”[①]不管你如何看待这种假设或达尔文的本能同情论，有一点是可以肯定的，那就是我们今天的每个民族都拥有一定量的道德本能，它们不是产生于个人的推理，而是由于个体 8
的遗传，正如其种族的身体类型来自于遗传一样。其中有些本能在儿童时期就可观察到。这种本能的表现不仅在其智力发展开始自我展示之前，而且可以肯定是在他完成那个艰难的精神过程之前，

① Herbert Spencer, *The Data of Ethics*, C. Ⅶ.

而这个过程对于让他确信利他主义情感对个人具有间接功利这一点是十分必要的。同样，道德感存在本身就可以解释那些个别的和可能的牺牲，正是这种牺牲导致人们有时为了不违背他们所谓的责任而放弃他们最重要的利益。正如我们将要说的，利他主义不过是进步的利己主义。然而，有一点是正确的，利己主义在很多场合对我们非常有用，它可以使我们避免许多灾难或使我们实现最大愿望，并对现实和将来都无所惧怕。从不想做出牺牲的人将会遭受灾难或利益损失，这种说法迫使我们承认存在不依赖于任何劝说力量的情感。尽管按照上述假设，我们继承了这种情感却不相信它，但它却可能在我们远古的祖先时就具有功利主义的根源。如前所述，达尔文在不借助于这种假设的情况下，也得出了相同的结论。他说："尽管人类像他现在一样特殊的本能很少，并且已失去其祖先可能曾经拥有的所有本能，但并不能因此说他不应该在相当长的时期里保留着对同类某种程度的爱与同情的本能。……最终，人们根据获得的或者遗传的习惯，感到最好是服从最持久的冲动。一个命令式的词'应该'似乎只意味着人们意识到一种行为规则的存在，不管这种规则是以什么方式产生的。"①

此外，如果道德仅仅是个体推理的结果，显然最聪明的人应该
9 是最诚实的人。一个人越聪明，他就越容易获得利他主义思想，这种利他主义是最高的道德概念，而按照实证主义者的观点，这种最高道德在于利己主义和利他主义最大可能的融合。我们并未说情况正好相反，但无疑，一些高智商的人同时又是非常不诚实的人，这

---

① Darwin, *The Descent of Man*, Part Ⅰ, C. Ⅳ.

种情况不乏其例；另一方面，我们又经常遇到一些智力有限的人，他们不能容忍对最严格道德行为标准的丝毫违背。为什么会这样？显然他们不是出于对自己所作所为间接功利的理解，而主要是因为他们觉得有义务尊重道德规范，而对于这些规范，甚至连宗教和国家法律都保持沉默。

我们必须承认，一个民族的道德感的存在，正像其他情感一样，是在不断演变中代代相传，它或者纯属心理遗传的结果，或者是这种遗传与儿童的模仿本能和家庭环境的影响相结合的结果。但是，既然道德感是一种心理活动，它便可能容易改变且不稳定，也可能变得不健全，甚至可能完全消失。它可能由于某种心理畸形而天生不存在，而这种心理畸形正像我们在人类机体中发现的畸形一样，在没有其他更合适的解释之前，我们不得不将其归因于返祖现象。“在高尚愿望的最大力量与道德感的完全缺失之间”存在着无数个层次。[①]

所以，如果我们在一个道德水平较高的民族里发现一部分人表现出完全没有道德，这亦不足为奇。这就是与生理畸形相似的心理异常。

另外一个问题是，道德感在什么范围的时空内变化？就是说， 10
在现在的欧洲民族和其他文明人群中它是什么样？它在过去是什么样？将来又会怎样？进而我们还要问，在最早的人群中，如果存在道德感的话，我们会发现哪一部分道德感呢？那种在文明前的年代里占据支配地位的道德本能究竟是什么？在本能从那个时代的

① Maudsley, *Responsibility in Mental Disease*, C. Ⅰ.

萌芽发展为公共道德的基础以后，还有什么样的本能存在？

史前人类的问题我们没有必要多费时间，就现在而言，我们对他们一无所知。对那些退化的或无法发展的原始部落，我们同样可以不予考虑，确切地讲，它们是人类的畸形。我们研究的直接目的是鲜明地提出文明人类必定拥有的道德情感，它为社会共存所必需，形成同时代的道德，并且不能消弱而只能不断增长与发展。结果将不一定是西塞罗所说的“正当理性”，但是它将会是现有文明阶段中最高民族的“正当理性”，在这一阶段上，所有人都提高到几乎同样的水平，他们主要进行的就是和平活动。

第三节　普遍的道德感

一、绝对道德

请注意，我们所关注的是整个社会范围内的平均道德感。总会有一些人的道德感超出社会的平均水平，正像总有些人达不到这个水平一样。前者正如那些经过自身努力而获得绝对道德的人。按照斯宾塞的观点，它是这个社会作为一个整体所能达到的行为模式，其中彻底融合了一定程度的利己主义和进步的利他主义情感。然而，我们发现这样的理想主义者为数很少，而且他们对于推进他
11 们的时代或加速其进步过程作用甚少。正如一位著名作家所说，基督教的宗教和道德观念是将全人类构想为上帝之下的统一大家庭，而这种观念只有在与所有已知世界保持联系的罗马将几乎所有文明人都统一在一个帝国时才有可能变为现实（这个罗马用诗人的

话说是："...graemio victos...sola recepit，Humanumque genus communi nomine fovit"）。"没有这种条件，当初基督教的伦理学可能找不到有利于其发展和长存的土壤。…… 一个人的道德思想作为一个整体从来不是来自某个哲学体系，正如它不是来自某个社团章程一样。"①

二、相对道德

这种道德思想基本是过去几个世纪的积累成果，并借助传统通过继承传给我们，这就是为什么每个年代都存在一种相对道德，它存在于每个人对社会的适应之中。一种道德更多地相对存在于国家每个部分和社会每个阶级之中，这就是我们所谓的"社会习惯"。只要每个人服从被他所属的民族、部落或社会阶层普遍接受的行为准则，他就不会被说成行为无德，然而他的行为却极可能缺乏绝对道德。因此，比如奴隶制，根据理想标准来判断，它是一种不道德的制度。在一个完善的人类社会，不应该存在一个人隶属于另一个人这类现象。可是难道我们因此有权得出结论，认为古代社会对奴隶的拥有是不道德的吗？那时的理想道德倾向表现为这样一种情感，即鼓励大多数仁慈的主人解放那些已表现出热忱和忠诚，或根据其
智力、成就和特长能够取得成功并在社会中担任更好职务的奴隶。 12

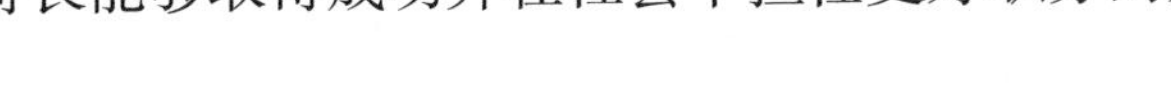

三、道德的变化

对不同民族或不同时期的同一民族之间存在的诸方面较大区

① Schäffle, *Bau und Leben des Socialen Körpers*, C.5, ii, Ⅲ（1881）.

别再作说明已经没什么意义。原始部落或野蛮民族所适用的惯例在我们看来是惊人的不道德。尽管庄重似乎纯属自然本能，然而我们却从书中读到，在有些人群中，全裸是一种时尚，并且当地习惯允许当众完婚。库克船长作为桑维奇岛的发现者，描述了其亲眼目睹的这种事情，而这本身并未引起一位当代法学家的惊讶。正如这位法学家所说，婚姻本应由公众行为来庆祝。色诺芬讲到过莫西人[①]中相类似的一个风俗。我们也读到过斯巴达少女在赛场上裸体角力。即使在今天，日本妇女在沐浴中接待访客时不会感到丝毫的顾忌，而地位较低的女性则可能冒险尝试在街道正中的桶里洗澡。

尽管在文明的种类和等级方面，传统世界离我们不远，但我们仍可发现与庄重完全背道而驰的流行习惯——比如某些裸体庆典，对普里埃帕斯神（男性生殖力之神）的崇拜以及为表示对其敬意而组成的队伍，塞浦路斯和吕底亚宗教的泛滥，出现在罗马的换妻事例，通奸不但为斯巴达的风俗所允许，而且在婚后无子的情况下被丈夫一方所鼓励；那些在希腊作家看来不但可以容忍甚至加以认可的畸形恋[②]，以及那些出现在法老家族及其希腊继承者托勒密王
13 朝中的乱伦婚姻。

四、行为的表面规则

让我们暂且抛开历史，转向当代社会。在这里，我们会发现某些构成众所周知惯例的行为规则。其中有些规则适用于所有社会

---

① Xenophon, *Anabasis*, V, 19.

② 由于考虑到荣誉问题，梭伦（Solon）禁止任何人与自由人以外的人发生这种关系（Plutarch, *Life of Solon*）。

阶层,有些特别适用于某些阶级、组织或团体。这些规则包括一切问题,从最庄重的礼仪到个人称呼和穿着等。它不仅规定在某种特定场合用什么语言合适,而且对某个词的表达方式及音调的变化都同样由惯例来规定。那些不遵守这些规则的人有时被称作古怪人,有时被称为无知或粗鲁。他们有时令我们发笑或同情,有时令我们感到轻蔑。

有很多在一个阶级或组织中被允许的事情,在其他地方却是被严格禁止的。一个集会的季节、地点和目的,每一项都对行为规则发生着影响。所以,一位夫人在晚餐或晚会上一定要看起来袒胸露背,而如果作午后拜访,这种装束就完全不合时宜。而一位绅士如果在舞会上被介绍给一位夫人,他也会使举止符合社会习惯。当他请她跳舞时,他会在整个华尔兹舞中都搂住她的腰。而在其他任何场合,除非有爱情的亲密关系,这种行为会被看作是不可饶恕的放肆。我们的一举一动都受现存惯例的支配,而我们很难有什么行为可以不受某种规则的支配。传统、教育和不断的模仿,使我们不得不无条件地服从这些规则。

五、特殊的道德

除了这类暂时的和特殊的法律之外,我们还发现了其他更具 14
有普遍性的法律,就像穿透水池中所有水层的太阳光一样,其效力适用于所有社会阶级。而且正如太阳光线根据其经过的媒介物的不同而受到不同的折射一样,这些普遍行为规则在不同的社会阶层也会发生重要改变。在这些规则中(其总和被称为道德),时间使其发生变化,这种变化是逐渐的,以至于我们为了发现其真正不同之处，必须求教于前人或那些文明程度在我们之下的人。然而在同一时期且在同一国家内存在被普遍遵守的规则，这一点是无可争议的。这些规则发生的强制力及表达方式在不同的社会阶层中也不相同。白芝浩说：“如果人在各方面都不相同，那么他们道德直觉的健全和灵敏程度也会不同，但我们可以假设他具有那些情感。要了解这一点，我们无须去找原始人，我们只需与英国的穷人或我们自己的仆人谈谈就全懂了。文明国家的下层阶级与不文明国家的所有阶级一样，很明显地缺少感情中较精致的部分，而这些情感的总和我们称之为道德感。”[①]我们必须小心，不要误解这段话的意思。作者是说，在下层阶级中，只是缺少道德情感中较精致的那一部分，换句话说，尽管看起来很粗糙，但确实存在完整的道德感。社会下层阶级作为一个整体，从大多数来看，即使最下层阶级在道德这一点上与最上层阶级也存在某些共同之处。原因很明显，如果我们承认道德纯属进化的产物，那么在那些由于未能与其他阶级同步前进而心理发展表现出较低层次的社会阶级中，道德感必然不太精致、不太完善，然而在所有阶级中都存在同样情感的初级形态。同样道理，它也存在于其发展比我们社会最低层还要低的原始部落中，只不过在这里，它还处于萌芽时期。结果，任何一种道德情感中都可能找出倾向于不断精致的最上层。那么，如果我们把表层部分与下层结构分离开，我们将会在后者中发现真正实质性的道德感，这种道德感对于那些在文明领域内心理进化和发展与我们相似者来说具有同一性。所以，当我们抛弃道德是普遍的这一观念的同时，我

① *Physical and Politics*, No. Ⅳ: “Nation-making”.

们却可能发现在人类存在这个非常广泛的领域中某种情感具有同一性，我们也将知道犯罪就在于其行为侵犯了这些同样的情感。

第四节　组成道德感的各部分本能及其分析

一、某些非基本情感

我们研究的主题是基本道德情感，正像那些在人类社会中得到确认和施行的其他情感一样，这些情感与残忍的产生不同，它形成于婴儿时期并通过文化生活不断壮大。但首先，有必要扫清道路。有一些情感被认为是个人道德中所必需的。没有什么它们所禁止的行为会被看作犯罪，因为这些行为不是反社会的，换句话说，它们并未攻击人类生存的基本条件。尽管这些行为很不道德且易遭到公众观念的指责，但它们却只对作恶者本人及其家庭或国家真正有害，而并不危及整个社会。

祖国之爱无可置疑是一种高尚的情感，但在当今，一个违背国家利益的行为本身并不代表犯罪。一个人仅仅自己非常喜欢另一个国家或看见国徽时没有激动得流泪并不是犯罪。如果一个人不服从一个现存的政府，如果他接受了一个属于外国并与其对国家所
负责任不一致的工作，他可能被称作一个坏公民但不是坏人。当我 16
们讨论个人不道德时，这些个人是被看作人类中的一员，而不是作为特殊人群的一员。我们完全可以划出这种在斯巴达和罗马都不可能存在的标准，它说明目前民族情感与个人道德的分离。

宗教情感也同样如此。在所有属于欧洲民族的国家里，政府从

很久以前就不再将某种教义规则强加给公民。而在古代，宗教情感是与爱国主义情感紧密相联的，因为人们相信祖国的安全取决于对上帝的敬仰。这种偏见在今日的许多原始部落里仍然保留着。在中世纪，那种基督教徒组成上帝之家的思想使他们成为所有异教徒的死敌。渎神、异教、盗窃神物、巫术甚至违反教义的科学学说都是最严重的犯罪。现在宗教戒律已区别于社会行为规则，然而宣扬利他主义的“福音”却仍是当代道德基础的一部分。

同时，我们必须承认善行和正直与无信仰并不矛盾。宗教是众多快乐的来源，没有宗教信仰的人可能是遗憾的，但他绝对不能被看作是社会的敌人。

现在我们来谈谈贞洁。这种被我们当作女人最高尚的美德而加以赞扬的情感，对人类社会的福祉来说仍然是无关紧要的。历史上，在某些国家里，对客人的殷勤好客包括在晚上向其提供主人的妻子（如发现时代的格陵兰、锡兰、塔希提岛）。在这些国家里，贞洁感全然不被人们知晓。这一点，在一个妻子同时属于几个兄弟的
17 地方（印度的托达斯和托提亚斯）[1]，或一个女人一周只能保持五六天忠贞的地方（某些非洲部落）也同样如此。确实，在我们自己的社会里，多夫的女人也是很常见的，根本区别仅在于后者总是虚伪地设法掩盖。文明的发展并未取得令这种现象减少的显著效果，甚至还有在社会各阶层扩大的趋势。优雅而漂亮的时髦女性像对自己合法丈夫一样，对那些她随意挑选的情人滥施魅力。这种女人在社会中究竟有多少是绝对无法知道的，而同一阶级的其他妇女仍

① Sir John Lubbock（Lord Avebury），*The Origin of Civilization*，C. Ⅲ.

崇尚贞洁这一事实，只能证明她们不过是成功地隐藏了相似的弱点。那个朱文纳枉费苦心寻找的女人（The “Unico gaudens unlier martito”），现在既不是难得一见，也不是到处可见。那种一妻多夫已经从我们的社会惯例中消失的断言只是那些保守派的谎言之一，而这些谎言正是马克斯·诺都的挖苦性分析的主题。

那些未婚女子显然更矜持些，至少在拉丁民族中如此，而在别处，她们会拥有更多的自由和更少的限制。尽管我们不能容忍她们的错误，然而我们能否认一个已经达到18岁或20岁的女人没有品德上的失误是一个例外而不是一般情况吗？那些一惯小心看管女儿的上层阶级又怎样呢？实际情况经常是，在最好的约束和最简朴的家庭环境中长大的女孩突然成了激情或诱惑艺术的俘虏。

自由之爱所违反的主要是个人的特殊境遇，即几乎总是某种个人或家庭的利益，在某些罕见情况下，它还触犯了宗教情感的纯洁性。

最后还要谈谈荣誉感。既然很显然它是所有情感中最不确定 18
的，所以在这里谈很少几句话就足够了。每一个组织、每一个社会阶级、每一个家庭都有自己的荣誉标准，每个人也是如此。在荣誉的名义下可以做出各种各样的行为，包括好的或坏的。正是这种情感引导着暗杀者的宝剑，鼓励战士们冲上敌人的工事，在战争中鼓励温顺、爱好和平的市民充当敌人的靶子。在社会的最下层阶级中、在最低下的人类组织中、在犯罪集团中、在被流放的罪犯中，都存在着为了维持面子而必须做的事，它有时会引发最残忍的复仇犯罪。在一群人看来是荣誉的事，在另一群人中却是不名誉的。杀人犯的荣誉观是不被看作贼，流浪汉的荣誉观则是尊敬其恩人的财富，而最凶狠的罪犯则以其犯罪的聪明和胆量为傲。

有时荣誉感只意味着仅仅一部分基本道德感的存在和突出,有时它只不过代表一种残余,即曾经是道德感的残余。其次,它有时又恰恰相反,彰显了一种道德感的全部缺失。然而对某些特殊活动来说,它常常仅是有限自尊的某种夸张形态。最后,它却最普遍地、外在地、最突出地表现了个人品质的优秀与不足,并混有奇特而荒谬的阶级、社会地位、职业及派别偏见。所以,没有什么比荣誉感更具有弹性而易变了,斯宾塞将这种情感归入利己—利他主义,因为只有当这种情感使我们赢得了其他人的羡慕和喝彩时,我们才进入受它支配的范围之内。

很难说今天上层阶级中荣誉的问题已主要转向维持正直的高
19 标准,但即使在那里荣誉观也显得格外重要并且已引起了我们的注意。

二、利他情感

在今天,唯一对社会关系重大的情感就是那些被称作利他主义的情感。也就是说,尽管这种情感也可能间接地增加了我们自己的利益,但其直接目的是为了他人的利益。这种利他主义情感在不同的民族和同一民族的不同阶级中呈现出不同的发展层次,然而它们却无所不在,可能只有极少数原始部落除外。它们可以被概括为两种类型:仁慈感和正义感。

的确,在探讨这些情感的起源时,我们可以确信它们只是利己主义情感的发展和再生。这个自我保护的本能首先扩展到家庭,进而延伸到部落,并慢慢地出现了一种独立于利己主义情感的对我们同类的同情感。这个同类的范围开始包括同一部落的人,然后是同一国家或同一语言的人，接着是同一种族或肤色的人，最后，不论什么民族，所有人都包括在内。

三、仁慈感

因此，对我们同胞的爱或仁慈情感开始是一种利己主义情感，其表现形式是，最初仅是对几乎是自己身体一部分的我们自己孩子的爱，然后扩大到我们家庭的其他成员。可是，当这种情感不再取决于血缘关系时，它才成为利他主义。在这一阶段，它取决于属于同一社会等级、同一国家或同一民族，并且行为举止几乎完全相同的人们生理或精神的相似，因为我们无法对那些与我们完全不同或其情感全然不为我们了解的人们抱有同情。为此，正如达尔文 20
明确指出的，种族的区别以及由此而产生的外表和习惯的区别是仁慈感普遍化的主要障碍之一。[①]只有经过缓慢的过程，人们才能达到将所有国家或民族的人都视为同类的程度。最后，对动物的同情是一种正在不断增长的道德附产物。即使在今天，它也只是流行于有最高道德修养的人们之中，打猎和屠宰场的存在已充分说明了这一点。

可是，为了区别不同层次的仁慈感，并发现它在多大程度上是道德的本质，在多大范围内是统一的，我们必须作进一步的分析。

首先，我们发现有少数一些人，他们最关心的是别人的健康，并且毕生致力于解除别人的贫困和痛苦，却从不思回报；这些人做事不抱有任何野心，相反却千方百计地隐瞒他们的善行；他们为了

① Darwin, *The Descent of Man*, Part Ⅰ.C. Ⅳ.

他人的利益使自己不仅失去了奢侈品而且失去了必需品,他们是真正意义上的慈善家。其次,有更多的人不再把为他人服务作为生活的主要目标,但是当情况出现时,他们却能热切地利用这些机会去为他人提供帮助。他们不去寻找这种时机,但也从不回避它们。有机会为别人做点事使他们感到愉快,这类人也可以被称作慈善或慷慨。然而,大多数人既不做任何努力也不做任何牺牲去增加他人快乐或减少他人不幸,也不愿意在其邻人身上施加痛苦。他们能够抑制任何可能对同胞产生痛苦的主动行为,这种对冲动的抑制如不经
21 限制,将会导致对别人施加痛苦,而这种抑制来自于同情感或人道感,也就是说厌恶残酷。以上提到的最后一种情感最初并不绝对是利他的。正如当我们把他人的快乐当作自己的快乐时会使我们做出慷慨的举动一样,同情是派生于那种将别人痛苦视为自己的痛苦时所产生的利他情感,这一点正如赫伯特·斯宾塞所说的一样。所以,它来源于利己主义,但是这种利己主义已演变为一种非理性的本能,而我们的同类就是这种本能的直接客体。正是在这个意义上,我们可以把利他主义称作这样一种情感,它产生于对遭受痛苦的同情,因此也产生于看见我们引起他人痛苦时对被伤害者痛苦感情的恐惧。

对痛苦的同情导致若干种行为修正。首先,它限制故意施加痛苦的行为,而这种结果的几种层次都是显而易见的。试想,如果没有故意存在,那么对别人无意之中偶然的伤害就会在所有成年人中产生极大的悔意,因而这种伤害不可能是残忍的,因为对所造成的身体痛苦的再现在所有文明人中都是相当鲜明深刻的,这使他们尽量避免制造这种痛苦。哪里存在较大的再现力,哪里就有对施加精神痛苦的抵制。一句尖刻的话或一个粗鲁的行为所产生的精神不

协调状态被设想得如此清晰，以至于这种想象部分或全部地抵制了这种行为。……在另外一类情况中，同情通过敦促消除某种正在持续中的痛苦的努力来修正行为，这些痛苦可能来自于疾病、事件或敌人的残忍。……如果他的想象是鲜明的，而且他也知道这些痛苦可以由他帮助消除，那么他就无法通过离开来逃避他的不协调感，因为对痛苦的再现一直伴随着他，并迫使他回来提供帮助。[①]

因此，我们必然得出这样的结论，即仁慈感表现为许多发展等 22
级：怜悯限制我们去制造生理痛苦，怜悯阻止我们去制造精神痛苦，怜悯使我们在看见邻人处于痛苦中时帮助他们。那些同种情感的较高类型，例如善行、慷慨和慈善，其快乐产生于对他人的帮助。这种帮助不仅着眼于解决他人现在的痛苦，而且注意使他们摆脱将来的忧虑。前两种情况是消极的，即它们以避免特定行为的形式存在；相反，其他情况则是积极的，它不是指不作为，而是指某种作为。仅在这里，我们就会发现如下理论的谬误所在。这种理论认为，某种作为或不作为一旦表现为对社会的不道德和损害双重方面就是犯罪。事实上，在缺乏使我们助他人一臂之力的实施怜悯的任何行为中，这种双重性都明显地存在着。拒绝向应该给予施舍的人以施舍，或拒绝尽力帮助穷苦人对社会也可能会造成损害，同时也证明缺乏利他情感的正常发展。然而，尽管这种行为可能是吝啬的，却没有任何地方的公众观念会认为它是犯罪。某种行为是不道德的，或者它伤害了处于较高发展阶段的利他情感（这种阶段的特征只有少数人具有），并不足以将这种行为与犯罪概念相联系。这种

① Herbert Spencer, *Principles of Psychology*, Ⅱ, Part Ⅸ: “Corollaries”, C.Ⅷ.

行为必然伤害那些处于最低发展时期（我们称之为初级阶段）的情感。这也解释了为什么我们发现同情感在高等人种和正在走向
23 文明的人中普遍存在，但却仅处于消极形式。因此，这些使我们联想到犯罪的异常事实必然包括对某种情感的侵犯，而正是这种情感阻止我们成为别人痛苦的主动加害者。

四、怜悯感

现在几乎已变得普遍的怜悯只是处于其第一个等级，即厌恶那些造成生理痛苦的行为。而对于那些引起精神痛苦的行为则不同，有些行为的效果如何主要取决于特定人的敏感程度。同样的行为，对有文化的人会造成痛苦，而对一个农民来说，则可能根本不值一提。在这种情况下，一般的再现力不足以引起痛苦。因此，粗鲁的语言和庸俗的称呼在下层阶级中非常普遍，以至于已成为上层社会中辛辣的讽刺和嘲笑的素材。而我们永远也不会想到这对修养高于环境的文雅人来说要承受多大的痛苦，因为共同的道德情感不容许任何伤害。

考虑哪一类可以最后导致疾病或死亡的精神痛苦也是没有必要的，对不同性格的人其影响也有很大不同。伤害人的倾向对道德感来说是一件非常不确定的东西，以至于无法引起厌恶感。即使它确实引起了厌恶感，因为它对任何既定的行为结果都无确定的影响，所以，它除了哀叹现实以外什么也做不了。因此，某些作家所讲的道德杀人对犯罪学来说无任何实际意义。由于它对做出确切的决定无任何影响，所以在任何犯罪类型中也不能占有一席之地。

但是，当精神痛苦中混有某种生理痛苦因素时，如强行拘禁或

强奸等情形下，情况就大不相同了。当除了精神痛苦之外还附加有对被攻击人的社会地位的侵犯时，情况也不相同。在诸如诽谤（defamation）、诬告（false accusation）[①]、引诱卖淫、诱奸未达承诺年 24
龄者的情况下也是如此。这类行为将会产生不可弥补的伤害，因为它们可能使受害者完全堕落。普遍的情感正是通过预见这种结果而被激发起来并在这些行为的制造者身上打上罪犯的印记。

① 大陆法中诽谤犯罪与我们的规定有很大不同。在法国和意大利的法律中，除了公职人员的诽谤罪之外，主要规定有三类：

（1）诬告（False accusation）

法国刑法典第373条规定：诬告（Dénonciation calomnieuse）是就应罚事实以书面形式或向权力机关所作的恶意虚假控告。（法国刑法以前承认“Calomnie”就是一种明显的犯罪，即一个人将会使某人受到起诉、公众憎恨或轻蔑的事实以某种特殊的公开方式转嫁给他人。如果他采取了书面的形式便构成诬告罪。然而这一条款在1819年被取消了，现在这种过错行为根据实际情况或者构成“诽谤罪”或者构成“侮辱罪”。参见Garraud, *Traité de droit pénal français*, V, p.325）

意大利刑法典第212条规定：诬告（Calunnia）是向权力机关所作的会使其明知清白的人受到惩罚的虚假控告，或捏造使清白的人受到有罪追究证据的行为。

（2）诽谤（Defamation）

法国1881年7月29日法第29条第1款规定：诽谤（diffamation）是以某种特殊的公开方式“断言或转嫁使被攻击的人或团体的荣誉或良好名声受到损害的事实”。即使情况属实也不能作为辩护理由（Garraud, loc, cit.）。

意大利刑法典第393条规定：诽谤（Diffamazione）是犯罪人：“在与一个以上的人交流中将某种使他人受到轻蔑、公众憎恨或荣誉受损的确定事实强加在该人身上的行为，无论这种交流是分别的还是同时的。”除非特殊情况下，情况属实也不是辩护理由（第394条）。

（3）辱骂（Insulting lauguage）

法国1881年7月29日法第29条第2款规定：辱骂（Injure）是指“任何伤害感情的语言，即任何轻蔑或恶骂的但并未转嫁某种事实的词语”。如果是公开的，便是“违法行为”，否则便构成“违警罪”（Garraud, loc.cit.; See post, p.59, notel）。

意大利刑法典第395条规定：辱骂（lngiuria）是指“任何以某种方式损害另一个人名誉、声望或地位”的语言。如果这种行为是当着被侮辱人的面或以向他写信的方式进行的，那么这时像在诽谤罪中一样，他必须是使一个以上的人了解了此事，无论这种了解是分别的还是同时的。——英译者注

以上所述清楚地表明,迄今为止存在一种利他情感,这种情感
25 在其发展的初级阶段是无处不在的,至少在所有高等人种和由原始人进化而来的人中是如此。这种情感至少以其消极形式表现为对我们同类的仁慈感或怜悯感。对于那些已经达到较高发展阶段的种族来说,它将因此而表现为一种固定而不可改变的情感。它可以被确切地称为“普遍的”,只是某些发展较慢的部落例外,因为这种部落发展较慢,与人类的其余部分相比,只能代表毫无意义的极少数。

有人提出这种结果与进化论相矛盾。一位作者说:“如果道德是进化的产物,为什么其变化是不同的呢?如果到某个特定时间为止它已经历了统一的变化,那么为什么这种变化过程停止了而不无限继续呢?”[①]对此,斯宾塞以如下一段话加以回答:“如果推论以上所描述的过程不能产生任何固定的情感,就等于假定社会福利不存在任何固定条件。显然,如果暂时的必要行为方式能产生暂时的带有相应情感兴奋的正确与错误思想,就可以推断永久的必要行为方式将会产生永久的带有相应情感兴奋的正确与错误思想。因此,怀疑这些情感的起源就是怀疑这些方式。只要你比较过所有已不再过纯掠夺性生活种族的法典的话,你就不能否认这种永久的行为方式是存在的。这种情感的变化不过是适合于破坏性活动的社会原始类型向适合于和平活动的文明社会类型过渡的伴生物。”[②]尽管在
26 这里,这位伟大的哲学家并未涉及犯罪理论,但这段话的结束语已完全驳倒了在这个问题上的反对意见。

① De Aramburn, *La Nuova Ciencia Penal*, p.101 (Madrid, 1887).

② Herbert Spencer, *Principles of Psychology*, Ⅱ. part Ⅸ: “Corollaries”, C.Ⅷ.

但是也许有人会提出，慈善是人类的一种情感或本能的结论与历史上的许多事实相矛盾，比如海盗行为；在欧洲残存至今的抢劫触礁船只行为；在中国被容忍的贩卖儿童行为；在美国存在不久的奴隶制；中世纪的残酷刑罚；基督教徒们对异教徒和摩尔人、西班牙人对新大陆土著居民施加的无数酷刑。此外，我们该如何解释那种使古编年史学者叙述理查德怛撒人的食人宴[1]时不仅无任何颤栗，而且丝毫不影响他们对英雄骑士性格的热情呢？

然而这种矛盾仅是表面的，对其解释也不困难，怜悯感的对象已经明确，我们已指出其范围局限于那些属于我们同类的人。正如我们看到的，一个人开始时只承认与其同一部落者为同类，接着包括国家的所有人，然后是所有具有同一信仰、语言或祖先的人。也许直到今天，我们才不分民族和信仰地包括所有的人。

怜悯开始就存在，但远不是世界范围的。不论持相反意见的人怎么说，它仍然是远远不够的。不久以前，欧洲军队对北部湾人和中国人残忍的所作所为全然不顾现代战争的人道主义法律就是证明。[2]在这里，我们会明白为什么在不太开化的时代里，西班牙人不 27
把印第安民族当人看；我们也会明白为什么在几个世纪以前，摩尔人、撒拉逊人、各类非基督徒阿尔比人及所有其他异教徒都不如疯狗值得怜悯。他们不是天主教徒的同类，两者的区别犹如撒旦与大

① “这些人杀了一位年轻的阿拉伯人，这个年轻人新鲜而又柔软；他们将他煮熟并用盐腌制，然后首领先吃了一盘并连说好吃。……他接下来命令将30个最好的阿拉伯人斩首，并让他的厨师将这些头颅煮熟。然后，他命令给每个大使分一个，而他则津津有味地吃掉了分给他的那一个。”（Taine, *De la Littérature Anglaise*, Ⅰ, C.Ⅱ, §7）

② 有关这个问题，参见 Tarde, *Criminalté Comparée*, pp.188, 189（Paris, Felix Alcan）。

天使圣米勒的区别；他们是救世主的敌人，因此必须消灭、铲除和分离。在怜悯感中，这种理由并非不充分，它不过在于没有看到人与人之间的共同点，没有这种共同点，作为怜悯起源的同情根本就无法存在。

到19世纪，维克多·雨果（Vitor Hugo）发出对世界主义的惊喜而夸张地呼吁："所谓英雄不过是变相的杀人犯。"为了评价进化过程对道德感变化所产生的影响，唯一必要的就是问问我们能否想象现代统治者会像阿苏尔-纳泽尔-帕尔（Assur-Nazir-Pal）那样命令人们为他刻碑，并描述他如何在统治存在敌意的城市时使一些显要人物被剥皮、一些人被活埋、另一些人被钉在十字架上施以刺刑。[①]在这种怜悯感的扩展中，进步是巨大的。在史前时代，它局限于家庭成员内，现在却无限制地扩展到所有人类。它的发展趋势甚至是超越这一限制，这一趋势是与动物保护者的努力分不开的，这就是说，人们对低级动物也产生了怜悯。

然而，这种对象范围不断扩大的情感从最早的原始群形成和人类第一次看见身边的同类那一刻起就一直存在着。因此，上面所说的矛盾是不存在的。

28 但是确有一些事实无法作同样的解释，比如宗教叛逆、人祭、贩卖儿童以及允许杀婴等，对这些事实我们必须采取不同的观点。

我们不是都熟悉那些外科医生吗？他们在做手术的过程中常常习惯于施加痛苦而丝毫不理会病人的喊叫，而且不会为他们痛苦的颤抖而动容。然而这些人仍旧不是坏人，他们正是因为做这些手

---

① Maspero, *Histoire Ancienne des Peuples de l' Orient*, C.Ⅸ.

术而得到金钱补偿、表扬和感激。显然,这不能证明怜悯不是一种道德情感或不是一种人类本性的基本情感。原因很简单,既然这种痛苦手术的目的不是制造伤害,相反从病人健康考虑,如果医生为之住手,那么它将是一种荒谬而不合理的怜悯。对于真正的怜悯来说,与病人如果不做手术将要遭受的痛苦或死亡相比,他现在暂时的痛苦便显得微不足道了。

根据这种观点,我们可以对那些存在于原始人中及一定范围内的原始部落的残暴习惯做出判断,而它引发的事实我们在上面也已提到。有时这些习惯的决定性动机是群体利益;这符合人类的牺牲精神。有时它是被害者自己的慷慨意愿,如上年纪者和病弱者被其子女公然杀害的情况就是如此。迷信抑制了任何反抗这类习惯的意向,个人抵触行为被迫服从于社会、宗教或后代责任的需要。像印加时代的秘鲁一样,今天的达荷美仍存在殉葬,其原因也与此相似。这种原因曾促使阿伽门农(Agamemnon)和杰夫瑟(Jephthah)牺牲了他们的女儿。那些只能解释为必须对人口过量增长进行淘汰和预防的爱国的或宗教的偏见和习惯已引起中国、澳大利亚、巴拉圭和南非对贩卖儿童的容忍,这正如在许多波利尼西 29
亚部落中堕胎的通行做法一样。由于同样原因的作用,产生了莱科古斯法。根据该法的规定,所有病弱和畸形婴儿均应被遗弃。这里的问题并非是个人残忍,而在于个人无力反抗的社会制度。正是这种有害因素使残忍受到利他主义的谴责。在这种习俗流行的地方,不去做这些推测为必要的残忍行为便被视为有害。

在上面我们谈及的民族中,那些被法律允许的非人道的习惯仍有一些需要加以说明,包括同类相食,首领和武士纯出于任性、

意欲表现其敏捷或为试试武器而杀人的权力，以及那些既不是出于宗教或爱国的偏见，也不是出于具有经济或社会目标的制度，而只能解释为怜悯感完全缺失的残忍行为。这些习惯确实存在于某些原始部落中，至少在文明人发现他们时存在于他们之中。他们包括斐济人、新西兰的毛利人、澳大利亚的土著人以及中非的一些部落。可是这些仅是一些特殊的例外，它们是一种社会异常现象，而这种异常对于人类来说，与某个种族、国家中的个人异常是一致的。

在这个问题上，为了论证以下这个明确的判断，我们已经说得足够多了，即以消极形式存在着一种为全人类拥有的（也可能有一些例外）、基本的仁慈或怜悯情感。也就是说，存在着那种使人避免任何于社会无益的残忍行为的情感。进一步讲，全社会永远会把对这种情感的侵害视为犯罪。而且很显然，现在这种情感的范围随着人类同情的进步和宗教、政治偏见以及迷信的最后消失
30 而大大扩大了。

五、正义感

现在我们来看看利他主义最有意义的形式，看看自我利他本能中最突出的情感，即正义感。斯宾塞告诉我们："这种情感显然并非由对他人经历的简单的愉快和痛苦的再现所组成，但它也是由一些情感的再现组成的，这种情感就是他人在已被或将被允许或禁止做能获得快乐或逃避痛苦行为时所感受到的情感。所以，正义感是由一种感觉的再现所组成，而这种感觉本身也是高度的重新再现。……这种最高利他情感发展的极限也相当清楚，……它朝着

这样一种状态发展，即尽管每个公民都不能容忍对其自由加以其他限制，但是如果这种限制的对象也包括其他公民的相似权利，他就会加以容忍。甚至他不只容忍这种限制，而且会自动地承认并坚持它。他将会好心地操心其他每个公民的正当行为范围，就像操心他自己的一样；在他自己不去侵犯它的同时，他还会保护它免受其他人的侵犯。”[①]我们将这种优雅等级的正义感称为“高尚”。这种情感具有如此复杂的特点，只有个别人才能完全拥有它，这一点是容易理解的。尽管正义观念在儿童和下层阶级中都有正常的发展，但当它与他们的个人利益相冲突时，他们却很少使其行为与这种观念保持一致。儿童和原始人完全能够区分什么东西是自己的，什么东西是他人的，然而他们仍不断地想得到任何他们能得到的东西，这说明他们缺少的是正义感而不是正义观念。而对于文明种族的成年
人来说，由于继承和传统的原因，他们一般都具有某种制止他们用 31
欺骗或暴力取得他人财物的本能。在这里存在着一种与财产的利己主义情感相一致的利他情感，一位意大利作家将其精确地描述为“自我保护的第二情感形式”。[②]

六、正直感

我们称呼这种最后提到的利他情感所能使用的唯一一个词就是“正直”，这个词表达了对所有他人物品的尊重。

很显然，一个社会平均的道德感不能包括正义感的所有层次，例如，这种情感中极高的修养将会阻止我们去接受我们明知不应得

---

① Herbert Spencer, *Principles of Psychology*, Ⅱ, Part Ⅸ: “Corollaries”, C. Ⅷ.

② Sergi, *Elementi di Psicologia*, pp.590, 591 (Messina, 1879).

到的赞扬。但是,这种情感只属于少数人。在社会的道德感受到侵害之前,一些接近普遍的情感必然受到攻击,而我们所遇到的唯一属于这类的情感就是基本的正直。正如前面所述,这种正直就在于对他人财产权的尊重。①

从这个角度说,仅仅伪装破产就是犯罪。实际上我们完全可以说,它与现在被认为是犯罪的任何欺骗行为一样,也对道德感造成了伤害。或许我们应该更进一步说,这样的时刻将会到来,即所有发生在民事行为中的、一个团体以牺牲另一个团体的利益为代价而得到非法利益的骗局和狡诈行为都将被认为是犯罪。但是,
32 这种做法的努力不可能不伴随有某种风险。首先,揭露民事转让中潜在的背信是一种非常困难的事情;其次,如果其中包括真正的财产权利,仅仅这种有争议财产的出现就具有担保效果。因此,这一类欺诈并不会使社会引起严重恐慌,因而并未被划入有害行为之中。

最后,我们应该记住:正直并非像同情那样是一种根深蒂固的感情,它比后者更加独立于我们的机体,本能性更小,而且更容易根据我们各自的思维方式和观念的不同而有更大的改变。在比怜悯低得多的层次上,它靠自然的继承取得;在比怜悯高得多的层次上,它靠教育和模仿获得。因此,在共同正直与高级正直之间划出一个界线是一件十分困难的事,而后者就是构成上述理想的正义感

① 弗拉萨蒂对是否能够确定拥有这种情感提出质疑。他认为,由于社会主义的影响,对他人财产权的尊重处于衰落状态,而且,在集体主义基础上重新组织社会的情况下,它还可能完全消失。但是,如果改变了这种情况,诚实的人便会尊重集体财产权。大量财富由社会掌握所有权并不会导致正直或不正直情感的消失,唯一不同的是,它们将与社会所有权相联系,而不是与个人所有权相联系。

的高尚情感。

当一个人开始考虑社会在什么范围内允许在产品上使用虚假标志和标签，出卖马匹、艺术品及其他物品时使用不真实的陈述和描述，以及其他多种类似手段获得主要收入的不正当来源时，他就会对这种正直感在大多数人中是否存在产生怀疑。假冒、以次充好、违反诚实、无视忠诚这一美好情感等是如此司空见惯，以至于使得相互容忍成为必不可少。结果，经过随意限制，不正直这一污点仅被适用于那些最严重和最明显的侵犯财产形式，而实际上它应该适用于所有侵犯财产的行为方式，无论这种财产是有形的还是无形的。例如，法律仅对一种伪造行为即伪造货币行为予以严厉处罚， 33
而对某些产品的伪造行为来说，即使它比真品更便宜，并因而可能使真正产品制造者之外的人都受益，它使道德感受到的伤害程度也并不会因此而减少。无疑，在前者中存在的无法估量的社会危险，这并非没有其影响，可是舆论对这两类伪造都认为有同样的不正直特点，尽管一个要处以徒刑而另一个仅处以罚金。另一方面，不管在这一问题上有多少理由，我们从来不会将走私者或从该犯法行为中获得好处者同对盗窃者或接受赃物者一样抱有同样的反感。其区别很简单：在第一种情况下，违法者只是违反了纳税义务，也就是拒绝向国家交钱。显然，拒绝去增加别人的财富与偷盗已是别人的东西是不同的。设想，即使最诚实的人碰巧得到了一盒已逃避了关税的哈瓦那雪茄，如果他在享受它时受到前面事实的影响那将是件非常奇异的事情，不管他是多么倾向于谴责走私行为。

第五节　自然犯罪原理

一、伤害怜悯感或正直感是实质要素

从第四节的论述中我们可以得出这样的结论：在一个行为被公众认为是犯罪前所必需的不道德因素是对道德的伤害，而这种伤害又绝对表现为对怜悯和正直这两种基本利他情感的伤害。而且，对这些情感的伤害不是在较高级和较优良的层次上，而是在全社会都具有的平常程度上，而这种程度对于个人适应社会来说是必不可
34 少的。我们可以确切地把伤害以上两种情感之一的行为称为“自然犯罪”。我承认，以上所述并不是一个完整的定义，可是它提供了一个我认为最重要的决定因素。我已试图表明那种认为犯罪是一种既不道德而且有害行为的通常说法是毫无意义的。其实不止如此，它只是不道德行为中决定性的一种。我可以提出上百种既有害又不道德但仍然不被认为是犯罪的行为，这是因为它们包含的不道德因素既不具有残酷性也不具有非正直性。例如，对一般意义的不道德行为来说，我们不得不承认在某种程度上这种因素存在于一切故意违法行为中。然而，也确实有许多行为在法律看来是轻罪甚至是重罪，而在行为人的朋友们看来却无法降低对行为人的评价。

此外，任何违法行为都必然伴随刑罚制裁，无论这种违法是否伤害了利他情感。有些人可能会问，那么你做出这种区分的客观标准是什么呢？这个问题我们马上就要做出解释，但是为了使我们的分析更完整，我们首先必须知道为什么某些侵害了不同情感的行为

被排除在犯罪之外。

二、区别：伤害庄重和贞洁的行为

我们对庄重问题的讨论结论足以证明，仅仅伤害这种情感的所有行为都不属于犯罪。侵害贞洁的行为被个人自由的提倡者们认为是犯罪，即它们侵犯了仁慈感和怜悯感。而且，即使这种行为是以无暴力的诱奸形式完成的，也同样是犯罪，因为它同样造成了精神痛苦、羞耻和其他由受害者承受的有害后果。但是在出于妇女本人意愿而且不包括任何诱奸因素在内的情况下，不贞洁行为本身就另当别论了。出于同样原因，我们也不能将某些性反常行为归入 35
犯罪，尽管有些国家仍然试图借助肉刑（“酷刑折磨”）[①]来压制这种犯法行为。文明社会确实坚持要求人们对公共风俗的遵守，绝不允许在公共场所赤身裸体或出于商业目的的性活动，因为这种场面被人嘲笑或厌恶，尤其使这些人的父母感到最强烈的侮辱。然而，即使是后者也很难要求处死那些违法者。这些父母会抗议，但不是反对他们犯罪，而是反对他们下流。显然，以上情况中唯一需要改变的就是形式，即地点，此外没有什么需要抗议的。为此，这些事实正像酗酒一样，在不同的时期可能分别会受到严厉批评、限制自由或罚款，但是从未比罚款更重，而且从未有人认为应该适用那些为犯罪设立的刑罚。公众良知无法仅在那些公开场合破坏礼仪的行为中发现犯罪的特征。而且对礼仪侵害的严重程度还要视所说场所的公开性而定，这也解释了为什么在上述情况下舆论仅理解为违警

① 参见后文第59页注释。——英译者注

罪，而不论成文法将它们划入哪一类。

三、伤害家庭情感的行为

现在让我们看一看另一类曾极为重要的情感，即家庭情感。我们知道家庭是部落的核心，因此也是国家的核心。我们还知道，道德感最初是以对自己孩子亲爱的方式出现的，那时这种情感还不是利他主义的，而是自我利他主义的。利他主义的进步极大地削弱了家庭集团的重要性，道德首次超出了家庭的限制，然后超出了部落、
36 种族及民族的限制，并最终只承认人类这个界限。

然而，尽管存在这种不断进步，家庭仍然继续存在着，并且保留着其服从、忠诚和成员间相互帮助等自然法则。那么什么是侵犯这种情感的行为呢？它是否一直等于自然犯罪呢？如果不同时存在对一种或两种上面讨论过的利他情感的侵犯，回答显然是否定的。试想，如果一个儿子虐待他的父母，或一名母亲抛弃她的子女，这里受到伤害的是什么情感？是一种被看作是某个聚合体、组织中的家庭情感吗？难道不是一种怜悯感吗？我们可以注意到，当对象与我们有血缘关系时，这种怜悯感一般来说更明显一些。

同样，正是家庭内部这种怜悯感的普遍性使得某些父母或子女的有关行为成为犯罪，而如果这些行为是对外部人所为便不具有犯罪特征。另一方面，尽管有法律存在，家庭团体这一传统概念仍坚持存在，而这一概念否认了某些家庭范围内的侵犯财产行为具有犯罪特征，如父子、夫妻、兄妹之间的偷窃。这并非因为正直感被家庭情感所压服，而只是因为共同占有的概念削弱了不正直的程度或使人们对这种不正直的存在发生了疑问。

违抗父权早已不被视为犯罪，而通奸却并非如此。通奸对家庭秩序有害，从这个角度来说，它毫无疑问也是不道德的。然而，除了在一些特殊情况下，它并不直接伤害基本的利他情感。它只是不负责任，违反了契约，而且正如其他契约关系的情况一样，其结果仅限于产生受侵害一方解除契约的权利。我们还没有得出这一结论， 37
可是从历史发展中我们可以看到对通奸的惩罚正在不断减少。以色列的石刑、日尔曼的棍刑、枷刑以及来自中世纪的其他形式的肉刑都已被几个月的矫正性监禁所代替[①]，而这种监禁在今天只用来惩罚犯法行为。总而言之，仅仅侵犯某种权利，既不伤害怜悯感也不伤害正直感的行为不能被公众视为犯罪。另一方面，在重婚行为中，例如当第二个配偶不知前婚姻关系存在的情况下，其（重婚欺诈的）犯罪特征是显而易见的。欺诈的情况也是如此，一名冒险者插足某个受人尊敬的家庭并与该家庭的一个成员结婚。尽管后一事实在法典中还没有规定，但是不能否认，以欺骗手段获得的婚姻比通奸的错误更能激起公众较大的愤慨。

在某种意义上，通奸是家庭的政治犯罪，在接下来要论及的有关政治犯罪的概论中，许多都适合于它。

四、政治犯罪

政治犯罪这一论题向我们提出了一系列极其困难的问题。我们怎能主张反对合法政府的阴谋和叛乱不是真正的犯罪呢？对某个特定的社会来说，还会有什么事情比这更危险呢？难道它不是用

① 有关矫正性监禁，参见后文第59页注释。——英译者注

最直接的方式侵害了公共安宁吗？然而，任何诚实的人都会对小偷、诈骗犯、伪造者等人产生厌恶，与此相反，我们又如何解释政治犯在他们最憎恨的敌人心中所激起的同情呢？这里有一个明显的区别。确实，你可以讲“政治犯罪”，可是“犯罪”本身与上述行为没
38 有任何关系。这种区别是公众良知从来不否认的。富有哲理的小说家巴尔扎克在他的小说《魔壳》中有一段话可以引作例子，说话者是书中波希米亚的一群年轻人：

> “‘噢，好吧’，第一个人继续说，‘我们仍有一件事……’
>
> “‘什么？’另一个问。
>
> “‘犯罪……’
>
> “‘有一个词像所有绞刑架那样高，像塞纳河那样深’，拉斐尔回答。
>
> “‘噢，你没理解我的意思，我是说政治犯罪。’”

实际上，利己主义与政治犯罪是水火不容的，后者并不说明道德感的缺失，而是说明一种自我感觉能改造全世界的革命天真。

但是，仍然有一些被通称为政治犯罪的犯罪正好符合我们的定义，比如，剥夺国家首脑或其他官员的生命，为了作进一步的革命宣传，使用炸弹和爆炸物以及其他类似的暴力行为。在这些情况下，如果仁慈感受到了伤害，这种政治目标很可能是暂时的。是否曾有过在非战争或非合法自卫过程中杀人或杀人未遂的情况呢？如果有的话，单就这一事实而论，行为者即成为罪犯。他的罪恶程度可大可小，这取决于其动机和周围环境。对此，我们将在后面加以论

述。可是，如果犯罪产生于对怜悯感的严重侵犯这单一事实的话，
那么至少一定存在某种犯罪意图。确实如此，即使在行为者的头脑
中所有计划均已形成，我们也无法承认某种犯罪会在一些步骤完成
以前就已存在。在这方面，出于公共政策的考虑，可能会对一般人
观念中不认为是犯罪意图者以犯罪意图加以惩罚。在这里，我们必
须提出真正政治犯罪这一概念。我们以前所涉及的都是那些存在
既遂或未遂的谋杀、纵火、爆炸的案件。在这类案件中，激情煽动引 39
发了犯罪，而犯罪又成为独立存在的东西，而它的存在是因为有一
种要消灭人类生活的故意。只有当那些狂热的或革命的行为不再
表现得如此残忍或对人民生命如此漠不关心时，我们才能区别出真
正的政治犯罪，并说它在本质上不同于自然犯罪。可是当社会突然
面对一种共同生存受到威胁的环境时，通常的政治犯罪可能会变为
自然犯罪。战争，作为一种类似于掠夺生命的行为状态，将和平行为
发展起来的情感降为从属地位。它使独立成为人民主要关心的问题，
而任何向敌人出卖国家的企图都被认为是不道德行为中最恶劣的表
现。在这种状态下，每个公民都必须被看作是战士；军事法律占据
了至高无上的统治地位，而和平时期的法律已消失得无影无踪。叛
国、脱逃、间谍被视为真正的犯罪，因为它们可能导致某个国家的灭
亡。而在当今，战争只是一种短时期的危机，随着和平活动替代掠夺
性活动，和平状态下的道德也替代了战争时的道德，而只在战争状态
下才被认为是犯罪的行为便成为政治犯罪或根本不成为犯罪，而且
绝对不再被列入自然犯罪范围。因此，脱逃不过是自愿地移居别国，
共谋和反叛所威胁的不再是民族的生存，而只是政府的形式。至于
说间谍，它不过是揭露了国家的秘密。像许多类似行为一样，如果

它含有为了金钱或其他利益而出卖他以名誉担保应保守的秘密，他仍然应该受到惩罚。在这种情况下就存在着不正直的因素，道德感因此受到了伤害，那么这种行为仍旧是一种自然犯罪。

五、威胁公共安宁的非政治性地区犯法行为

还存在另一种犯法行为，它们不是政治性的，可是在当地人看
40 来却构成了对公共安宁的威胁。比如，试图颠覆某个政府机构，不服从合法当局的命令，作为公民拒绝履行法律规定的公共责任等等。对这些行为来说，我们只需要重复一点，那就是在没有对普遍道德感造成伤害的情况下，既不可能存在犯罪，也不可能存在罪犯。

第六节　犯罪行为的分类

现在，我们来讨论犯罪行为的分类问题。对我们来说，根据犯罪基本都是使两种利他情感中的这种或那种情感受到伤害这一事实，我们可以将所有犯罪分为两大类。就这种分类而言，它与何种权利受到侵害和法典中这种犯罪被归入哪一类无关。

（一）伤害怜悯感的犯罪。第一类是对怜悯感或仁慈感的伤害，它包括：（1）侵害人的生命和所有意在对人产生身体伤害的行为方式。如故意施加身体痛苦、故意残害肢体、虐待病弱者，故意引发疾病，要求儿童过量劳动或做其他会伤害他们健康或影响其发育的工作。[①]（2）立即造成身体和精神上痛苦的客观行为。比如以利己

① 这些还未被法典所确认，或者至多只是被归入违警罪中。

为最终目的对个人权利的侵犯，而不论是为了满足肉体快乐还是为了获得金钱，这里比较典型的例子是诱拐妇女或儿童。（3）直接造成精神痛苦的行为。比如诽谤、诬告和许诺结婚实施的诱奸。

（二）伤害正直感的犯罪。第二类即伤害正直感的犯罪包括：
（1）对财产的暴力侵犯，即抢劫，以及以某种威胁进行的敲诈，对他 41
人财产的蓄意破坏、纵火等。（2）不包含暴力但存在违反诚实情况的犯罪。如诈骗金钱，侵占他人财产，为欺骗债权人而进行的财产转让，出于过失或欺骗而发生的破产（banqueroute[1]），公布职业秘密，[2]滥用版权，以及各种形式的意在损害发明者、制造者权利的伪造。（3）以正式或庄严方式所作的对个人财产或民事权利造成间接侵害的陈述或记载。这一类犯罪还会在伪证罪、伪造或毁灭官方文件或记录罪、调换儿童以及隐瞒法定身份罪中[3]被提及。

一、被排除的犯罪

应该注意，我们从犯罪的范围内排除了以下行为：（1）威胁以

---

① “Banqueroute”不同于我们所说的“破产”（bankruptcy），而是指一种犯罪行为，即受刑法管辖的行业者的破产。这种犯罪包括两种：简单的和欺诈性的。（1）“简单破产”的基本原理是破产者在处理其财产时有疏忽或懈怠的犯罪行为。它“是指‘破产人由于经营不努力而导致或加重其破产，或违反法律赋予行业者的特殊责任的行为’”（“Digesto Italiano”，V，173）。（2）“欺诈性破产”在于具有实际的欺骗行为，如携账本潜逃或隐藏财产等。——英译者注

② 法国刑法典第378条规定：“如果内科医生、外科医生和其他所有医护人员、药剂师、助产士及其他所有因为职业需要而知道秘密的人泄露这些秘密（在法庭审理中必须作证者除外），将被判处1—6个月监禁并处100—500元的罚金。”现行意大利刑法典第163条也有类似条款。——英译者注

③ 它是指意在毁灭有关一个人的民事状况证据的犯罪行为，比如出生后不去申报或作虚假申报，以及伪造、篡改或毁灭出生证明等。——英译者注

42 一个政府组织为代表的国家的行为。这类行为包括可能引起一个民族与另一个民族相敌视的行为，未经授权的军事征募，政治性骚乱，密谋反政府的集会，煽动反抗性言论，煽动犯罪的新闻报道，与革命派别或违宪党派进行交往以及煽动国内战争等行为。（2）无政治目标的攻击社会权力行为。其中包括：抵抗合法任命的官员（涉及谋杀或施加身体伤害者除外），没有非法金钱目的的篡夺官位、要职或公共职务，拒绝履行国家义务，走私等行为。（3）可能侵害公共和平、公民的政治权利、宗教信仰或导致公共礼仪受到侵害的行为。这部分行为应包括：非法侵入他人住宅，[①]用暴力而不用法律手段实施权利，为震惊公众而散布虚假消息，帮助或唆使犯人逃跑，虚假选举，反对宗教信仰，非法逮捕，未造成清白人受害的性堕落行为。（4）与某个国家中地方性或特别立法相抵触的行为。如赌博，非法携带武器，暗娼，以及违反铁路、电信、环境卫生、海关、狩猎、捕鱼、森林、河道、公民的法定身份以及其他各种地方法规的行为。

二、对某些反对意见的思考

对于上述分类，德·阿兰布鲁[②]以及随后的洛萨诺（Lozano）[③]
43 都提出异议。他们认为，很容易说明被划入某一类的犯罪如果划入另一类将同样合适，因为不公正的就是残忍的，而残忍的就是不公正的。相反，我认为这种情感是截然不同的，很可能一个受到了伤

① 它包括两种形式：一种是指警察或其他公职人员对住宅所作的非法搜查；另一种是指其他个人违背主人意愿，借助武力或胁迫，为非法目的而进入他人住宅的行为。这种行为并非必然包括盗窃行为。——英译者注

② De Aramburu, op. cit., p.102.

③ Lozano, *La Escuela Antropologica y Sociologica Criminal*, p.98（La Plata, 1889）.

害而另一个却丝毫不受影响，尽管多数情况下是两者均因同一行为受到伤害。比如，抢劫一个富人夏季关闭不用的房子或从银行抢劫几千法郎是否有什么残忍之处？显然，这里只涉及不正直。另一方面，在复仇谋杀中有什么不正直的因素存在呢？它只是作为对谋杀者本人或其亲属错误行为所产生的一种极端的反应。诚然，可能有人会说，无论用什么方式伤害什么人都是邪恶的。可是邪恶和非正义并非同义语，无论如何，后一例子所包含的邪恶并非是对我们前面称为“正直”的公正情感的侵害。

于是有人进一步提出反对意见，认为利他主义情感具有很小的一致性，因此犯罪的界线也在不断地扩大。[①]当然我们完全承认，在较早时期和在一个完全不同的国家社会中，利他情感绝不会发展到现在的水平。事实上，在我们谈到这些与文明并进的情感的发展时，这正是我们的出发点。而且，我们还应该牢记当代的道德是建立在利他主义之上的，而其他人民和其他时代的道德则建立在完全不同性质的情感上，即爱国主义、宗教、对统治者的忠诚、对社会等级的尊重、荣誉观念等等。那么我们研究的目的是发现什么是当今社会中真正的犯罪，即去查明在我们本世纪欧洲人的眼中究竟什么是犯 44
罪，这与利他主义仍然具有进一步发展的可能性或今天不被认为是犯罪的行为将来有一天会成为犯罪并不矛盾。肯定地讲，发展的趋势是道德感的日益丰富。正如富勒所说：“如果道德感得到扩大的话，今天不愉快的事情将来会成为可憎的事情。……我们同情的事情正在不断扩大其范围，它不仅扩展到整个人类，而且扩展到整个

① Colajanni, *La Sociologia Criminale*, pp.54,55; De Aramburu, op.cit., pp.102—104.

自然。也正因如此，它在今天比从前更容易受到伤害，尤其在道德力量方面更是如此。”①

因此，完全可能发生这样的事情，即许多今天被认为无关紧要的事情明天将会被视为不道德，而其他只是不道德的事情又可能被赋予犯罪的性质。后者比如遗弃私生子，或不给他们以足够的教育；再比如，对动物进行活体解剖、人工养肥动物或其他虐待动物等近年来已在动物保护团体中激起义愤的行为。时代的发展同样会对正直感产生影响，除非有难以克服的实际困难，所有那些作为民事行为处理的非罚性欺骗行为都将会与其他我们今天惩罚的诈骗行为相并列，以至于两者因此变得毫无区别。对于那些已经存在或将由法律赋予获得帮助和支持权利的无生存能力的父母、子女、老弱仆人或工人来说，对他们的遗弃行为也将具有犯罪性质。

然而很容易理解，将来因为犯罪而受到伤害的情感将会与我们上面讨论的情感相同，只不过这些情感已处于其较高和较完善的发
45 展阶段，而且时间的流逝会使其变得比我们今天的情感更加普遍。我们完全无法想象一种不同性质的犯罪，或设想伤害其他情感的过错会成为犯罪。正如我们已经注意到的，发展趋势正好相反。那些不涉及对我们所讨论情感的伤害的过错被作为犯罪的比例随着文明程度的增加而越来越小了。

对未来我们就谈这么多。难道这些对未来的概要讨论没有为我们提出的犯罪概念的正确性提供新的佐证吗？

那些未被我们列入的犯罪不属于社会学研究的犯罪范围。它们

① Alfred Fouillée in *Revue des Deux Mondes*, 15 March, 1888.

与特定国家的特定环境有关，它们并不说明行为人的异常，即不证明他们缺少社会进化几乎普遍为人们提供的道德感。无疑，立法者应采取措施使他们受到惩罚，然而在我们看来，只有那些需要研究其自然原因及其社会矫正的真正犯罪才能引起真正科学的兴趣。被排除的犯罪常常仅是侵害了偏见或违反了习惯，或只是违背了特定社会的法律，而这些法律根据国家的不同而不同，且对社会的共同存在并非必不可少。在这些情况下，生物原因的研究是不必要的。对于矫治来说，只有惩罚是必要的，而这种惩罚的强度则取决于威吓所需要的程度。

第七节　对自然犯罪理论的批评

一、德·阿兰布鲁等人的反对意见

自从我于1885年首次提出自然犯罪的定义以后，受到的批评从未停止过。有些强烈主张的反对意见是由误解所致。比如，有人提出不可能存在自然犯罪这种事情，因为在自然界里，犯罪这类事实既无所谓好也无所谓坏，它同任何其他行为一样，并且只有在社会状态下才成为犯罪。[①]但是，因为我们的对策是从社会学的角度 46
做出的，因此很显然我们所说的“自然”只能是“社会自然”。

最普遍的反对意见是，如果按照我所设定的犯罪界限，许多犯罪都将被排除在外。[②]对这一点没有什么可争论的，因为这正是我

① De Aramburu, *La Nuova Ciencia Penal*, p.98 (Madrid, 1887); Lucchini, *Semplicisti*; Colajanni, *La Sociologia Criminale*.

② De Aramburu, Lucchini, Colajanni, utsup.

们的目的所在。我的研究只限于应罚事实的一部分,这些事实由一个共同特征联系在一起,只有这些才使科学对之产生兴趣。

二、瓦卡罗的观点

另一位作者愿意承认我在这一点上是对的,可是却断言我的研究缺乏实践价值,因为如果我认为是自然犯罪的行为现在被法律认为是可罚的,那么我的发现便为时已晚;另一方面,如果这些行为法律认为是不可罚的,这种发现便毫无用处,因为社会权力只有在它的某些利益受到侵害且能够保护这种利益时才会承认侵犯这些利益的行为具有犯罪特征。①然而,这种批评忽略了一个事实,那就是我们最终所要达到的目标是纯科学性的,即查明什么行为应作为惩罚的对象(而刑罚根本就不属于我的考虑范围),以便为立法者提供导向。我提出自然犯罪概念的主要目的是将应罚事实中那些受同一自然法支配的犯罪区别开来,因为某些个体异常主要是缺乏一部分道德感,或者换句话说,是作为道德基础的某些情感的不充分,而对这些个体异常的揭示随着文明国家的进步不断地发展着。如果我的研究是正确的话,谁能否认这种研究的科学价值呢?而
47 且,即使不是任何有科学意义的事情同时都具有实践意义,那么我大胆地补充一句,就确定镇压和预防手段方面,我的犯罪概念远不是徒劳无益的,这也正是我所希望的。

同一作者还坚持说,实证派的犯罪学家除了承认犯罪是“被刑法所禁止的行为”,从不承认其他的犯罪概念。他说:“实际上,对于

① Vaccaro, *Genesi e Funzione Deue Leggi Penali*, p.176(Rome, 1889).

那些不承认在人类聚合体中人们有选择自由的社会学家来说，研究自然犯罪是荒谬的，因为这将是独立于成文法之外的东西。正如一种火炮的爆炸都遵循一定的化学、物理、机械规律一样，一个合法组成的权力机关禁止这些行为或允许那些行为，都仅服从社会的自然法则，因此每一个被刑法所禁止的行为便是自然犯罪。我甚至可以进一步讲，唯一存在的自然犯罪就是法律认为是犯罪的犯罪。"在我看来，这种批评似乎混淆了某些词义。无疑，对实证主义者来说，任何对法律的侵犯都是自然事实，完全等于法律本身的颁布以及它们包含的法律制裁。我们的概念是否与这一观点有什么不一致呢？我已经做过的工作就是从所有这些自然事实中选取某一类犯罪，这些犯罪表现出一种特殊不道德的鲜明特征，而我称这些犯罪为"自然犯罪"，以表明它们今天仍然是对法律和政府的普遍蔑视。因此，这种反对意见与其说是严肃的批评，还不如说是玩弄文字游戏。

在不同意我的观点的人中，只有瓦卡罗一个人倾向于嘲弄利他主义。他认为这个词毫无意义，至少没什么社会重要性。对此，我冒昧地引用富勒的著名论断作为回答："当代哲学早已不再嘲笑道德直觉，而是越来越多地倾向于对其加以肯定，因为它在这种直觉中发现了一种几乎是正确无误的、居于生命规律中最深层次的直觉。它不再将怜悯看作是一种错觉，而是从中发现了消除孤立和自满错觉的最重要和最有效手段。"① 48

瓦卡罗进一步断言，道德感不能作为犯罪问题上的直接标准，因为道德感本身在很大程度上来自对刑罚的恐惧和刑罚产生的影

① A. Fouillée, "Les transformations de pidée morale" (*Revue des Deux Mondes*, 15 September, 1889).

响。他继续说，既然如此，以道德感来确定什么行为应受到处罚将是“循环论证”。①然而，作者忽略了一点：严重侵害一个聚合体中公共利益或道德的行为（也正是因为这一点）总是跟随着一种社会反应。应该承认，刑罚反过来又使道德得以巩固，因为对刑罚制裁的回忆通过继承而代代流传并转化为一种本能，而这种本能曾经主要是恐惧或推理过程的结果。然而我们仍然可以说，仅靠刑罚去证明那些公众不认为是犯罪的行为（如决斗、通奸、政治犯、宗教信仰自由）具有犯罪特征，这种做法从未成功过。众所周知，对上述行为所适用的刑罚在严厉程度上超过对任何其他犯罪所适用的刑罚，那么为什么它们未被同样列入道德禁止的范围呢？

三、科拉雅尼关于普遍道德情感的观点

科拉雅尼是一位著名的社会学家，他认为采用高等人种的普遍道德情感作为区别犯罪的标准本身就有允许犯罪的风险。他写道，
49 这就像普遍道德感在美国引起了私刑的出现，在阿尔巴尼亚和黑山就像通常在科西嘉和西西里发生的情况一样，它要求人们为复仇而去谋杀。然而请注意，我并未绝对讲高等人种，我加上了“文明世界中的”这一限制词。像所有巴尔干国家一样，阿尔巴尼亚和黑山仍处于半原始状态。就科西嘉和西西里来说，正如作者本人所承认，族间复仇不再能得到上层社会的赞同，一般说来，只有在下层社会，必然也是人口中最落后的那一部分人中还保留着这一习俗。至于

---

① Vaccaro, op. cit., pp.176—180。我要首先感谢西皮奥·西格海勒的精彩文章支持了我的理论。该文是为了回答瓦卡罗的批评而写的。参见 Archivio Dipsichiatria, Scienze Penali etc, Vol. X, pp.410,411（1889）。

私刑拷打，它只是一种简易裁判，与现在讨论的问题完全无关。

而且，无论道德感形成的方式如何，它在今天无疑独立地存在于刑罚之外。正是出于这种原因我才认为，从必须加以镇压的有害行为中找出应归因于个人道德低下的行为是可能的。后者诸如那些伤害最基本的利他情感的行为，而且正是在这里我们发现了犯罪，而不是在别处。实际上，在当今设想任何不具备这一条件的事实为犯罪都是不可能的。

我曾提出，尽管以上事实与其他某些不同性质的行为比起来对公共安宁的影响相对较小，然而公众良知却将它们看得严重得多。因此，正如我已说明的，在这两类有害行为之间存在着区别：一方面，是将其制造者置于社会底层环境中并被普遍称之为犯罪的行为；另一方面，是具有反对国家或违反法律特征的行为，它并不意味着行为人缺少当代社会认为必不可少的道德因素。

四、德拉古的犯罪理论 50

德拉古在其近期著作中承认，[1]从道德和社会的角度来说，谋杀犯是一种异常个体，[2]他们在心理结构上不同于正常人。在谋杀的情况下，犯罪的客观严重性表明罪犯的本性、行为的不可弥补以及行为人的不可改变。[3]在德拉古看来，"犯罪"一词只是用来指代那些意在破坏人类生命的行为，而生命又是某种无法恢复或等量代替的东西。这些行为不同于侵害其他对象的行为，因为这些对象是可以

---

① *L'infraction*, *Phénomène Social* (Paris, 1903).

② 同上书，第129页。

③ 同上书，第158页。

恢复或用其他物品加以补偿的。人们可能会对杀人以外的所有犯罪行为均可补偿这一点持有怀疑。然而，尽管作者将“犯罪”局限于这样的范围内，显然他已非常接近我的“自然犯罪”概念，因为我们基本可以从他的理论中得出这样的结论：一个道德正常的人要成为一名谋杀犯是不可能的。尽管作者不愿承认这一点，其原理却是相同的。我所进一步主张的是，对一个正常人来说，不仅成为谋杀犯是不可能的，而且要成为纵火犯、伪造者、诈骗犯或盗窃犯也同样是不可能的。

第八节　同样：塔尔德的观点

这里我们也许应该考虑一下塔尔德所作的研究，或许可以说明我的观点的阐述是对其研究的进一步发展。他这样问道：“能否仅根据某一行为触犯了普遍的怜悯感或正义感这一事实就认为其是犯罪呢？显然不能，除非它被公众舆论看作犯罪。在战场上看到死人比平时看到个别被杀者所激起的恐怖感更强烈；敌人军队突然袭击所造成的受害者比普通盗窃犯罪的受害者更容易引起我们的
51 同情。然而，那些负责指挥在这里剥夺生命又在那里劫取财产的人却不是罪犯。某一行为，比如正当防卫中杀人、复仇谋杀、作为战争或海盗行为的掠夺财产，是合法还是非法，要由其所属社会群体中占支配地位的公众观念来决定。而且，当一种行为指向这个群体或更大群体中的成员时，它便被公众观念所禁止；而当它超出该群体的范围时，它便得到允许。”[①]确实，在我们谈到道德感的进一步扩展

① Tarde, *La Criminalité Comparée*（Paris, F. Alcan, 1890）.

时，我们也没有忘记这最后的事实。正如我们所解释的，这种道德感最初只包括家庭，最终包括了所有人类。可是为什么要将普遍道德感与公众观念区别开来呢？这种观念如果不是派生于拥有道德感的普遍范围中，那么它派生于何处呢？这种观点毫无意义。

战争与死刑问题

负责故意引起许多人死亡的指挥者却不是罪犯，对于这个问题的解决很简单。正如我们已经看到的，在我们谈论罪犯之前，我们必须掌握犯罪的概念。而对于这个概念，只说它是残忍和非正义的行为是不够的，此外它还必须对社会有害。显然战争不是犯罪，至少从表面上看战争对社会永远具有必要性，因为它的目的不是损害国家，而是为了保护其利益或拯救它于危难之中。同样道理，死刑也是如此。将生命置于战场上是国家对外部敌人的防卫，将生命置于绞架上是国家对内部敌人的防卫。

然而，这种自卫必然涉及对怜悯感的违反，对此可能会有人反对。现在假设这是正确的，违反怜悯感对犯罪和非犯罪行为来说都是一种共同因素，因此它本身不能作为一种标准。但是，按照我们 52
的观点，并不存在这种因素的一致性，那些到现在为止一直辛苦跟随我们的读者会懂得这种主张的确切意义。我们已经说明了在通常或普遍范围内怜悯感是如何产生于同情心的，而同情心本身又是如何来自于我们自己对我们的同类所感受到的再现本能的。[①]所以，当我们看到一个罪犯完全缺乏道德本能并因此在道德上与我们完

① A.Espinas, *Les Sociétés Animales*, Conclusion, § 1.

全不同时，我们便不能把他看作是我们的同类，结果便不会从他那里感受到可能产生怜悯的同情，这是因为精神生活对人来说非常重要。低等动物从其共同体中排除那些生理缺陷令其厌恶的个别同类，而人对生理缺陷者却能宽容甚至产生同情。唯有精神异常的个人无法使人们产生同情，因为人们已不把他们当作同类。因此，我们宁愿与忠诚的狗交往，也不愿与残忍的人交往。前者的道德品质使它更接近于我们的标准，它在精神上与我们的相似要比谋杀犯在生理上与我们的相似程度大得多。人类坚持将精神相似看得重于一切，这也似乎解释了为什么那些仁慈的人，甚至那些与我们性别不同而一般来说感觉比我们更细微的人，却从来没有经历过那种将因残忍谋杀而被判处死刑的人从绞架上救出来的愿望。正义目标的实现甚至为其提供了一种内在的满足。他们具有的再现能力使他们完全感受到了犯罪的恐怖，而他们道德本能的精致使他们无法在同情的领地内给犯罪者留下一席之地。没有了同情，怜悯便无法存在。

如上所述，即使在犯罪与死刑两类事实之间存在着某种相似之
53 处，而在它们各自激发的情感之间却毫无相似可言。①

① 德·阿兰布鲁在这一问题上的观点与我不同，并断言在西班牙每一个死刑判决都引起了反对这种刑罚的明确宣传，并尽一切努力争取到对犯罪者的赦免（*La Nuova Ciencia Penal*, pp.238,239〔Madrid, 1887〕）。我要说的是，在其他文明程度一点也不差的国家中，情况正好相反。比利时佩尔捷兄弟案件所引起的广泛运动就是证明，要求执行已经宣判的死刑判决的请愿书赢得了成千上万令人尊敬的人们的签名。在法国，格雷威（Grévy）总统对罪犯的宽容使他获得了“谋杀犯之父”的恶名，并因此受到新闻界的严厉指责。我们也许还能想起美国辛辛那提州于1884年3月发生的骚乱，那就是反对宽容罪犯的长期而普遍情感的顶点。这场骚乱立即被对犯有谋杀罪的伯纳（Berner）和帕尔默（Palmer）的不公正判决激发起来，骚乱者试图冲击县监狱以要求对这两名犯人施以私刑。这场骚乱持续了3天，导致法庭被烧毁，45人死亡，145人受伤。参见Martinez, *El Derecho Penal Ante la Ciencia*, p.59（Buenos Ayres, 1892）。

在战争的情况下，必要性因素显得格外突出，但除此之外，还有其他与死刑的解释相类似的解释。我们对敌人毫不同情，正是这种原因抑制了我们对罪犯的怜悯，我们无法对他们产生怜悯的同情。然而在这种情况下，缺乏同情并非由于优雅感觉，相反，是由于一种历史的退化，是一种我们情感向掠夺生活阶段的退化，因为在这一阶段人们只把同一氏族或部落的人看作同类。几个世纪过程中，仁慈感缓慢发展经历的各个阶段又一次在某些地方出现，大炮的轰鸣声足以带回氏族和部落的原始憎恨并推进人性之爱，这一道德本能是经过了几个世纪的进化才好不容易获得的。

了社会和个人应尽的义务，而这种义务将有益于维持社会秩序并应依法绝对执行。”①

尽管这一概念到处被接受，但它有一个明显的缺陷，即它将社会功利仅看作是不道德行为应受惩罚的条件之一，而且它仅断定一般的非正义思想是一种伴生条件，却未说明其种类或特征。后一缺陷在一本权威的法文刑法学著作的如下段落中得到了例证：“任何对社会秩序的干扰都是一种道德犯罪，因为这种干扰侵犯了一种义务，即一个人对社会的义务。因此，刑罚正义必须针对的是如下两种行为：（1）具有本质不道德特征的行为；（2）本质上并非不道德，但因为包含有对义务的违反因而假定其具有不道德特征的行为。在这两种情况下都存在着社会犯罪。在第一种情况下犯罪因素是本质的，而在另一种情况下犯罪因素又是相对的。违警罪大部分属于第二类情况”。②换言之，当一个人做出合法权力机关禁止的行为时，不道德便因对法律的违反而存在。那么，找出道德因素并坚持它是犯罪必不可少的一种条件，其作用何在呢？如果说对法律的遵守是一种道德义务，我们便也只能退回到旧学派的定义并空洞地说犯罪是一种法律所禁止的行为。

对于罗西的理论，弗兰克建议用其相对物代替。他们一个讲犯罪是对义务的侵犯，另一个则讲是对权利的侵犯。后者认为：“对
57 社会来说，任何行为都不能作为起诉和惩罚的对象，除非它包含有对权利而不是对义务的侵犯，这种权利或是个人的，或是集体的，

① 参见Rossi，*Traité du Droit Pénal*，Book Ⅱ，C. Ⅰ。其他同意这一定义的人还有：法国的奥尔托朗、特雷布蒂恩、基佐、贝尔托，比利时的豪斯以及德国的米特梅尔。

② Chauveau and Hélie，*Théorie du Code Pénai*，C. XVII.

并像社会本身一样建立在道德法律之上。”[①]这里所说的问题也许都是一个意思，尽管作者努力想表明两者存在着实际的区别。在对罗西定义的批评中，弗兰克举出许多例子去说明那些对社会应尽的义务，以及虽然有害但社会在任何情况下都不认为应加以起诉或镇压的侵害。这种义务就是“全身心地为祖国服务”。同时，它也是良心赋予我们对同胞的行善义务，例如行善和原谅伤害。但是请注意，弗兰克忽略了罗西定义的最后一部分，该部分明确表明他所说的义务局限于法律绝对强制实施的义务范围内。既然弗兰克所引用的例子并未表明任何强制义务的情况，因此两种定义的范围是完全相同的。因为权利和义务是相对而言的，没有相应的义务就不存在权利，这一点毋庸置疑。弗兰克定义的模糊性一点也不比前者差。他增加了约束条件，引入了限制，并认为正是对其侵犯构成犯罪的权利能够影响确切定性，或权利的实施对相应义务以法律手段强制履行至关重要，然而他仍然一无所获。他进一步建议，对上述权利之一的侵害行为并不足以永远或单独构成犯罪，而且有必要使刑罚制裁成为可行而有效的且不具有侵犯公共礼仪的性质，[②]这一建议同样毫无用处。尽管他显然在这个定义上花费了大量精力，但这个定义仍然过于宽泛。例如，一个债务人 58
没有偿还他所欠的债务，侵犯了完全由法律规定并强制实施的权利。但假如这种欠债不是因破产所造成，我们能称之为犯罪吗？即使他表面上的破产是以欺骗性的财产转移手段实现的，按照现

① Adolphe Franck, *Philosophie du Droit Pénal*, p.96 (Paris, 1880).

② 他说：“因此，一个拒绝与丈夫同居的妇女是完全无罪的。从公共体面的观点来看，社会对此所采取的任何措施都将比受到指责的行为本身更有害”(第101页)。

行法律也不能称其为犯罪。又比如，父亲对子女具有监护权，如果他的子女离家出走，他可以强行将他们带回家，但绝不会有人认为其子女侵犯了这种监护权而构成犯罪。

而且按照上述定义，任何对法律的违反事实上也就是，对公共权力的法律秩序的不服从都是犯罪，这样我们便又回到了我们的出发点。这种议论显然是恶性循环，因为任何试图告诉我们法律将什么看作是犯罪的努力都必然等于告诉我们：在法律的眼里，犯罪就是做法律本身所禁止的行为。

三、自然犯罪的概念是唯一的解决办法

因此，犯罪行为的概念仍像从前一样不确定。当然，犯罪概念只能随着特定种类的不道德的确定而获得，而这种不道德必定在公共观念能够指出某种犯罪已经实施以前就已存在。

像耶林一样说犯罪是对社会生活条件已查明的危害也是不充分的。首先，应确切指出什么样的行为具有这样的特征。如果我们不想将发达社会生活的必要条件与特定时期一个国家安全的必要
59 条件相混淆的话，那么确切的概念是很必要的。另外，一个行为具有危险性或有害性并不必然使其成为犯罪。

有人也许会提出，我们的分析将会导致刑法典中犯罪的大量减少，而这些违法行为现在是应受惩罚的，而且从社会安全的利益出发仍应保持其应受惩罚性。然而，什么能阻止一个单独的违法法典与刑法典同时存在呢？它们一个规定所有纯粹违反法律而公共政策认为有必要以严格措施加以遏制的行为，另一个处理自然犯罪，这种区分是进步的特征之一。摩奴法典和摩西法典中混在

一起的刑法和民法原则在欧洲立法者手中走向了分离，然后在不同犯罪类型之间开始划分界线，如在大陆国家中，在crime、delits和contravention之间作了划分，[①]在英国法律中，在重罪（felonies）和轻罪（misdemeanors）之间也作了区别。与个别国家的特别镇压法 60
不同，制定一部所有文明国家一致的自然犯罪法典，将是这一过程的必然结果。

科学研究的需要要求我们将自然犯罪分离出来。如果我们不得不涉及所有不均匀分布在法典中的应受惩罚行为，那么这种研究便无法进行。因此，犯罪的法律概念必然被看作是对我们的目标毫无意义的东西而放在一边。结果，我们所作的第一步就是抛开所有

① 这是法国刑法典的分类方法，“crime大致相当于重罪，delit大致相当于轻罪，而contravention大致相当于以即决裁判处罚的违警罪”（Stephen, *History of the Criminal Law of England*, Ⅱ, pp.193, 194）。这种划分是以惩罚的性质为基础的。一种犯罪根据对其适用的刑事性、矫正性或违警处罚分别构成“crime”“délit”或“contravention”。对于非政治性犯罪，刑事处罚永远是“peines afflictives et infamantes（身体刑和名誉刑）”，即它永远是影响犯罪人身体并同时通过降低其市民地位而影响其名誉的处罚，包括死刑、刑罚苦役和刑事监禁。矫正性处罚具有改造的特征，期限是6天到5年，罚金是60法郎以上。违警处罚包括1—5天的监禁或1—5法郎的罚金。应该注意的是，降低市民地位在“crime”的情况下永远是一种附加性处罚。而在“délit”判决的情况下，可能会全部或部分中止“民事的、市民的或家庭的权利”，但它与降低市民地位不同，是一种补充性处罚而不是附加性处罚，换句话说，它必须在判决中加以确定。此外，还存在相当数量的资格刑和能力刑，它们取决于主刑，并随着主刑而发生变化。这种划分不包括1885年法所确定的“流放刑”（Relégation），即在海外殖民地的终身拘留，它是一种对主刑结束后的某些惯犯适用的补充性处罚，而这里的主刑既可以是刑事处罚也可以是矫正性处罚（参见Garcon, *Code Penal Annoté*. 1, p.40 et seq.; Le Sueur in *La Grande Encyclopédie*, xxvi, pp.235, 236, xxviii, p.333; and post, pp.212, 328 of the present work）。

前意大利刑法典也采用了这一分类方法，它将犯罪分为“crimini”“delitti”和“contravenzioni”三类。但是在1889年刑法典中，这种三分法被两分法所代替，即分为“delitti”和“Contravenzioni”。二者区别的基础不是刑罚的性质，而是犯罪本身的性质，但是加罗法洛一直采用三分法。——英译者注

不伤害利他情感的事实，因为我们绝不可能将这类事实看作是犯罪；其次，我们将利他情感归纳为两种不同类型；最后，我们确定了文明人拥有这些情感的普遍范围，而由他们之中少数人呈现的这些情感的较高发展水平则不属于我们讨论的范围。

总之，自然犯罪概念据以建立的基础不是对权利的侵犯，而是对情感的侵犯。对此，我们所主张的原则与法学家们所主张的原则是截然不同的，我们也没有理由害怕这一原则会将那些仅仅表现出不道德倾向而从未具有并永远不会具有受惩罚特征的行为归入犯罪领域，因为我们确定的利他情感的必要范围会防止这种情况的发生。用这个标准我们可以有效地防止将那些虽然有害但不能作为惩罚对象的行为看作是犯罪。

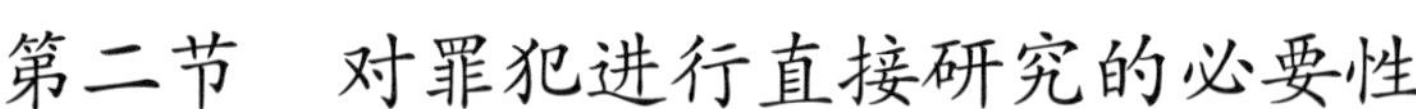

第二节　对罪犯进行直接研究的必要性

一、罪犯是与社会无法相容的个体

61 以我们所说的方式确定犯罪概念，这样做的重要性在我们的研究过程中将会更加充分地表现出来。鉴于犯罪是一种既对社会有害又侵害了一种或两种最基本的怜悯和正直情感的行为，罪犯则必然是这种情感部分或全部缺失、退化或薄弱的人。这一点很明显，因为如果他具有足够程度的基本利他情感，他对它们的任何真正侵害都是不可能的。拥有它们与在表面上侵害它们可以并不矛盾，但这时的犯罪便不是真正的犯罪。

因为我们所谈的情感是所有道德的基础，因此缺少它们便使缺陷者成为与社会不相容的人。如果说普遍和相对的道德在于个人对社会的适应,那么当所缺少的情感正是那些周围环境认为必不可少的情感时,这种适应便成为不可能。在那些较小范围内,即在较高的道德感必不可少或高标准的荣誉感的精致、保持以及严格的礼貌是一种原则的地方,同样的事情也会发生。在那里,缺少这些品质就意味着个人对其环境的不适应。因此,在那些将道德建立在宗教或爱国主义情感基础之上的组织中,对这些情感的侵犯就是不可饶恕的犯罪。社会总是很容易满足,它要求个人控制自己不去触犯我们所说的细小的道德规范,它坚持认为应保持对其存在至关重要的最基本和最低程度的道德不受侵犯。只有当这一点也被践踏时,社会才提出抗议并认为某种行为构成犯罪。

二、研究方法

现在,究竟哪类犯罪是我们所关注的已经很明显了。毫无疑问, 62
正如我们将要发现的,与这些犯罪种类相一致,存在着两种截然不同的心理状态:一方面是缺少通常怜悯感的人,另一方面是缺少通常正直感的人。我们应该对他们进行直接研究并查明在什么情况下因为罪犯无法受到他所侵犯的情感的影响而无法使其异常得以恢复。正如当代作家已指出的:“这种不受影响是由于精神组织缺陷的存在(这种缺失与生理器官或功能的损失相对应),而这种缺陷说明这些人已完全丧失了人性。”[①]还有另外一种情况,因为道德

---

① 参见Th.里博在索本神学院所作的首场讲座讲稿(Revue politique et littéraire, No.25, 19 December, 1885)。也见Q.Newmann, *Natas Sueltas Sobre la Pena de Muerte* (Santiago de Chile, 1896)。

感并未完全丧失，而只是比较薄弱，因此改善其异常是可能的。在这种情况下，只要犯罪者周围的环境保持不变，这种欠缺便使其对社会的适应成为不可能。然而，当他摆脱这种有害环境并受新的生存环境支配时，这种适应又成为可能。

第二篇

犯罪人

第一章　犯罪异常

第一节　人类学统计数据

正如上一章说过的，我们主张的犯罪概念自然应该涉及犯罪人 65
道德异常的想法。对此可能会有人反对，认为这种断言过于绝对，并认为我们无权仅凭犯罪人侵害了道德感这一事实就得出结论说其心理结构不同于他人，认为可以同样适当地推断他已是一个能够后悔的正常人，他只不过是暂时偏离了道德行为准则。也可能会有人告诉我们，没有任何证据证明行为反映着行为人的本性或决定了他不受其侵害的情感的影响。而且，一个可能会引起争论的问题是，即使承认自然法学派的理论，那么，根据意愿也是一种生成物这一看法，“一个自愿行为仍然意味着全部意识或潜意识状态的参与，此种状态构成了特定时刻的利己主义”（引自一位当代心理学家的话）。那么，这些状态发生变化以至于产生与先前行为完全相反的新自愿行为，这难道不是可能的吗？今天的罪犯难道明天不可能是
最诚实的人吗？有什么证据证明他们身上存在着道德感的全部缺 66
失或部分残缺，或任何一种基本利他情感的薄弱呢？难道不可以说某种动机力量在特定时刻可以克服道德感的阻力而无须假设在某

检查,发现28%的犯罪人前额后塌。博尔迪耶对被判处死刑的罪犯进行尸体检查发现比例稍大些,具有同一特征者占33%。应该注意到,这种异常在从未犯过罪的人中只占4%。维尔吉利奥所检查的罪犯与博尔迪耶所进行的死后检查,两者间之所以在比例上有所不同,原因毫无疑问是后者必然包括有较大数量的真正犯罪。根据这一事实我们完全可以假设,在当时特定环境下,法律对这些案件所适用的刑罚是正确的。当然,即使在被处死的犯罪人中,也有一些人只是较次要的犯罪人或仅是“法定犯”,这种情况也是可能的。颚骨前凸就更加常见了,彭塔对500名罪犯进行观察后发现具有这种异常者占45%。其次,龙勃罗梭还注意到,他们前额部较低部位过分发育,并将它们描述为上眼眶隆起和额窦的突出,而这类情况在被调查的犯罪人颅骨中占66.9%。[1]博尔迪耶得出的数字与此很接近,他观察到的比例是60%。然而,马罗发现在被观察者中具有以上异常的只占23%,而在非犯罪人中占18%。[2]根据龙勃罗梭的观察,颧骨异常(颧骨间距过大)占36%。[3]马罗注意到了这种异常的
69 极端程度,他发现在141名罪犯中有5人具有这种异常,而在非犯罪人中却未发现一例。[4]马罗向我们保证说,他已证实13.9%的罪犯完全缺少胡须,而在非罪犯中具有这一特征者只占1.5%[5]。他还注意到前额低且窄者在犯罪人中占41%,而在非犯罪人中只占15%。[6]

---

① *L'uomo Delinquente*, pp.173, 174 (3rd ed.1885).

② *Caratteri dei Delinquenti*, pp.156, 157 (1887).

③ *L'uomo Delinquente*, p.176.

④ *Caratteri dei Delinquenti*, p.128.

⑤ Ibid., p.149.

⑥ Ibid., pp.125, 126.

龙勃罗梭还在犯罪人中发现多例畸型小头和大量的头颅较小情况，我们知道，这些异常在正常人中是很少见的。[①]在瓦尔德海姆监狱，1241名犯人中有579人表现出与正常人的生理差异（Knecht，1883）。在400名可能诚实的人中，仅有一人具有典型的极端犯罪人的容貌特征（龙勃罗梭）。

至于我们所谓的畸形或不正常头部异常，如斜头、船状头和尖头，马罗发现，它们在犯人和被认为诚实的人中所占比例几乎是相等的。

然而，我们发现作为许多异常的集合，其出现的比率在一个犯罪个体身上大大高于任何非犯罪个体，无论这种异常是退化性的还是畸形的。事实上，菲利对711名士兵和699名犯人的比较研究已经表明，两者中不具有任何异常的人数分别为37%和10%。在个别士兵身上也发现有三四处不规则的特征，这些人占11%，而表现出类似异常集合特征的犯人占33%。而且在士兵中，这种个体异常的数量从未超过三四处，在犯人身上却多达六七处甚至更多。[②]

然而，即使所有这些研究都具有无可怀疑的精确性，它们仍然
无法给我们一个罪犯的人类学标志。要确定某个永久性外部特征 70
以使我们将罪犯与正常人区别开来是不可能的。只有一个事实似
乎已经确立，那就是在犯罪人中，在某一类人中发现某些特征的频
率要比在另一类人中相对大些。例如，正如龙勃罗梭所说，谋杀犯

① *L'uomo Delinquente*, pp.232, 233, 240.

② 参见Ferri, *L'omicidio*, p.211（Turin, 1895）。以战士都格外健康和强壮为理由对菲利的对比研究进行批判是一个错误，这种对比仅限于头部异常的范围。我们应该记住一点，这种异常所表现的生理缺陷很少会达到足以影响服役的程度。

几乎都“具有冰冷、呆滞的外表，有时充血的眼睛，总是长着鹰钩状的大鼻子、长耳朵、大颚、间距较大的颧骨、卷曲而浓密的头发、过分发育的犬牙和薄嘴唇；他脸部一侧的肌肉常常神经质地收缩和抽搐，以致露出犬牙，似乎传递着冰冷威胁的表情”。[1]

一些研究者还补充认为，在一国的某一部分地区，一般说来，谋杀犯与其他人口之间的生理相似要比后者与其他地区居民之间的相似性少，即使后一种情况下两者的人种不同也是如此。因此，在前额直径、前额特征、上颚的直径以及脸部的发育方面，意大利南部的杀人犯看起来会与同一省份的士兵明显不同，而后者与意大利北部的士兵之间的区别则相对较小。[2]

除了眼睛的呆滞、表情的含糊、较薄的嘴唇以外，同样的特征可以在所有杀人犯中经常被看到。在这类人中有一个非常明显的特点，即上脊过分发育、颧骨分离较大（这一特征在某些下等种族，如马来人中具有共性[3]）、收缩的前额[4]，然而尤其显著的是，与头盖骨
71 相比过长的脸[5]和过长的下颌。没有一位研究者对这个最后提到的特征表示怀疑，它显然是一个野蛮和暴力的标志。然而，对它的根源问题却很有争论，有人将它归因于退化（劳弗森），有人将它归因于返祖现象（菲利和德洛奈），而另一些人则简单地相信它永远存在于那些进化缓慢的个体身上（马努夫里耶）。

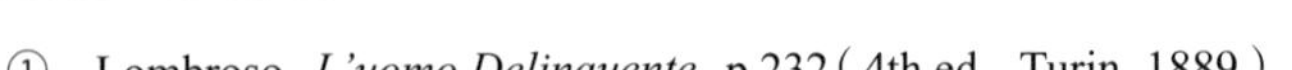

① Lombroso, *L'uomo Delinquente*, p.232（4th ed., Turin, 1889）.

② Ferri, *L'omicidio*, p.206（Turin, 1895）.

③ Topinard, *Anthropologie*, p.492（Paris, 1879）.

④ Ferri, op. cit.

⑤ 有时也会出现完全相反的类型：即极短的脸，这一情况我在一些谋杀犯中观察到了，它常常伴随有前额直径非常短的情况。

但是看起来有一点已得到承认，即“在作为整体的人类中，正如在我们的民族中一样，前额较小而下颌相对较大与杀人倾向存在着一致性”（福利）。埃米尔·戈捷曾因政治原因受到一个时期的监禁，他说，经过许多年以后，他的记忆中始终保留着犯罪特征的复合图像，而最鲜明的就是大下颌的印象。[①]如果我们看一组杀人犯的照片，我们就足以确信这一特征发生的频率。同样的特征在强奸犯中也是明显的，如果你还记得强奸是驱使攻击人类生命的暴力本能的结果，这一事实便很容易得到解释。

另一方面，盗窃犯似乎常常具有我们称之为非典型的头部异常，如次小头、尖头、船形头和锥形头。他们的外貌也可以从多变的表情、小而好动的眼睛、浓密的眉毛（常常两眉相接）以及他们小而后斜的前额、长而歪或畸形的鼻子和从来不会羞怯脸红的苍白脸色上识别出来（龙勃罗梭）。 72

我并不想过分强调这种描述的重要性，但我不得不承认它常常被我自己的直接研究所印证。通过参观监狱和教养所并观察犯人，我常常能够区分出哪些人因杀人而被判刑、哪些人因盗窃或诈骗钱财而被判刑，哪怕我对他们的历史一无所知。在这些情况下，正如从我的记录中可以看出的，我判断错误的次数不超过7%或8%。

可是对其加以描述的努力并未到此为止。马罗在我们以前引用的著作中为不少于11种罪犯归纳了区别特征。然而必须说明，这些区别特征中最显著的并不全是生理特征，大部分是从他们的嗜好、习惯和贪婪以及他们的智力和受教育程度中抽象出来的。

① E.Gautier, “Le monde des prisons”（*Archives de L'anthropologie Criminelle*, 15 December, 1888, Lyons）.

三、相貌特征

然而有一件事看起来很清楚，我以上刚刚说明的三类罪犯可以从他们特殊的面部表情明显地区别出来。所以，如果我们不能得出罪犯的某种人类学类型，至少可以断言我们获得了其相貌类型，它们包括：(1)谋杀犯；(2)暴力犯；(3)盗窃犯。

已经有人提出，通过刑罚设施中的犯人和自由人的比较可以看出，刚才提到的很多特征在前者身上比在后者身上发现率要高。然而，即使在被监禁者中，异常的比例也只有45%或50%，因而大量的罪犯都被排除在外，这一点暴露了犯罪人类学的弱点。"当60%的罪犯表现不出一点特征时，我们如何去谈犯罪人类型呢？"

然而，我们可以将这种反对意见看作是不过澄清了下面一个事
73 实，即一定数目的犯罪人与同样数目的非犯罪人相比，前者存在着较大比例的先天异常。如果是这样，这种反对意见也没什么值得大惊小怪的。不幸的是，这一点并未得到确立。如果我们掌握这种证据，即使仅有60%的罪犯符合这种类型描述，而且同样的描述可能适用20%的非犯罪人，我也将毫不犹豫地承认它是犯罪人类学的一个确定收获。原因很显然，后一类人不可能会是诚实的人，他们的犯罪倾向不过在等待揭示的机会。一个众所周知的事实是，在已经立案的犯罪中，只有不到一半受到了审判。而且这些已立案的犯罪在全部实施的犯罪中只占很小的一部分，而大多数未被发现或未向警方报告。最后，还有一些犯罪本性表现为其他形式的社会阶层规避了刑法典："鼓励危险的冒险是借刀杀人，以诈骗代替公路抢劫，

以诱奸后抛弃代替强奸”。[①]

科尔还补充道:“由于懦弱或愚蠢,我们忽视了这样一个事实:在较高的政治、经济状况的骄横和杰出的外表之下,潜藏着杀人犯、盗窃犯和各种各样的犯罪。按其呈现更广泛的影响和根据社会习惯标准变得更值得加以惩罚和谴责的比例,犯罪似乎减少了以至于几乎失去了犯罪的特征。一个既普遍又可悲的事实是,蔑视他人权利的人并不总是包括在监狱的犯人中,在富有和受人尊敬的善良的达官显贵之中,这种人仍占有非常大的数量。正是这一点,使人类学原理适用于罪犯研究时遇到了困难。……许多被视为诚实的人都比他们所帮教过的卑贱的违法者更应适用保释和监禁”。[②] 74

简而言之,将定罪者与非定罪者作比较是一个严重的错误。取而代之,我们必须进行比较的对象中,一方应是真正的罪犯,另一方应是真正诚实的人。无疑,确切区分后一类人比较困难,因为它的数量绝不像犯罪人的数量那样大。因此,我们所说的这两类人应这样确定:(1)最诚实的人占多数的一类;(2)罪犯占多数的一类。根据这一观点,如果犯罪人具有某种生理标记,而这一标记又未出现在监狱的所有犯人身上,我们没有必要感到惊讶。而且,如果这些标记确实经常地出现在犯罪人之中,那么显然这一事实将具有重要意义。

从这一点来看,上面提到的反对意见是不能成立的。但是,正如我们以前曾提出过的,犯罪人类学真正的缺陷在于,缺乏令人信服的证据证明某个头盖骨或骨骼的特征在犯罪人中比在假定诚实

---

① Ferri, op.cit.

② Corre, *Les Criminels*, Introduction (Paris, 1889).

的人中发现率更高。

我们必须对上面提到的外貌特征甚至外部表情感到满意。这些并不能代替真正的人类学类型，而对于那些存在于某一单个人种之间的国际差异，情况也是如此。例如，我们常说不同的欧洲类型，然而谁能准确地说出区别他们的特征是什么呢？区别是由总体上的不同特征来组成的，它赋予面孔以不确定的特征，但我们却仍然能够区别出哪些人是法兰西人、斯拉夫人或意大利人，而哪些是日尔曼人，无论这些人多么少。

尽管塔尔德在其《犯罪行为比较》一书的一个精彩章节中提出
75 了许多问题，并接触到罪犯的人类学特征，然而他只是承认了类型的确实性便结束了其论述。他不是试图找出这种类型与正常人类型的区别，而是将它与各个学者类型、教徒类型、艺术家类型和善人类型相对立。这种思想最后也许注定要被接受，但是相应数据的缺乏阻碍了它目前的讨论。

如果有可能将罪犯与其对立面即善人作比较的话，我们现在所能说的是：在罪犯中，足够普遍的某些特征与没有犯罪嫌疑的人所具有的普遍特征之间的对比将会更加明显。但是我们必须对到目前为止有可能做的观察研究感到满意。①

然而，对塔尔德、科拉雅尼和普林斯来说，犯罪类型并非如中国人或黑人、盎格鲁-撒克逊人或拉丁人这样的人类学类型，而仅

① 龙勃罗梭坚持认为，意大利罪犯与法国和德国罪犯的相似远远大于这几组人中任何一组与其民族类型的相似。相反，黑格尔宣称他所作的观察得出了完全相反的结果。然而必须记住，赫格的观察限于头盖骨，而不涉及相貌特征。就我来说，我还未能对此作任何直接观察。

仅是一种个人在对同一生存条件的适应中形成的职业或社会类型。在这种情况下，他们假设了“一种统一印记”。模仿某种行业或职业的训练、某种精神追求，无论是在起居室或煤矿中的同一种运动的重复，这些便是养成一般肌肉或精神习惯的所有因素，这些习惯反映在受影响个人的忍耐性、面部表情、性格甚至于生理方面。“我们都能区分出水手和艺术家。在我年轻时代曾存在过一种类型，它在当时十分容易识别然而现在已消亡，这就是1848年共和政体论者。在劳动者中，我们可以注意到采石工人、玻璃吹匠、煤矿工人、制砖工……。还存在着一种习惯性犯罪人类型。……识别他们，你只需 76
参观一下监狱。……经验能使一个人很容易地区别出惯犯甚至是某种特殊的惯犯。……还有一种更为特殊类型的盗窃犯，他们很容易识别：不良外形、极低的前额、无耻而狡诈的气质，这些都代表着扒窃犯的特征。”[①]我们无意对这一看法的对错作判断，无疑这一主张并非没有事实基础，但我们对低前额的相关性表示怀疑，因为它很难说是模仿的结果。另一个除非用人类学否则便难以解释的事实也值得注意，那就是上面提到的退化性异常的频率在极端罪犯中表现出较大的增长，[②]正是这些罪犯以最凶残的手段制造了最耸人听闻的犯罪。例如，抢劫谋杀者极少不表现出某些显著的特征，这

① Prins, *Les Doctrines Nouvelles de Droit Penal*（Brussels, 1895）.

② 贝内迪克特于1885年9月在安特卫普举行的代表大会上有一段著名的讲话，他说：“在罪犯世界中，解剖学特征在罪大恶极分子中出现的概率要比在罪恶和狡猾程度一般的分子中高得多。”正如我们以前曾经说明的，这就是为什么某些绝对的退化性头部异常（如前额后塌和凸颚）发现的比例在被执行死刑的罪犯中比在活着的罪犯中大的原因——前者受到极刑，他们全部或几乎全部是极端罪犯，而活着的罪犯必定包括大量的次要罪犯或仅仅是“法定犯”。

些特征使他们与进化水平较低的种族相接近。这些特征包括凸颚、狭窄而后斜的前额、突出的上眼眶等等。显然，这一切只有通过证据的积累才能得以确立，事实上，这些证据在有关人类学的著作中和著名案件的统计中到处可见。

我个人的经验一直对此加以肯定。比如，有一次我选择了几个
77 臭名昭著的谋杀犯，我从未见过他们，但是通过阅读该案归档的有关文件，我已熟知了犯罪的每一细节。在监狱中我一见到他们，就相信他们中没有一个人不带有某种很明显的退化特征。[①]

然而这些特征并非永远相同，它们有时这样，有时又那样。谋杀犯的类型无法作人类学的描述，那么无疑在较轻罪犯中其生理异常的显著性和持久性也更小一些。首先，根据我们给这个术语确定的心理学意义，我们无法肯定所有法律观念中的罪犯都是真正的罪犯；其次，如果同样重要的异常在普通罪犯中被观察到的话，那便是一件怪事。很自然，后者与正常人的区别较小，出于同样原因，他们在精神上也与正常人相距不远。他们的犯罪虽然对我们是一种背叛，但却似乎不绝对违背人类的本性。我们甚至可以不带一丝恐惧地想象，在某种情况下，我们自己也可能被迫做出同样的事情来。这种念头在我们头脑中一闪而过，便会被我们惊恐地排除。这种惊恐是完全不必要的，因为我们的品质已经确定，绝不可能做出那种可怕的故意行为。然而，哪怕是这种念头一闪即逝，这一事实也向我们证明存在着我们能够理解的罪犯，他们并不完全违背我们的道德本性。甚至在生理上，这些个人也并未表现出明显的退化特征，

① See my “Contribution à l’étude du type Criminel”, Published in the bulletins of the *Société de Psychologie Physiologique* (Paris, 1886).

因此丝毫不值得注意。但是，尽管这种异常较少，并不意味着完全观察不到。他们凶狠的面部表情以及让我们联想到“绞架之鸟”一词的多变而阴险的外表是监狱犯人中非常普遍的特征，在那里，我 78
们很少遇到正常的特征或令人愉快的表情。然而，不算是真正畸形的丑陋、极端和难以接近的特征在这些设施中却非常普遍，而且令人惊奇的是，尤其在妇女中更加普遍。我记得曾经参观过一所女子监狱，在那里我发现，163名犯人中只有3到4名犯人具有正常的外表，只有一人可以称得上漂亮，其余的人无论老少，或多或少都具有丑陋和难以接近的外表。谁都会承认丑陋妇女的这种比例在任何种族或在任何其他环境中都是不存在的。

塔尔德也观察到了同样的现象。他说：“可以肯定，美丽的古典式的头，配以笔直的眉毛和鼻子，娇小、优美而有曲线的嘴，圆圆的脸颊，接近鬓角的小耳朵，这一切都与罪犯的头部形成了鲜明的对比，而丑陋是后者最显著的特征。在275幅罪犯的照片中，我只发现一张有吸引力的脸，而且是一张女人的脸；其余大多数都显得难以接近，而且可怕的面孔并不少见。”①

陀斯妥耶夫斯基在谈到他的犯人伙伴时说：“西罗钦（Sirotkin）是犯人中唯一真正好看的，至于他那15位特殊伙伴（终身监禁者），他们可怕而讨厌的相貌则令人感到恐惧。”②

那么结论是什么呢？正如我们已经看到的，从人类学方面来

① Tarde, *La Criminalité Comparée*, p.16（Paris, F. Alcan, 1886）.

② *House of the Dead*, Part Ⅰ, C.Ⅳ, p.54（陀斯妥耶夫斯基著作中的这段话以及后面出现的段落摘自“普通人丛书”英文版〔London, J.M. Dent & Sons, Ltd., and New York, E. P. Dutton & Co.〕）.

看，类型还远未确定，而且为确定它所作的进一步研究是否能成功也还是个疑问。唯一能够明确断言的事情就是存在着某些相貌特征，或者说是外部表情，这使观察者极易做出区别。他们可以区别杀人犯与盗窃犯，并将上述两者与暴力犯或激情犯区别开来[①]。然而在我看来，在非野蛮社会中，罪犯是一种非正常人（关于这一点
79 我将在后面进一步论述），他因缺少某些情感和厌恶感而区别于大多数同时代人和同胞，这种缺乏与精神能力方面某种独特气质或缺陷具有关联性。而这种缺乏是否为器质性的，或换句话说，是否精神异常总是具有某种生理基础，很不幸，这个问题还有待回答。这种基础可以在器官、神经系统的细微偏差中或分子的形成过程中找到，但是对于这些问题，由于我们观察手段的不充分，因此无法将其列入考虑范围[②]。

因此，我们应该放弃这个问题的解剖学方面，而将注意力指向罪犯的心理异常，但这并不意味着承认或否认这种心理异常具有某种纯粹生理根源的可能性。

第二节　心理异常

一、极端案例

我们首先必须看看最严重形式的犯罪。以最残忍的谋杀犯为例，

① "Physiognomy and psychologic character are the most important criteria of the born criminal." Forel in Actes du congrès de Genève, 1897.

② 我们可以借用贝内迪克特的恰当表述："我们远未掌握对分子的解剖。"

如勒死老年妇女者、割断儿童喉咙者〔如帕帕瓦伊（Papavoine）〕、犯奸杀魔王杰克一类罪行者，谁能怀疑他们的道德麻木呢？道德敏感性的缺乏在少年违法者中表现得更加显著。例如：一位16岁的男孩（在我给“心理-生理学协会”的信中曾提到过他）一天清晨起床后去马棚，发现有一个乞丐儿童在那里过夜。他因此心怀不满，于是叫醒了这个小家伙并说他想把他扔到井里。尽管他的受害者不 80
断流泪恳求，他还是那么做了。在柏林，还有一个犯罪的12岁小女孩，她想得到一个4岁女孩的耳环，于是她抢走了它们并抓住这个小女孩扔出二层楼的窗户。她事后毫无情感痕迹地供出了所有罪行，并说她打算卖掉耳环并用这笔钱买点糖果，还说她已杀了那孩子以防盗窃行为被发现。

既然在这些案件中道德异常非常明显无须怀疑，那么全部问题就在于：这种异常是不是一种病理性本能？它与神经病是否一回事？它是否应被看作是一种新的神经分类学形式，即英国学者们所说的“精神分裂症”？这种发狂形式的存在至少是可疑的。尽管我们已用最大努力去发现神经病的形迹，但我们常常不得不承认被检查个体具有的智力程度与我们希望看到的相去甚远。除了缺少道德感，他表现不出一丝病理分类学预兆，而且引用一位法国学者的话说，无论一个人的精神是多么和谐统一，“心理的键盘上总有一个错误的音符，而且只有一个”。①

但是我现在要重新回到这个题目上来，同时我希望能说清楚一点，即我刚才说过的那些个人仅是从他们的心理本能方面来考虑

① See V. Du Bled, “Les aliénés en France et à l’étranger” (*Revue des Deux Mondes*, 1 November, 1886).

的，每个人都感觉到了这一点。然而，这些危险罪犯、这些天生具有凶残本性的儿童，只是最突出的情况，随着犯罪率的降低，这种异常现象自然也变得不太显著，但它从未降到最低限度（“Natura non facit saltum”）。我们所得到的是一个渐降的系列，其最低限如此接近正常状态以至于很难把它们区别开来。因此，根据我们的目的，对最下等级的考察没有多大价值，我们应将注意力集中在构成中间
81 等级的那类人身上。

二、中间案例

首先，让我们来看看矫正院里的犯人们。对他们的情感做出适当的描述比较方便，我们已经了解了他们的冷漠、情感无常、趣味以及他们赌博、酗酒和淫乱情感的放荡不羁。厚颜无耻和缺乏预见是区别他们的明显特征，这一点德斯皮内在很多年以前就已指出。我们还注意到他们的轻浮和易变。龙勃罗梭说，这些特征之外还应加上“过分偏爱嘲弄和愚蠢的玩笑，这一点长期以来就被视为邪恶和智力有限的最确定特征之一。这种偏爱尤其表现为这样一种需要，即转变为嘲弄和将最神圣最高贵的东西冠以邪恶和淫荡名称的需要”。这种轻率同时也可用于解释罪犯尤其是盗窃犯的一般倾向，即漫无目的和几乎是无意识的撒谎，以及讲述事情时习惯性的不确切，而后者证明了其认识和记忆缺乏精确性。[①]他们的道德麻木可以从他们当众悔罪时的厚颜观察出来。坦白的谋杀犯毫无顾忌地描述他们犯罪的最可怕细节，而对于他们使家庭蒙受的耻辱和

① Lombroso, op.cit., p.446.

痛苦,则表现出十足的冷漠。阿贝·莫罗叙述说:“1846年9月21—
22日晚上,住在鲁德·莫因尼科斯街10号的达克尔太太成了一起
无端谋杀案的牺牲品。警察作了大范围搜查最后逮捕了罪犯们,
其中有位叫迪博斯的妇女。当被问及为什么要参与犯罪时,她的
主要回答是:‘为了得到一顶漂亮的帽子’。……一位叫科尔尼的老 82
人遇到了几位年轻的盗窃犯,他们非常钦佩其勇敢,便问他:‘喂,佩
尔·科尔尼,你在做些什么?’‘依旧是grande soulasse,孩子们,仍
是 grande soulasse’。这真是一个精彩的回答。‘grande soulasse’是
抢劫杀人……。当一位看守问普雷沃为什么要杀害阿代勒·布隆
婷时,他回答:‘除此之外我还能做什么呢?她是我的一大负担,我
没有其他办法摆脱她’。”[①]

这样的例子不胜枚举。德拉戈对我们谈到了鲁伊斯·科斯特鲁西,他给一个人下了毒,然后勒死了他。在谈到其罪行时,这个谋杀犯毫无表情地说:“我杀他就像奥塞罗杀死苔丝特蒙娜。”声名狼藉的卡斯特罗·罗德里格斯在法官面前重新表演了谋杀他妻子和10岁女儿的情景,其犯罪手段极为残忍,而他甚至去模拟被害者的举止。在讯问结束时,他要求法官不要取出他在银行的一笔款项,以防损失利息![②]我亲耳听到过一个叫图尔法诺的供述,他说他勒死妻子是为了同另一个能带来嫁妆的女人结婚,而且描述了被害者经过一个半小时的痛苦才死去的可怕情景。[③]

① Abbé Moreau, *Le Monde des Prisons*, pp.25,26 (Paris, 1887).

② Drago, *Los Hombres de Presa*, pp.65,66 (2nd ed., Buenos Ayres, 1888).

③ See my “Contributions”, above cited.

三、犯罪人情感

这些犯罪人全都不会悔恨，他们不具有莱维-布鲁尔所说的真正的悔恨，[①]即不再惧怕刑罚，而是希望、盼望这种刑罚，因此无法导致其对所造成的伤害极度伤心的反思；不仅如此，他们甚至不会为过去的事感到遗憾和丝毫的后悔。

由那些不熟悉犯罪人生活的人所作的观察研究可能会使我们
83 感到怀疑，但是我们却不得不相信在监狱围墙内生活过的人所作的具体描述。大洛斯罗克特的牧师阿贝·莫罗曾这样描述他的担忧："当你在近处观察他们时，你会怀疑他们是否有灵魂。他们留给你的印象是如此麻木、颓丧和本性凶残，以至于他们几乎就是人面野兽，而不是本来面目的人。……我们不得不痛心地说，没有什么能使这些生灵感染诚实之心甚至宗教，他们的个人利益和对他们所造成伤害的回忆也做不到这一点。他们甚至拒绝良知，没有什么会触动他们，没有什么能使他们洗手不干。……他们的看法与我们不同，他们的大脑因受到伤害而失去了传译某种信息的能力，而只响应那些卑贱情感的呼唤。"[②]

我们不能怀疑著名作家陀斯妥耶夫斯基提供给我们的描述的精确性，他在西伯利亚度过了多年的监禁生活。他在《死屋手记》这部世界文学名著中对罪犯心理学作了最完整的说明，而惊人之处在于西伯利亚监狱中的斯拉夫罪犯与龙勃罗梭描述的意大利罪犯两者在形象上十足的相似。陀斯妥耶夫斯基说："在这个奇

① Lévy-Bruhl, *L'idée de Responsabilité*, p.89 (Paris, 1884).

② Abbé Moreau, *Le Monde des Prisons* (Paris, 1887).

怪的大家庭里，所有人看起来都大体相像，这种相像是如此明显以至于我们一眼就能看出来。……所有罪犯都如此凶狠、嫉妒、可怕的自负、傲慢、敏感和过分地拘泥……。虚荣永远是他们突出的标志。……他们没有一丝悔恨的迹象[①]，……经过这么多年，我从未看到过一丝悔恨的迹象，哪怕是对所犯之罪的丝毫不安。当然，虚荣、模仿邪恶、欺诈和伪装羞耻导致了许多东西，……尽管这样，我 84
仍觉得似乎经过这么多年我应该能够看到一些哪怕是最不稳定的后悔和精神痛苦的迹象，但我确实一点也没看见。……尽管存在一些不同看法，但每个人都承认存在着无论何时、何地、何种立法都看作是犯罪的犯罪，而且只要人还是人，就应该这样看待。只有在囚犯监狱中，我才能听到幼稚的叙述、无羁的狂笑和最奇怪、最残忍的罪行。我将永远不会忘记有一位杀亲者，他以前曾是一位贵族和政府职员。他曾给其父亲带来了极大的痛苦，是一个真正的浪子。这位老人曾试图限制他并警告他正在滑下致命的陡坡，但白费了苦心。当这位年轻人负债以后，便怀疑他父亲除了房产之外还有一笔现金，因此便杀了他以便尽快地继承其遗产。这起犯罪一个月以后才被发现，在这段时间里，他一面向警方报告其父亲失踪，一面仍继续其放荡的生活。最后，警方在他不在时从排水沟里找到了老人的尸体。老人苍老的头被从躯干上割下，然后恢复了原位；尸体穿着衣服，在尸体下面，好像是有意嘲弄，谋杀者还放了一块垫褥。虽然这位年轻人拒不供认，他还是被免职、剥夺了贵族特权，并被判处20年苦役。从我认识他那时起，我一直感觉

① *House of the Dead*, Part Ⅰ, C. Ⅱ, pp.13, 14.

到他对地位毫不关心。他是我所遇到的最轻浮、最轻率的男人，尽管他绝不是一个白痴。在他身上我从未观察到任何较大的残忍癖性。其他犯人轻视他，这倒不是因为他所犯的罪行，其罪行不存在任何问题，而是因为他失去了地位。他有时会谈起他的父亲，例如
85 有一天，他自夸其家庭祖传的良好健康状况时说：‘比如，我父亲直到死从未生过病’。如此动物般的麻木极其明显，这的确少见。在这个例子中，该犯一定存在着某种先天性缺陷，即某种直到现在仍未被科学发现的生理的和精神的变态，而不单纯是犯罪。我自然不能相信有这样凶残的犯罪，但是那个城市知道他全部历史的人们却把这件事讲给我听。事实再清楚不过了，只有疯子才不接受这一事实。犯人们一次听见他在睡梦中喊：‘抓住他！抓住他！砍掉他的头！砍掉他的头！砍掉他的头！’几乎所有的犯人都曾在梦中大叫或说梦话。无礼、俚语、刀、手斧似乎不断地出现在他们的梦中。他们会说：‘我们要崩溃了，我们没有内脏，这就是我们在夜晚尖叫的原因。’”①

不能感到后悔或悔恨以及表现出虚荣的特征已为所有观察者所周知。龙勃罗梭曾提出，在这些方面，罪犯近似于野蛮人，但是还有一些更显著的特征既与野蛮人完全相似同时又与儿童相同。“在假日里，监狱里的花花公子们穿上最好的服装，而当他们在狱中属于他们的地方昂首阔步时，他们的确值得一看。他们因为有了好衣服而感到愉悦，这使他们几乎等于儿童。的确，在许多事情上，犯人只是个儿童。他们的好衣服很快就会消失，而且常常就在他们刚刚

① Op.cit., Part Ⅰ, C.Ⅱ, pp.16, 18.

买来的当天晚上就消失了，这是因为它们的主人为了一些琐碎东西典当或出卖了它们。宴会一般都在固定的时间举行，它们与宗教节日或某个醉酒犯人的命名日相一致。早晨一起床，他会在神像前放一支蜡烛，接着祈祷、穿戴，然后安排晚餐。他又先买了肉、鱼和小面饼，对这些东西他几乎总是一个人狼吞虎咽，极少见到一个犯人邀请另一个犯人分享其食物。晚餐时会有伏特加酒，犯人会将它喝得一干二净，然后摇摇摆摆、昂首阔步地走过监舍。他希望向所有 86
伙伴们表明他已经醉了，然后他仍在继续走，并希望因此而得到他们特别的尊敬。”①

继而，我们发现了犯人们另一个幼稚的特点，即无法抑制某种渴望。“理智对于像彼得罗夫这样的人丝毫不起作用，他们只能被渴望所驱使。当他们渴望什么东西时，什么事情都无法阻挡他们。……这样的人天生具有一种念头，他们虽然从未意识到它，但它却终身伴随着他们。他们一直在徘徊，直至遇到某种明显激起他们渴望的东西，然后他们便会不惜为此冒生命危险。……我不止一次地发现，尽管彼得罗夫对我充满善意，却仍在偷窃我的东西。因此，在我让他将《圣经》送回到住处时，他偷了它。其实距离只有几步之远，但是他在途中遇到了一个买主，于是便把书卖给了他并立刻把钱花掉，买了伏特加酒。也许是那一天，他觉得非常想喝酒，而且一旦他想要什么东西就自然应该立刻得到它。像彼得罗夫这样的人，为了25戈比以换得一品脱伏特加酒就可以刺杀任何人，而在其他场合他又会毫不吝惜地花掉几百甚至几千卢布。那天晚上他

① Op.cit., Part Ⅰ, C. Ⅳ, pp.46, 47.

告诉我他的偷盗行为时，未表现出丝毫的后悔与惶惑。他的声调没有任何不同，就像在讲述一件平常的事情。我试图给他以应得的训斥，因为我还为失去了《圣经》而遗憾。他听我说话时毫无顾忌，而且非常镇静。他承认《圣经》是一本非常有用的书，并由衷地为我不能再拥有它而遗憾，但他从未感到过抱歉，尽管是他偷了它。他
87 如此平静地看着我，这使我无法再斥责他。他对我的训斥感到厌烦，因为他认为除此之外我什么也做不了。他知道他应该因此受到惩罚，并理所当然地认为我应该为了泄愤而辱骂他，也以此来慰藉自己的损失。但是在内心中，他认为这样做都是愚蠢的，任何一个严肃的人都会为此而感到羞愧。”①

他们同样可以置他们的生活与将来于不顾。“一个犯人将会结婚、生儿育女，在某一个地方居住5年，然后在一个晴朗的早晨，他会突然抛弃他的妻子和孩子，令其全家和所有邻居迷惑不解地消失掉。”②

四、无道德异常便无自然犯罪

令人惊奇的是，陀斯妥耶夫斯基告诉我们，有两三名罪犯具有优秀的性格、诚实的品质、忠实的朋友，并且不会憎恨。然而，当我们转而看一看这些人入狱的原因时，我们会发现他们的过错在我们的词意中并不是真正犯罪。他首先讲述了斯塔罗杜布③一位“老信

① Op.cit., Part Ⅰ, C.Ⅷ, pp.121, 123.

② Op.cit., Part Ⅱ, C.Ⅴ, p.266.

③ Government of Tchernig off.

徒”[①]的故事。这个人被犯人们委托管理他们的存款，而且他们认为这事必须隐蔽一些。作者说：这个人大约60岁，很瘦，并且头发已经开始变得斑白。我第一次见到他时就产生了好奇心，因为他与众不同。他的外表是如此平静、柔和，他的眼睛清澈而透明，四周包围着一些细小的皱纹，每次看到他的眼睛，我都感到愉快。我常常与他交谈，我很少遇到这么和蔼、善良的人。他为了一起严重的犯罪 88
而被判处苦役。许多斯塔罗杜布的“老信徒”都转到其他正统教派去了，政府想尽一切办法鼓励这些人，同时也改变了其他反对者。而这位老人和其他一些狂热者决心“捍卫信仰”，因此当正统教的教堂在他们镇上建成时，他们放了一把火。这些犯罪人被判处流放，而这个富裕的、当时正做生意的店主离开了他所爱的妻子和家庭，勇敢地走向异国他乡，却仍盲目地相信他在为“信仰而受苦”。如果你与这位老人共同生活过一段时间，你就不禁会问：他怎么会反叛？我与他谈过几次他的信仰，他不承认犯有任何罪行，但是从他的回答中我却看不出丝毫的怨恨。然而他的确烧毁了教堂，并且从不否认这一点。在他看来，他所犯的罪行以及因此而受的痛苦都是值得骄傲的事情。在罪犯中还有其他的“旧教徒”，而以西伯利亚最多。他们都有很好的智力，并且像农夫一样可爱。虽然缺乏逻辑性，

① 老信徒或老仪式派：一个俄罗斯教派。18世纪出现了“大分离”（Rskol），或者叫作“教会大分立”，其原因是亚历克西斯（Alexis）统治时期对族长尼孔领导下的东正教进行了改革。那时的教会分立者后来分为两类，即老教徒和无僧侣者。后者又继而分为许多独立的教派，而老教徒“仍保持着几乎不受不同观点影响的紧密整体。……在所有这些派别中，老仪式派最接近正式教派。他们主张同样的教义、同样的礼拜式，仅在无关紧要的仪式问题上有些不同，而这些问题很少有人认为至关重要”。（Wallace，*Russia*，C. XVIII）——英译者注

他们仍盲目地追随着他们的法则，并以探讨它为乐。但是他们有一个极大的缺点：他们旁若无人，傲慢并且非常偏执。而这位老人一点也不同于他们，他比其他有同样信仰的人更相信宗教注释，因而他避开所有争吵。因为他快活，胸襟宽广，因此常常笑对一切，这种笑不同于其他罪犯粗俗、讥讽的笑，而是如此清朗、单纯，有些像儿童，又与他满头的银发如此和谐。也许我的想法不对，但我总认为似乎仅凭一个人的笑就可以了解他。如果一个你熟悉的人的笑激
89 起了你的同情，那么他肯定是一个诚实的人。这位老人毫无例外地受到了所有犯人的尊敬，但是他却不以此为骄傲；罪犯们叫他老祖父，他也不发怒。这样，我便明白了他对信仰同一教的人们所必然产生的影响。尽管他坚定地忍耐着监狱生活，你仍然会感觉到他在被一种深刻而无法医治的忧伤所折磨。我与他同住一个监舍，一天夜里，我在清晨将近三点钟时醒来，听到一种轻微而压抑的哭泣声。老人正坐在火炉旁读一本手抄本的祈祷书。我听见他边哭泣边默念："上帝啊，不要离我而去；主啊，给我力量吧！我可怜的孩子们，我亲爱的孩子们，我们永远也无法再相见。"我无法说清多么受感动。①

现在，如果我们对这个人的"犯罪"进行分析的话，就会明白地看出陀斯妥耶夫斯基没有理由对这种优良品质感到惊讶。这种情况只是一个人捍卫其宗教王国免受新教的侵犯，这种行为好比是一种政治犯罪。这位"旧教徒"只是一位法定犯，而并非是一个罪犯。我们的这位作者会说："但是他烧毁了教堂！"诚然，这是事实，但是

---

① Op, cit., Part Ⅰ, C.Ⅳ, pp.44, 45.

没有侵害人类生活，而且对世上任何人没有丝毫伤害之意，他侵害了什么利他情感吗？宗教信仰自由不属于这种情感。它是一种过于高尚的情感，是一种文化发展的产物，我们很难期望在人类普遍道德中找到它。在我们看来，烧毁斯塔罗杜布的教堂并非是一种自然犯罪。它虽然应受法律的惩罚，但是这类事实已超出了我们试图研究的犯罪范围。而且在这个非罪犯的放火者中，我发现了一个围绕其周围的道德败坏的例外，这种例外也为作者注意到。

第二个例外是一个达吉斯坦的鞑靼人，即圣德阿里，他被判
决参与了强盗行为。下面是他犯罪行为的具体情节：“一天他的长 90 
兄……命令他带上土耳其长剑，骑上马跟他走。山地居民对兄长都非常尊敬，因此年轻的阿里也不敢询问这次征讨的对象。他也许对此一无所知，而他的哥哥也认为没有必要告诉他。”[①]他所能做的只是服从，不能争论，不能问，因为他没有这个权利。显然，这个年轻人不是罪犯。相反，陀斯妥耶夫斯基称他为“一个例外的人”，因为这种人“天生具有如此之好的本性并且被上帝赋予如此好的品性以至于任何认为他们变得堕落的想法似乎都是可笑的”。[②]

最后要提到的是阿基姆·阿基迈奇，他是一个极诚实、容易满足、严谨并且有一些小聪明的人，但是他“像德国人一样喜欢辩论和讲究细节”。作者认为他天生具有非常单纯的性格。“当他与其他犯人争论时，他谴责他们是盗贼，并真诚地规劝他们别再偷窃。”其次，“在他看来，存在着不公正这一点就足以使他去干涉那些与他无关的事。”这个人也不是罪犯。“他曾是高加索的一名海军中尉，

① Op, cit., Part Ⅰ, C.Ⅴ, p.72.

② Ibid., p.73.

我第一天就与他交了朋友,他也向我讲述了他的事情。他开始是一个正规军团的军官候补生,经过一段时间的等待之后,他终于被任命为海军中尉,并被派到山里去指挥一个要塞。相邻的一个下属小国的亲王给要塞放了一把火,并在夜里进行了一次攻击,但未成功。阿基迈奇非常机智,他装作不知道谁是袭击者,并假装把这次事件归罪于在山里流窜的那些暴徒们。一个月以后,他友好地邀请那位
91 亲王来见面,后者毫不怀疑地骑马而来。阿基迈奇将守备队排成一列战斗队形,并揭露了这位客人的叛逆而卑鄙的行为。他谴责他的所作所为,向他证明对要塞放火是一种可耻的犯罪,并详细地解释了一个亲王应尽的职责。然后在演说结束以后,他将这位亲王击毙。他立刻向上司报告了这次死刑执行中的所有必要细节。阿基迈奇立刻被带去受审,他被送上军事法庭并被判处死刑。但是他获得了减刑,并被作为二级罪犯送到西伯利亚,也就是说,他被判处12年苦役和监禁。他主动承认其所作所为是违法的,而且这个亲王应被送交市民法庭而不是军事法庭审判。然而他不能理解他的行为是一种犯罪,他这样回答我的异议:'他烧了我的要塞,我还能怎么做呢？难道我应该感谢他才对吗？'"①

阿基迈奇说的对,他以战争法律对叛乱者处以死刑,这对叛乱者是罪有应得。他的过失在于相信自己有权举行战争会议,试图判决而且正规地判决了一个强盗。合法召开的战争会议可能也会做出同样的决定,而且这个属国亲王也应该有完全相同的下场。但是由于他不能理解其权力范围,所以他所做的一切都是违法的。

---

① Op.cit., Part Ⅰ, C.Ⅲ, pp.33, 34.

如果我没有弄错的话，以上三位是陀斯妥耶夫斯基在几年的监禁生活中所遇到的仅有的优秀而诚实人的例子，也是仅有的几个未使他厌恶、成为他的朋友并且不具有丝毫的玩世不恭和其他明显不道德行为的人。他们不具有任何罪犯的特征，原因很简单，因为他们不是罪犯。无论如何，他们并没有犯任何在我们看来构成真正犯罪的犯罪行为。他们只是没有遵守法律而已。我们因此会明白这
些特例如何支持了我们的定理，也明白他们给我们有关自然犯罪和 92
犯罪人类型的观点提供了什么样的佐证。

第三节　犯罪倾向的遗传

我们应该不断地研究心理生理指令的征兆，如一般感觉的迟钝、痛感丧失和有缺陷的脉管反应。研究我们学科中的这些现象还刚刚起步，所做的观察还为数很少。尽管这些观察已经得到了令人满意的结果，但是要想接近它们并用它们证明我们的理论，我们还要作进一步的研究。然而，我们已经注意到，犯人们极易忍受纹身术这一点似乎已经说明了他们对生理痛苦的较低感受程度。

一、明显的数据

说到遗传，我们便发现了一个无可争辩的事实。这个世界已经熟知了一些惊人的家族，例如勒迈尔家族或克雷蒂安家族、朱克家族。此外，在酒鬼麦克斯的后裔中，75年里出现了200个谋杀犯和盗窃犯、288名病人和90个娼妓。

在109名罪犯中，汤姆森发现有50人彼此有血缘关系。而在这

50人中，有8人来自同一个家庭，都是一个已判决惯犯的后代。维尔吉利奥发现在266名罪犯中，有195人患有堕落家庭中带有共性的疾病，如淋巴结核、骨疡、坏疽和肺结核，这些病大部分都遗传。但是在后一研究中发现的更为重要的事实是：遗传导致的直接或间接的犯罪，这种情况在被检查的罪犯中占32.24%。

但是，或许是因为疏忽，或许是因为进行间接遗传研究比较困
93 难，或进行回溯到祖父一代的调查时几乎永远存在的不可能性，有些案件的数字还不为我们所知，如果我们将这些数字考虑在内的话，这些数字应该足以证明犯罪遗传这一规律。不仅如此，上面最后提到的那位作者已经指出，在48名惯犯（他们绝大多数都是真正的罪犯）中，42人表现出先天退化的特征。

马罗还作了一些非常奇怪的观察。他发现，非犯罪人中年纪很大的父母的子女占24%，而在犯罪人中这种比例是32%。在这方面，谋杀犯则不同，占52%，杀人犯一般占40%，诈骗犯占37%，而盗窃犯和色情罪犯的比例则低于平均数。他将这个不均衡的结果归因于老龄人的心理变化，即不断膨胀的利己主义、斤斤计较的思想和贪得无厌，所有这些必然反映在儿童身上，并使他们养成邪恶的倾向。这就是为什么在谋杀犯和杀人犯中这种比例如此之高的原因，因为这些人在善良情感方面存在缺陷。这一点在行为需要诡秘和狡猾的诈骗犯中也是如此。另一方面，盗窃犯却表现出较低的比例，因为这种恶习来自于贪图快乐、懒惰、放荡，而这些正是情感起决定作用的年龄的特征。

同一作者还发现，平均41%的罪犯是醉汉的儿子，而在非犯罪人中这种比例只占16%；16%的罪犯有犯过罪的兄弟，而在非犯罪

人中只占1%。我们相信在这方面所作的进一步研究将提供证据
以证明某种更加令人信服的特征。如果我们不把退化特征的遗传
看作是一件普遍的事,我们将很难相信它会是什么。而且,即使是
实证派的反对者也不得不承认“因为现象与有机体有更加密切的
关系,因此遗传更鲜明地表现了自己,而且在反射行为、无意识、脑
髓作用、印象和本能的情况下,这种表现更加强烈,但在较高的感 94

觉现象中,这种表现却不断降低并变得模糊”。[1]在这些范围内,犯
罪遗传找到了它的确切位置。假定犯罪是道德观念中缺乏对有机
体来说最无限制、最不纯粹、最不敏感和最相类似的那一部分道德
感,如果这种假定是正确的话,那么犯罪的倾向和素质与其他同类
现象一样是可以遗传的。它不是一个高级感官现象的间歇,它取
决于一种最普遍的道德敏感性,这种敏感性在缺少它的人们的孩
子身上也必然是缺乏的。如果我们可以根据适用于全人类的生物
规律设想一些例外的话,那么完全可以肯定在人类中找不到这种
例外。

在没有统计科学的古代,却仍然具有伟大的自然法直觉。比我们现代社会还要聪明的是,古代社会已经知道如何去利用这种直觉。所有家庭成员都被宣布为不纯洁而不受法律保护,对这种现象需要一种看起来似乎是奇异的解释。《圣经》所诅咒的甚至延续到第五代的事件应为我们所牢记。现代科学已证实了这一限制,因为它告诉我们,一个明显好或明显坏的特征不会持续到超过第五代。正是这一事实部分地说明了所有贵族的腐败。[2]

① Caro, “Essais de psychologie sociale” (*Revue de Deux Mondes*, 15 April, 1883).

② Ribot, *L’hérédité Psychologique* (Paris, F. Alcan, 1882).

二、累犯是遗传的一种结果

犯罪倾向具有先天和遗传的性质，这一点似乎已得到确立，按
照这种观点，我们无须对累犯所占的比例感到惊讶。矫正主义学派
轻易地将累犯的存在归因于监狱的恶劣环境和教养院体制的缺陷。
95 经验表明了这种观点的错误，因为刑法体系的改善很难说在减少累
犯方面产生了什么效果。累犯是规律，罪犯改造是例外。官方数字
因为种种原因不能给我们提供真实情况：首先，职业罪犯在逃避警
方侦查上已经越来越老练；其次，他们在被逮捕以后常常能够隐瞒
自己的真实姓名；另外，法典规定的累犯比累犯本身要狭窄得多，
它仅限于某种特别累犯。再就是适用于判决不少于一年的监禁以
上，或犯了不同于“矫正性定罪”[①]的犯罪后发生的累犯。然而尽管
有些限制，法定累犯在法国也已达到46%，在比利时达到49%，在奥
地利达到45%。正如一位学者已经正确论述的：“他是总犯同一罪
行的同一个人。”

第四节　道德异常与病理异常的区别

一、不存在偶然犯罪人

今天很少有科学家会绝对否定天生犯罪冲动的存在。然而，却有很多人认为对一定范围内的病理情况来说，这种倾向是可以克服的。这些病例中的大多数人是由正常人构成的，他们深受忽视道德

---

① 即不同于“délit”判决的“Crime”判决。参见前文第59页注释。——英译者注

教育之苦，因而被外部原因所驱使去犯罪。无疑，诸如传统、偏见、不良模仿、气候、酒精饮料等外部原因不能说没有重要影响，但是在我们看来，在真正犯罪的本能中，一直存在着一种特殊因素，这种因素是天生的或是遗传的，或者早在未成年时期获得并变得与其心理结构不可分离。如果我们使用这个词，偶然犯罪人就根本不存在，也就理所当然地承认道德上组织良好的人，可能会主要因为外部 96
环境所迫而去犯罪。如果在一百个受同一环境支配的人中只有一个人因此而实施犯罪，那么必须承认这个人对这些环境影响的感受与他人不同，即他具有他人没有的某种东西，一种生命的奇怪素质或方式。同时，这也是将某些特殊犯罪归因于下层阶级贫穷的争论的总结性回答，对这些阶级来说，尽管贫穷占主流，但绝非全部由罪犯组成；相反，罪犯在其中只占极少数。正如人们常说的，也许这些阶级周围的环境就是最有利于细菌繁殖的牛肉汤，但这些细菌即罪犯并非是它们的必然产物。在某种不同的环境中，他的犯罪也许只是潜在的，但一直存在着。因此，犯罪人不能分为正常的和非正常的两种不同类型，而只能按照它们异常程度的大小来划分。在天生的或本能的犯罪人和被称作偶然的或即时的犯罪人中，都同样缺乏对犯罪的反感。

二、间歇的阐述以及对某些反对意见的思考

现在对以下二者加以区分变得非常重要。一方面是与犯罪冲动相联系的某些病理条件，如虚弱、神经病、歇斯底里和癫痫，这些条件或是天生的或是后天获得的；另一方面是绝对的道德异常，这种异常具有邪恶的特点，或缺少基本道德本能，而且它并非一种疾病。

对于这种区别方法已经引起了很多疑问。反对我们的人中首先就是一些学者们。他们主张承认意志可以服从于嗜好和本能，而不能理解人类灵魂怎么会因为个人机体的特质而被引向邪恶，除非是智力有缺陷或疾病干扰了行为对意志的服从。在这里，自由意志问题的讨论是不适当的，同时也是不必要的。我们完全可以说，如
97 果他们正确理解了我们的观点，就不会认为我们主张每一个犯罪倾向都必然转变为行动。相反，我们相信这种倾向的表现可以通过许多外部因素的良好结合加以抑制，即使对天生邪恶的个人也是如此。意志是否为许多外力的结果或者它是否为一种初期的心理运动这一问题，我们可以肯定地说，犯罪冲动永远能被外部动机所抑制。这些外部动机如死刑带来的震慑，或因犯罪失去的大于因犯罪所得的恐惧。必须补充的是，道德感的缺失只是使犯罪能够在特定时刻完成的有利条件。许多具有这种倾向的人从未变成罪犯，只是因为他们能在丝毫不伤害他人的情况下满足他们的最大愿望。正因为如此，某些具有潜在犯罪本能的人可能终身都被看作是诚实的人，因为犯罪对他们有用的时刻从未到来。在这种情况下，他们端正的行为美德就不是来自于他们的性格，而应归因于使他们幸运地发现自我的环境。

我们再来看一种正好相反的反对意见。许多学者认为，犯罪异常可以划入“道德精神病”名下的一种异化。在我们看来，这个词是错误的，而且应该从科学的词汇中删除。首先，使用它产生了许多误解，正是因为这个词语，实证派才因使犯罪成为神经病一词而受到批判；其次，“精神病”这个词与“精神异化”是同义语。尽管理智
98 和情感都属于神经系统，但无可争辩的是，这些活动的性质却完全不同，而且作为它们之一的理智能力变得完全正常是可能的，尽管另一方即情感能力可能仍是异常的；最后，“精神病”或“异化”是指

疾病，因为德斯皮内的非病理性精神病已不再被承认了。因此这个词完全无法适用，因为我们所说的本能犯罪人不是患病的人，在这里我们必须注意这一点。

三、犯罪本能不是疾病

当犯罪人的异常只在于道德偏离时，当它只是心怀恶意、残酷或无情的外化，而无丝毫的思想能力的困难或任何神经病迹象时，怎么能说存在着病理因素呢？我们能够断定存在某种病理因素的唯一办法就是将“疾病”与“异常”两个词看作是一回事。但是，如果我们真地这样做，那么在生理因素与病理因素之间便不再有任何区别，因为每一个非典型的改变，每一个身体的不规划，每一个性格异常，每一种气质的怪异都是一种病态。……那么，既然几乎没有人不表现出某种生理或精神怪异，健康的情况便不存在了，这个词也便失去了实际意义。然而，生理健康与精神健康的情况是存在的，而且在生理健康与疾病之间以及精神健康与疾病之间都存在着一个中间地带。因此，尽管从未有人为我们提供一个精神异化的充足定义，在特定情况下，我们仍然可以区分开精神病患者与头脑清楚的人。[①]

① 参见Taylor, *Principles and Practice of Medical Turisprudence*, 3rd ed., p.89。

菲奥雷蒂在其专著《精神错乱的特征》（Naples, 1902）中完全支持这种观点。“为了获得精神病的概念，我们必须借助的不是医生，而是那些将某些人看作疯子而某些人又不是疯子的普通而通俗的观念。精神病者是指那些没有必要的社会生存能力的人，像犯罪一样，精神病是个人对社会生活无法适应的一种形式。……如果我们从医生那里寻找精神病的概念和定义，而它们又只能由社会环境来提供，那么这实在是一件奇怪的事。……精神病的概念一直在变化这一事实已经证明了这一点。……我认为，仅因为确诊了某些现象的存在就宣布一个人是精神病，这样做将是一个严重的错误。……没有一个人能绝对避开这种诊断。……像精神病患者一样，罪犯也是一种异常者，仅从这一点来看，两者存在着相似之处，这就像我们可以说圆形和三角形相似，因为它们都不同于直线。”

99 异常与疾病之间的区别绝不是什么新东西。例如,“文摘”在谈到废止奴隶买卖时,将“罪恶”(vitium)与“疾病”(morbus)区别开来(“utputa si quis balbus sit, nam hunc vitiosum magis esse quam morbosum”)。萨比努斯补充到,哑是一种疾病,但是讲话困难并且不太清楚的人并非有病。保罗斯说:“如果他缺一颗牙,那么他不是一个病人。”[①]同样,我们可以说,缺少某种本能是一个异常人,但是并不是一个病人。

四、疾病是人类的一种偏离,道德异常是文明人的一种偏离

还有一种被极力提倡的观点,引用一位意大利反对者的话说:“对一切因素加以考虑之后,疾病不过是反常环境下的生命,而且根据这个观点,健康与疾病之间并不是绝对的对立。”[②]但是科学能提供什么证据去取消多年来人类认为必不可少的这些词义呢?“疾病”或“虚弱”一直是指可能会摧毁机体或所攻击那部分机体的某种东西。如果没有摧毁这一过程,这就是一个治愈的过程,——从没有一种因素像在许多种异常情况下那样稳定。即使假设这个词义能够扩大到包括每一个异常生命因素的地步,这种情况仍然不会发生变化。要想知道异常生命因素意味着什么,我们首先就要肯定
100 什么是正常的生命因素。我们是指一个人、一个民族的还是一般人的正常生命因素?显然,“生理因素”和“病理因素”这种表述必定是从人类总体来看的,而与民族的不同毫无关系。蓬松的头发、凸颚

① Dig., Lib. XXI, Tit. I. See Fioretti, *Polemica in Difesa Scuola Criminale Positiva*, p.254(1886).

② Virgilio, *La Fisiologia e la Patologia della Mente*(Caserta,1883).

和扁平的鼻子，在我们的民族中肯定是异常，但是它们不能被看作是病理特征，原因很明显，它们并未偏离人类类型。可以肯定，在某些民族中，这是其民族特征，丝毫不会影响或改变其机体功能。为什么不能说心理偏离也是如此呢？精神麻木，缺少预见，残忍，这些不是今天我们民族的特征，而在其他民族中，这些却是非常普遍的。因此，它们就人类来说并不构成异常，它们只对以文明人为代表的完美类型来说是一种异常。为了把这种区别看得更清楚，让我们来比较一下天生邪恶的异常和其他种类的心理异常，如缺乏调整思维的功能、缺乏记忆力、失语症、无法对外部刺激产生心理反应，这些情况是真正的病例，因为它们对全人类来说都是异常。在这些病例中，有缺陷的思维并非某个特定民族的遗传物，也并非首次出现在道德的某个进化阶段，它与人类共存。这与天生邪恶或天生缺乏道德感形成了多么大的区别啊！在这里不存在官能的丧失或障碍，人类必要的生理因素仍是一样的。假如某种环境是由家庭聚合体来构成的话，那么只能是主体与这种环境的不相容，因为只要它还包括有一个家庭，利己主义就有足够的理由存在。

因为有这种不相容的存在，这种聚合体必然在某种程度上不同 101
于其原始状态。我们将会回想起，今天或在近代一直有这样一些部落，在那里，最极端的残忍和贪欲几乎都是正常的。显然，如果具有同样生理和道德缺陷的前者被视为完全健康的人，那么，无论是仅对民族来说异常的解剖特征，还是一些原始部落或典型犯罪人共同的心理发展停止的迹象，都不能使我们将后者视为疾病患者。

这一点对利他情感在今天到处盛行简直无关紧要。曾有一个时期，这些利他情感仅以一种萌芽状态存在，那时它们几乎无法超越家庭的界限，并很少超越部落的界限。但是如果说这些遥远时代的人们是完全健康的话，那么我们今天的罪犯因某种神秘的返祖现象而与这些原始人相似，并且也许从他们史前祖先那里继承了今天属于道德异常的特征，为什么我们不能把他们也看作是健康的人呢？将道德感的缺失视为一种疾病必然得出一种奇怪的结果：某种或同一种疾病的严重程度甚至其最终是否消失，都将取决于社会的发展程度。同样道理，一个在文明国家中可能被认为患重病的人，在半开放的人群中可能被怀疑有病，而在斐济岛、新西兰和达荷美，则可能被认为是完全正常。①

102 这当然很荒谬。当我们谈到病理因素时，我们不会问主体是现代人还是属于石器时代，是马来人、波利尼西亚人，还是盎格鲁-撒克逊人。

因此，必然得出的结论是，非病理异常以及其中的道德感缺乏必定被认为是存在的。然而正如前边谈到的，我们认为“道德精神病”这一表述是不能确立的。无疑存在着具有真正特征的极端邪恶的情况，但是在这些情况下，邪恶只不过是某些严重神经病的最明显征兆，诸如癫痫、歇斯底里，或某种异化形式的征兆，如忧郁、进行性麻痹或白痴。另一方面，当没有发现生理功能的错乱时，它就不是一种疾病，无论个人对社会环境多么不适应。

---

① 德拉戈（*Los Hombres de Presa*, pp.75, 76〔Buenos Ayres, 1888〕）认为这种提法有些令人误解。对于我的看法，他反对说，一个火地岛的土著人会认为一个完全健康的文明人患有失语症，说他们不能明确表达词义，因为火地语是由不清楚的音节组成的。对此我认为，如果火地语真是这样，并不表明这些土著人不能学会另一种语言的发音，而这种事情对患有失语症的欧洲人来说则是不可能的。德列皮亚内（*Las Causas del Delito*, Buenos Ayres, 1892）对此也同意我的观点。

五、外部印象对精神病和道德异常的不同影响

在我看来，似乎下面的意见对我们正在讨论的问题具有完全决定性的作用。在疯癫者或白痴中，他们对外部世界的认识产生夸大的印象；这些印象引起与外部原因不相一致的心理过程，并因而在原因与主体的反应之间产生了一种矛盾。这一事实也给那些主要为摆脱这种不一致感而犯罪的许多凶残的谋杀犯提供了解释：他们是为了摆脱由于被害人的出现所引起的苦恼。一个叫格兰蒂的半白痴被工作间前玩耍的邻居孩子发生的噪声所烦扰，于是便将他们一个个引入房中锁起来，并在日落之后，将他们全部活埋——一 103
共11个孩子。他相信这样他才能平静地工作，这便是他的主要动机。在《恶语之心》中，一个叫埃德加·阿伦·波的疯子杀了一位老人，原因只是为了不必再看见这位受害者的“兀鹰眼睛”。在其他情况下，病态乐趣是决定性的动机，如莫兹利引用的一位疯癫者的情况，这个人肢解了一位小女孩，并在日记中写道：“杀死了一位小女孩，这真是一件美妙而又刺激的事情。”[①]

另一方面，天生犯罪人的心理过程与外部世界的印象是一致的。如果动机是复仇，便总会存在一种真正的错误或伤害；如果是出于对某种利益的渴求，那么他所期待的利益在任何其他人看来都将是一种真正的利益；如果动机是快乐，那么这种快乐绝不是非正常的，它本身绝非目的，而是用来达到目的的犯罪途径，它揭示了某种道德异常。的确，对某些犯罪来说，仅仅用道德感的缺乏并不足以做出解释。然而，这种缺乏有时伴随有某种夸大的自我估量，并

---

① Maudsley, *Responsibility in Mental Disease*, C.V.

使他们因而强烈地感到一种超过任何其他情况的空想的或琐碎的不满。因此，一位T先生，因其家仆辞职不干而发怒，因而埋伏等候并击毙了他。该受害人的行为对其他人来说不过是轻微的不快，但对T先生来说，则是一种必须用生命的代价来补偿的侮辱。有人说，在这类案件中，起因与结果之间不成比例，这种说法从哲学角度讲是荒谬的。比例一直存在着，但是这里所说的原因并不单单是我们所想象的，因为这是不够的。它还进一步表现为道德感的缺乏，并
104 伴以夸大的自我估量、过度的空虚、极端的敏感性。正如我们所看到的，这些特征十分常见地出现在犯罪人中。

塔尔德接受了我关于所谓“道德精神病”与犯罪本能之间存在区别的观点，他认为这种区别至关重要，并在下面这段著名论述中作了全面阐述：“如果愿意的话我们可以说，对疯癫者本人来说，犯罪确实是一种获得快乐的手段，因为正如莫兹利所观察到的，对于经受着无法抵挡的犯罪冲动的行为人来说，完成某一杀人行为便获得了一种真正的慰藉效果。但是，正是这种快乐的非正常性质以及没有其他犯罪动机这一事实将疯子与犯罪人区别开来。的确，犯罪人也表现出实际情感的某种异常，但是这种异常或多或少在于他们不具有某种同情感或在诚实人中足以起到抑制作用的憎恶感；另外，这种异常还表现为某种病态吸引，这种吸引驱使犯罪人在没有外界刺激的情况下也要采取行动；最后，这种异常还表现为缺少能够防止犯罪人向外部诱惑屈服的任何内在排斥力。”

因此，犯罪人异常就是对文明人类型的一种偏离，正因如此，它不同于疾病。疾病是一种相对于全人类的异常，而不是相对于道德占优势的特定状态的异常，而且这种状态本身也是一系列有机个体

微妙变更的结果。

六、证明死刑正当

姑且承认异常和疾病中可能存在某种生理基质，但绝不意味着将它们混为一谈。从刑罚学的观点看，这种区别具有重要意义，它提供证明死刑正当的可能性。如果罪犯被看作是受害者（也正因为如此），他们便应该引起我们的同情甚至怜悯，而他们的犯罪只不过是一个病态事件而不是他们性格或气质的表现，因而对他们科以死刑便显得极端残忍。正如莎士比亚所写： 105

> “哈姆莱特也是属于受害的一方，他的疯狂是可怜的哈姆莱特的敌人。”①

相反，性格和气质组成个人的道德外观，它们构成自我。如果罪犯缺乏道德感，这种缺陷并不是他痛苦的原因；它只能使他成为在社会角度看来的低等者。正因为如此，我们认为，强调使用“道德精神病”这个词带来的危险并重视划清缺乏道德感的罪犯与精神病犯人的界限是非常重要的。

第五节　有关道德异常原因的假说

因此，既然罪犯异常的存在已不再有怀疑的余地，那么如何解

① *Hamlet*, Act Ⅴ, Scene Ⅱ, 249, 250.

释这种现象呢？我们不能总是把它归因于直接的遗传，那么我们是否就应将它看作返祖现象或退化例证呢？

一、返祖现象理论

根据典型罪犯和被看作史前人代表的野蛮人之间的显著相似，龙勃罗梭主张返祖现象理论。将犯罪人的头盖骨与史前人类头盖骨进行比较之后发现的某些特征支持了他的观点。此外，他对未成年人所作的心理研究，使他发现了许多在野蛮人和罪犯中都很显著的特征，因为未成年人再现了人类发展最初阶段的雏型。

在后来的著作中，龙勃罗梭提出癫痫总是可以在天生犯罪人身

106 上找到。我不想停下来讨论这个理论，因为这一事实远未确定。而且，尽管他极力调和，这种观念与返祖现象理论仍存在明显的矛盾。要将我们的祖先说成是不幸的癫痫者，这一点似乎很难令人想象。

相反，尽管我们不了解史前人，但他们不可能拥有利他本能这一点则是极易被相信的。他们与其子女所过的这种几乎与世隔绝的生活使这一点成为可能，尽管人类过这种生活的时期不可能很长。这种道德状态主要是由社会生活条件的缺乏决定的，注意到这一点很重要。我们知道，部落一旦形成，利他主义便开始发展了，我们还知道它后来扩展到了整个国家或民族。另一方面，尽管罪犯一出生就进入社会环境中，在他们身上却不存在利他情感。

那么，如果我们用以作比较的不是以人类伙伴和子孙构成主要社会的森林和沼泽地带的人，而是最古老的社会聚居体中的一员，我们就不得不同意塔尔德下面的话：“既然罪犯与长期存在的良好社会秩序毫不相容，那么罪犯中的卑劣、残忍、无情、懦弱、迟钝和邪

恶信仰也不可能来自于我们大多数的共同祖先。”①

弗雷的观察结果同样与此相符。他建议道:“诸如疯癫、神经病症状或淋巴结核等在犯罪人中经常发现的退化迹象与返祖现象毫无关系。因为它们与繁衍的正常过程相矛盾,所以甚至似乎排除了返祖现象观点的可能性。”②

然而,能够证明龙勃罗梭早期理论的事实也并不缺乏。首先,最值得注意的事实是具有属于原始象和驯鹿时代的某些头盖骨特征的极端凸颚。但是正如托皮纳德指出的,这些少数事实不能作为 107
任何理论的基础,证据还不充分。然而,在非洲和大洋洲的黑人以及欧洲人的一些特例之中,颚的延长和突出是常见的情况,③从这一事实来看,凸颚的退化特征无疑是存在的。而且,“根据这个词普遍而通行的含义,我们可以说,白种民族从来不是凸颚的,而黄种人或黑种人在不同程度上存在凸颚迹象。”④另外,我们还进一步注意到,在那些被划为最退化的人中,如霍屯督人(南非卡哈里沙漠地区的游牧部落和那马部族),具有“全人类”皆知的最大程度的凸颚。⑤

因此,我们最早的祖先比野蛮人更加凸颚,这种假设似乎也是合理的。而且,既然承认坎斯塔特和克罗马尼翁人⑥的头盖骨在原

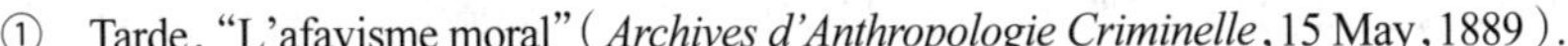

① Tarde, “L’afavisme moral” (*Archives d’Anthropologie Criminelle*, 15 May, 1889).

② Féré, *Dégénérescence et Criminalité*, p.67 (Paris, F. Alcan, 1888).

③ Topinard, *Anthropologie*, pp.451, 452 (3rd ed., Paris, 1879).

④ Ibid., p.284.

⑤ Ibid., p.390.

⑥ 坎斯塔特(Canstadt)是一个与斯图加特相邻的村庄,以它命名的头盖骨是18世纪符腾堡的杜克·埃伯哈德·路德维希(Duke Eberhard Ludwig)对罗马的城堡进行挖掘过程中发现的头部隆起的一部分,它由耶格(Jaeger)在1835年提出并引起了科学界的关注(Quatrefages, *The Human Species*, p.302);克罗马尼翁人(Cro-Magnon)头盖骨是由拉尔泰(Lartet)、克里斯蒂(Christy)等人在塔亚科地区的埃吉斯和佩里戈尔(Dordogne)同名山洞中发现的大量遗留物(Keane, *Ethnology*, p.149)。——英译者注

始长毛象时代的种族中也可能是特殊情况，那么正如托皮纳德所做，[①]我们同样可以假设他们是一个追溯到上新世或中新世时代的种族的最后代表，然后这个种族便几乎灭绝。“这也无疑说明了博物馆中著名的那马人为什么特别凸颚……。他们非常可能是早期某个灭绝很久的非洲种族的幸存者。”

除了解剖学特征的问题以外，史前人必定与现代野蛮人有许多
108 相似之处，但是在这里必须划定一个界线。存在着几百种不同的野蛮种族，而且它们的社会进步程度也各不相同。这些种族中没有一个是史前人类的完美典范。白芝浩对此作了很有价值的说明。他说，尽管我们可以完全相信在某些方面史前人“与现代人相同，另一方面我们却有相同或更充分的理由假设他与现代野蛮人完全不同。现代野蛮人不是18世纪哲学家所想象的那种简单的人，相反，其生活被扭曲成一千种怪异的习惯，其理智被一千种怪异的偏见所蒙蔽，其情感被一千种残忍的迷信所恐吓”。[②]我们这些早期的祖先“是‘没有固定野蛮人习惯的野蛮人’，也就是说，他们像野蛮人一样，具有强烈的情感和薄弱的理智；他们像野蛮人一样，偏爱贪欲快乐的短暂刺激胜过适度和同等的愉快；他们像野蛮人一样，把现在看得比未来更重要；像野蛮人一样，他们根深蒂固的情感就整体而言是原始而有缺陷的”。[③]

以上这些研究是不是我们在罪犯中所发现的最后特征呢？我们发现的其他一些特征证明，以上两者在此毫无共同之处。显然，

① Topinard, op.cit., pp.289, 290.

② Bagehot, *Physics and Politics*, No.Ⅳ: “Nation-making”.

③ Ibid.

史前人一定具有生理和精神力量。只有具有勇气才能使他们在赤身裸体且没有武器的情况下与凶残的野兽格斗，只有对劳动的热爱才能引导他们在荒无人迹的森林中开出道路，建造出简陋的房屋，保护其子孙躲避各种危险。正如塔尔德所说：“他们常常必须做一个英雄。”不具有这种品质，人类便会停滞不前，它将会停留在我们今天发现的异常落后的民族所处的那种状态，例如，岛屿上的马来人把茅舍建在湖中间的位置，他们穿越围绕他们的原始森林的唯一 109
办法就是像短尾猴那样从一根树枝跳向另一根树枝。

因此可以说，野蛮人和罪犯之间或现代野蛮人与原始野蛮人之间本能的相似的一致性还远未得到确证。对于这个问题，诸如利己主义和缺乏道德感等相似之处也出现在罪犯和儿童的特征之中，但是很难说儿童就是罪犯的雏型。在这里，发展与被有缺陷的道德阻止的发展之间存在着很大的区别。唯一正在形成并得到证明的结论就是罪犯具有退化的特征，这些特征说明其进化的程度比周围人低。罪犯与较低等种族和原始种族间存在某种相似没有什么值得大惊小怪的。可以肯定，罪犯具有原始本能即掠夺性生活的本能，并伴以正义感的完全缺乏和对情感的任何内在限制的缺乏。那么奇怪的是，我们发现这些本能与能使人想起最原始种族特征的生理和（尤其是）外貌特征结合得如此之紧，以至于导致了精神和生理特征的一致。

而且许多罪犯表现出了不能归因于返祖现象的特征，这些特征确实不典型。为此，我们不得不同意塔尔德的那一部分结论，他说：“罪犯是一种怪物，像其他怪物一样，他也表现了向过去物种或类别退化的特征。但是他将两者结合的方式有所不同，而且我们应该注意不要用这个模式来判断我们的祖先。”

二、道德退化理论

110 最简单的解释无疑就是道德退化。这种退化是一种倒退性选择的结果，而这种选择使人类失去了经过长期进化才获得的较好品质，并使其退回到他本已慢慢超出了的那种低劣程度。这种倒退性选择应归因于被酒精变得残忍或被极端悲惨变得卑微的人们身上极其脆弱与极其不适的结合（他们的冷漠阻碍了他们与这种境况相抗争）。这样便形成了道德败坏和受排斥的家庭，这些家庭的杂交终于产生了真正品质低下的后裔。

塔尔德说：“无论是道德的还是生理的退化，总的来说都是遗传的结果。我们只需在一个人的血流中回溯一两代便可找到这个人异常的原因，因此，要想查明某人邪恶或畸型的模糊原型的秘密，忽略其父母则是徒劳的，当然我知道并非要追溯其他许多代人。”[①]

三、向史前人回归的假设

但是确有一些异常不能归因于其父母或祖先。本性从何处派生呢？对于这个问题塞尔吉毫不迟疑地回答：“来自于史前人类的生活，来自于兽性。”如果这种向史前人类的回归现象在形态学异常

---

① 我们所谓的精神退化并不必然伴随有生理退化，在这一点上我们与马尼昂、弗雷和法国学派的观点不一致，因为他们的观点违背了这样一个不可否认的事实，即大部分罪犯（而且的确是最坏的罪犯）完全健康且表现不出任何生理退化。当然，这并不排除在他们的机体中、在其分子解剖中存在着造成他们精神退化的某些偏离和不同。然而，这些因素并不能扰乱其生理因素的特性、癖性或障碍：它只是产生某种精神异常。

中能够得到承认，为什么在其相应的功能方面就不行呢？这将为我们解释某些将人类类型降低为野兽类型的某些本能提供一把钥匙。这种对心理功能有直接影响的某些器官部分停止发育也为我们从生物学角度提供了解释。这一点也解释了那些有时出现在动物身 111
上的极端残忍，而带有这种凶残特征的人永远而且在任何地方都是特殊者。典型的罪犯比野蛮人中最坏者还要坏得多，至少其退化的道德特征要显著得多。另一方面，在许多方面次要的罪犯比许多野蛮人进化得要好。最后，典型的罪犯从心理上说似乎是一个具有退化性格的怪物，这种性格使其处于较低等动物的水平，而次要的罪犯则似乎具有一种心理组织，而这种心理组织的特征使其近似于野蛮人。

说向史前人的回归假设只能被那些完全相信物种转化的人接受，这种说法是毫无根据的。然而，这种理论不可行的可能性也不能完全排除。谦虚地承认这种现象与其他许多现象一样仍有待于进一步探索，这样也许更好一些。但是即使如此，事实仍然是：典型的罪犯从精神上说是一种怪物，其拥有的特征中有些与原始人相同，而另外一些则使其处于人类水平以下。

第六节　犯罪人的分类

一、谋杀犯

我们将这些人看作是典型的犯罪人，他们是利他思想完全缺乏的人。当我们发现某人具有完全的利己主义，或换句话说，发现某人缺少任何仁慈或怜悯的情感时，那么想要找到正义感的踪迹是不可能的。正义感比仁慈感起源较晚，并且以道德进化到较高等级为前提。因此当机会出现时，同一个罪犯既可能会是盗窃犯也可能是谋杀犯。仅仅为了满足自己对金钱的贪欲，摆脱其妻子并与他人结婚以取得遗产，为了除掉证人，为了一件想象的或无关紧要的冤屈
112 而去复仇，甚至为了表现其身体敏捷、视觉准确、手臂有力，为表示对警察的轻蔑或对另一阶级的仇恨，他都会去冒生命危险。

这就是我们称之为谋杀犯的罪犯——我们是在通常意义上而不是在许多法典的严格意义上使用这个词的。作为一种最严重的犯罪的制造者，他们几乎总是表现为上述主要特征的结合，有时甚至是在极端的程度上。我还要补充一点，在这些非常的案例中，正是犯罪的情节揭示了这种异常，而在不太明显的案例中，罪犯的本性如果不经人类学或心理学检测便无法确定。因此，在涉及次要罪犯的分类时，就必须求助于科学以得到更为重要的帮助。

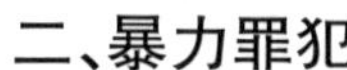

二、暴力罪犯

（一）地方性犯罪

这些同等次要的罪犯在进化过程中，精神上和生理上均离常人不远，他们现在必须引起我们的注意。与自然犯罪中罪犯的区别相一致，这里的罪犯也明显地分成两个特定大类，他们一类具有缺乏仁慈或怜悯的特征，另一类具有缺乏正直的特征。

暴力罪犯构成了第一类人。在这类中，首先包括那些侵害人身并可以被称作地区性犯罪的制造者们，换句话说，这些犯罪构成某个特定地区的特定犯罪。现代社会中，这一类犯罪的例子可以在那

不勒斯卡莫拉分子的族间仇杀或俄罗斯民粹主义分子的政治性暗杀中找到。

在这些情况下，环境无疑具有较大的作用。荣誉、政治和宗教偏见占有很大数量。在一些国家中，人口的一般性格，民族的本性，文明或敏感性的低级程度等甚至会使无关紧要的过错引起最终的流血事件。因此在欧洲南部的各个地区，甚至作一位民事诉讼中的证人都要冒生命危险；而如果一个人通过向土地拥有者提供更优 113

惠的条件而取代土地的原来承租者，他便极可能死于枪杀。

加贝利说："在罗马，……最微小的动机，游戏的兴奋状态下一句不愉快的谈话，恶意的搬弄是非，职业性竞争，对未婚妻或妻子信任的模糊猜疑，都足以导致某种性质的令人颤栗的谋杀。……文明的一般状态对这种现象起着一定的影响，但最直接起作用的是观念和习惯（观念和习惯并非全部，还包括某种慷慨或浪漫），这些观念和习惯尽管最终在城市走向了消亡，但在农村地区却仍继续存在着。忍受侮辱的人便称不上男人，晚至15或20年以前时，下层阶级中的年轻妇女都很少会看得上那些从未使用过匕首[①]或被警察纠缠过的男人。……市场上展示的锋利、闪亮的匕首眩惑着年轻'农夫'们贪婪的眼睛。他们会从货摊上拿起一把，打量它、挥舞它，让它在阳光下闪光。最终他会拥有它并尽快把它揣入口袋，而且他们将在某一天把它突然插入同伴或朋友的肋骨之间。谁有争吵的权利并不重要，他们所想的只是不要放弃，不能允许自己被威胁，在事情没有结果之前绝不离去。"[②]

① 在罗马和那不勒斯城郊的许多地方，匕首仍是年轻女子送给情人的第一个礼物。

② A.Gabelli, *Roma e i Romani*, p.32 et seq.（Rome，1884）.

几乎是同样的观念也流行于欧洲南部的某些地区，如在阿斯帕岛[①]和弗里斯兰人中间就是如此，很明显，它来源于民族的传统。

众所周知，一些迷信行为，如相信魔法、咒语、狠毒的眼光，某些阶级或等级观念以及某些荣誉观念的提炼等，都对犯罪发生着影
114 响。在意大利南部，有些人相信与处女性交能治愈性病，这一观念导致了许多强奸案的发生；在那不勒斯的下层阶级中，人们猜想牧师和修女具有预言的天赋，因而监禁、拷打他们以让他们说出所“知道”的中奖号码也是一个例子，据说作为其中之一的弗拉·安布罗焦就是死于这种刑讯逼供；在同样的阶级中，荣誉的偏见使人们将年轻女子抛弃情人的行为看作是一种严重的犯罪行为，并动用刑罚将她们的脸用剃刀割伤以终身毁容；在相当近代的法国，被情人出卖并被用硫酸毁容的妇女非常普遍，这种事情在当时十分流行。在19世纪初的苏格兰，浇硫酸毁容似乎也同样流行，但是此时的受害者已经是那些雇主们，而行凶者是对他们心怀不满的工人。[②]

从以上事实中我们显然可以看出，在大量侵犯生命和自由的犯罪中，模仿起了相当大的作用。那么是否我们必然由此推断罪犯是正常人而犯罪只是模仿的作用呢？[③]如果是这样，罪犯将绝不会只

---

① 参见后文第119页。

② Aubry, *La Contagion du Meurtre*, pp.95, 96 (Paris, F. Alcan, 1888).

③ “我们讲天生犯罪人，——但是所有罪犯都是天生犯罪人。驱使他们去犯罪的是他们的机体组织，就像艺术家的机体组织驱使他们去研究美一样。拉斐尔是一位天生的画家，然而机会与其作品（例如斯坦兹）有很大关系。而且，如果没有强烈的艺术激情，他根本不可能在如此短的生命时间里创造出如此之多的杰作。先天倾向无法排除机会或激情的影响，无论这种影响是好是坏都是如此。”（Paper read by Benedikt before the first congress of Criminal Anthropology. Actes du Ier congrès d'Anthropologie criminelle, p.140〔Rome, 1887〕）

是极少数，它将失去其例外事件的特征。犯有上述罪行的人总是缺乏大多数人们所具有的普遍的怜悯感的某些部分。即使在我们间接提到的那些民族中，虽然他们的敏感性和文明发展程度还未达到与我们同样的等级，但谋杀以及相似的犯罪仍是非正常的事。这种地区性犯罪只占很少数量，因为那些心理组织中缺少足够强大的抵抗力量和道德感中只有一部分是怜悯感的个人几乎无法存在。贝内迪克特说，"在由于天生对精神痛苦和不协调感情的敏感性减弱而产生的这种缺陷存在的同时，常常还伴有缺陷性的脆弱性，"这种脆弱性就是一些人具有的无法感受生理伤害、感受伤害能力比别人弱或很快治愈的特性。这位作者引用了一些著名的例子，并由此得出结论说："这些人自认为是享有特权的人，他们蔑视精细而敏感的快乐，并将实际的快乐建立在给他们认为的劣等人施加痛苦的过程之中。 115

而且这种生理的不敏感使他们无法在头脑中鲜明地呈现他们给别人施加的痛苦，因为他们自己也无法感受这种痛苦或对这种痛苦感受很少。然而必须承认，这种脆弱性的缺乏在有些民族中很普遍，而在欧洲人中却很少发现，至于在城市人口中就更少了，在这里，即使较低社会阶层的人们也具有某种程度的文雅。

（二）激情犯罪

在这部分地区性犯罪中，包括了在激情影响下所犯之罪，这种激情因素"可以是习惯性的并说明了个人的气质"（贝内迪克特）， 116
也可能是外部原因的结果，如酒精类液体、高温甚至可能是某种性质确实特殊的环境，而这种环境很可能引起任何人的愤怒，尽管愤怒的程度有所不同。在最后一种情况下的罪犯可能非常接近正常人。例如,在对突然和严重过错所作的瞬间反应的情况下,两者的区别可能几乎无法察觉。在这种情况下,即使杀人行为也失去了其恐怖性。就拿一件证明暴力反应正常的案例来说,夺走犯罪者的生命似乎只是反应的一种过分形式。这里的区别只是一个程度问题,但是正是这种区别证明了道德异常最低限度的存在。

因此,在我们看来,不同的心理因素总是存在的。拿那些源于气质的永久激情状态来说,愤怒只是一种基本的心理功能失调,即对外部刺激在大脑部分产生的一种异常反应形式。正如维尔吉利奥所说,这种失调常常伴随有退化的因素,而这种因素的特点是来自遗传原因的大脑组织不发达或神经系统的过分脆弱。那么问题便是,是否这种气质存在本身就足以解释某种残酷行为呢?换句话说,我们是否可能给在发怒状态中不顾性命的人赋予一种在任何方面不比非犯罪人差的仁慈情感呢?

我认为不能。一个有暴力冲动的人可能会攻击挑衅他的人,但是他使用的是拳头而不是匕首。愤怒只不过夸大了其性格,这是犯罪的决定性原因,但是只有当来自利他情感的道德阻力缺乏力量时才是如此。不言而喻,在那些真正病理因素的案例中,如神经痛或颅骨痛,这时的激情只是一种症状,必须永远被排除。

117 一个与此相关的问题是,诸如酒精类液体或高温这样的外部力量是否能够产生这样一种激情状态以至于驱使诚实的人去实施犯罪行为呢?比较数据证明,在醉酒不很普遍的国家杀人率却最高,相反,在醉酒很普遍的国家中杀人案却很少发生[1]。无疑,醉酒容易

---

① 对此,参见Colajanni, *L'alcoolismo*, *Sue Consequenze Morali*, *e sue Cause*(Catanea, 1887)。

使大脑兴奋并常常引起争吵，但是在这些争吵中，只有具备犯罪气质的醉汉才会想到去使用利刃或手枪。相反，非犯罪醉汉只是赤手空拳上阵，他的目的只是让对手倒下，即英语中所说的“击倒他”。当他成功时，他或许会亲自帮助倒下的对手站起来。在意大利，酒馆中的争吵常导致流血事件，而这种情况在英国却几乎没有。难道我们应该说这是由于种族的区别，或者说难道我们不应该把它归因于文明和道德进化的程度吗？

关于后一问题，酒精对这种性质的犯罪只具有极小的影响这一说法目前似乎已得到完全证明。而且，作为一名刑事治安法官，历来的经历告诉我，在酒精的影响下，拿生命当儿戏的人几乎永远是那些从前品质恶劣或曾犯过类似罪行的人。

关于气候、大气压力和温度变化方面，显然只要某个国家所有的居民都同样受到其影响，那么这种影响就只能在比较数据中才具有重要意义，因为它只是说明不同国家之间犯罪情况不同的原因之一。无疑，在同一民族居住的领土上，在温暖气候为主的地区，至少在欧洲和美洲，谋杀犯占有很大数量。而在北方国家，财产犯 118
罪则是主要的犯罪形式。例如，在意大利北部与南部之间、法国北部与米迪之间以及美国北部州与南部州之间，这种对比非常明显。但是对于已经离开了其民族区域的人来说，这种气候学的影响似乎失去了效果。因此，埃及的阿拉伯人流血性犯罪的倾向就比那些生活在较寒冷气候下的阿拉伯人要小。然而，不能因此而完全否定气温对激情的影响。塔尔德自己也承认在犯罪问题上气候与地理区别有一些联系，而且“高温对罪恶的激情起着一种间接的影响”。如果我们联系地理数据，进一步考虑到同一国家中侵害人身

的犯罪大多数发生在温暖月份，而侵害财产的犯罪以冬天发生的最多，那么这一点便得到了证实。而且，通过比较若干年内气温的变化和由此得出的在同一时期色情犯罪的数字，菲利已指出这确是一个固定的规律。[①]

正如我们所知，巴克尔总结了许多物质环境对人性格和主要气质的影响，甚至由此得出了夸张的观点。但是，由于这种环境因素与其他因素有着密切的联系，我们如何去估算这种影响呢？我们是否要在气候或遗传中去寻找被我们称之为一种民族性格的主要原因呢？不仅人类学似乎指向遗传，而且历史也支持了这个观点。从远古时代就存续着某些民族中相似的性格类型，而且尽管生活在同一等温线下有时甚至是同一地区但属于不同民族的人们之间，仍存
119 在着很大区别，这些事实尤其是后者对这一观点具有重要意义。

要想明白这种显著的民族道德品格的持续性，我们只需将恺撒描述的高卢人和在泰西塔斯的书中所看到的古代德国人与他们今天的后裔作一比较即可。除了由于文明所产生的区别，——而且这种区别只不过是表面性的并且不会影响到以上两个民族的主要优缺点，——对高卢人的描述，正如完全适合于1世纪的德国人一样，也完全适合于现代的德国人和20世纪的德国人。

我掌握一些有关阿斯帕岛居民的很有意思的数据。这个岛所处的位置邻近奥兰群岛的波罗的海，并与芬兰海岸不远。这里的人不论是生理上还是精神上，都与他们金发碧眼而冷漠的斯堪的纳维亚邻居形成鲜明的对比。他们长着蓝黑而卷曲的头发、黑色的眼睛

---

① 科拉雅尼对该理论的批判参见*Archives d'Anthropologie Criminelle*，1886，No.6。

和鹰钩鼻子，他们矮小而强壮，简而言之，他们完全属于南部类型。而且他们具有易激动的气质，争吵时常常使用匕首。传说他们属于西班牙或阿拉伯的南方血统，看来他们的祖先是许多世纪以前一次船只失事事件的幸存者，并因而定居该岛。他们从邻近海岸娶来妻子，于是在这里的国家中便出现了一个显然不会与周围民族进一步融合的孤立社会。

科西卡提供了另一个民族性格持续性的例子，那就是：一直被权力手段镇压的地区性犯罪，只要这种镇压有减弱的迹象，它们便表现出死灰复燃的倾向。[①]在奥地利，杀人、攻击和伤害案件在其南部的斯拉夫各州（如达尔马提亚和斯蒂里亚）最经常发生。在比利时的佛莱芒省也是如此，易冲动和易怒的脾气是众所周知的佛莱芒 120
人性格。[②]在英格兰，这块土地被格拉摩根、蒙哥马利和布雷肯、威尔士郡所占据，而这些郡的居民几乎完全是凯尔特的后裔。

科拉雅尼反对我在这个问题上的观点，他坚持认为18世纪的苏格兰人不同于其现代后裔，他们醉心于袭击和掠夺。然而他忘记了一点，那就是从总体上说的苏格兰人并非如此，而只是某些自认为是好战分子的高地人部族才是如此。至于袭击低地人、杀人并掠走他们南部邻居的牲畜，这些事实与国家内部的犯罪问题毫无关系，不能因此证明这些高地人在自己人中间也喜爱偷窃和谋杀。

文明可以使民族性格变得温和，这一点终究是无法否定的，但是其效果只有经过许多世纪以后才可以被感觉到，而且在最底层永远保留有远古民族天性的某种东西。

---

① Bournet, *La Criminalite'en Corse*（Lyons, 1887）.

② Bosco, *Gli Omicidii in Alcuni Stati*（Rome, 1889）.

而且，既然气候是与某个民族的生活不可分离的因素，那么它对犯罪的影响就像遗传一样持续不断。民族或气候是否为一个民族性格的主要因素，这个问题没那么重要，因为两者共同的影响是施加在民族总体上的，而不是某些个人身上。对我们来说，重要的不是去衡量这种影响的大小，它不是对民族的性格，而是对组成民族的个人性格的影响。关于这一点，下面一章将致力于研究那些对不同个人产生不同作用的外部力量，例如传统、家庭生活、教育、经济条件、宗教、立法等，简而言之，所有组成我们所知的社会环境的东西。

121 那么现在我们可以得出这样的结论：地方性犯罪以及显然由于气候、温度的变化或滥用酒精饮料而产生的犯罪都不能脱离犯罪人的个人异常而存在。纵观所有侵犯人身的犯罪，这种异常就在于暴力气质的怪异与怜悯感的先天性缺乏相结合。然而，这并不排除从医学角度讲某些情况下真正退化的存在，也就是说，诸如歇斯底里精神病（常常出现在诬告和具有残忍与兽性特点的自然犯罪案件中）、癫痫性精神病和酒精中毒（常发生在攻击、伤害和恐吓案件中）以及某种性本能的败坏（在下流攻击和强奸案中比较普遍）。

我们所讨论的犯罪类型中的某一个犯罪在犯罪者的生活中似乎是孤立的事实，而人类学或心理学都无法说明其性质，这种情况也是可能的。既然我们不能指出同样情况下的他人行为会是什么样，那么驱使他犯罪的这种环境的特殊性就使我们很难将他与正常人相比较。如果这种情况存在，那么它确实就是临时罪犯或偶然罪犯。然而即使这样，如果这些犯罪属于自然犯罪，也不能否认这些罪犯缺乏对暴力、残忍和兽性的抵制。但是本性本身最终决定着区别的程度，正是根据这一事实，我们无法划出一条线将罪犯与诚实的人截然分开。那么从实际目的出发，我们可以认为在两者之间存在着一个中间区域，进入这个区域便构成了对怜悯感的最低程度的侵害。所有这一类犯罪都不能归因于先天的残忍，而应归因于某种情感的粗鲁，而且主要应归因于缺乏训导或传统教化。冒犯性语言、恐吓、攻击和伤害案件有时具有这个特点。正如它们发生在某个争  122
吵过程中一样，在下层阶级中，发生这样的争吵几乎是毫无警告便突然发生，攻击者一方无意给对方造成严重伤害。过失杀人和无婚姻承诺情况下的诱奸也是如此。在这里，我们找到了自然犯罪的极限，在这些犯罪人中，道德异常可能存在也可能不存在，无论如何，不管他们不同于正常人的心理区别是什么，这种区别常常是非常轻微的。因此，他们从总体上不能被看作是对社会不适应的人。[①]

在这一点上，犯罪团伙[②]的问题也应引起关注。每当犯罪发生在公众骚乱过程中，就出现这样一个问题：是否某个人应为这种行为负责？或者说是否个人责任不能完全纳入集体责任中？例如，一伙激动的暴徒放火杀人，如果我能够分离出实际点火或开枪的人，是不是可以仅仅处罚他们呢？一些作者认为不能这样做，因为这些

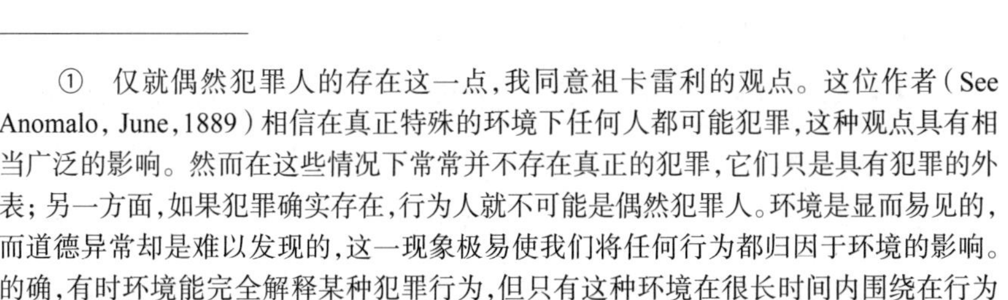

① 仅就偶然犯罪人的存在这一点，我同意祖卡雷利的观点。这位作者（See Anomalo, June, 1889）相信在真正特殊的环境下任何人都可能犯罪，这种观点具有相当广泛的影响。然而在这些情况下常常并不存在真正的犯罪，它们只是具有犯罪的外表；另一方面，如果犯罪确实存在，行为人就不可能是偶然犯罪人。环境是显而易见的，而道德异常却是难以发现的，这一现象极易使我们将任何行为都归因于环境的影响。的确，有时环境能完全解释某种犯罪行为，但只有这种环境在很长时间内围绕在行为人周围以至于摧毁了他的道德感并使他退化时才是如此，但是在这里，无疑存在着偶然犯罪人。

② See Sighele, *La Folla Delinquente*（Turin, 1891）, French translation（Paris, F. Alcan）; Gustave Le Bon, *La Psychologie des Foules*（Paris, F. Alcan）; Tarde, in *Revue des Deux Mondes*, 15 November, 1893.

个人将大伙的建议看作具有不可抵抗的威力。个人只是这种新型
123 罪犯中一个无意识的成员，这种新型罪犯就是自我放任的、狂怒的暴民；其他作者在抵制这种观点的同时，极力主张缩小个人责任。但是这种集体犯罪的概念是否有切实的基础呢？正如塔尔德已经明确指出的，即使那些似乎是最自发的群众运动也并非没有其秘密领导者，任何公众骚乱，无论范围多大，都可以从中找出少数个人的活动。然而这些煽动者极少实际地参加团伙行动，正如我们所知，他们总是精明地隐蔽起来。

就拿拦截道路的恶作剧团伙来说，它包括有哪些分子呢？可以肯定，其中存在着少数令人尊敬的人，但是使该团伙危害程度不断扩大的则是那些大量的阴险分子。这些城市及其周围地区的渣滓不知从何处出现，他们粗俗而懒散，寻找着抢劫机会，最终发展为由从未失败的天才领导下的职业罪犯。在1792—1793年的巴黎，这些分子的总数估计为40,000人。这就是街头问题演说家们长篇演说中所说的“人民”，这些人挤满了会议厅的所有座位，促使演说者们最激烈的演说更加放肆，并迫使会议采取措施，而这些措施的不公正简直可以说就是荒谬。

这种团伙开始破坏和抢劫，并醉心于恐怖地大叫。但在这个阶段，那些令人尊敬的人们无论开始加入时是出于好奇心还是其他原因，现在都已走开，而留下来的大多数都是已经有过犯罪行为或至少具有犯罪倾向的人。当某个不幸的警察被抓住并被抛入河中时，这并不是所有人的罪过，而只是少数罪犯的罪过。那些攻占巴士底狱后砍掉马奎斯·迪·劳奈的头颅者，或将巴伊送到绞架前对其施
124 加痛苦者绝对不会感到脸红。他们的确是一群罪犯，他们向曾对他

们伸出阻挡之手的社会进行报复。他们中包括有各种疯子和退化者。正是这些人的犯罪行为玷污了1793年和1871年的革命。

每当我们能够区别出那些实际参加了由团伙实施的犯罪者时，我们几乎总是发现他们是累犯、惯犯或流氓。[①]

列·博恩（Le Bon）持相反意见，为此，他引用了煽动或参加法国大革命中九月大屠杀者们的案例。这些人在1792年袭击了巴黎监狱，残杀了大量的保皇主义囚犯。他说，这个团伙除了少数职业暴徒之外，其余都是各种手工艺人和小店主。[②]可能是这样，尽管我们不知道这些“职业暴徒”的确切比例。而且就我们所知，这些小店主和手工艺人可能都是他们各自阶层中最差的分子。但是无论如何，这个案例什么也证明不了，而一个被完全证实的事实是：这些人先经过了挑选，由巴黎公社负责组织并付给报酬以便去做他们所做的事，按照丹东的说法，就是去完成这次屠杀以在革命党和保皇党之间掘出一条血河。[③]实际上，他们组成了一个半军事化的组织，而且在服从上级命令时还相信他们是在执行一项爱国主义任务，这绝不是那种由临时纠合的瞬间冲动而促成犯罪的团伙。

就我而言，在这种案件中，我不可能相信“在正常的头脑中会闪现瞬间的残忍情感并完全改变了其本性”，[④]相反，我相信暴行永远
会引起正常头脑的厌恶，而且正常人只要一发现这种暴行或发现自 125
己处于团伙之中，他总会尽快脱离，因为他知道他的劝说毫无用处。

① Sighele, op.cit, p.62.

② Gustave Le Bon, *Psychologie des Foules*, p.149 (Paris, F. Alcan).

③ Lamartine, *Les Girondins*, Ⅲ, pp.320, 321, 382 (Paris, 1847).

④ Tarde, article cited.

他绝不会被建议所动摇,而目睹这种团伙对不幸的受害者施加痛苦将会使他们发抖,除了恐惧和自我珍重感,没有任何东西能阻止他背叛内心的反抗。将一个人浸满汽油后点燃,将妇女扔出窗外,以延长被害者的痛苦取乐,这些都是罪犯们所做的,他们是懦弱加残忍的真正罪犯。如果这些人组成一个团伙,我们无须为了将其称为犯罪团伙而减低个人责任。

我们知道许多西杰耶尔的"人类学气质"并不坏的团伙例子,它们是指那些已经有可能通过理性而有力的手段加以抑制或者无论如何已停止制造它们所被煽动的流血事件的团伙。[1]这些都是我们一贯主张的佐证:"一个由诚实的人们所组成的团伙可能犯有暴行,但它永远也不会达到罪犯占大多数的团伙所特有的邪恶程度。"对建议绝对权威性的相信这一点还无法得到确定,"如果作为所有建议中最有威力的催眠性暗示都无法达到取消人的个性的程度,真是如此的话,那么还有哪一种建议能摧毁一个完全清醒人的个性呢?"[2]因此,所谓集体犯罪这种事并不存在,唯一的犯罪团伙就是由罪犯组成的团伙。

三、缺乏正直感的罪犯

下面我们可以讨论另一部分罪犯,也就是那些侵犯财产的罪犯。无疑,在这里,社会因素比在前述几种犯罪中所起的影响要大得多。但是这并不能阻止我们在罪犯的机体中找到一种先于任何
126 环境影响作用而存在的因素。正直情感的先天性无疑比怜悯感要

① Sighele, op.cit, pp.65, 66.
② Ibid, p.84.

小得多，或者说得准确些，它不严格地依赖于机体组织。这种情感更多的是现代产物，它代表着道德感重合的和几乎是表面的层次，因而它比怜悯感更不易遗传。而且它缺乏特殊的先天性质，而这种性质就是教育也无法找到什么东西来代替。在一个文明社会中，这种正直感一般来说是未成年时不断加强的模仿结果，并产生了很可能伴随人一生的根深蒂固的本能。

然而，有时也可能发生这种情况：出生于一个诚实家庭的儿童却表现出某种偷窃本能，而这种本能的存在既无法归因于教育也无法归因于模仿，因为与他同样接受这些影响的兄弟姐妹完全没有这种倾向。这个使父母蒙受羞耻的小东西从最早的童年时起就开始偷窃他亲友甚至仆人的物品，或者将它们藏匿起来，或者将它们卖掉以换取他最想要的东西。显然，这种本能与我们称之为盗窃癖的精神错乱形式完全不同。在后一种情况下，驱动盗窃犯的主要动机是偷窃的病态乐趣，他不想通过盗窃取得任何好处，甚至不去费力地隐藏盗窃物；他根本不用它，而且常常自愿地将它返还给主人。另一方面，在天生不诚实的情况下，盗窃犯常常借助于掩饰和欺骗，而且为了不使盗窃行为暴露，他很可能控告某个无辜的人犯罪。如果这种倾向无法归因于模仿或直接遗传，那么它只能归因于返祖现象，否则我们便无法说明这种与主体的教育、训导和家庭本能如此背道而驰的本能。

但是，我们最经常遇到的情况是，每当不正直感直接来自于父 127
母遗传时，它总是被恶习模仿的影响所强化和延续，这时的本能既是天生的又是获得的。外部因素和器质性因素结合得如此紧密，以致我们不可能将它们区别开来。

另外，除了家庭和某人幼年早期阶段对本能形成的影响之外，还存在某些尤其适合于贪婪本能发展的环境。这种环境的范围无须很大，两三个坏伙伴，有时只是一个亲密的朋友就足以使这个少年走上犯罪道路。既然侵犯财产的犯罪极少被证明为整体民族的偏见或习惯，因此它从未获得某种地方性特征，某些侵犯人身的犯罪也是如此。一个人要成为盗窃犯的途径只能是遗传的道德退化，或仅仅是他周围环境的影响，这种环境可以创造出一种类似于遗传的根深蒂固的本能。只有少数情况例外，而其中可以引用的一个例子就是土匪行为。在某些地方，如意大利的卡拉布里亚区、希腊、塞尔维亚和阿尔巴尼亚，强盗已成为地方性犯罪。但是在这些国家中，土匪只是被看作法定犯，而不是贼。这些人公开与社会力量对抗并进行武装挑衅。他们冒着生命危险，表现出某种就是被抢劫者也羡慕的骑士风度。有的民族全部沉溺于土匪行为之中，如中世纪的诺曼人和18世纪苏格兰的高地人。在这里我们不想讨论犯罪，只想讨论一个民族或部落与和平活动格格不入的掠夺性生活。犯罪总是包含着某种行为观念，而这种行为必须对包括行为人在内的民族具有危害
128 性。它或多或少是个人特殊的并应受到谴责的行为，而绝不是全部人群的行为。这个区别再明显不过了，因而无须进一步讨论。

在当代社会，盗窃的倾向常常伴有懒惰和相对于个人合法地位过高的财产渴望。贝内迪克特将罪犯的这种心理异常定义为“精神性神经衰弱”与“生理性神经衰弱”的结合，它或是天生的，或是幼年早期获得的。它的基本因素是“对劳动如此厌恶，以致达到抵制的程度，而这种厌恶本身就应归因于该儿童的精神结构。……从他幼年时起，如果他既无力量抵制瞬间的冲动也没有力量服从慷慨的鼓励，尤其是当

这种精神斗争使他产生某种痛苦时，那么他便成为一个精神性神经衰弱者。这样经过一段时间以后，在这种精神性神经衰弱的压力之下，他将会逃避一切精神斗争。他将思考、将会感觉、将会行动，他将在厌恶精神斗争的基础上发展一种完备的人生观体系。”

然而，所有这一切都必须以个人能够进行所谓的精神斗争为前提，即教育必须在他心中留下一些义务的概念。但对大多数盗窃犯来说，情况却正好相反。对于一个被无耻而残酷的家庭抚养长大的人来说，这种矛盾冲突完全不符合他的本性。贝内迪克特对这个原因所作的描述仅对盗窃犯部分适用，相比之下，它更适合于流浪者。按照这位作者所说，流浪必然应归因于纯粹的生理性神经衰弱，而这种神经衰弱是与获得生存手段的必要性相联系的。“在没有纠纷的情况下，流浪从未成为犯罪”，但是如果“生理性神经衰弱与对欢愉的强烈贪欲相结合的话，便会导致不惜一切代价满足这种贪欲的危险愿望。那么，如果这个人同时也是精神性神经衰弱者，他便不会对这种愿望作任何阻止，而且当其他办法都失败后，他会通过
犯罪来实现它。在盗窃犯、伪造犯、诈骗犯、拦路抢劫犯和一般职业 129
性犯罪的心理中，这种结合起着相当大的作用。神经衰弱的罪犯以完全正常的方式推测着其计划成功或失败的可能性，因而他很快就会认识到社会权力的优势。但是，既然他不能持续努力，他便满足于暂时的结果，而且像多数人一样，他的希望比他成功的机会大得多”。在这些特点之外，我们还必须加上一个野心，正是这种野心占据了他犯罪本能的大部分，主宰着他的犯罪性质，并使他在罪犯世界中获得声望。“一名精神性神经衰弱者一旦发现他极易利用一般公众的疏忽、不小心、轻信和胆怯，他便会毫不迟疑地想办法增加他

的机会。他不断学习技巧直到研究透了所有曲折和变化。成功不仅给他带来了物质快乐，而且也带来了因使被害者受到愚弄而产生的自豪感，并因此产生了自己智力强大的信心。……在他们的犯罪职业中，占突出地位的是希望和对阴谋诡计的迷恋，这两个因素构成了犯罪的动机，这种动机在夜盗者、伪造犯、诈骗犯和拦路强盗的心理中起着重要作用。”

这段话使我们能够在完全的意义上理解该类罪犯与缺乏怜悯感的那种罪犯之间存在的区别。盗窃犯、伪造犯和诈骗犯常常无法做出侵犯人身的暴力行为，而且这种对残忍行为的抵触常常使得这种行为人夸耀自己是被判盗窃罪而不是谋杀罪，这不足为奇。除了极端谋杀犯没有一丝道德感之外，其他种类的罪犯都表现出完全相反的情感。就那些犯有杀人或伤害罪的监禁者来说，其动机可能是

130 报复、嫉妒或荣誉观念，也许犯罪本身就是由于瞬间的激情气质或酒精的作用，然而他们会轻蔑地宣布他们从未犯过盗窃罪。事实上，这种罪犯可能具有很明显的正直感，对他们的雇主或恩人，他们不但可以做到忠诚，甚至可以献身，他们甚至可能完全不会有一丝欺骗。

这些事实证明，在我们所讨论的较次程度的犯罪中，并非完全缺少道德感，而是两种基本利他情感中的一个或另一个缺少或薄弱而已，这两种情感即怜悯感和正直感。

四、色情犯

现在我们来看一看由于性冲动而导致的犯罪和侵犯一般意义的贞洁的犯罪。在很多情况下，这类犯罪的行为人必定被归入暴力罪犯之中。但是，每当极端的淫欲是犯罪的主要动机时，这种色情

狂便常常被发现患有某种精神错乱,在这方面的老年人犯罪数字表明这种犯罪常常与老年痴呆症有很大关系。但是我们必须承认这类犯罪中也有许多非病态情况,即那些对小女孩做出的下流行为或犯有其他低级性行为的色情罪犯。这种罪犯所贪图的只是在实施这种应罚行为中所体验到的快乐,为此,他们牺牲了名誉并忍受着羞耻和嘲笑。一般说来,能够解释这些犯罪的应是道德力量的缺乏而不是怜悯感的缺乏。因此,很难把他们所有人都归入暴力罪犯之中,尽管他们与暴力罪犯一样,也具有完全漠视其行为给他人造成生理或精神痛苦的特点。

据此,我认为应将这类罪犯归入一个独立的类别中,即色情罪 131
犯。到此,我们的分类便全部结束。

五、总结:最后的结论

因此很显然,在我们列出的分类表中,所有罪犯(即真正的罪犯,而不仅仅是法定犯。后者之所以犯罪,主要在于违反了法律,行为人不表现为任何道德低下)都应归入下列四类中的某一类:(1)谋杀犯;(2)暴力犯;(3)缺乏正直感的罪犯;(4)色情犯。与这些类型并列,我们还必须列出相应形式的精神错乱或神经病。与前两类罪犯相对应,包括有杀人狂、纵火狂、癫痫、歇斯底里;与第三类相对应的如盗窃癖;与第四类相对应的如性虐待狂[①]。最后,每

① 除了上面提到的著作,在有关犯罪精神病及其形式方面,有价值的论著还有:J. de Mattos, *A Loucura*; Antonio D'Azevedo, *Carceres e Manicomios* and *Estudios Penitenciarios*; Bernardo Lucas, *A lei Penal no Processo Marinho de Cruz*; E. Bonvecchiato, *Il Senso Morale e la Fouia Morale*; Ballerini, *Le Psicopatie e la Capacità Giuridica*(1891); Corre, *Crime et Suicide*(1891)。

一类中的少年犯因为不能完全理解其所作所为和所犯的罪，其犯罪的原因或是出于模仿，或是因为他所生长的环境阻碍了其智力发展，因此有必要自成一类。

这种以道德异常，或者也可以说以某种特殊的不道德为基础所作的分类具有明显的优点，正如我们以后将要看到的，它能直接提供合适的镇压措施的建议。它能够作为一部法典的基础，而这种法典的主要原理将决定犯罪的定义和分类。在这里，与每一类型描述相联系，我们还可以找到某些方法以使罪犯不再犯罪，或者教育其道德感，而这最后一种方法的可能性已经得到了证明。就真正犯罪来说，可以据此制定一部国际法典，即一部文明世界的刑法典，其中应规定几个国家间的引渡和警察互助等相应条款。

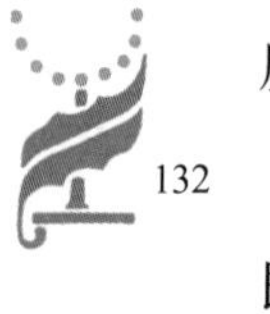

132 唯一没有纳入这种分类的犯罪是那些单纯的反叛或违法行为，即那些进行惩罚时无须考虑罪犯心理的行为。如果采用我们上面建议的法典，那么不同国家的地方法典只需对这些最后提到的犯罪做出规定。

第七节　同样：菲利的分类

我并不主张去考虑各个人类学和心理学家们所提出的众多的分类方法，但是考虑菲利不断倡导的分类在这里不能说不适当。按照他的观点，罪犯应分为五类：（1）天生罪犯；（2）惯犯；（3）偶然犯；（4）激情犯；（5）精神病犯人。

正如我在1885年罗马召开的第一次犯罪人类学代表大会上指出并在以后曾强调的，这种分类没有科学基础，而且缺乏普遍性和精确性。事实上，根据人类学观点，可以说惯犯并不存在。如果犯罪习惯来自于遗传天性，那么习惯性罪犯就是天生罪犯；另一方面，如果这些习惯是由于榜样的力量或环境的影响而获得的，那么他便只能是偶然犯罪人。因此，习惯性罪犯既非人类学分类也非病理学分类。

试图区分天生罪犯、习惯性罪犯和激情罪犯同样没有人类学证据。首先，所有罪犯在某种意义上都是天生罪犯，在另一种意义上又是偶然罪犯。所有罪犯都具有一种犯罪倾向，这种倾向并非外部
环境的作用，而是某种存在于个人的精神组织、情感和思维方式中 133
的东西。另一方面，也有某些环境影响阻碍了文明人情感的发展，并且产生了反常的本能。这种本能尽管不是遗传的，却仍然根深蒂固；但是罪犯是天生如此还是由于后来获得了反常本能才变成这样？除非他是精神病人，在其犯罪中起决定作用的影响永远是某种外部事实。而且，如果他不具有犯罪倾向，无论条件如何，他永远也不会犯罪。假设我们有可能找到偶然犯罪，就等于将那些只在表面上是犯罪而在道德上并非犯罪的行为与犯罪相混淆。

类似的思考同样适用于激情罪犯。如果驱动他的是一种反社会的激情，如贪婪，那么他就应归入天生罪犯；如果驱动他的是某种病态激情，如性虐待狂，那么他就应属于精神病犯罪人一类；相反，如果驱动他的是一种并非反常的激情，如爱、嫉妒或荣誉观，那么我们如何去区分激情犯与偶然犯或机会犯呢？而且，任何一种激情都可能立即导致天生罪犯的行为。正如贝内迪克特所说，先天性倾向既不受条件的影响也不受激情的影响。而且我们可以补充一点，条件或激情永远是决定某种犯罪行为的因素。

因此很明显，这种分类方法缺乏固定的类别限制，一个或同样一个罪犯可能被同样适当而毫无区别地归入这里几个类别中的任何一个。因为它完全没有普遍性，它对立法者毫无实际意义。既然根据这种观点制定的镇压的必要性在不同情况下可能会非常不同，它便使我们根本不可能制定出一种措施以适合于各个不同种类罪
134 犯的镇压方案。因为对立法毫无用处，结果它只能是没有实际意义。

功利的考虑显然要求我们按照同一标准进行罪犯的分类。从每一个真正罪犯（换句话说，即每一个真正自然犯罪的制造者）都是一个道德低下者这种观点出发，那么问题就在于确定其道德缺陷的特殊气质，即确定他所缺乏的情感和能力以及支配他的邪恶本能。在这种理论基础上，我进而将罪犯分为：（1）典型罪犯或谋杀犯；（2）暴力犯；（3）缺乏正直感的罪犯；（4）色情犯。

第二章　社会影响

第一节　文明

对于读过前几章的读者来说，我们试图从自然犯罪理论推导出 135
的结论已经开始明朗化了。然而，我们将把这些结论留给以后的章节，在展开它们之前，我们有必要考虑一下一般认为对犯罪起影响作用的社会原因。

不可否认，在那些拥有真正意义文明的国家中，犯罪正在减少，至少正经历着由智力和狡诈代替暴力的转变，诸如海盗、强盗、报复谋杀、为荣誉而杀人、抢劫和放火等最原始的犯罪形式正在最终走向灭亡。在这一点上，欧洲西北部国家就是一个证明。

我们这里所说的“真正意义的文明”是指与所谓的物质文明相区别的道德进化状态。“文明”一词首先应该意味着“道德、教育、尊重、热诚和积极”。[①]对孩子的抚养中所付出的辛劳和遍及所有社会
阶层的正确行为准则的传播，这项上层阶级本身已做出合适榜样的 136
工作已经充当了一个重要角色。它开始只是涉及到政府的所有部

---

① Romagnosi, *Genesi del Diritto Penale*.

门,而最后已涉及到对犯罪的有力遏制。而且它比最广大的铁路网更能有效地赋予这个词以希望。关于这些因素中的最后一个,即犯罪的遏制,我们不久将有机会表明:刑罚的轻宽绝不是有些人所认为的文明进步的标志。正如我们将看到的,在某些国家,刑罚已被制定得太轻宽了。然而不幸的是,正是在这些国家,犯罪不但没有减少,甚至以某种方式更加盛行了,尽管这些国家在其他方面表现了文明的繁荣状态。刑罚的轻宽必然降低人们对犯罪严重性的认识;对罪犯的宽容一旦被人们所了解,便不能不使人们的道德感变得迟钝。

在几个世纪的过程中,道德原则在社会各阶层中不断扩大其支配地位,这些原则的总和借助于严厉制裁,产生了自我尊重、正直和对残忍与不公正的抵制,从而达到顶点。麻木的个人仍然存在,但是当人口的大多数都已真正掌握了这些行为准则时,他们的数量便不断减少。某些社会原因可能会起到延缓甚至阻滞道德发展的作用,其中一个并非没有一点危险性的原因是阶级仇恨的宣传与反抗所有社会秩序和道德秩序原则的说教。对于这样的运动,成为改良主义者之前的共产主义者和无政府主义者都应分担责任。只有当这些说教完全除去了暴力色彩时,世界真正意义的文明才能不断地
137 继续进步。对那些欧洲南部国家来说,因为那里较低阶层的人们还未达到像北部和西部那样的道德进步水平,因此无疑最容易受到这种说教的影响。

无论如何,正如患某种血液疾病正在痊愈的人体中总是遗留有某种潜在活动状态的残留细菌一样,社会机体中也总会有具有犯罪本性的个人,总会有精神病者、精神性神经衰弱者和返祖现象。还

有其他一些或者犯罪性格尚未完全确定，或者只是缺乏能力或道德阻力的个人，但是对这些人来说，大多数的好榜样将会把他们引向光明，正如相反的榜样已经将他们引向邪恶一样。

第二节　学校

尽管文明作为整体产生了毋庸置疑的益处，但是经过对几种文明进行考察我们发现，就每一种而言，它们对犯罪没有任何实际效果。

其中一个最重要的因素就是读和写的知识，获得这种知识对于一个人的生存竞争来说具有不可估量的价值。然而，如果我们想在读和写的能力中找到一种抵制犯罪的力量，我们会意外地感到失望。这个问题具有很大的实际意义，因为学校及其工作都要受到国家的控制，而国家有力量促进或阻碍它们的进步或将它们的活动指引到任何它所愿意的方向。

有人推测无知是犯罪的主要原因之一。如果真是如此，那么随着文盲的减少，犯罪率也应该减少。然而不幸的是，这个结论没有被统计数字所证明。诸如伪造、诈骗钱财和犯罪性破产等犯罪人都并非文盲，这一点已众所周知。而且，极端的犯罪在有知识的 138
人中已不再比在绝对无知的人中更特殊。有时甚至受过高等教育的人也会出现在大审法庭上去面对堕胎、杀婴或谋杀等证据确凿的指控。

在意大利，现在的犯罪率要比1860年高得多，而那时学校教育系统仅仅刚刚开始。今天，尽管文盲的比例不断减少，犯罪总数还是以每年3%的比例增长。

法国的情况可以从德霍松维尔（D'Haussoville）根据相当近期的统计数据所做出的结论中看出来。他写道："在1826年100名被控告犯罪的人中，61人是文盲而39人接受过某种教育；今天这种比例正好相反，70人是有知识者（当然是普通意义上的），38人是文盲，初级教育的扩大完全说明了这种区别。但是从犯罪总数正在增加而不是减少这一事实来看，这种教育的唯一结果就是增加了知识罪犯的数量，却没有减少犯罪的总数。"[①]司法部长1900年的报告也说明了这一点："从教育的角度看，具有犯罪本能的个人与作为整体的人民一样，都会发生同样的事情，即他们过去是文盲，而今天却能够读和写。"

塔尔德说："在西班牙，文盲占总人口的2/3，而他们只占罪犯总人数的1/2。"

因此，我们应该承认，至少从犯罪总数方面来看，学校在减少犯罪上没有产生直接的影响。但是我们不必悲观，学校的影响表现在

139 犯罪的种类上，它通过传播知识和培养智力对犯罪种类发挥着决定性的作用，但是这个问题已超出了我们的研究范围。那么现在我们便知道了这个貌似强大的武器对犯罪也是无能为力的，那种因为每一个学校都开放了而监狱就应该关闭的说法纯属一种花言巧语，没有必要对它进行详细论述。即使没有数字能证明我们的结论，仅仅良好的感觉也能告诉我们：在语法与道德、学会字母表与拥有高尚或不高尚情感之间毫无联系可言，难道不是这样吗？至于高等教育

① D'Haussonville, "Le combat contre le vice" (*Revue des Deux Mondes*, 1 April, 1887).

的问题，我们以后将会明白，它对道德的发展并不具有人们所普遍相信的那种作用[①]。还应补充一点，传统教育的普及只能是充满了灾难性的结果，尤其是传统历史，正如它所常常被讲授的那样，不过是对各种概念的不道德和罪行所作的不断的辩护。

可以肯定，每一种高级的文化都伴随着某种道德假设，但是这种假设并非来自于文化教育对道德发展所起的影响，而是来自于个人的本性。正是高级文化的获得证明了一种智力本性，证明了一种用以蔑视粗俗快乐和兴趣的本性。只有经过不断的努力才能达到这种智力发展阶段，而那种追求高程度的知识并认为有力量和技巧达到这种程度的思维类型与本能的基础完全不相容。在这一点上，尼采的理论应该被采纳："崇高的精神性本身只能作为道德品质的终极产物而存在；所有品质的综合有助于塑造'十足道德'的人，……崇高的精神性恰恰是正义和善意纯洁的精神化，它知道这种精神化在世界中甚至是在事物中而不仅仅是在人类中应该保持 140
其地位。"[②]

学习并未使人道德化，而正是人的精神本性使学习道德化了。

在一般情况下，学校对道德的影响毫无价值，但是如果学校用以进行道德教育，情况便大大不同了。然而，正如众所周知的，在拉丁语系国家，尤其是在世俗学校中，道德教育很少甚至没有。而且，我们希望改变道德素质的途径也不是通过牧师的讲授。唯一影响

---

① 参见后文第157—158页。

② Nietzche, *Tenseit von Gut und Böse*, § 219 Ⅰ. From Eng.transl.by Helen Zimmern, *Beyond Good and Evil* (Edinburgh and London, T. N. Foulis, 1909).——英译者注

儿童的教育来自于行为榜样，如果儿童在家庭中看到的只是堕落和犯罪的榜样，那么学校所有的良好教育都将被证明无效。

第三节　宗教

在儿童时期就被唤起的宗教情感对道德无疑具有影响。无论这些情感所留下的痕迹多么微弱，它们永远也不会完全消失，即使在信仰完全破灭时也是如此。宗教神秘感在人们的想象中留下了如此鲜明的印象，以至于以神的名义强加给人的行为规则可能变成本能。正如达尔文（Darwin）所说，这是因为“在一个人生命的早期头脑极易受到影响，而某个被不断灌输的信仰便似乎获得了某种几乎是本能的性质，而本能的本质正是：它产生于而且独立于理智。”[①]斯宾塞补充道：“道德准则的作用更多地取决于其禁令所唤起的情感而不是服从这种禁令的功利意识。通过目睹道德准则所具
141 有的社会制裁和宗教制裁，生命早期所产生的有关道德准则的情感对行为发生着影响，而这种行为已远远超出了与这些原则保持一致便有助于获得幸福的感性知识。但是在缺乏这几种制裁所激发的情感时，功利信仰一般不足以产生这种一致。”他进一步观察到，即使对于高等种族中最发达的人，而且他们的怜悯已成为气质性的并能够自发地与功利观念保持一致，在这种情况下，部分产生于宗教制裁的社会制裁对于强化这些观念仍然具有十分重要的影响。至于对那些具有较少道德感的人们，社会和宗教制裁就起着更

① Darwin, *The Descent of Man*, Part Ⅰ, C.Ⅳ.

加重要的导向作用。”[①]

同一作者还承认反宗教或反神学倾向具有有害影响。对于那些认为有关的人要遵守道德原则是一件很简单的事情的人们，他提出了这样的问题：“自我导向能力在缺少非天生的权威准则时，将会要求知道为什么在本质上这些行为方式是有害的而那些方式却是有益的，也就是说，将要求他们超越较近的结果而明确了解将来对自己、对他人和对社会所产生的结果，那么我们应如何看待这种自我导向能力呢？”[②]

因此，宗教可以说是最积极的教育力量之一，实证主义者认为这一点已无须讨论。但是这种观点的有效性取决于两个条件：第一，这种影响是加在儿童身上；第二，道德行为的教育是教化的真正目标。在古罗马的天主教国家，第二个条件几乎不存在，在农村教区尤其如此。那里无知的牧师的主要目标就是保证其教区的居民做到完全服从，而把全部注意力都用来灌输某种与道德行为完全
无关的正统教规，结果必然是忽视了“福音”的崇高教诲。但是，新 142
教徒国家中的牧师已表现出对自己责任的良好理解，尤其是在盎格鲁-撒克逊民族的国家中，牧师感召的主要目标就是道德准则的教化。在这些牧师看来，社会行为的主要准则在说英语国家中的所有阶层都是如此普遍，以至于大多数人都具有热爱诚实、憎恨不公正和暴力的品质，这样的时刻应该到来。

然而有一件事情必须加以注意，宗教对道德的力量似乎恰恰在最极端的案件中无法起作用，换句话说，在它遇到确定的犯罪性格

① Herbert Spencer, *The Study of Sociology*, C.Ⅻ.

② Ibid.

时无法起作用。对于那些由于心理机能的缺陷造成道德感显然在正常人之下的人们来说，我们怎能期望在他们的心中激起这种情感呢？那么，我们又怎能期望他获得纯粹的宗教观念呢？

总之，我们可以说宗教教化的功效有其局限性，但其作用的范围却比一般教育广泛。一个开明的政府应该很好地加以鼓励而绝不能阻止的正是这种道德教化力量。国家充其量可以保持中立，但反对只能产生有害结果。宗教教化的毁灭将意味着某些约束性影响的取消，而这种影响的力量也许有大有小，但肯定永远比完全缺少道德制裁要好得多。

第四节　经济条件：社会主义者的论题

下面将要讨论的是一个完全不同的题目：经济条件，尤其是不平等的社会财富分配决定着犯罪的范围。

一、有关的论述

143 按照社会主义者们的观点，集体主义的社会制度将会使大量的犯罪原因奇迹般地消失。通过确定完全同等的报酬和取消所有贫富区别，集体主义社会制度将有效地抑制各种有害的贪婪和各种反社会行为。由此必然导致这样的理论：现在的经济不平等环境，或者如社会主义者所称，资本主义制度是产生犯罪现象的主要原因。

确实，对有些犯罪来说，它们不外乎是对社会不公正的反抗。对产品的不均等分配宣告了一部分人的贫富并因此剥夺了他们受教育的机会，使之成为文盲。法律所保护的经济上的不公正是真正的犯罪，如果不是完全正当的话，它就是所有其他犯罪的令人讨厌的原因。[①]因此，社会是最早的犯罪者，它制造了那些无缘享受人生、从灯火辉煌的盛宴被推入阴暗街道的贫穷之中的人，并因此使犯罪分子的存在成为可能。

事实是令人遗憾的，可是几乎所有的社会主义者都得出了相似的结论。他们几乎总是把犯罪原因归结为他们所断言的矫揉造作 144
而邪恶的社会组织。他们极力主张对这种组织的修改或根本改革将引起犯罪数量的减少，而且经过一个渐进过程之后最后使犯罪完全消失。[②]

同时，他们只会将罪犯看作是一个受压迫阶级或者将犯罪看作阶级反抗的标志，而对于这个阶级中的大多数诚实人，对于那些似乎顺从于其命运的人们，这些作者中的很多人只能使用极其轻蔑的言词。一种充满怒气和矛盾的言论这样说道："当然，即使社会中最贫穷的阶级也有殉道者，那些愚蠢的基督教服从者不但不会犯罪，

① 有一些社会主义派别向所有的社会制度宣战："社会曾经就是由荒唐和犯罪构成的。……任何由于他人的劳动而获得的财产都是非法的，富裕必须被国际法所禁止，……对它们的任何侵犯形式都是正当的，这些形式不排除纵火、战争甚至伪证"（"Programme of the Black Hand", Laveleye, *Le Socialisme Contemporain*, p.275〔Paris, F. Alcan, 1883〕. See also the admirable work of A. Zorli, *Emancipazione Economica delle Classi Operaie*〔Bologna, 1881〕）。

认为共产主义将意味着犯罪的停止，这绝不是什么新思想。它首先得到了古典著作家们的赞成，然后进入费内隆的著作中，并被欧文所采纳，最后在倍倍尔原则和现代社会主义革命者中找到了位置。奇怪的是，尽管菲利倾向于人类学理论，他却并不完全拒绝这一思想。对此请参见我的*Superstition Socialiste*, pp.125—140（Paris, F. Alkan, 1895）。

② 欧文以及后来的倍倍尔等人坚持认为，在集体主义的社会中犯罪将不再存在。那时将有"与社会福利相反的行为"，它们只是疾病的结果，而患病的人因此应被送进收容所，等等。

而且赞美着那双惩罚他们的手。我们知道，这些正是剥削的资产阶级所希望的，但是这些榜样远远不能给我们带来启发，因此那些为了一点可怜的工资而出卖劳动却使他人的工资下降的劳动者，实际上等于出卖了同伴并为压迫他们的反动行为辩护。当特权处于统治地位时，任何反抗行为都是一种应该用人性情感加以研究的人性事实，而且即使它采取了可憎的犯罪形式，它也是一个有益的标志，因为它指出了激进行为的必要性。”[①]我们可以顺便说一句，对于坚持这一理论的人来说，要想解释为什么穷人和富人同样易受到这种罪犯的侵害似乎是一件相当困难的事情。攻击行为毫无区别地指向朋友和敌人，这真是一种奇怪的反抗！

二、对问题的思考

现在让我们面对主要问题：所谓的“经济不公正”的、所有居民或是无产者或是有产者的经济环境是否是犯罪的主要原因，或至少
145 是否为最主要的原因之一。[②]读者已经知道我是在什么意义上使用“犯罪”这个词的；然而，由于这个理论出于某种不适当的需要而将大多数犯罪归于无产阶级，因而对于“无产阶级”这个词的意义我们需要做些考察。无产者是指没有地产、除了劳动没有其他生存手段的个人。为此，他们按天领取工资，而这种工资的数目取决于某时期或某个社会中生活绝对必需品的价值。任何通过储蓄获得的资

① F. Turati, *Il Delitto e la Questione Sociale*（Milan，1883）.

② 英国的实际情况第一个做出了否定的回答。这里的经济不平等极其严重，然而犯罪却在不断而迅速地下降。这一事实表明，犯罪并非取决于公共财富的分配，而是有其他原因。

本都可能使他从无产者跨入有产者的行列。[①]

现在，不可否认，无产者相对于社会其他成员来说在更大程度上面临着贫穷的痛苦，如果作为其主要生存手段的工资哪怕有一天拿不到，他们都可能会挨饿。这种状况可能会导致偷窃面包的行为，而这种行为可能是为了自己，也可能是为了家人。《悲惨世界》中的冉·阿让的情况就是如此，我不想像一位法国作家一样走极端地说，冉·阿让不是一个真实的人物，他说："在法国，不存在任何像法韦罗列斯这样的城镇，因为那里竟会有一位因勤劳而享有盛誉并且以对一位寡妇及其孤儿的善行而闻名的诚实劳动者，在他急需帮助时却得不到帮助。"[②]相反，我相信这种情况的存在是可能的，但是我必须说这种情况是很少的。在莫斯科最大的贫民区之一——日扎诺夫经济公寓，托尔斯泰伯爵发现那里只有一个人确实需要食物，一个患病妇女说她已经没有任何东西可吃了，除此之外，很少有人急需帮助。他说："正像在我们中间一样，我们发现这里的人或多或少有好的，或多或少有坏的；或多或少有快乐的，或多或少有悲惨的。他们的快乐并不依赖于外部环境，而完全在于他们自己，而且这种快乐并非金钱的赠与所能给予的。"[③]在我们现在的文明状态下，除在经济危机的时候，很少会有人真心想找工作而找不到。如果他真的找不到，他周围几乎总会有人伸出援助之手。

无疑，真正的贫困并不存在，其原因一般都是缺乏勇气和勤奋，

① 这就是布洛克所作的定义，参见*Dictionnaire de la Politique*。

② Adolphe Franck, *Philosophie du Droit Pénal*, p.147 (Paris, F. Alcan, 1880).

③ Tolstoi, *Que Faire*? (Paris, 1887).

然后便伴随着某种“需要不超过动物般生存条件”[①]的冷漠。其结果常常是虚伪而不是犯罪，因为犯罪总是以某种努力为条件，而这种人因受苦而精疲力竭，完全没有能力做出任何努力。绝大多数的劳动阶级都绝不会处于这种境地，他们的痛苦并非来自于饥饿，而是来自于不能得到那些受到命运厚待的人所享有的快乐。尤其是在大城市中，它就是永远在唇边可望不可及的坦塔罗斯的水杯。

但是并非仅仅无产者经历着贫困的痛苦。需要与希望相联系，希望又与个人条件相联系。一个为工资而工作的人相对于雇佣他的人就会感到自己贫困，而小有产者相对于大有产者，职员相对于其顶头上司也会有同样的感觉。因此，随着社会不断向前发展，各个阶级的财富和地位都会使位于其下面的阶级中相应的人相形见绌。百万资本的拥有者会嫉妒他享有百万收入的邻居，他很可能对
147 他持有像佃农对地主所具有的那种贪婪情感。正像贪婪可以促使农民去偷木柴一样，它也可以促使佃农去欺骗地主。富商极易通过伪造账目来欺骗其债权人，富有的土地所有者也极易通过伪造遗嘱来达到增加财产的目的。贪婪的情感以不同的程度存在于所有人之中，但是能使这种情感导致犯罪的并非个人周围的特殊经济因素，而是其自身的心理因素，换句话说，犯罪人方面一定完全缺少正直本能并伴随有对好名声的漠视。后一种因素不应被忽视，因为保护好名声的愿望常常会使缺少天生正直感的人抵制犯罪的诱惑。

因而很显然，贫困的消失并不能阻止这些特殊心理因素的继续存在，犯罪的社会因素会以其他形式重新出现，今天懒惰的盗窃犯

---

① Eugène Beret, *De la Misère des Classes Laborieuses* (Brussels, 1842).

将会成为明天憎恨劳动的工人。唯一可以假设因贪婪而产生的犯罪能够消失的情况就是：犯罪人在犯这些罪的过程中再也看不到一点好处，而这种情况是很难想象的。以经济体制来说，获得非法利润的可能性永远也不可能排除。集体拥有公共财富而且所有工人都按劳取酬并不会比这方面的其他体制要好。每一个法律都可能被规避，如果你相信这种体制中人们在傅立叶幻想建立的法伦斯泰尔（社会主义社会的基层组织）或卡贝的农业和工业机构中找不到任何手段去牺牲同伴的利益以获得某种非法利益（即使以金钱以外的其他形式），那你就太天真了。在我看来，利润的平均分配永远也行不通，而且对相当一部分社会主义者来说，尽管他们怀有集体主义的梦想，也都承认应该用不同性质的工作获得不同的收益来代替绝对平均的原则以作为劳动的补偿。那么以后怎么样呢？ 148
经济的不平等仍使诚实活动被邪恶活动所遮蔽，获得的渴望依然存在，而且将同样促使犯罪。那么，如果将金钱留置起来，仅付给工人以劳动证明并允许他们根据自己的贡献大小从公共商店中提取商品，这样是否就意味着结束了懒惰和邪恶呢？由于不愿通过合法手段取得这些证明，懒惰和邪恶的人将使用欺诈和暴力手段。尽管原则上每个人的消费应根据其创造产品的多少而定，但是具有邪恶倾向的人会找到一千种方法去牺牲他人的利益求得生存，不满足的人和社会渣滓总是存在的。一方面是说谎、欺骗和压抑，另一方面是虚弱和懒惰，这些永远也不会停止存在。镇定而平稳的气质会不断地与激动和神经病气质发生冲突，在人类的本性中，我们还看不到这种情况改变的迹象。

无产阶级是与压迫他的因素完全相同的一种社会因素，它完

全缺乏资本的特点（那些缺乏生活必需品的特殊情况，如无栖身之处，缺少与气候相适宜的食品，在寒冷国家中缺少燃料等不包括在内）是一种永远的经济因素，这种因素对于那些习惯它的人们来说一点也不感到异常。只有对那些日工资无法满足需要和愿望的人们来说，它才构成一种压力因素。但是，如果我们先不用“工资”一词而使用“收入”这个词，那么由于类似的原因，这种压力也存在于拥有资本的阶级中。没有任何迹象表明，在一个阶级中，愿望与满足这种愿望的手段之间的矛盾比另一个阶级会更大。托尔斯泰说：
149 “尽管富有的人们吃得好、喝得好，但并不能防止他们像穷人一样不愉快。他们也会对自己的职位感到不满，为过去感到悔恨，并希望得到他们所没有的东西。他们所紧盯不放的更好职位与日扎诺夫经济公寓居民所渴望的职位完全相同，对后者来说，这就是他们可以少工作却可以从他人的努力中得到更多好处的职位。”[①]在涉及到无产者与有产者的差别时，似乎在后一种情况下希望的增长超过了他们运气的增长，因为随着他们得到更多的机会去了解和欣赏闲暇和舒适的雅致，他也明白了什么是其全部生活享受中所缺少的。

那么，如果这种相对意义的经济压力在最低层阶级中并非相应较大的话，我们就没有理由假设在这个阶级中所感觉到的贪婪比在其他阶级中更明显，或假设犯罪冲动并非在所有社会阶级中都具有同等地位。确实，盗窃作为侵害财产的最原始形式在低层阶级中要流行得多，但是这一事实被上层阶级的伪造、贪污和犯罪性破产所抵销。这两种犯罪只不过是同一性质犯罪的不同表现，即仅仅是受

① Tolstoi, *Que Faire*（Paris, 1887）.

不同社会条件支配的、暴露出来的某种极端贪婪的不同形式，仅仅是缺少同样的道德约束本质所产生的结果。解释公共意识比解释法律术语要好得多，这个普遍的说法概括了所有这一类犯罪。它不但使“盗窃”一词适用于偷手表的流浪汉，也适用于携带受委托保管现金潜逃的出纳员、犯有欺诈性破产罪的商人和受贿的公职人员。在不同的社会阶级中，狡诈盗窃罪的犯罪人包括欺骗性的推销商、欠债的银行出纳员或贪污当事人金钱的律师。

这样，作为社会主义者主要依靠的论点，其分量已有所减轻。150 
他们将注意力局限于贫穷阶级中流行的偷窃之内，因而得出结论说，侵害财产的犯罪将随着贫穷的消失而停止。[①]他们不讲无产阶级而讲贫穷，并将这种贫穷的结果归于所有社会阶级中都存在的愿望与满足愿望手段之间的矛盾，而不是归于自然财富的不平等分配。正是这个贫穷的事实解释了为什么只要违法行为有意义，也就是说，只要它还被看作是一种获利的途径，犯罪就不会在不道德的人中停止存在。对此，所有的社会阶级所起的作用都几乎是同等的。必须知道，我们所讲的是基本的（而不是表面的）并且作为犯罪原因的不道德。

我们已经说过，社会各阶级中犯罪的比例几乎相同，那么对此有哪些事实证明呢？这些事实就是那些表明各个犯罪者社会地位的统计数据，而且这些犯罪人供述的真相也做出了确切的说明。或许这些数字本身就能表明那种广为流传的认为贫穷是犯罪主要原

① 例如参见前引图拉蒂书（Turati），第92页，他断言：“几乎所有盗窃犯都出现在下层阶级中这一事实，在侵犯财产罪和社会不平等之间确定了如此完全的联系，以至于即使资产阶级的社会学家也不敢对此提出质疑。”

因之一的观点的错误。但不幸的是，这些数据还不能马上使用，因为我们必须在进行归纳之后才算近似地得到了它们。因此，我们暂时仅仅能讨论那些直接由贪婪驱使的犯罪，而且我们还可以对以下两个数字进行比较：一个是一般由下层阶级所为的犯罪的数字，另一个则是完全可能由周围环境中不幸因素较少的人所为的犯罪的数字。拿那些较普通的形式为例，根据意大利1895年的统计数据，
151 我们发现，这一年里受审的案件中有10,024件敲诈案和抢劫案，以及15,705件带有加重情节的盗窃案，[①]共计25,729件犯罪案件。而且我们可以推定其中大部分由无产者所为，尽管在敲诈案件的数字中有许多案件是由秘密组织和黑手党所为，而这些组织的领导者并非贫穷者，而是那些有办法过舒适生活的人，这里还不包括他们非诚实活动所带来的利益。与这些数字相对，同一统计数据还表明有850件伪造钞票、有价证券、政府公债、印章和邮票案，伪造公文、商业票据和私人签名案，还有1688件犯罪性破产案。这里的2,675件犯罪案件，无论从内在本质还是从犯这些罪时必然遇到的困难看，一般都不能归于贫穷阶级。这些犯罪是贪婪的结果，正如被我们称为盗窃、抢劫和敲诈的对财产赤裸裸的侵犯一样。为了比较，我们

① 在法国和宗法体系中，不伴随有某种加重情节的盗窃是简单盗窃，而存在这种情节的是加重盗窃。根据法国法律，这种伴随盗窃的情节“包括：(1)犯罪中使用的手段：暴力、攀登，破门而入，使用假钥匙，携带武器，以及使用武器相威胁，假冒公职人员；(2)犯罪地点：公路、住宅；(3)犯罪时间：夜晚；(4)犯罪人数：一人以上参与犯罪；(5)犯罪人特征：仆人、工人、旅馆经营者或搬运工人所实施的盗窃”(Garcon, *Code pénal annoté*, Ⅰ, p.1183, note 5)。然而，根据意大利1889年法典，加重情节分为两类，因此盗窃罪便分为三类：简单盗窃，加重盗窃，超加重盗窃。“简单盗窃是不伴有任何一种加重情节的盗窃；加重盗窃是伴有与简单盗窃相比使刑罚更加严重的情节的盗窃；超加重盗窃是伴有与加重盗窃相比引起刑罚更进一步增加的情节的盗窃”(*Digesto Italiano*, Ⅺ-2, p.1031)。——英译者注

有两个相似数字：一方面，有25,729件无产者犯罪案件；另一方面， 152
有2,675件有产者犯罪案件，因此前者占全部案件的约91%。

我们的下一步是要查明无产者在意大利全部人口中所占的比例。根据已出版的1901年人口普查报告，有产者的注册人数超过了400万。然而，我们必须清楚这些人中的大部分只是拥有一处摇摇欲坠的寓所和一两英亩土地的农民。以有产者身份注册的人成千上万，而他们每年所付的直接税都不超过5法郎。如果我们选定那些家长拥有某种较舒适职位的家庭——他们包括政府官员和公务员、在公职之外另有薪酬的人、教师、牧师、律师、内科医生、艺术家、音乐家以及资本家、“领年金的人”和领取抚恤金的雇员——再加上其中包括的个人数目，我们得到的总人数大约2,536,200人。[①]即使我们进一步加上大约100万富裕的地主、商人、工厂主、经营者、股票经纪人及其他（他们中的大多数人确实已计入我们以上的总数中了），总数仍达不到400万人。但是为了进行讨论，我们保留了这个数字，那么我们便得到如下结果：在意大利，具有可靠经济地位、不必依赖于日工资的人占总人口的不到1/8，而在1901年意大利的总人口是32,475,253人，实际的比例是无产者占88%，有产者占12%。因此，前述91%无产者犯罪案件是对应人口中88%的无产者，我们几乎很难看到两者间的差异。

因此，即使考虑到直接由经济原因产生的那一类犯罪，无产阶级所占的比例也与其他阶级完全相同，难道以上事实没有向我们证
明这一点吗？而且作为一种犯罪因素，可以说，贫穷的意义既不多 153

① Ministero di Agricultura e Commercio, Direzione generale dtlla statistica, General Census of Population of 10 February, 1901.

于也不少于上层阶级的经济压力，而且这种压力还将继续存在，直到不仅每个人都被分配等额的自然财富，而且阻止任何人的收入超过他人这一点成为可能。难道这一点还不明显吗?

既然侵犯财产的犯罪是这样，那么在一些社会主义者中普遍存在的认为包括侵害人身犯罪在内的犯罪一般主要来自于贫困的观点又该如何看待呢？可以说，他们的努力在这里更加艰难。他们一开始就宣布“在侵犯人身的犯罪中，邪恶的社会体制影响的程度不那么明显”。[①]然而，“悲惨生活的细微影响直接或间接地渗透到所有犯罪。”悲惨生活与教育的缺乏密不可分，而且它引起“邪恶模仿、对诚实恩将仇报、精神力量的削弱、最基本情感的过度倾斜、无法权衡和思考、长久无法满足不可缺少的需求，这些因素暗暗膨胀最终导致了犯罪。”

但是这种观点完全忽略了一件事，道德教育的缺乏并非局限于下层阶级。在经济地位有保障的阶级中，尽管他们注意对孩子进行训练，但我们仍发现他们对孩子缺乏道德教育。如上所述，教育工作者并非总能成功，许许多多例子证明犯罪倾向在所有社会阶级中都同样流行。

在上层阶级中，就连谋杀这样的犯罪也绝非我们想象的那样少，这种情况常常在一年中就发生很多。在波伦亚，一对兄妹被指控在妹妹情人的参与下杀害了妹妹的丈夫，原因是受害者并非像他
154 妻子一样有知识——这个动机中可能还夹杂着占有被害者地产的愿望，而两位主犯的父亲是一位收入可观的知名内科医生；几个月

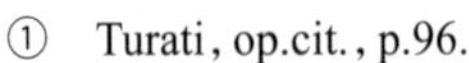

① Turati, op.cit., p.96.

以后在巴里，一位刚刚从中国归来的船长被指控在其妻子睡觉时击毙了她，而主要的目的只是为了摆脱她；在米兰，一位知名的畜牧业主邀请一位富有的熟人来家中看画，这位毫无防备的客人一到便被抓起来，并被迫在某些交易单据上签名，之后，他被交给一个犯过罪的人并在蒸汽浴中被窒息而死；巴勒莫一位以前曾是下议院成员的杰出市民，因被控在一个火车车厢中谋杀了西西里银行行长而被逮捕，并被关押了3年以上；一位职员的母亲神秘地消失了，她因此被控犯有谋杀罪，这位职员仅经过几个月便获释，仅因无法证明其母亲已死亡；一位罗马大学的法律系学生因为出于抢劫目的，在夜里杀死了一位同学而被送交大审法院审判；在大审法院还出现过一位法国贵族家庭的成员，他作为一名犯人面对杀害他妻子的私生子的控告：为了摆脱这个婴儿，他将婴儿带到一个很远的海边，并从一个陡峭的悬崖上将婴儿扔入海中；几年以后，一个法国制造商在预先给妻子作了有利于自己的保险之后，也将其年轻的妻子带到这同一地方并以同样的方式摆脱了她。以上几个案例只是偶然间发现的，然而那些从未被发现却又肯定存在的案件还有多少呢？对于那些聪明又有远见而且有许多办法用钱让别人闭嘴并去遥远的国家旅行的嫌疑人来说，要发现他们就更加困难了。

下层阶级的道德一般来说不太精致，但却是最基本的，而获得 155
最起码发展的道德情感都是那些能够用来防止犯罪的情感。正如在上层阶级中一样，在这些阶级中，谋杀也是一种特殊情况。教育的缺乏除了使他们的情感粗鲁之外，一般不会产生其他影响，也就是说，它只会导致对他人的精神痛苦感受较差并产生在某种意义上更加有弹性的诚实。注意看一下托尔斯泰所说的穷人和左拉所描

写的农民和工人，可以肯定他们之中的某些人是罪犯，但是他们第一次出现时，我们就注意到他们的经历解释了他们的例外和本性异常的原因。另外，我们也遇到另外一些特别善良的人。无疑，下等酒店和农田中，大多数是那些我们只能给予很少同情甚至激起我们愤怒的人。他们常常不忠诚而且无情，完全被他们的自私利益所控制，不具备丝毫的理念；但另一方面，他们从不把犯罪作为满足其情感的手段，而且即使出现了这样的机会，他们也从不屈从。

因此，只要大多数人还共同拥有我们在前几章中谈到的一定量的本能和厌恶感，那么这些本能和厌恶感就会在所有相似阶级中遗传下来，无论他们是富有的还是贫穷的，有知识的还是文盲，而且这种本能和厌恶感还会被传统、模仿和家庭教育所强化。我们这里并不想涉及那些作为少数人道德属性的精致情感，而只涉及美德或崇高而慷慨的情感。在这里，我们只能侧重讨论否定性品质，即对特定行为的厌恶感，而这些行为的不道德在下层、上层阶级中均被普遍承认。

如果道德本能是过去几代人所经历的无数有益经历的演变结
156 果这一点确实的话，那么显然诸如谋杀、盗窃等类似犯罪的无益经历在下层和上层社会阶级中都一直在同样不断地产生着。怜悯本能作为一种正直的某种很原始的本能也出现在生活的最低阶层中，在那里我们也发现了在上层阶级中发现的对流血事件同样的厌恶、对暴力和背叛行为同样的反感。在上层社会中，一直在平稳发展并产生了精致情感的进化过程在下层中却受到了阻止或妨碍。在这里，道德局限于某些反感和有限的几种情感之内，但是这些反感和情感在上层和下层两者中存在的范围和比例都是相同的，缺乏这种基本道德的个人在社会顶层和底层中也都是同样的稀少而异常。

无疑，贫穷是教育的一种障碍，而且教育的缺乏阻碍了道德的发展，但是贫穷并不必然引起仁慈和正义等情感的完全缺失。这种预言的证据已经找到，而且正是在其真理性最经常受到挑战的领域中，即在正直本能方面，我们找到了证据。

现在我们来看看犯罪一般并非由于无产者的生活条件这一论点的证据吧！在1895年的意大利，犯重罪和轻罪者中，8%属于土地拥有者、农场主、商业企业经营者、领薪雇员、政府官员、资本家和“领年金者”阶层，或属于自由职业者和杰出艺术家阶层。但是如果我们去看由大量地位低下的农民盗窃犯所组成的轻罪，如偷窃水果、柴禾等，这些只有在贫穷环境下才能做出的犯罪甚至都不应计入该国家犯罪总数。但是关于他们各自在人口中所占的数量，穷人的比例与富人稍有不同。在大审法院出现的上层阶级的数量要相对小些，但是在我看来这只意味着一件事，即它越来越使我们坚信 157
人们普遍所说：金钱可以击败正义的目标。陪审团的裁决经常受到只有富人才雇得起的某些天才律师的雄辩的影响，或者更危险的邪恶是受到卑鄙的买卖交易的影响[1]。然而，从1900年的监狱统计数据中我们可以看出，在意大利的矫正院中，有3,102人（占罪犯总人数的1/10）并非来自无产阶级，因为他们被说成是“领年金者”、商人、银行家、旅馆经营者、经纪人、领薪雇员、政府官员、牧师或自由职业者。这样我们得出的比例就是10%，它几乎等于有产者在全部人口中所占的比例。[2]

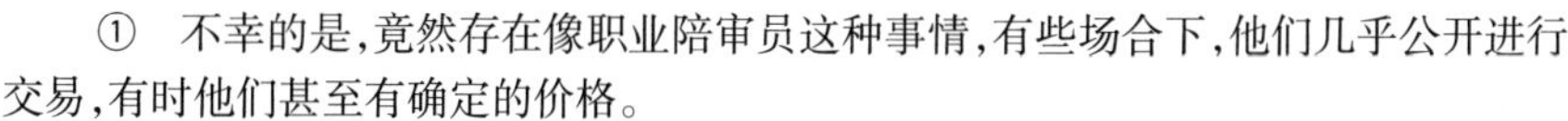

① 不幸的是，竟然存在像职业陪审员这种事情，有些场合下，他们几乎公开进行交易，有时他们甚至有确定的价格。

② *Statistica delle carceri pergli anni 1899 e 1900*（Rome，1902）.

现在让我们来看看教育问题。我们遇到的大量事实证明，几乎总是与贫穷紧密相联的无知对犯罪现象并没有影响，它完全独立于社会条件或个人文化。例如，如果我们抽取1900年意大利矫正院中因犯罪而被关押的犯人[①]，并按照其行业或职业进行分类的话，我们发现，最贫穷和无知的人群就是农业阶级，而他们占犯罪总人数的28.9%。这远远少于这些阶级在全部人口中所占的比例，因为根据1901年的人口普查，在32,475,253人的人口总数中，他们有16,836,557人。

158 其次，根据1896年的统计数据，在德国，包括诈骗和背信的犯罪数量中，自由职业者所占的比例要比农业阶级大得多。总的来说，产生犯罪最多的阶级是从事商业和工业活动的人们。在法国侵犯人身权利比较严重的犯罪中，从事商业和自由职业者的人数比农业或制造业阶级要多。而且，“占法国实际人口不到1/2”的农业阶级“在从事各种行业或职业的被告人数中只占1/4。……商业阶层的犯罪（与无知关系最小的犯罪之一）占这个国家全部犯罪的15%，而这个阶级在全部人口中只占1/7”。[②]至于自由职业者或公务员，我们发现，可归入其中的犯罪数量几乎是农业阶级犯罪的2倍。德霍松维尔在评论被告人中受到高等教育的少数人时，却奇怪地忘记考虑这些少数人和受到较多教育的人与全部人口的比例。[③]

因此很显然，一般说来，正是在那些既是人口中最穷也是最无

① *Statistica delle carceri pergli anni 1899 e 1900*, p.X.

② *Compte Général de L'administration de la Justice Criminelle Pendant L'année 1900*, p. xxvii（Paris, 1902）.

③ “Le combat contre le vice”（*Revue des Deux Mondes*, 1 April, 1887）.

知的那部分人中存在着某种危害较小的犯罪活动，特别是与比较严重的犯罪相比，这种犯罪更显得危害较小。事实上，在法国，除了农场主以外，这个农业阶级还包括100多万佃农、200万农业劳力和雇
工，而且不用说，妇女和儿童并未包括在内。众所周知，在任何地方， 159
尤其是在法国，农民的贫穷和无知与城市工人的教育和相对舒适形成了鲜明对比。如果我们告诉那些相信文化和经济福利的充足性是抵制犯罪良药的人们，在每10万名被控犯罪的人中，制造商阶层占24%，商业阶层占27%，这些人将做何回答呢？

但是还有其他事实能做出更直接的说明。在法国，一方面，工人的工资从1853年到1871年增长了45%，据估计，小麦的人均消费量从1821年的153升提高到1872年的211升；肉的人均消费量从1829年的20,008克增长到1862年的25,001克；另一方面，小学生人数在1832年占总人口的579‰，到1877年已占122‰。[①]

那么公共道德又如何呢？它是否与这种繁荣和教育的显著增长保持同步呢？

据估计，在1826年到1878年间，重罪和轻罪的总数增加了3倍多。虽然工资的增加和普及性教育的进步从未减弱，但是直到1895年为止，犯罪浪潮却从未停止过上涨[②]。它开始退潮是在1896年，但
这绝不是因为物质的繁荣和教育的扩大（在这方面，从1891年到 160
1895年和1896年到1899年这两个时期之间并没有什么显著不同），而是由于实施了一系列法规。引用某个官方报告的话说，这些法规

① See "Le combat contre le vice" (*Revue des Deux Mondes*, 1 April, 1887).

② 在法国，从1861年到1865年，重罪和轻罪的年平均判决数是95,357件。从1891年到1895年，年平均数增加到130,412件，然而在之后的5年中又下降到124,806件。

的"目的在于对难以改造的罪犯适用特别严厉的刑罚，并使提前释放那些表现出改过自新倾向的罪犯成为可能"。

我们不能说到1895年为止，犯罪的增长原因是财富的增加，或者是教育的普及；但是另一方面，我们一直在讨论的数字同样明白地告诉我们，贫穷和无知并非是犯罪的真正原因[①]。

在这一点上，我们也可以找到反对意见。

如果犯罪不是无产阶级经济条件的结果，那么我们又如何解释统计数据所表明的盗窃罪数量与丰收和面包原料价格两方面之间存在的持久关系呢？这是一个众所周知的并已被反复证明了的统计规律。例如在巴伐利亚，我们注意到，谷物价格每上升或下降
161 6克莱译，就会引起每10万人中盗窃犯总数增加或减少1人；对西西里1875年到1895年这段时期进行的考察也得出了相似结果。但是，我们也绝不能忘记这最后一个现象几乎总是伴随着另一个现象：谷物价格的起伏对侵犯人身犯罪的影响方式与对侵犯财产犯罪的影响正好相反，因此在巴伐利亚，食物价格的下降标志着侵

① 参见Van Kan, *Les Causes économiques de la Criminalité*（Paris，1903）。在该书中，范卡恩（Van Kan）对我有关中产阶级和有产阶级数字的精确性表示怀疑。我在该版书中所使用的法国的数据取自于*Compte Général de la Justice Criminelle Pendant L'année 1900*，这丝毫没有改变我们以前得出的结论。至于意大利，范卡恩承认他还没有得到接近的数字，而我已说明我的数据来源并相信它们是精确的。在该版中，我使用了首次出版的1901年人口普查摘录和1900年监狱统计数据摘录。

给范卡恩留下特别深刻印象的是马罗的估计，即意大利的占有者在非犯罪人中占27%，而在犯罪人中只占9.4%。然而，我不能承认其中第一次的数字，因为这样一来，占有者在全部人口中就超过了1/4并接近1/3，而我根据官方人口普查得出的结果似乎更加可能。其次，福尔纳萨里·德·韦斯所作的估计在什么是无产者这一概念上发生了错误。除了56%的贫困者，还有32.15%的人仅仅拥有生活必需品，我不明白后者为什么不应被包括在无产阶级中。无产阶级并不意味着贫困，它只是意味着资本的完全缺乏。

害人身犯罪的增加，反过来也是如此[1]。与此相似，在1862年的普鲁士，当许多种食物价格非常高的时候，侵害财产的犯罪的比例是44.38%，侵犯人身的犯罪占15.8%；当价格下降时，前者下降到41%，而后者增至18%。如果这种上升或下降的运动不是局限于某一年而是在相当时期内继续存在，我们一般可以找到一种伴随价格过程的犯罪形式，而另一种形式则相应地朝相反方向发展。如果缺少冲动、偶然原因和盗窃对象，盗窃本身也将不再存在。但是这并不能给社会中的不道德现象带来任何根本改变，而仅仅是引起犯罪活动方式的确定改变。食物和饮料的富足将使激情更容易被激发，而且，既然大多数侵犯人身的犯罪来自于激情的影响，那么显然此时这种性质的犯罪将变得更多。一位吃得很好且对第二天没有任何经济压力的工人将径直去寻找乐趣，而这种乐趣常常就是那种有问题的、导致争吵和流血事件的娱乐。

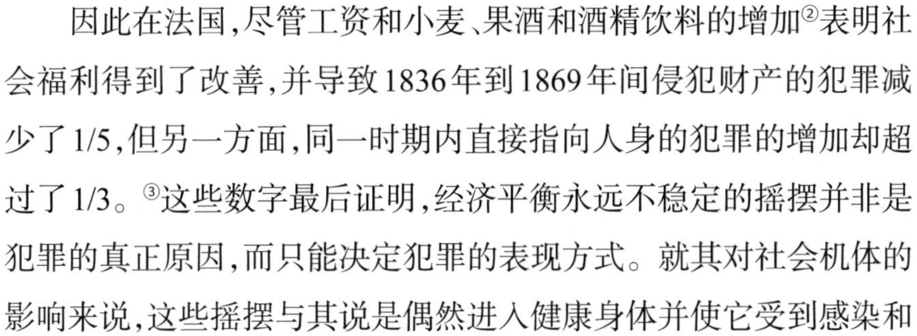

因此在法国，尽管工资和小麦、果酒和酒精饮料的增加[2]表明社会福利得到了改善，并导致1836年到1869年间侵犯财产的犯罪减
少了1/5，但另一方面，同一时期内直接指向人身的犯罪的增加却超 162
过了1/3。[3]这些数字最后证明，经济平衡永远不稳定的摇摆并非是犯罪的真正原因，而只能决定犯罪的表现方式。就其对社会机体的影响来说，这些摇摆与其说是偶然进入健康身体并使它受到感染和

① Mayr, *La Statistica et la Vita Sociale*, pp.556, 557 (2nd Italian ed., Turin, 1886)。至于西西里的情况，参见 *A Study by A.Niceforo* (Rome, 1897)。

② 从1829年到1869年，甜酒的消费量翻了一番，而从1829年到1872年，酒精饮料的消费量增加了3倍多。

③ Ferri, *Studi sulla Criminalitâ in Francia dal 1826 al 1878*, pp.39, 40 (Rome, 1882).

摧毁的细菌，不如说是加速肺结核蔓延的寒风和潮湿的居所，或是引起动脉过早破裂的暴力倾向或感情，即使这些原因从未出现，这个人迟早也会死于肺结核或动脉硬化。同样，那些使生活变得更加容易或艰难的环境仅在某个时刻、以某种形式或以某种特殊的方式决定这种不道德的表现方式，而这种不道德迟早会以犯罪的某种形式表现出来。

在犯罪方面，社会环境的变化和常常作为其结果的经济波动使犯罪产生某种近似海潮的现象。潮水的运动既不增加也不减少海水的总量，它只不过是进退交替的海水而已。因此，这里所说的变化——尤其是那些以固定周期循环的变化，如一年的四季——既不能说增加也不能说减少了犯罪总量。

长久以来，人们一直承认侵犯人身的犯罪夏天最多而冬天最
163 少，这分别与侵犯财产犯罪的最少和最多相一致（凯特莱）。被当时的需要所驱使，犯罪活动更愿意盯住某一个目标而置其他一切于不顾。正是这一点解释了一种犯罪的增加与另一种犯罪的减少之间永恒的联系。尽管不道德常常限于仅仅缺乏某种基本道德品质，但是我们发现，在同一人中，不正直与不人道同时共存并不罕见。累犯的统计数据表明，最不相同的犯罪形式可以被同一个人交替实施，这就是最好的证明，同时它也完全驳倒了那些认为刑法应把注意力仅仅指向特殊累犯的法律理论。

由于季节的变化和农作物的多少，加上附随的价格波动，犯罪从一种向另一种的变化可能会显得怪异，但它却是我们必须加以考虑的现象。同样，我们也不得不承认每年气温变化和几年中物价的不断涨落所产生的相似影响。因此在法国，谋杀、强奸和伤害在

1848年至1852年这连续五年期间持续增加，而从肉、小麦和果子酒极低的价格可以看出，这五年是普遍贫困的时期。①

因此，所有的事实都说明社会主义者的观点是站不住脚的。下层阶级较轻松的生活和舒适的增加并未引起犯罪总数的下降，相反，19世纪后半叶，工资的增加和教育的扩大却伴随着更严重犯罪形式的显著增加。一位法国学者说："因此我们奇怪地发现，贪婪随着富裕而增长，同样，性激情与城市生活进步和不断增加的性关系 164
自由保持同步并大量地增加，而且这一点已被大量的色情犯罪所证明。对于愿望以自我满足为能源这一事实来说，没有比这更好的说明了。"②

综上所述，我们可以从中总结出两点结论：

（1）现存的经济秩序，即财富的分配，正像它今天的存在一样，一般说来并非是犯罪的原因。

（2）经济秩序中惯常发生的波动可能会带来一种犯罪形式的增长，但是这种增长会被另一种犯罪形式的减少所补偿。因此，这些波动是特定犯罪的可能性原因。

另外，这种异常的经济波动还应被看作是经济危机、饥荒、水灾、战争和社会革命的伴生物。因为它们完全改变了生活的正常条件，所以出现了真正偶然的犯罪原因。它们似乎是犯罪现象的主要原因，而如果在正常条件下，由于社会环境中缺乏足以使不道德个人去实施反社会行为的刺激，这些现象也许就不会发生。初看起来，

① See Ferri, *Sociahsmo e Criminalità*, p.77.

② G.Tarde, "La statistique criminelle du dernier demi-siècle" (*Revue Philosophique*, January, 1883).

这个观点似乎符合过去的事实经历,因为抢劫、杀人和诈骗犯罪的突然增长几乎总是跟随着这种突然波动的脚步。然而对这一问题进一步研究之后,也许会改变我们的观点。确实,在这些环境下,统计数据的确表明较严重犯罪有所增长,但毕竟这里除了形式的改变之外甚至也许没有任何东西具有真正意义。就我看来,水灾和饥荒
165 都不必然增加罪犯的人数,它只是将流浪汉或顺手牵羊的小偷变成了拦路强盗,就像战争和革命只能将普通小偷变成强盗一样。那么,这似乎纯粹是一种特定犯罪的问题:它一方面增加,另一方面又减少,尽管易于增长的犯罪的严重性使这种补偿性的减少很少被感觉到。当然,这只是一种观点,我不想用具体数字加以论证。

无疑,某种政治、社会或经济危机可能是犯罪的偶然原因,因为它使各方面的生存努力都变得更加艰难。然而完全有理由相信,道德品质的缺少(它是一种犯罪必不可少的条件)总是在一定时间、在各种生活偶然事件中找到某种冲动,而这些冲动引起了犯罪现象的产生。

第五节　同样:犯罪与物质繁荣成正比的理论

我们刚刚得出的结论完全不同于社会主义者的议题。正如我们所看到的,无产阶级的经济条件,即缺少资本或积蓄,对整体上的犯罪完全没有影响,其影响仅作用于构成下层阶级特定犯罪的某些特殊形式,正像其他形式构成具有较好经济地位阶级的特定犯罪一样。极度的贫穷一般能导致乞讨生活,有时还导致流浪,而它唯一显然应负责任的犯罪是诸如偷窃柴禾、食品和其他价值不大物品的

轻微犯罪。

一、理论的阐述

我们不知道读者是否能接受一种完全相反的理论，也就是说， 166
福利、工作、商业的增加等所有物质繁荣的进步是否能够带来犯罪数量成比例的增长。然而，这种邪恶活动（犯罪）与诚实活动（商业、工业和事务）之间成比例的理论并非没有拥护者，而作为其基础的原理是：当后者增加时，必然对前者产生一种刺激，所以如果犯罪的增加与诚实活动的进步严格成比例的话，那么前者只是一种表面现象。波莱蒂从这一观点出发，虽然无心敌视文明，但得出了这样的结论：几乎遍及欧洲的犯罪增长主要应归因于上述原因，而这种增长法国从1826年开始，意大利则从1865年开始。[1]无论这种结论多么奇异，却仍然是符合逻辑的。如果我们承认犯罪数量的增加与物质进步的增加严格成比例这个实际上意味着犯罪是固定的前提，那么必然推导出这样的结论：犯罪的增加在比例上小于物质繁荣的增加，这实际上意味着犯罪已经减少了。因此，我们可能会发现某个特定时期的犯罪比前一时期增加了一倍，同时我们又不得不承认犯罪实际上却减少了。

这种观点并非是全新的，一个与其形式上稍有不同的问题已经争论了许多年。卢卡斯在1828年就写道："仅仅是自由进步的文明加宽了自由的滥用，恰恰因为它扩大了自由的适用。为了获得文明道德的确切概念，我们必须平衡这种适用和对自由的滥用两个方

① 参见下一章。

面，而不是将自由与文明进行对照。让我们来建立这样一个原则：文明的道德应通过适用和滥用之间的比较来做出判断。”这个原则一旦确定，他便认为，对于法国出现的与西班牙相比某些阶级中犯
167 罪人数较多这一点，没有必要感到惊恐。他说：“我们并非仅仅因为遭受贫穷和无知的人们中发生的有害行为较少就给他们以特殊的信任，这只是因为缺少加害的机会和动物般的无知。这种行为之所以大量地发生在文明人中间，仅仅是由于人类自由获得了较大发展。”

罗曼格诺西不同意这种观点，他坚决否认这种能够使犯罪增加的文明是一种真正的文明。“难道文明主要在于宽敞的住所、雅致的服饰、大量的酒馆、工业的发展等等吗？绝非如此。构成真正文明的是道德、经济和政治的完善。……有人说犯罪随着进步而增加，人们还可以说罪孽随着虔诚的进步而增加，疾病随着健康身体的正常发育而增加，随着人类变得更勤奋和更加彼此尊重和友好，游手好闲者、堕落者和罪犯的数量也随之增加。”[①]然而，这种回答不能解决问题，没有人敢断言这种严格意义上的文明会导致犯罪的增加。但这个理论不在我们的讨论范围之内，它仅指经济和工业的发展，而与个人道德没有必然联系。为了支持这种论点，他还引用了一些数据以表明：与商业的扩大、工业的增多和公共福利的增加相比，犯罪是增加了。以这些数字为基础，他试图在两种增长之间建立起一种固定的联系。

① Romagnosi, *Observations Statistiques Sur le Compte Rendu Général de L'administration de la Justice Criminelle en France Pendant L'année 1827*.

二、对该理论的思考

请注意,波莱蒂所统计的问题现在已经过时了,因为他的著作 168
出版于1882年。但是我们可以看看他发展了的观点。

法国的统计数据表明,从1826年到1878年,犯罪的增长率是100∶254,这只是数字的增长而不是比例的增长。为了获得后者,我们必须将增加的犯罪总数与其他在同样因素推动下为保护社会及其运作力量增强做出不断增长的贡献的力量进行比较。犯罪活动只是社会活动在对其进行消灭过程中所遗留的残余,而所有符合道德和法律的正义活动,即生产和保护活动都与这个过程无关。尽管哪怕近似地确定上述总数都不可能,我们还是能够断定它们具有肯定而重要的作用。

因此,作者将法国从1826年到1878年期间犯罪活动的增加与生产和保护活动的增加进行比较后发现:(1)这期间进口增长率是100∶700,而且出口率也几乎相等;(2)财政余额(它说明一个国家的财政力量)平均增长率是109∶300;(3)非通过继承获得的不动产和个人财产在1826年总值达到134,600万法郎,而到1869年已达到364,600万法郎;(4)在同期不动产生前转让的数值增加了一倍;(5)1876年慈善机构为救济而支付的金额是1833年的4倍,在同期互惠团体的资本总额增加了5倍;(6)小麦的年平均产量从1825年至1829年间的60亿升增长到1874年至1878年间的104亿升;(7)从1853年到1871年工资几乎增长了1/2(45%);(8)据估计,1821年小麦人均消费量是153升,到1872年达到211 169
升,而1831年到1876年间,酒精饮料的消费量几乎增长了一倍;

（9）尽管从1841年到1878年犯罪增长率是100∶200，但是，如果我们从被认为维持秩序所必需的公共力量来判断的话（其增长率仅是100∶135），社会保安力量在前述时期末几乎保持着与这个时期初完全相同的状态。

从上述数据中得出这样的结论：从1826年到1878年这段时期，法国的社会活力获得了巨大的发展，实际上可以说它们增加了3倍，这种普遍增长的最确切的综合性表现就是税收以100∶300的比率增长。破坏性或犯罪性力量却未以相同比例增长，而是在比例上略小些，即100∶254。因此可以说，在这段时期里，犯罪没有增加而是实际上减少了。

但在转而研究意大利之后发现：从1863年到1879年间，犯罪增加了70%；另一方面，意大利金融活动的增长率在进口上是100∶149，在出口上是100∶183；通过税收建立的基金总数从1866年的61,700万法郎增长到1879年的122,800万法郎，而同一时期公共财政的余额增加了一倍，省财政余额增加了4倍；从1863年到1875年，慈善机构的基金增加了3,800万法郎；储蓄银行的资本总量在1863年是18,800万法郎，到1881年几乎增加到10亿法郎，在这一时期的最后两年内增加了4倍。因此，尽管国家在这几年内一直进行着吃力的改革，而且这种改革产生了许多适合于犯罪发展的
170 特殊环境，结论仍然是：犯罪的增加与社会活力的增加不成比例。

波莱蒂自称在这些例子中看到了他所提出规律的证明，而这个规律就是：诚实活动与犯罪活动的比例继续稳定发展，只要产生这两种活动的原因保持不变。作者将这个原因不变的时期称作“犯罪时期”，他认为，在这个时期内，犯罪量的波动是微小的，不超过这个时期犯罪平均数的1/10左右。而从一个时期到另一个时期，由于诚实活动增加的作用，犯罪的比例数倾向于降低并逐渐减少。[①]在作者看来，因为掌握知识者和经济活动的增加以及普遍的社会完善增加了犯罪的阻力，这种结果的出现是必然的。而且这一点也被意大利北部不断增加的营养不良人数所证明，这些人宁可成为糙皮病的受害者、移居国外或自杀，也不愿以犯罪作为改善他们条件的手段。

这个理论具有很大的独创性，而且其真理性的外表对那些随时留意能够证明他们自己性格乐观理由的人们来说尤其具有吸引力。塔尔德说："概括起来，评价犯罪犹如判断旅行手段的安全性一样。为了确定过去50年中法国的犯罪是增加还是减少，我们应该严格地像我们确定现代铁路旅客旅行的安全性比其祖父（如1830年时）乘四轮马车旅行的安全性是大还是小一样来进行。对后者来说，我们要得出答案并不能通过比较两者旅行方式下各自的死伤人数，而是通过确定各自情况下死伤者在旅行人数中所占的百分比。因此，在前一种情况下，根据这个理论我们必须这样说："例如在1830年，因为有一定量的交易可能提供背信犯罪的机会，每年有一件这种性质的犯罪被起诉，而今天仍有一件这种犯罪，但交易的数量却不同了。我们还可以加上一点，由于社会交往的更加方便和城市生活具有更加危险性的诱惑，近几年所见的通奸的大量增加已不足为奇，而且实际上它真正证明了妇女的美德已更加完善，难道不是这样吗？"[②]

对波莱蒂的观点进行仔细研究后我们将会看出，其全部原理的

① Poletti, *Il Sentimento neua Scienza del Diritto Penale*, C. Ⅷ（Udine, 1882）.

② G.Tarde, *La Criminalité Comparée*, p.73（Paris, F. Alcan, 1886）.

基础是这样一种明显武断的思想，即特定数量的诚实行为必定存在一定比例的犯罪数量，而且除了经济危机和社会变革时期，这种比例是不变的。用他自己的话说："只要社会生存在相同而不变的情况下，犯罪行为的相对数量便保持不变。……就其与社会力量的关系而言，犯罪永远会调整其自身与社会活动总量的比例。"

但是我们到哪里去找这种比例呢？去到比意大利、西班牙经济发展幅度大得多而犯罪数量却小得多的法国吗？到尽管人口、商业和工业异常增长而犯罪却不断减少的英国吗？或者去其他一些欧洲国家？但是究竟去哪一国呢？

是否这个比例会因国家和社会条件的不同而变化呢？如果真是这样，那么国与国之间的所有比较均无法进行，因而我们便无法证明波莱蒂认为已经发现了的规律的真理性。

172 这个理论从另一方面来看也是站不住脚的。将犯罪行为的社会价值与道德经济事实的社会价值进行比较是不可能的。菲利说："仅仅借助于百分比和统计数据对这两种不同活动的各自增长量进行分析和比较是完全不合逻辑的，我们怎能肯定商业600%的增长在比例上表示犯罪200%增长的3倍呢？我不能接受任何这样的理论。在我看来，从社会的角度看，犯罪数量10%的增长率在某种意义上远比棉花和牲畜出口量30%的增长要重要得多。"①

塔尔德说："无论从事实还是从它试图从中得出的结论来看，前一分析都是非常错误的。从事实来看，背信犯罪增长6倍和色情犯罪增长7倍，并不意味着引起这些犯罪的机会也相应平行地增

① Ferri, "Socialismo, psicologia e statistica nel diritto criminale" (Archivio di psichiatria, scienze penali, etc., Vol. Ⅳ, No.2).

长。正像我们所看到的,在其关于整体犯罪的结论中包含着思想混乱。进行比较之后我发现,通过说明铁路是危险性最小的旅行方式,或瓦斯是有害性最小的照明手段,我们仍一无所获。事实仍然是,1826年德国人死于旅行意外事件、被烧死的危险性比他们今天的后裔要小。半个世纪以前,每10万居民中就有15人意外死亡,而今天是36人,这当然应归因于近代文明的发明。然而总体的平均寿命并未缩短,的确,我知道人们普遍相信寿命正在延长,但是统计数字表明这一点没有事实根据。我们知道的只是现在一个人死在其床上的机会比以前要少,但是以其他方式死亡者仍然很多。对于 173
随之而来的灾难,文明的发明还给我们带来了矫治办法。同时,它们还给我们带来了矫治它们所创造或激发的、刺激犯罪和勤奋的各种需要及贪欲的方法。但是尽管它得到补偿,邪恶就是邪恶,其本身绝不会被伴随的好事所减少。如果一个完全与另一个分离,就会清楚;如果它们永远不可分(这种假设可以希望,但没有根据),这就更清楚。对我来说,当旅行者、商人或其他什么人的道德有1/2或2/3已经败坏(或看起来已经败坏)时,旅行的安全性已经提高或各种事务中的道德已得到改善都没有多大意义。与特定事务总数相比,犯罪数量可能并未增加,我甚至承认它已经减少了,但是否今天的法国市民被欺骗或被抢劫的危险要比50年前小呢?抽象和比喻至关重要,但并非只有它们是重要的。现在任何阶级或市民阶层(无论多么积极或忙碌)使罪犯队伍增加了3倍,犯罪数是以前的6倍,当我们看到人们忙于产业又追逐已婚妇女时,我们能说这不是一种显然而明确的邪恶吗?而且,即使商业的发展比过去40年里增长了2倍多,但在这段时间里商业破产也翻了一番,我们能说这

不是一种邪恶吗？尽管存在着被波莱蒂作为出发点的纯粹武断的理论，但是，虽然商业继续增长而自1861年以来商业诉讼已经减少这一事实，已经表明这种邪恶远非不可避免。奇怪的是，在不断增长的利益复杂性、合同和协议多样性以及日益增加的分割不动产的
174 倾向面前，其他形式的民事诉讼却仍然保持着通常的水平。然而从演绎的角度分析，什么能比将民事或商业诉讼的增加看作民事和商业活动繁荣的持久而必然的标志看起来更合理呢？内部事务与外部事务情况完全相同。19世纪最和平时期，即1830年到1848年，战争的机会从未如此之多或如此重要，这应归因于文明。”①

不可否认，犯罪是一种活动，它代表着那些看起来与其他社会力量相并列的力量。但是，狡猾者和伪造者就生活在正直的商人之中，既然诚实经商很容易获得报酬，为什么前者的人数还会增加呢？难道我们不应该预料到完全相反的结果吗？对诚实活动敞开更广阔的领域和相伴而生的更大成功，将成为足以吸引更多人的动机，而这些人中无疑有许多人如果不是如此便会通过非法手段去获得收入，难道看起来不是这样吗？因此，当我们面临这样的事实，即尽管各国的经济均获得发展，犯罪却也在增长（即使其增长速度比经济发展的速度慢）时，难道我们不应得出没有诚实活动的扩大、犯罪数量仍会获得更大增长这样的结论吗？当然，这种结论与波莱蒂的结论完全相反。

文明的进步有助于犯罪的增加这种说法是无法令人相信的。相反，我们不能不承认这样一个事实：在减少犯罪的习惯性增长方

---

① Tarde, op. cit., p.74 et seq.

面，文明具有与上述完全相反的作用。诚实的清澈溪流以其聚集的力量和速度，携走了那些否则将注入犯罪活动浊水中的水滴。

无论如何我们不能否认，像意大利和其他地方一样，法国从 175
1826年到1895年的犯罪不仅表现为一种绝对的增长，而且表现为一种相对于人口增长的增长。仅仅在1866年到1896年的30年内，每10万居民中，重罪和轻罪的年平均数量就从245件增加到345件。这种犯罪与居民人数之比正是对我们的研究起重要作用的比例，而人口活力的大小和财富的多少在确定犯罪增长或减少方面毫无意义。如果我们发现犯罪从10件增加到50件，显然存在着犯罪数量的绝对增长；但是如果这种增长超过了人口的增长，那么同样明显地说明犯罪在比例上增加了。犯罪的波动或增减趋势与各种社会活动密切相关的联系，只有用来说明这些活动各自对犯罪特殊形式所施加的影响时才具有重要意义。在犯罪总数实际上已经增加时，那种认为犯罪已经减少的观点便永远也无法找到证据。

任何一种活动的增长总是伴随着对其滥用或实施中的错误事件的增长，这种说法也是不正确的。塔尔德对此这样表达了自己的观点，他说："布洛克在其《法国与欧洲国家统计学异同之比较》一书中说：'可以假设邮局邮递信件数量的增加（紧接在1848年邮递率减少之后）将会引起被送到死信局的信件数量增加，然而事实并非如此。'从统计表格中我们可以看出，从1847年到1867年这段时期内，死信数量的减少不仅是成比例的，甚至是绝对的，大约达到1/5。而1867年有34,200万封信邮寄，与1847年的12,500万封形成对比，因此，最后的结果既是一方面的增加，又是另一方面的减
少。……而且其中并未假设邮递员更加诚实或聪明，或者公众更加 176

小心，在同样诚实、聪明和小心的情况下，错误减少了而活动却继续增长。邮局还提供了一个更加说明问题的例子：1867年挂号信的数量是1860年的2.5倍，然而这7年内每年丢失的数量（也就是说，可能被偷了）却从41封下降到11封。我们没有任何理由猜测这是邮局雇员的诚实性发生了任何形式的改变。如果我们采用波莱蒂的观点，我们就应用‘演绎的办法’去寻找完全相反的结果，但是实际上事情很容易解释。如果允许我作一个十分普通的比喻，我将把总是或多或少倾向于违背自己法律的社会比作一匹前腿有些弱、随时可能倒下的马。为了防止它倒下，最好的办法就是让它跑得再快一些。它跑得越快，摔倒的可能性就越小，这是一个所有驾马者都熟悉的规律；机动车驾驶者同样知道，走在坏路上时，最大蒸汽压力十分重要；你将陀螺抽得越快，它保持垂直的时间就越长。这些只是上千个运动平衡例子中的少数几个，而这种平衡的稳定性取决于速度的大小。同样，如果你加速了一个国家的生产、文明和正常活动，那么在假设邪恶倾向不变的情况下，你便减少了犯罪的总量。那么，如果我们假设尽管文明发展而犯罪数量表现为即使不是相对增长，至少也是绝对增长的状态（很不幸，这正是我们的现状），我们便有理由得出这样的结论：犯罪倾向的力量一定获得了更大的增长。”

三、结论

概括起来，我们可以说，人类生产活动的增长绝不会导致犯罪
177 的增加。统计数字表明，文明的一个有益的作用是使犯罪活动专门化，即将它局限于某种特殊形式的范围内并使其成为顽固阶层特有

的行业或职业。由此我们可以说,在一个高度进步的民族中,犯罪正不断缩小其范围并逐渐集中于某个单一阶层中,这一点从惯犯的统计数字中也可以看出。但是这种集中过程是缓慢进行的,它不会在我们这代人中实现,而必须经过许多个世纪。无论如何,我们有义务谨慎从事,不要给文明以任何指责,以至于断言文明的进步促进了犯罪。

但是,我们不能要求犯罪完全不发生,文明并不创造罪犯,但它也没有力量去消灭他。他们先于文明而存在,我们能说"该隐"不是他的祖先吗?文明的作用只是改变了他犯罪的外部形式。自从铁路被发明,罪犯不再让公路上的四轮马车停下来,并适应了这种变化的条件:他自己变成了旅客,并乘坐头等包厢去旅行;他看起来完全是个绅士,等待着合适的机会用氯仿麻醉其熟睡的旅伴或将其扔出车窗。如果犯罪大量增加,而且增加的比例超过了罪犯与人口的比例,那么错误便不应归于文明,就像不应归因于财富的不平等分配一样,而我们不得不到其他地方去寻找原因。

第三章　法律影响

第一节　影响犯罪原因的立法

从上面讨论的问题我们很容易联想到国家立法力量对犯罪所产生的影响这个问题。但是这个问题本身很复杂，而且需要我们一开始就区别两种法律：(1)那些以预防或遏制犯罪为直接目的的法律；(2)那些虽然直接目的表现在另一方面，然而却可以间接对犯罪产生影响的法律。为方便起见，我们先来讨论后者。

一、改变环境：凯特莱和拉卡萨涅的观点

国家是否可以改变或取消作为整体的人民生活中某些社会因素、某些机构或某些可改变的条件——有人认为这些环境因素是大量犯罪行为最经常的偶然因素——并据此减少犯罪呢？因为，如果说罪犯的道德缺陷永远是犯罪的必要条件，那么外部环境便是决定其具体表现的极为经常的原因。这些外部环境中有些来自于物质环境，但是这些并不属于人们要改变的范围，每个人都了解立法在气候学和气象学环境面前的无能为力。但是，对于社会的而不是物质的环境，则有人立即呼吁：只要立法者愿意，他完全可以遏制

它。凯特莱疾呼:“改变现有秩序并通过它改变我们所抱怨的不断复发的事实吧!……立法者在这里能够完成一个崇高的使命。通过改变我们生存的周围环境,他能够改善其同胞的条件。让我呼吸更清新的空气吧!改变我不得不面对的环境,你将使我获得新生。无论我的道德组织多么坚强,我都无法抵挡环绕在我周围的有害影响。……你的制度宽容,不仅如此,它甚至鼓励大量的圈套和陷阱,而且一旦我陷入其中,对我进行惩罚的就是你。我不得不在悬崖的边缘摸索,你难道不应该努力使这个悬崖不再这么危险吗?至少能将黑暗从我危险的路上驱散?”① 179

拉卡萨涅也发出近似的呼吁:“社会积极力量都起来反抗作为人类学理论必然结果的宿命论吧!如果作为最重要因素的环境的缺陷足以纵容邪恶和秉性的发展,那么这种环境及其所产生影响的案件正是改革指向的目标。”②

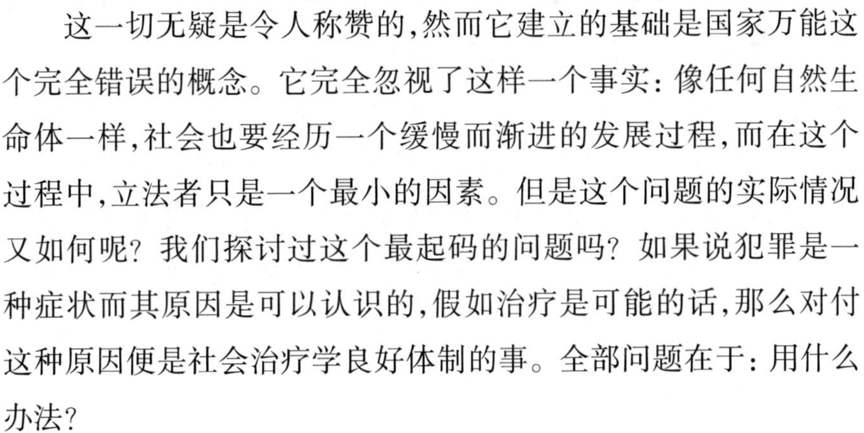

这一切无疑是令人称赞的,然而它建立的基础是国家万能这个完全错误的概念。它完全忽视了这样一个事实:像任何自然生命体一样,社会也要经历一个缓慢而渐进的发展过程,而在这个过程中,立法者只是一个最小的因素。但是这个问题的实际情况又如何呢?我们探讨过这个最起码的问题吗?如果说犯罪是一种症状而其原因是可以认识的,假如治疗是可能的话,那么对付这种原因便是社会治疗学良好体制的事。全部问题在于:用什么办法?

① Quételet, *Physique Sociale*, Book Ⅳ.

② *Actes du ler Corgrès d'Anthropologie Criminelle*, p.167.

二、罗曼格诺西的犯罪预防理论

180 作为意大利最伟大思想家之一的罗曼格诺西认为，犯罪最普遍和最持久的原因是在以下几方面的缺陷：（1）生存；（2）教育；——以上两者分别属于经济和道德范畴；（3）警惕性；（4）正义感；——以上两者均属于政治范畴。他首次确切地界定了政府寻求矫治这些缺陷的行为范围。[①]在他看来，国家在这方面的行动必须是消极的，通过消灭特权和垄断，它应允许商业自由发展和工业不受限制的发展；它应该不在个人企业或任何受保护的自由劳动者发展的道路上设置任何障碍。他相信，所有这些都可以由谨慎的社会和经济立法以及明智的司法机关来实现。罗曼格诺西要求国家做出的唯一确定的行为，就是通过和实施反对游手好闲以及对社会危险阶层进行主动而不断监督的强硬法律。他认为，游手好闲是一种真正的社会犯罪，然而，为了不给他们辩解的理由，必须给所有这些人以工作。“因此，国家提供工作和工资，或者提出获得它们的肯定而实际的办法就成为十分必要的事。”[②]带着一种与实际情况不符的乐观，他相信寻找这种国家提供的工作的人数将是微小的，而且将不断减少。[③]在他看来，经费只是个小问题，接着他又赶快补充道，无论经费数量多大，国家都应负担，正如它必须负担一支常备军的开支一样。“正像军队保卫我们免受外部和远处敌人的侵害一样，我们所说的这些设施[④]将使我们免受内部敌人的侵害。这些

① Romagnosi, *Genesi del Dirtto Penale*, § 1021 et seq. to § 1155.

② Ibid, § 1098.

③ Ibid, § 1102.

④ 即公共工业设施。

敌人就生活在我们中间，从暗处攻击我们并总使我们处于惊恐的 181 状态。”

关于这一点还有最后一句话要说。马尔萨斯坚决反对以上观点，并坚持认为它违背了最明显的供需规律，容易受到后来学者们的攻击。它表明这个问题在理论上还没有得到解决，也许正像富勒所提出的，[①]这是因为社会主义者、政治经济主义者和达尔文主义者观点的反向夸大。

富勒说：“显然，国家不能以某种模糊而普遍的方式保证给予所有申请者以工作，为病人提供内科医生，为当事人提供律师和为公众提供诗人，它也不能整天忙于批发小五金、妇女头饰、家具木工或内部装修匠。总之，它不能代替个人，或为那些缺少职业者人为地创造职业，在不活跃的市场已宣布供过于求时，它也不能人为地继续某种日用品的生产；[②]另一方面，除非在某些特殊情况下，国家永远也不应允诺给予体格健全者以帮助，尤其是为了防止贫困和逃避婚姻现象的增长。”

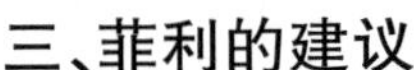

三、菲利的建议

这些都是严肃的问题，而且对它们的讨论使我们离题太远了。除了国家提供工作这一问题，罗曼格诺西的其他观点还是容易被接受的。但是后来菲利又进一步对某些例子作了详细说明，并试图以此证明国家应寻求通过抑制通常是犯罪偶然原因的某些社会因素

① Fouillée, “La philanthropie Scientifique” (*Revue des Deux Mondes*, 15 September, 1882).

② Fouillée, *La Propriété Sociale et la Démocratie*, p. 134 (Paris, Hachette, 1884).

或减少其发生频率来预防犯罪。他继而提出一种理论，认为国家有责任查明在制度、人民的风俗和偏见中存在着哪些犯罪根源，并在
182 发现它们之后用特殊法律消除它们，至少减少它们引起的灾难。国家的目标永远应该是在所有立法、经济、政治、民事、行政和刑事制度中（从最高的到最低的）给社会组织传授这样一个判断："人类活动完全可能继续被引入与犯罪相反的渠道，而实现这一目标的途径可以是给予个人能力以最大的施展机会，同时减少犯罪的诱因和机会。"①

菲利将这些间接预防手段称为"刑罚的替代物"。塔尔德说，我们可以同样恰当地"称它们为'犯罪的替代物'"。也许两者都不正确。政府行为的目的之一应该是预防犯罪现象的发生，可是我们很难在政府的行为中找到与犯罪相匹配的东西。至于其中能给我们以刑罚等量物印象的东西就更少了，因为刑罚只能在犯罪实施之后才能存在。但是我这里不想就用词问题进行讨论，还是让我们来看看菲利提出的实际方案吧。

他的计划基本的一点就是对所有社会体系和经济立法进行彻底改造。他建议确立日用品的自由交换，并认为借助这一点可以避免面包原料的价格暴涨并因此使许多犯罪得到预防。在他看来，取消政府垄断是一个步骤，它不仅会导致违反税法犯罪的消失，而且会使其他种类的犯罪消失并促成某些造成持续不安的税率的调
183 整。既然烈性饮料的泛滥是劳动阶级中贫穷、疾病和犯罪的重要原因，他与德斯皮内和龙勃罗梭一起要求对酒精饮料的制造和销售征

---

① E.Ferri, *Nuovi Orizzonti del Dirtto e della Procedura Penale*, p.376（Bologna, 1884）.

税。他还建议取消纸币并用金币和银币取而代之，其目的在于增加伪造的难度；他还建议为劳动阶级建造价格低廉而清洁的住房，设立为残疾穷人提供照顾和帮助的机构，建立通过鼓励积累来减少侵害财产犯罪的工人储蓄银行以及更宽阔和照明更好的街道以阻止夜间暴力犯罪。他认为杀婴和堕胎现象将随着马尔萨斯原则的普及而减少。他拥护有关减少贫穷、承认私生子、确定父权以及规定离婚和违反婚约所造成伤害等方面更好的法律。在他看来，所有这些法律都将有助于抵制非法同居、杀婴、通奸、重婚、杀妻以及违反贞操的犯罪。为了减少犯罪性破产的经常发生，他还主张修改金融法中诸如公司职员的个人责任、商业破产程序、破产者的整顿[①]等条款。他的其他建议还包括：监督杀伤性武器的制造并限制其使用；设立荣誉陪审员机构以防诉诸决斗；禁止朝圣；牧师的婚姻、控制女修道院，取消某些节日，建立公共体育场、公共浴池、剧院、弃儿收容院；禁止淫秽出版物和臭名昭著案件的描写；不允许青少年旁听
刑事案件审判，以及其他意在影响一般公共道德，特别是抑制某些 184
犯罪阶层增加的措施。

四、结论

我绝对不想轻视某个周密构想的立法在预防犯罪中的重要作用，但我们不能因此而认为立法者能起到消除犯罪诱因这样的乌托

① 在法国和意大利，破产不属于任何犯罪问题（参见前文第41页注释①），只是包括各种政治和民事权利的终止。——英译者注

邦式的改变效果。而且菲利自己也承认，大多数引起犯罪的原因都不是我们所一直讨论的，而是存在于他的建议范围之外；其次，如果说立法者有责任关心立法对犯罪所产生的效果，那么他一定不能忽视其他同样重要的利益，他不应仅仅为了消除个人犯罪的主要诱因而置其他一切于不顾。

要了解菲利计划的一般梗概，我们必须将两类建议区别开来，一类是对教育和社会经济具有意义并且仅仅意在改变现有法律的建议；一类是以消灭某些特殊犯罪原因为直接目的的建议。前者是文明自然而持久的结果，而且据此我们可以希望人民最终实现道德化并减少罪恶和犯罪；至于后一类建议，其作用范围是有限的，因为它们只与某些犯罪种类有关。在这一点上，菲利建议取消某些既存限制，如征税、垄断等，并建立某些新限制，如节日庆祝、酒类零售等。

显然，如果我们取消了某项限制，那么因违反它而产生的犯罪就会停止，例如假定我们取消了有关税法，就不会再有类似走私这样的犯罪；但是，另一方面，每一个新限制都会有其违反者，并会因
185 此产生以前从未存在的罪犯。此外，这些立法时撤销或颁发的限制中，没有任何一种犯罪与作为我们现在研究主要目标的犯罪有关，而后者就是我们曾给出定义的自然犯罪，走私、对特殊法规的违反、纯粹的政治犯罪，这些事实都不会对利他情感造成伤害，因而都与真正犯罪无关。一项新禁令的颁布和一项旧禁令的撤销，都不会对自然犯罪产生任何直接或间接影响。例如，酒馆并不制造杀人犯，但它肯定是吸引酒徒和赌徒的聚会地点。在这些地方，可能会引起争吵，导致互殴并最终造成死亡。但是在上等阶级中，也有与酒馆

相对应的地方，即咖啡馆和俱乐部。在这些地方也会发生几乎同样的事，即使这里也会产生厌恶和憎恨，导致侮辱和决斗；其他某些为特定犯罪不可缺少的习惯和风俗也是永久的社会现象。如果没有金钱，就不会有对货币的伪造；如果没有婚姻，重婚罪将不再存在；社会生活中必不可少的其他经济、政治、宗教和家庭制度也是如此。

因此在该领域内，研究上述问题是完全没有意义的，而且这些建议只是去消灭某些一般说具有危险性的传统和习惯所产生的最经常性犯罪的原因，而且这些传统和习惯必须是从普遍利益的角度看能够限制或禁止的。至于某些自由主义的制度，菲利和其他作者都同意这样一点，即“首先就要看忍受这些制度所伴随的灾难是否比失去它们必然带来的所有好处更不幸。我们尤其应该记住，正如法律与社会不可分离一样，违反法律的犯罪也永远无法与法律本身相分离。人类对自由的滥用将永远存在，我们所能做的只是将它减少到最低限度”。

同样的观点可能也适用于作者本人提出的有关经济、政治和 186
家庭秩序的某些建议。他相信，正像垄断的取消一样，自由贸易将会防止很多犯罪行为的发生。确实如此，但是谁会仅因这一点就建议国家取消进口税或任何有意义的垄断呢？而且，服役者不准结婚这件事，无疑经常导致某些不道德现象的发生，它引起大量的非法同居和许多自作自受妇女的不幸困境，然而，拥有一支下层士兵都没有婚姻关系牵挂的军队，这样明显的好处哪个国家会放弃呢？

另一方面，假设我们在法律或传统上作了这样一些改变，我们能肯定某种特定犯罪形式的减少不会被另一种形式的增长所补充吗？如果你取消了下层阶级的节日庆祝，你能够做到不增加其孤立性并因此使其社会性降低吗？如果在他们每天的劳动中不安排一小时无忧无虑的欢乐，他们还会那么轻易地忍受劳累吗？难道他们不会变得闷闷不乐、乖僻，甚至发展为对同类的仇恨吗？而且，他们性格的这种变化必然伴随着新的犯罪危险。你能通过批准离婚而用立法的形式消除嫉妒吗？想一想那些被排斥在自己家庭交往之外因而离开自己家门的丈夫的积怨吧！最后，从固有习惯无法克服的阻力看，有谁能保证这些措施能达到其预想的结果呢？

作为一种减少酒精中毒现象的手段，龙勃罗梭和其他人都拥护对酒精饮料的制造和销售者征收重税。但是这种做法必然影响国家确定要保护的经济利益，而且这些措施也并非总能成功。法
187 国1871年和1872年的法律就说明了这一点，尽管这些法律的实施使酒类税突然增加到从前的2倍，但并未阻止其消费量的继续增加。

正如德斯皮内所建议的，直接预防酒精中毒所产生的灾难的办法就是绝对禁止出售酒精饮料。但是，如果你希望能在欧洲进行这种改革，那纯属徒劳。[①]比较可行的办法是采取一种不太激进的措施，比如在每个行政区中确定酒类销售许可证的最大数量，以达到逐渐限制的目的。荷兰许多年以前就采取了这一方法，尽管几年之内酒类税从每100升22佛罗林增加到57佛罗林，威士忌消

① 我说在欧洲，是因为在美国自缅因州以来，许多州都已采取了坚决措施，绝对禁止出售任何酒精饮料（See Despine, *De la Folie*, etc, p.104）。

费量的不断增加仍是一个严重的民族问题，从1854年的22,488,500升上升到1881年的32,800,000升，从每人7.08升上升到每人9.81升。在反对这种“不仅导致成千市民精神和生理损害，而且威胁着家庭生活以及公共和平与安全”的灾难的运动中，政府起了带头作用。这是因为“国家负有通过学校提供教育、通过鼓励商业增加繁荣以及借助监狱维持公共安全的义务，因此，如果它拒绝对教育、繁荣和公共安全的死敌之一作战，那将实在是件奇怪的事”。[①]根据这些观点，一个议案被提出然后被议会通过并在1882年6月28日公布。根据其条款，每个行政区都确定了许可证的最大数字，政府将同意持许可证的人上税或付执照费后销售酒类饮料。该法律的有效期规定为从其通过时起20年内具有完全效力，而醉酒或鼓励醉酒者将被加重处罚。该法律实施后的6个月足以表明它产生了良好效果，1879年酒馆的数量从45,000个下降到32,983个，威士忌的税收减少了100,000佛罗林，而啤酒和糖的消费量则呈现增多的趋势。荷兰的情况也向我们证明，对于那种如此流行以至于荷兰国会的一位成员都能为“允许工人每天平静地喝两杯‘杜松子酒’”而斗争的恶习来说，一个坚定而深谋远虑的政府的确能够做到减少其恶果。[②]

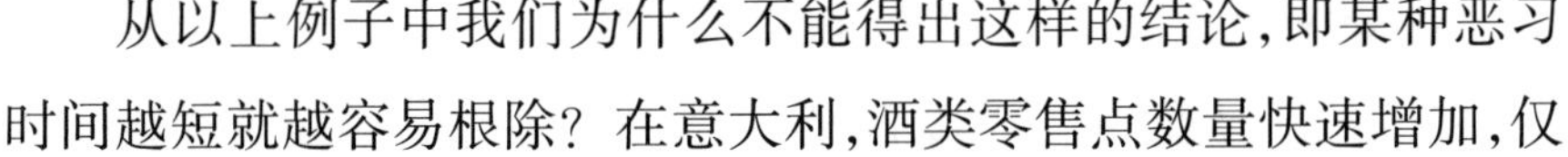

从以上例子中我们为什么不能得出这样的结论，即某种恶习时间越短就越容易根除？在意大利，酒类零售点数量快速增加，仅

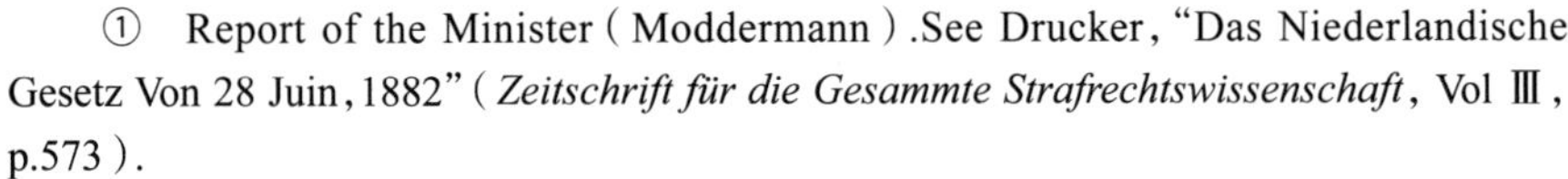

① Report of the Minister (Moddermann).See Drucker, “Das Niederlandische Gesetz Von 28 Juin, 1882” (*Zeitschrift für die Gesammte Strafrechtswissenschaft*, Vol Ⅲ, p.573).

② Drucker, article cited (at p.580).

米兰1877年就比1872年增加了848个。[①]在罗马地方或南部省份，烈性酒的消费量不占较大比例，但是这些地方都喝果类酒，虽然这种习惯从公共健康的角度看危害性较小，然而由于这里的人们易激动的性格，却产生了从公共角度看更坏的结果，无疑，它引起了很多流血性犯罪。那不勒斯省在这方面为我们提供了直接证据。该省在1876年取消了对酒类零售的限制，结果，随着酒店数量的增加，暴力和伤害案件也不断增加，从1877年的1,577件增加到1878年的2,191件、1879年的3,349件和1888年的3,980件。从上述最后一年起，这种案件的数量一直很高。因此，明智的办法是，征收较重的营业税，将各地营业点的数量限制在最高数额以内，并用与荷兰法律相类似的方式，从临时监督过渡到逐渐减少现存的酒类零售点数量。

但是对于我们所讨论的理论来说，我们应该注意，菲利拥护的
189 其他措施都超出了国家行为的范围。比如，他建议将沉迷于酗酒的人驱逐出劳工协会，为人民提供低廉而健康的娱乐，停止每周付一次工资并在周六晚上付工资的传说做法，为工人阶级建造廉价而清洁的住房以及建立禁酒社团、合作互惠团体、工人储蓄银行、慈善委员会，允许妇女从事医学执业和普及马尔萨斯理论。显然，对所有这些措施来说，即使政府有可能施加一些影响，这些影响也是非常有限的。这类问题并非立法改革的合适主题，它们全都取决于文明的自然进步、职业和经济的发展与个人的主动性。如果说通过这些

---

① 在1872年到1877年这一时期，意大利进口的烈性酒和烈性甜酒从17,876瓶增加到27,883瓶。参见Archivio di psichiatria, scienze penali, etc., Vol. Ⅳ. No.2, p.273 (Turin, 1883)。

手段犯罪将会减少，那就等于宣布随着社会中劳动、职业和良好秩序的不断进步，它产生的犯罪便会减少，这一点没有人会否认。即使国家着手进行这些改革（马尔萨斯理论除外，因为在这里国家行为是不可能的），这种努力能否获得成功也值得怀疑，而且这些干涉将受到理性政治观点的反对。

那么，什么是立法和行政行为真正的作用呢？在预防犯罪方面，普遍运用的立法措施不外乎维持良好的警察系统、明智的司法管理以及公共道德教育的间接发展，而这种教育将抵制导致很多犯 190
罪的某些邪恶习惯。除非在某些特殊情况下，如以法规形式对酒类出售、赌博和携带武器做出规定，否则它无法直接对这些习惯产生作用。在上述例子以外的其他情况下，国家应该谨慎考虑如何去干涉公民的个人权利。尽管其行为的动机是值得称赞的，但这种干涉必然加重了滥用，产生对个人自由无法容忍的侵犯，并在公民一方产生新的违法。

由有知识者和道德者所领导的学校、公共教育的讲堂、为过分依赖的孩子们建立的农业设施、对淫秽出版物和不道德戏剧的禁止、对青少年旁听刑事审判的制止、对酒类零售的限制、对流浪的控制、对有犯罪嫌疑者进行警察监视、良好的民法以及快速而低开支的程序，这些仅是政府行为范围内阻止犯罪的间接手段。

第二节　刑事法律

对预防犯罪间接手段的实践价值作过思考之后，我们现在应将注意力转向直接手段问题，换句话说，就是刑罚问题。在一些社会学家们看来，刑罚几乎没有预防作用，而其他人则认为该手段具有极大作用。这个问题的任何一方都可以从历史中找到例证：一方面，残酷而野蛮的刑罚显然无法防止某些犯罪的经常性发生；另一方面，严厉的镇压方式几乎完全扑灭了它所针对的犯罪。

一、刑罚功利的标准

191 在我看来，只要我们记住存在着不同种类的罪犯，这个问题便完全可以解决。显然，对于那些完全缺少道德感既能杀人又能盗窃的罪犯，这种监禁没有多大效果，无论这种监禁是有期的还是终身的。他们太不顾将来，太残忍、太麻木，以至于无法感受到监狱的耻辱或失去自由所必然带来的精神痛苦（而不是生理痛苦）。然而，他们重视自己的生命，因此，只有死刑对他们还有些威慑力。但是这种刑罚必须来得迅速而确定。当这种刑罚极少适用时，它便开始失去了作用。[①]

关于冲动性罪犯，无论这种冲动是来自于气质、神经病还是酒精的刺激作用，我们都不能草率地得出结论，说他们不会受到刑罚的恐吓作用。正如内科医生向我们肯定的，即使是精神病患者也会感受到威胁的作用。尽管冲动性罪犯缺乏反思，但也可能产生一种反向运动。这种反向运动就像与犯罪冲动一样独立的反射，而且如果他们屈服于他们的激情，就会产生一种模糊的邪恶念头。但是，能够唤起他们想象力的绝不是现代立法中的所谓刑罚。要想产生

① 在意大利下议院1865年3月10日的会议上，孔福尔蒂（Conforti）讲述了一个案件的历史。在这个案件中，某些人已经密谋了一件谋杀和抢劫案，但由于在预定犯罪的那一天执行了两个死刑判决，这些人因此被吓得放弃了他们的打算。

必要的效果，用以相威胁的代价必须严厉而迅速。如果每个人都确信用手袭击他人就意味着立即失去这只手，很多被认为不可抵抗的冲动将不再是不可抵抗的，也许描写这种行为的词都将从我们的行为词典中消失。

没有任何一种理论认为中世纪的野蛮刑罚不比我们今天的刑罚更有效力。首先，我们没有统计数据，无法进行比较；其次；那时 192
的刑罚具有很大的不确定性，存在着许多逃避刑罚的方法，如豁免、庇护权以及对大贵族的保护；最后，那时的警察系统工作不规范，而且审判权的行使也存在缺陷，这一点也必须考虑到。

对职业犯罪的问题，我们需要从一个不同的角度加以考虑。对这类罪犯来说，逃避刑罚的可能性已被相当准确地计算过。他们勇敢地面对危险，因为正像在其他行业中一样，这种行业中的有些危险是必须承担的——危险的行业有很多，而它们并不缺乏从业者。然而在这里，正像在其他行业中一样，危险越小而且报酬越确定，候补的人员就越多。这一点我们将在后面详加讨论。因此，对于这种罪犯，立法无法在预防上取得较大效果，这时它的主要目标就是减少这种罪犯。无论一个法律的效力被计划成什么样，我们都不能期待任何法律能够完全消除一个职业或完全阻止从事该职业的人。通过镇压那些被逮捕者和被宣告有罪者来减少罪犯的数目，这一点必定是任何真正有效的刑罚措施的目标。

下面我们必须考虑刑罚对地区性犯罪的作用。这些犯罪主要应归因于社会偏见、旧的或新的阶级风俗以及普遍的传统。从预防的角度来看，严厉的刑罚在这里尤其会取得好效果。科西嘉岛杀人案的急剧增加就是一个最近的说明。1854年特别适用于

该岛的两项法律获得了通过：一是禁止携带武器法，另一个是禁止个人包庇或隐匿歹徒法。这些措施实施的15年时间，完全证
193 明了这两个法律的明智。正如人们所设想的，解除全部人口的武装这一做法，对于阻止不断引起流血事件的传统起了决定性作用。但是不幸的是，这项立法在1868年被取消了，犯罪也随之获得了富于希望的新生。地方法官们在他们的公众讲演中总是不断地强调这样的事实，即“科西嘉岛曾经历了被排除于普通法效力之外的有益惩戒，而与这15年中存在的局面相比，我们现在的局面是痛苦的”①。在那不勒斯省，由于犯恐吓罪者将被判处13年劳役监禁，失望的追求者传统的复仇方式，即用剃刀对年轻妇女进行毁容的行为，在1844年几乎停止了。然而1859年法典则规定了缓和得多的刑罚，它正式通过以后，这种犯罪形式又重新出现，而且其发生率在大审法院建立以后更加显著。这类犯罪因为发生太多，政府不得不将它们从大审法院管辖范围中分离出来并将它们列入矫正法庭管辖范围之中，在后者那里，设陪审团的审判并不普遍。这样做的目的有两个：一是节省审判时间，二是保证定罪具有更大必然性。但是其他问题又随之出现。首先，根据意大利的程序法，几乎所有被控犯有轻罪者都有权享受暂时的自由②，结果是大部分人不仅在司法调查期间，而且直到最高上诉法院复审结束时仍享有自由——而被判决的罪犯很少不启动最

① Bournet, *La Criminalité en Corse* (Lyons, 1887).

② See post, p.345, note 2.

高上诉法院的诉讼程序[1]。显然这一特征大大影响了刑事起诉的 194

① 法国和意大利的刑事法庭——法国和意大利的刑事法庭在组织上比较相似，但在某些部门的管辖范围方面，两者存在很大不同。

（1）法国——法国刑事法庭的体制一般分为三个部分，分别负责三种犯罪与刑罚的确定（见前文第59页注释①）。"法国有26个上诉法庭，有不确定数量的初审法庭，每个社区至少有一个治安法官（juge de paix），其他则由两个或更多的社区共同使用。这些就是法国的法庭，其中刑事法庭组成如下：大审法庭来自于上诉法庭，由3名法官组成，其中一名任主席。……它设陪审团审理案件，其审理的案件是不同于"轻罪"（délits）的"重罪"（Crimes）。但在某些特殊情况下也可以作特别审理，如果审理的案件被发现是"轻罪"，甚至是违警罪，仍可以进行审理。矫正法庭是初审法庭的刑事法庭，由3名来自于初审法庭的法官组成。审理案件时不设陪审团并负责审理"轻罪"，即那些可被判处5天以上监禁或15法郎以上罚金而不判处死刑、苦役（"travaux forcés"）或徒刑（"réclusion"）的犯罪。该法庭判处的最高刑罚是5年监禁，或在两次犯罪情况下判处10年监禁。在很多情况下，矫正法庭也可以对不满16岁、犯有应被判处不超过20年苦役或徒刑的人进行审理。治安法官负责审理可判处不超过5天监禁的违警罪。如果他们判处某人监禁或5法郎以上罚金，他们可以向治安矫正法庭提起上诉，……对于那些最后判决或对最后判决有直接影响的非最后判决，他们还可以从矫正法庭向上诉法庭提起上诉。……应该说，对大审法庭所作的决定无法提出上诉。正如我们所说，仅就法律而言，大审法庭以及其他所有法庭都从属于上诉法庭，即最高上诉法庭。这个法庭设在巴黎，由3个高级法官接待室组成，每个接待室有16名法官。……最高上诉法庭使用英国法律语言，它只能或者支持被提起上诉的判决，或者发回重新审理"（Stephen, *History of the Criminal Law of England*, Ⅰ, pp.517—520）。

对于所有由"大审法庭"审理的案件，当某个犯人被提起指定审理之后，必须存在检察院的起诉（"mise en accusation"）（这与我们的程序相似）。"这就是控告庭的事情了。它大体上相当于我们的大陪审团，尽管它们之间有很大不同，但在机构和功能方面大体相当"。它由上诉法庭的法官组成，事实上，它已成为这个法庭的一个部门（Ibid., pp.535, 536）。

（2）意大利——在意大利，最基层的刑事法庭是执政官法庭，然而其管辖权比法国的治安法官（juge de paix）要广泛得多，一般审理应处3个月以下监禁的犯罪。在执政官法庭之上是刑罚法庭、上诉法庭、大审法庭和最高上诉法庭。刑罚法庭（审理民事和刑事法庭的刑事部分）首先负责审理应处3个月以上监禁、最低刑罚为5年以下、最高不超过10年的犯罪；其次，它还受理来自执政官法庭的某些上诉案件。每个上诉法庭都有一个称为最高上诉法院的分支机构，它大体相当于法国的"控告庭"，而且执行同样的功能，即决定是否对归最高上诉法院管辖的被告人提交审判。上诉法院的另一个部门受理来自刑罚法庭的上诉案件。意大利的最高上诉法院像法国一样，由来自于上诉法院的法官组成，也是唯一设陪审团审理案件的法庭。它的管辖范围是应处最少5年以上、至多10年以上刑罚的犯罪。1889年以后，仅有一个最高上诉法庭审理刑事案件，它坐落于罗马，管辖权遍及全国。像法国一样，它只对法律问题进行复审（*Code of Criminal Procedure*, § 9—11；"Digesto Italiano", Ⅶ-3, pp. 467, 475；Mortara, *Instituzioni di Ordinamento Giudiziario*, p.217 et seq.）。

在分类方面，1889年法典和三类犯罪的两分法，对意大利的法院管辖权产生很大影响。在此之前，它与法国法院的管辖非常相近（其审判组织的确是以后者为模型的），因为刑罚法庭（那时都称为矫正法庭）受理大部分"轻罪"案件，而"重罪"案件一般由大审法庭受理。——英译者注

威慑力；其次，判决的监禁期限过于短促，即使这样短期的判决
195 还随时可能因赦免令而得到减轻。这种结果导致了半免刑情况的出现，同时我们徒然试图加以镇压的这种行为又开始变得非常流行，以致与那不勒斯城相邻的一些村落里稍有些吸引力的年轻女子都很难逃避这种毁容方式，除非她与第一个挥舞剃刀向她求婚的人结婚。

不计后果地使用手枪问题也是如此。在那不勒斯街道和酒馆里，交换手枪已成为经常发生的事情，以至于也必须将它从陪审团范围内分离出来。政府将它仅仅以伤害未遂或在争吵中使用武器而不是以杀人未遂起诉到矫正法庭。但是，正是这种减轻犯罪严重
196 性的做法导致它更加受到怂恿，结果在大多数情况下疏忽的过路者都会成为其受害者。大多数案件中的犯罪者经过几个月的监禁之后便获释。在法国，在对"泼硫酸者"宣告无罪之后，也发生了同样可怕的后果。然而在苏格兰，当英国议会在该国实施了一项规定对泼硫酸毁容者处死的法规时，这种行为完全停止了。[①]

在这些及其他类似的情况下，罪恶的存在主要应归咎于刑罚的轻缓。这里我们不想涉及那些习惯性犯罪人，他们将受到刑罚的机会看作是职业中的一种危险意外。我们现在所说的犯罪人是那些尽管缺乏利他情感，但只有在特定场合才成为罪犯的人，而这种场合则由那些他们并不抵触并因此很快遵从的野蛮习惯来支配。尽管他们的本能极力怂恿他们走上这条路，但如果要实现它存在太多不利，他们还是能够改变初衷。而且其中一个非常严重的不利的确

① Aubry, *La Contagion du Meurtre* (Paris, F. Alcan, 1888).

就是肯定而严厉的刑罚，即一种将成为一生的负担、将推翻其将来所有计划并最终降低他们生活条件的刑罚。

几个月的矫正性监禁是绝对无法达到这种效果的，尤其是我们还应考虑到上诉后的第二次审判可能，而且随着最高法院的有利判决，罪犯同时也可能被暂时释放，而且如果他愿意，他还可以自由离开自己的国家。

在这些情况下，刑罚的严厉并非没有作用，这是容易理解的。197
关于这一点，还有另一件事十分重要：犯罪之所以在一个城市、地区或国家具有地区性或模仿性，原因是公众对这些犯罪的谴责不够严厉。因此，法律应表明这类事实是不能容忍的，而改变这种不正确公众观念倾向的任务就落在了法律身上。它绝不能允许自己被任何逆流所阻挡，而必须帮助人们进行道德进化；它给地方性犯罪印上的标记不应是无关紧要的错误，而是应受谴责的行为，这样才能避免这种犯罪继续下去，而这种结果只能通过刑罚严厉来实现。

那么显然，我们现在完全可以得出这样的结论：刑罚的严厉性超过任何一般或间接的作用。主要的问题在于将以下两类犯罪人区别开来：一类是可以对其发挥全部刑罚威力的犯罪人，另一类是只能在很小的程度上感到这种威力的犯罪人。缺少道德和存在犯罪秉性的情况比一般人想象的要普遍得多，因此我们有必要采取一些措施，以使犯罪遭受不利后果而使诚实行为获得更好的待遇。所以我们说，刑罚的减轻可能会成为犯罪的真正原因。

二、刑罚轻缓的一般作用

19世纪上半叶，较严重的犯罪形式已减少到不太惊人的比例，而在该世纪下半叶，它又在那些刑罚被制定得不太严厉而期限又较短的国家里呈现出巨大的增长。一想到这一点，人们不禁会联想到19世纪上半叶之前还存在着几个世纪的大量执行死刑时期。确切地说，19世纪下半叶我们才目睹了刑罚体系的改革和刑罚的不断轻缓，而且这种轻缓过程在今天仍在继续着，并被司法学界称为国民
198 进步的真正标志。让我们看看一些事实：

在法国，从1828年到1884年，每年发生的谋杀犯罪案从197件增加到234件；杀婴案从102件增加到194件；对儿童进行性骚扰案，从136件增加到791件；由刑法典而不是特别法规定的轻罪，从大约41,000件增加到大约163,000件；攻击和伤害案从8,000件增加到18,000件；盗窃案从9,000件增加到33,000件；诈骗钱财案从1,171件增加到6,371件；流浪案从3,000件增加到近16,000件。而在这段时期里，人口总数在1826年是3,100万人，到1884年达到3,800万人，只增加了700万人。因此，犯罪的增长显然远远超过了人口的增长。

所以，我们确实可以说，在这半个多世纪里，大部分刑罚都经历了轻缓化的过程，陪审团变得越来越宽容了，矫正学派的新说给每个法官留下了这样的印象，即必须考虑所有能够减轻被告人道德责任的环境因素之后再对其进行惩罚，而且这种惩罚是以一种温柔的甚至是父亲般的方式进行的。因此，刑罚外表上看起来越来越像对不守规矩的学校儿童所适用的惩戒性措施。而且在两者中，前者的严厉性的确要小得多，因为根据监狱的规定，任何犯人都不得被剥夺光线或被迫暂时失去食物。

自1886年以来，同一国家中比较严重的犯罪形式逐渐减少这

一现象开始明显化。自1896年到1900年间，每年谋杀犯罪的平均数下降到183件；纵火案自1881年从196件下降到164件；情节严重的盗窃案自1881年从835件降至636件，等等。1886年陪审团审理的死罪案件是3,252件，这个数字在1889年下降到2,950件，而到
1900年则下降到2,283件。正如我们上面所说，显然较严厉的刑罚 199
在减少犯罪的过程中并非没有作用。

我们也不能否认死刑对所有较次等级的犯罪具有威慑作用。仅仅是这种刑罚存在和随时都可被适用这一事实，就是对所有具有犯罪倾向者的一个阻力，因为他们并不了解这种刑罚可能适用的确切范围。他们所知道的只是国家具有剥夺某些罪犯生命的权力，而他们不能肯定自己不在此列，因此，法律的威力开始在他们心中留下强烈的印象。[①]我们甚至可以说，死刑对那些并非它的恐吓对象的人具有最大的恐吓力，也就是说，对那些较次等级的罪犯，对最小轻率的、最不残忍的以及最不受激情支配的人最具恐吓性。

一位从事律师职业的意大利下议院议员在议会的一次演说中宣称，在许多情况下，被控伤害的人都承认如果不是害怕上绞架，他们就会杀掉那些被攻击者[②]。我可以引用一个几乎是我亲眼目睹的确定事实。1884年在意大利南部的一个小镇圣玛丽亚迪卡普亚，大审法院在很短的时间里就宣告了三个死刑判决。最后一个判决宣告的几天以后，该镇一位居民看见同族的一位死敌从窗前走过，他被一阵狂怒的发作所控制，抓起一把手枪瞄准了死敌。但是他没有开火而是突然放下了武器，我听见他喊道："你应该感谢圣玛丽亚

---

① See Turieuo, *Governo e Governati*, C. Ⅲ (Bologna, Zanichelli, 1884).

② Chiaves, at session of 8 March, 1865.

法院恢复了死刑。”如果他开枪并杀死了他的敌人，那么按照意大利
200 法律他将受到惩罚，但只能被判处苦役监禁，因为他构成了杀人罪（meurtre）而不是谋杀罪（assassinat）[①]。然而他在冲动中无法停下来去作这些区分，他头脑中鲜明地呈现出来的是对最近死刑判决的回忆，正是这一因素挽救了一条人命。如果国家对最极端的犯罪也只能判处监禁或教养[②]，而那位居民也知道是这样，那么他对法律还会有同样的恐惧吗？

而且像法国一样，意大利也有减轻刑罚的经历。在那不勒斯古王国，那里的刑法比现代意大利的刑法要严厉得多，没有任何案件的审理要设立陪审团，而且除非法律明确规定，它不承认任何其他减轻条件，并且适用死刑的情况相当经常。因而那时犯罪的比例与今天同一地方比起来要小得多；但由于所谓进步带来的变化，犯罪获得了巨大的增长[③]。

对减轻情节的承认——这适用于80%被控犯有剥夺他人生命之罪的案件——导致杀人犯甚至谋杀犯在适用时间不等的矫正性刑罚后被释放。难道这种刑事审判的宽松与意大利南部流血性犯罪的急剧增加毫无关系吗？对我而言，我不相信是这样，尤其是考虑到犯罪绝非孤立现象这一事实。从1863年以来，也就是说，从刑

---

① “Assassinat”，即有预谋的杀人；“Meurtre”，指故意的但无预先计划的杀人。有关法国的法律，参见Stephen, *History of the Criminal Law of England*, Ⅲ, pp.93,94。——英译者注

② 意大利的死刑直到1890年1月1日现行刑法典生效时才被取消。参见后文第201页。——英译者注

③ 很多比较严重的犯罪在数量上增加了一倍多，而人口并未按比例增加。后者在1833年大约为600万人，到1880年达到700多万人。

罚减轻开始明显以来，意大利所有地方都出现了犯罪的普遍增长。 201

大审法院的下列判决数字证明了以下事实：叛逆罪，1863年12件，1869年22件，1870年34件，1880年39件；丈夫杀妻或妻子杀夫案件，1869年15件，1870年38件，1880年92件；杀婴案件，1863年44件，1869年52件，1870年51件，1880年82件；谋杀案，1863年285件，1869年419件，1870年450件，1880年705件。从1860年到1870年，被判处死刑的犯罪数增加了22%；被判处终身劳役监禁的犯罪数增加了64%。

从1881年起，犯罪开始呈现减少的倾向，但不久，立法机关采取了取消死刑这不明智的一步。非常有效，1890年这一措施立即引起了犯罪减少过程的中止，引起检察机关关注的每年杀人案件的数量就在4,000件左右，直到1899年为止，比较严重的犯罪形式一直在不断增长。

在1891年到1895年这段时期内，重罪和轻罪的年平均判决数是254,591件，而在接下来的3年时间内，增加到303,258件这个惊人的数字。1885年我们在每10万居民中只做出不到800个判决，而今天我们却要做出966个判决。

这种现象并不仅限于法国和意大利，在所有实行刑罚轻缓化的国家中都可以观察到这种现象。这种增长十分明显而且从比例上说，远远超过了人口的增加[①]。自1882年到1899年的德意志帝国，从总体上看，普通重罪和轻罪增加了42%；在奥地利帝国，重罪年 202
平均数量在1861年到1865年间是18,154件，在1871年到1875年

① 智利确实呈现出大量的杀人案件。参见Newmann, *Notas Sueltas Sobre la Pena de Muerte*（Santiago de Chile, 1896）。

间是27,304件，而1896年至1898年间则增加到31,000件。至于轻罪，1871年到1875年间是202,903件，1896年至1899年间增加到306,007件。在同一时期内，重伤案的判决数从3,907件增加到4,870件，简单盗窃案从83,172件增加到111,178件，犯罪性破产和涉及诈骗与背信的犯罪从12,108件增加到20,955件。

可以说，几乎遍及欧洲大陆的所有地方都经历着犯罪的普遍增长。的确，在最文明的欧洲国家中，某些野蛮的犯罪形式，如纵火和拦路抢劫等表现出明显的减少，但是这种减少已被伤害、偷窃、伪造以及诈骗犯罪的增加大大地补偿了。只有在英格兰，多年以来一直呈现出明显的、几乎是普遍的犯罪下降，尤其是那些比较严重的犯罪形式更是如此，杀人在那里已成为非常罕见的现象。1878年那里监狱犯人的平均数量是20,833人，1893年已下降到12,178人，偷窃和伪造犯罪逐年减少，侵犯人身的犯罪也是如此。值得注意的是，英格兰是受到现代刑罚理论影响最小的一个国家，在那里，谋杀犯几乎总是被判处死刑，其他的刑罚也特别严厉。法国也出现了类似的犯罪下降现象，而且在1879年以后变得明显并在1901年以后继续下降，这也证明了该国近年来采取的比较有力的镇压措施是有效的。

无疑，将19世纪欧洲几乎是普遍的犯罪增长仅仅归因于现代刑罚的轻宽是错误的。某些社会和立法原因也具有毋庸置疑的影
203 响。但是显然，刑罚已变得不太有效了，而且刑罚的预防力量确实已经减弱了。有人认为，典型的刑罚应该是临时性的，而且，即使在不同于矫正性判决的有罪判决情况下，一个合适的判决也应是确定一个较短的监禁期，例如3—5年，几乎永远不超过12年或15年。这样的观念几乎导致了刑罚打击力量的消失，而且正是这种做法使

最顽固的罪犯成为惯犯，并使对同一个人的第二次或第三次杀人进行审理成为可能，而这在意大利并非少见。这种做法也导致在所有文明国家中职业性盗窃犯和诈骗犯的存在，这些罪犯直至受到客观障碍的强迫才会停止其危害行为，因此在他们所谓的刑期届满时将他们释放，实在是件可笑的事情。

三、犯罪行业

塔尔德用下面这段有意义的话来总结对近代犯罪的回顾："就行业这方面来说，犯罪越来越专门化了。……不幸的是，犯罪这一职业已变得有利可图且欣欣向荣，即使我们排除累犯和惯犯的数量，犯罪人和被逮捕人的数量也证明了这一点。……一般说来，一种行业是否繁荣取决于什么呢？首先，其收入必须倾向于不断增加；其次，其风险倾向于不断减少；最后，也是最重要的一点，其实施有不断增加的倾向和比较经常的必要性。所有这些因素结合起来，支持着这个特定行业在掠夺其他行业中存在。其利润不断增加同时其风险也不断减少，以至于在任何文明国家中，扒窃、流浪、伪造、诈欺性破产等等（不包括谋杀），都是厌恶劳动的人能够选择的最不危险而且效益最好的职业之一。"[①]

意大利的情况也没有什么不同。报酬是最有吸引力的，仅仅在 204
一年中，公众遭受的经济损失就达1,400万法郎，而且这还不包括犯罪性破产所造成的经济损失。这个数字主要由盗窃、诈骗和谋杀犯罪造成，而且其中只有很少一部分被发现。从大审法院的记录可以

① G.Tarde, "La statistique criminelle du dernier demi-siècle" (*Revue Philosophique*, January, 1883).

看出，在做出判决的1,372件侵犯财产案件中，陪审团的判决总数就达2,458,000法郎[①]。假设被判决的罪犯总人数比被判决罪案总数多1/3，那么罪犯人数便是1,826人，每个罪犯平均造成的损失就是1,346法郎。但是，如果我们考虑到大约60%的盗窃犯罪或者从未被发现，或者由于缺乏证据而被宣告无罪，我们便完全可以将上面得出的总数乘以2。那么结果似乎表明，从物质的角度来说，犯罪行业比最诚实的行业呈现出更大的优势。同时，它几乎没有危险，工作量最小，经济报酬优厚。而且，如果我们还记得一个诚实的工人在任何时候要想获得超过周工资的一笔钱是多么困难，那么我们就会理解这最后一点总是具有较大意义。

四、对刑罚的逃避

不受惩罚的机会实在太多了，以至于除非借助于其他动机，受到起诉和惩罚的想法很少能威慑住犯罪。在意大利，逃避惩罚的罪犯人数据估计约占犯罪总数的60%，其原因或许是他们未被警察发现，或许是缺乏提交审判的证据，或许是被错误地宣告无罪[②]。因此，
205 罪犯们（尤其是盗窃犯、诈骗犯和伪造犯，因为这些犯罪不被发现的可能性最大）有1/2的机会不会受到惩罚。而且，即使在犯罪败

---

① Statistica penale del Regno of Italia, 1889.

② 在所有被起诉的案件中，30%因缺乏证据而被指令法官所做出的驳回决议所终止。而重罪的情况，我们必须再加上7.37%由最高上诉法院法官接待室做出的这种决议和33%由陪审团做出的无罪裁决。而且，据估计，在大审法院5%的改判案件中，有39%的被告人被重新宣告无罪。在归矫正法庭审理的案件中，首先有30%因证据不足而被驳回决定所终止；其次，30%的被告人经过这些法院审理后被宣告无罪；再次，10%的被告人被上诉法院宣告无罪；最后，在被最高上诉法院改判的案件中，10%的被告人在重新审理时被宣告无罪。

露并被报告到警察局的情况下也是如此，更何况这种情况在盗窃、诈骗和违反诚实的犯罪中发生的几率还不到1/10[①]。犯罪被发现的危险很遥远，受到审判的危险同样遥远，受到惩罚的危险性就更遥远了。在大审法院做出有罪判决之后，总是存在着判决被最高上诉法院推翻继而在重新审理中被宣告无罪的可能性，而且罪犯还可以进一步希望执行中的仁慈能够减轻或更改判决；其次，当被矫正法庭宣判的被告人提出上诉时，判决处于停止状态，被告人因此理所当然地享有连续的临时自由。如果上诉法院做出对被告不利的决定，那么被告随时可以向最高上诉法院提出，这样他就完全可以在原始判决做出后的1—2年时间内逍遥监狱之外；最后，如果最坏的情况发生，那些生活在大城市、不广为人知且完全不受警察监视的
犯罪人，总是有可能通过伪造出生证书来改名换姓（这种证书只要 206
出一张有邮戳纸[②]的价格就可以弄到），而且在虚假的诚实人性格的保护下，他不受干扰的时间愿意有多长就有多长。

五、监禁判决的无效

因此，我们必须承认，一个犯罪人能够进监狱这一事实本身就要求他具有很多善意[③]，而且确实有许多人并不缺乏这种善意；另

① 米兹洛夫（“Caractères des classes délinquantes”—Messager Juridique of Moscow, No.10, 1881）估计有82%的被告人免受刑罚。

② See Bertillon, “Question des récidivistes”（*Revue Politique et Littéraire*, 28 April, 1883, Paris）.

③ 图列洛引用了德马蒂亚牧师的案件。当这位牧师的犯罪被认为应归矫正法庭受理时，他被允许获得临时自由，而当该罪作为犯罪问题即将审理时，他马上逃之夭夭。正如作者所说：“这证明我们现存的法律无法控制住富人或有权势的犯罪者，也许只有一些明显和特别恶性的案件例外”（*Governo e Governati*, C.Ⅲ, p.338, note）。

一方面,惯犯和被捕时处于警察监视之下的人并不享有临时自由。正因如此,矫正监狱总是人满为患。

但是对这类犯罪人来说,3—6个月的监禁能起到什么作用呢?

龙勃罗梭引用的两首西西里歌曲,有趣地解释了监禁判决的威慑作用。一首这样唱道:

> “谁要是说维卡利亚[1]的坏话,谁的脸就活该被割成碎条。说监狱是惩罚场所的人真是一个大傻瓜。”[2]

另一首这样唱道:

> “只有在这里,你才能找到朋友、兄弟、金钱、美食和快乐的轻松,而在外面,敌人总是包围着你,你必须去工作,否则就会被饿死。”[3]

假设,一个上层阶级的人因为某种风流冒险行为受到惩罚,并被禁止在几周时间内离开其俱乐部所在的行政区。在这里,他可以

---

① 巴勒莫的一个监狱。

② “Cudici male di la vicaria
Ci farrissi la faccia feddi-feddi;
Cu dici cà carcere castia
Comu V'ingannati, puvireddi!”

③ “Qua sol trovi i fratelli e qua gli amici,
Danari, ben mangiare e allegra pace;
Fuori sei sempre in mezzo ai tuoti nemici;
Se non puoi lavorar muori di fame!”

与最亲密的朋友交往，可以同他们一起用餐、玩牌或台球，而且这种 207
活动一般情况下会以最令人愉快的方式继续下去。他的这些朋友非但不会因为他犯的错误而小看他，而且会以羡慕的情感对待他。那些意在做出惩罚的愚蠢法律却被用来同情，我们完全可以想象这个圈子里的人们会开什么样的玩笑。而且，谁会相信再次受到同样刑罚的恐惧能够阻止这个人恢复平时的生活习惯或者重复这种受到惩罚的行为呢？

对于习惯性犯罪人来说，情况也完全相同。有人为他们免费提供食物和住处，他们发现自己周围到处是伙伴和朋友，他们结识了很多在将来也许用得着的新朋友，却从来听不到类似谴责或批评一类的话。相反，那些罪行严重的新入狱者会立即成为羡慕的对象，正像监狱的食谱满足了被羡慕者的食欲一样，这种羡慕也满足了他的虚荣心。

在悔罪院情况也完全相同。在经过长期犯罪生涯的疲劳和麻烦之后，犯罪老手们毫不掩饰他对终于获准进入如此宽敞的避难所而感到的满足。感情用事的传奇作家们写文章去描写被判处劳役监禁的罪犯们所过的痛苦难熬的生活，但是我敢说这些作家中没有一个人看到过矫正院内部的情况。至少在意大利，实际情况是，这些犯人大部分所干的活绝不比编织物品更可怕。严格地说，将他们与那些在铸造厂或轧钢厂苦干的工人们或那些在三伏天烤人的阳光下苦干的农民相比，你能说刑事判决中所谓的“苦役”[1]不是一种最尖刻的讽刺吗？[2]

但是，假设罪犯的确为失去自由而痛苦，或者至少为分格式的 208

[1] 原文中使用了“Travaux forcés”。——英译者注

[2] 无疑，对大部分罪犯来说，监狱中的生活在物质方面比他们被捕之前所过的生活要好（Beltrani-Scalia, *La Riforma Penitenziaria*, p.294）。

监禁而痛苦[①]，甚至我们假定在罪犯看来进监狱是一种真正的灾难，结果又会怎样呢？如果是一个灾难，他也将用耐心和某种达观的屈从来忍受它。他将为自己笨拙地让人抓住而懊悔，并随之产生下次冒险时不再犯同样错误的决心。但是，这会使他转变成一个诚实的人吗？哪一个手艺人会因为一些自己已经熟知的偶然不利因素而放弃自己的老本行呢？不是有很多诚实的职业甚至是人们都极力想从事的职业，也伴随着对工人健康几乎是不可避免的损害或对生命及肢体不断的危害吗？士兵、警察、消防队员在执行公务时随时有可能面对死神，那么我们又怎能期望对短期监禁的恐惧会阻止职业罪犯去继续从事他们有利可图的职业呢？

一方面，我们知道有些灾难的危险很遥远；另一方面，灾难很少被感觉到，因此恐惧也很小。那么设想一下，对于犯罪人来说，既然那种不受其他限制而且在任何社会阶层都至关重要的诚实名誉

209 都已远去，他们已被公开宣布犯有某种不名誉之罪，那么，监禁的威慑还有什么意义呢？对“盗窃犯”这个词的恐惧能够抑制贪婪的倾向，但是一旦一个人被贴上了这种标签，并作为罪犯受到惩罚，一般说来，一切便都已结束。正如某些人所坚持的，监狱可能不制造罪犯，但它从来不影响这种制造，因而在罪犯服刑期间，使用轻缓刑罚

---

① 到1895年为止，意大利的分格式监狱只在米兰、都灵、卡利亚里和佩鲁贾等城市才有。意大利的其他监狱都是按照公用房间的老式设计建筑的，其中很多监狱无法将等候审判的犯人与已经判决的罪犯隔离开。而已经判决的犯人中，有很多人常常要等几年才被送到教养所，因而他们的刑罚常常还未执行而其刑期已满了很久，这种情况并非罕见。

在1887年的法国，仅有14个监狱建成分格式或投入使用，另有7个正在建造中，前者包括600个牢房。到1884年12月31日为止，其在押犯人数为25,231人，其中10,087人没有任何工作（D'Haussonville, *Revue des Deux Mondes*, 1 January, 1888, p.135）。到1892年，这种情况有了一些变化，但这时也只有20个这种监狱。

是一个错误。对于职业罪犯来说,缩短监禁时间,便意味着增加犯罪的数量。在意大利,由于颁布了一系列大赦公告,将所有被判处长期监禁的犯人减刑6个月,被判处6个月以下的犯人全部免刑,因而引起了犯罪数量的增加。每一次大赦之后,下一年的统计数据都会表明意大利所有地区的犯罪获得明显地增长。

六、累犯

显然,今天到处盛行的宽大思想是累犯普遍增长的原因。既然大部分犯罪都集中在某一个阶级中,因此其增加或减少必然取决于这个阶级中的个人是否认为有必要实施犯罪行为。而且,即使是矫正体系中最严厉的惩罚,其威慑力是否能对顽固罪犯起到任何制约作用这一点也值得怀疑。例如,在瑞典,统治者有一种习惯做法:如果受人尊敬的市民愿意雇用终身监禁犯,而这些囚犯本人又在10年内表现良好,那么就可以理所当然地赦免他们。受人尊敬的市民都随时愿意做他的保证人,好一个行为模范的囚犯!谁能想象这种对改造提供更好保证的情形会是什么样呢?连这个国家也永远无法想象。这里的赦免附带这样一个条件:如果被释放的犯人重新犯罪,他便会被判处终身劳役。这样,一方面我们有改造的前提,另一方面我们有严厉的刑罚相威慑。然而,尽管"达摩克利斯之剑一直悬挂在 210
被赦免的罪犯头上,他们中的累犯比例仍然非常之高。1868年这种比例达到75%,换句话说,每4名被赦免的犯罪人中,就有3人由于重新犯罪而被送回悔罪院并被迫在更严厉的环境下终身服刑"。[1]

[1] D'Olivecrona, *Des Causes de la Récidive et des Moyens d'en Restreirdre les Effets*, pp. 46,47(Stockholm,1873).

这个例子也引起了我们的另一种思考。从意大利监狱统计数据中记载的1880年由于监禁期满或被赦免而获释的犯人总数来看,我们发现其中2,181人行为良好,583人中等,172人较坏。至于这种行为良好时间的长短,我们不得而知。而且,这些犯人也没有像瑞典的犯人一样被要求提供担保人;另一方面,监狱中的良好行为无非就是安静和服从,而且为了达到减刑的目的,这些特征也值得去伪装。但是,如果你如此轻信以至于相信这2,181名犯人已完成了改造(在瑞典,这些人中的3/4将成为累犯),那么你对那583位表现中等和172位表现明显较坏的犯人又作何期望呢?预言他们再次犯罪无须预言家。那么在1900年意大利的悔罪院中,累犯占犯人总数的55%,引用官方报告中的一句话:“这证明长期以来,受到极大关注的再犯数量仍在一年年增长。”[①]这一点还值得奇怪吗?

法国在1885年以前的情况也是如此。加佐特说:“由于7/10有犯罪记录的被告人从未受到监禁一年以上的处罚,一年中两次犯
211 罪的再犯数从1878年的6,851人增加到1879年的7,556人,至少三项犯罪的再犯人数在同一时期从2,045人增加到2,237人。”犯罪受到刺激时就会增加,而监禁尤其是短期监禁,就是对犯罪的一种刺激。[②]短期刑罚造成罪犯嘲弄法律、蔑视正义,尽管这听起来很可怕,但事实就是如此。对于顽固的犯罪新手来说,几星期的监禁算

---

① 参见*Statistica delle Carceri*, p.IXXX(Rome,1902)。累犯在押人数从1890年的35,958人增加到1895年的45,579人。

② “被释放的犯人中有半数几乎在出狱后立刻就又犯了新的重罪或轻罪”(Raport du Garde des Sceaux, *Journal Officiel*, 13 March, 1883)。

什么呢？是一件保证他们吃、穿、住的愉快事情，是他们冒险生活中的一段喘息时间。不仅如此，还有更好的事，他们在夏天安排自己在北方被逮捕，冬天则在南方被逮捕，“就像那些时髦的人们在特鲁维尔过八月而在尼斯过十二月一样。”巴黎的流浪汉则更愿意自己在星期三和星期六被关押，因为星期四和星期日拘留所的食谱上有肉。“很可能工人会对着监狱的围墙挥舞其握紧的拳头并抱怨说：‘那里的罪犯什么都不缺，而我和我的家人为了活得诚实，却连吃饱都难以做到。’”[①]

迪克珀蒂奥在比利时悔罪院中发现累犯的比例极大——在1851年到1860年期间占70%——在他看来，这证明“就是同样一些人不断地犯同样的罪，犯罪的范围越来越缩小并逐渐集中到一个有限的圈子内”。[②]的确，累犯在比例上超过犯罪的增长这一事实，一般能够说明职业罪犯作为一个阶层在增多和繁殖，而在人口的其他部分中，犯罪的减少与文明的进步却同步进行。这一假设来自于下面的事实，即正是在最文明的国家中，我们发现累犯的人数最多。212
原因很简单，在这些国家中，犯罪在很大程度上被限制在某个阶层。瑞典、英格兰、比利时和法国都比奥地利和意大利拥有更多的累犯，而意大利北部又比意大利南部累犯数量大。作为文明进步的作用之一，罪犯日益变得不同于其诚实的同类。与那些生活在其周围并受到其攻击的人们相比，他表现出某种狡诈。在两者之间的战争中，无论用什么方法取胜，对公众来说都是灾难性的；而对攻击者来说，“如果他未被俘虏，他便可以靠战利品生活；如果他被俘，他便

① Reinach, *Les Récidivistes*, p.126 (Paris, 1882).

② Beltrani-Scalia, op.cit., p.194.

做一个寄生虫。”

这支由公众的敌人组成的军队不断集中，这将使我们对犯罪的斗争减少许多困难。疾病不会影响到社会组织中的每个人，身体中污浊的液体并未进入血液，但是形成了一个表面肿瘤，这种情况应随时治疗。

法国在立法中规定对某些累犯阶层适用终身放逐的刑罚[①]，这已被承认具有补救作用并已被果断地运用了[②]。其他继续相信改善悔罪院系统会有效果的国家永远只是在重复同样的经历，而且除了失败，它们恐怕什么也得不到。

213 塔尔德说：“将你讨厌的东西扔到船外是再容易不过了，但是你如何区分什么是你讨厌的呢？”确实，除非辅之以特定条件和限制，这种方法像任何其他方法一样存在危险。而且，我们下面研究的消除理论中将要继续探讨的正是如何确定这些限制和条件的问题。

① “Relégation perpétuelle”（或者简称“relégation”），这种刑罚就是在海外殖民地，或在特殊情况下，在任何法国的殖民属国的终身拘留。与此不同，附加刑罚苦役而离乡到殖民地教养，这种刑罚被称作“流放”。——英译者注

② 从1886年到1900年，受到终身放逐刑罚处罚的累犯达15,837人。这种立法在实施的几年中确实引起了犯罪的下降。正如我们所看到的，19世纪近几年来，比较严重的犯罪在数量上不断下降。贝尔蒂隆的人体测定系统给累犯的检测提供了物质帮助，布宜诺斯艾利斯已经引进了该系统，而且一切实施正常，对此应感谢统计学导师塞纳·J.乌塞提茨富于智慧的努力。参见他的书*Intrucciones Generales para el Sistema de Filiacion*（La Plata，1895）。

第三篇

遏制犯罪

第一章　适应法则

“有利于个体差异和变异的物种得以存在；反之，不利于个体差异和变异的物种得以消亡。我将这种现象称为**自然选择**，或者**适者生存**。” 217

（达尔文：《物种起源》，第四章）

第一节　消除和补偿：理论与应用

我们使用的“犯罪”一词的意义在前面讨论时已被界定。从自然犯罪的意义上说，犯罪统括一切应被任何文明社会禁止的非道德的和有害的行为。对读者来说，这点已经明确。因此，从纯粹的政治特性方面看，犯罪不包括对政体的攻击和一切丝毫没有违背利他主义情感的正当的不服从。[①]对于这里所描述的犯法行为，国家应像对待严格意义上的犯罪一样予以遏制，但是，国家这样做时必须谨慎，不能混淆这两者的界限。为了消除这些非犯罪的犯法行为，国家应根据必要性，运用严厉适度的惩罚方法，国家首先应考虑的是惩罚的威慑效应——作为例证所产生的影响作用和对将会实施

① 参见前文第一篇第一章。

犯法行为的人所产生的警戒作用。

一、消除的自然法则

其他非道德的行为确实存在，并且对某些特殊团体也有危害。
218 它们违背了个人与特定对象交往所必需的行为准则，而特定对象或者是宗教性的、政治性的，或者是艺术性的，或者是与履行特殊职责、行业相联系的，或者是与进行其他类型的人类活动相联系的。对于下述情况，国家的干预未必需要，即在团体内部，对攻击行为自发产生的反应行为，而且这种反应行为足以消除骚乱所导致的后果。每个组织都会对违抗调控自然运作的规则的行为做出反应。这对每一个团体来说，同样适用。

这种类比对作为社会代理人的国家而言，依据自然法确定对犯罪的反应方式是有价值的。按照我前面已经阐释的概念，当人类不再受在掠夺性生活中所具有的野兽般天性或者残忍的和不可屈服的感情奴役时，换言之，当人类已经达到文明的第一阶段时，自然犯罪就是一种由人类的道德观念支撑的违法行为，它侵犯了我们所说的道德观念。除了这种熟悉的、根深蒂固的、普遍性的观念之外，我们还发现其他许多观念，它们很适合特定的阶层或团体，而且符合较高层次的、比较相关的道德规范，即仅仅符合礼节性的、礼仪性的和有教养的准则。假如某人被邀请去一家有教养的家庭，他能否显现出其在教养上所具有的与主人生活习惯不相称的缺陷？主人按惯常的做法应做些什么呢？主人将很谨慎，以避免再次邀请他。如果他再次来访，主人将拒绝接待他。同样地，在比较庄重的场合，如果某人的行为举止与绅士的身份不相称，他将被俱乐部开除；如果某公职人员不值得信赖,他将被撤职。总之,可以这样说,如果某人违背了被认作是必不可少的行为准则而被一定的阶层、团体或者他所隶属的社团所摈弃时,反应通常都是一样的,即驱逐。然而,注 219
意:我这不是指违背一个团体的任何准则。我所指的仅仅是违背团体相关的道德观——它对这个团体的所有成员来说是共同的,或者必须是作为共同的形式。反应形式是排斥那些已经显示出对环境条件缺乏适应能力的成员。

也许可以增加个别事实,它通常足以说明缺乏适应的能力。的确如此,某人自然所形成的特殊情况,可以说是检验他特性的试金石。如果超出这些特殊情况的范围,就没有理由说他缺乏教养或者道德观,这是显而易见的。在个别情况下,一个人不能按照道德和良好举止所要求的基本准则去约束自己的行为,这足以说明他屈从于自己某一方面或其他方面的利益或愿望。如果他再次被置于同样的情况下,他就有可能屈从于准则的要求。但是,这种可能对他是不起什么作用的。只要没有理由怀疑他是否具有良好的修养和诚实,那么,对他所具有的良好修养和诚实的推断便成立。但是这种推断不再成立,他现在已经丧失了这种推断所引起的信任。

二、消除和遏制犯罪的逻辑格式

如果我们把冒犯少数人的行为转向冲击整个社会道德观的行为,我们就会发现,对此行为的反应会合乎逻辑地以相同的形式产生,也就是说,排斥出社会圈。正如讲究的家庭通过客人的言辞或举动发现客人缺乏社会教养而拒绝他作客一样,也正如由个人所组成的协会把行为举止与绅士身份不相称的成员开除出团体一样,同

样地，从总体上看，社会也应该把那些个别行为足以清楚地说明他
220 们缺乏适应能力的犯罪人驱逐出去。通过这种方式，社会力量将会影响人为的选择，而人为的选择与自然的选择之间有相似之处。物种由于不能同化于它们生来的或者被移动的特殊环境下的条件而消亡，这种状况影响着自然的选择。同样地，国家应当无条件地遵循**自然选择**的事例。

三、消除的方法

当我们要考虑实现排斥出社会的方法时，首先就会遇到一定的困难。尽管把某人排斥出一个特定集团之外，相对来说是容易的，但剥夺某人进行社会生活的权利就完全是另一回事。在古代，国家全部的关注点是它自身的存在。就死刑来说，它将罪犯排斥出社会之外：它给予罪犯的是对死亡或放逐的抉择，[①]除非放逐这种惩罚形式是无法通行的。由于国民共同的反对，死刑在现在似乎是一种不适当的反应形式。就怜悯情感和正直情感来说，怜悯情感仅仅适用于家庭范畴，而正直情感一贯适用于部落和种族，但现在它们却适用于整个人类范畴。犯罪不再被看作是对国民情感的侵害，如今它正被看作是对人类情感的触犯。于是，完全可以这样说，对犯罪的反应不仅是把罪犯排斥出国家，而且应把罪犯排斥出社会生活之外。

死刑作为消除犯罪最简单和最有效的方法，是一种普通的威慑

① 在罗马和雅典，这两种惩罚具有同样的目的："Capitalia sunt ea quibus pæna mors aut exilium est, hoc est aquæ et jgnis interdictio, per has enim pænas exi mitur caput de civitate"（Dig.Lib. XLVIII, Tit.1, De pub. jud. § 2；Thonissen, *Droit Pénal des Athéniens*）。

或报复方法，它已经适用于作为已决犯的反叛者。作为一个等值物，
消除犯罪已经不得不诉诸**流放**，而**流放**也是放逐的一种形式，并且
可能是现在文明国家所采取的唯一形式。但是，正如放逐一样，总
的来看，流放没有完全剥夺罪犯的社会生活。如果罪犯被迁移到一 221
个无人居住并且与人类社会完全断绝联系的地方，那么，流放就能
够达到完全剥夺罪犯社会生活的目的。然而，这样的地方是找不到
的。我们很难想象这样一种情况：在大洋洲，有一个轮船不能驶过
的岛屿存在。

另外一个等值物是**终身监禁**。然而，逃跑或者赦免的可能性也经常存在。所以，完全彻底的消除方法就是**死刑**。

总的来看，对死刑的探讨尚未开始。但在这个时候，我倒希望可能预先提出一种批评。但是这个批评不是针对我的前提，而是针对我的结论。我们可以极力主张："犯罪揭示着罪犯缺乏社会生活的适应能力。于是，应剥夺罪犯社会生活的权利，而不是剥夺其动物性生活的权利。剥夺罪犯的生命是一种极端的反应。"卢梭由于识别了人的社会状态与自然状态之间的区别，由此而信奉人的自然状态。对他来说，对死刑的批评似乎是很好理解的。但现在，无论社会发展到哪个阶段，除了社会状态之外，我们不能承认自然状态的存在。死刑仅仅剥夺人的社会生活的权利。如果某人被置于撒哈拉沙漠的深处，或者极地的冰地上，除非他遇到了人类，否则他就不可避免地会死去。尽管那地方的条件是恶劣的，但如果他遇到了人类，这意味着他参与了社会生活。而且，既然社会生活是人类存在的象征，但如果社会不接纳他，那么维持他肉体的存在又有什么意义呢？死刑的反对者因无端恐惧这个不可改变的事实，因而不去

考虑死刑的适用。依照我的观点,这个不可改变的事实是最有利的论据。这是因为,对犯罪所作的反应都在同一时刻开始和结束,并没有留下任何假怜悯的余地。我们也不能根据这个不可改变的事
222 实而断言:因为存在着“无数的社会生活形式”[①],所以没有完全不可能适应社会生活的事情——即假如极端的罪犯显示出他们处于道德进化的低级阶段,易于被残酷成性的人所同化,那么,谁处于同等的道德水准线上呢?如果人类正处于最残忍、最堕落、最近乎没有理性的时期,我们怎么能把“社会生活”一词运用到他们的存在状态中呢?如果有凶猛地打击罪犯的想法,这也是好的。但这正是死刑的一种掩饰形式。

我们已经阐述了死刑为什么仅在外表上触犯了怜悯情感,而且也指出了即使在犯罪与处以死刑之间存在同一性,但在它们各自所引起的情感之间并不存在同一性。[②]有这样一种观点:需求怜悯情感的个人似乎是一种精神上畸形的人,并由此而拒绝怜悯情感得以产生的同情心。但是,这种观点仅仅适用于个别类型的犯罪人,仅适用于那些完全缺乏怜悯情感的犯罪人;对于一般的正常人来说,怜悯情感是有机和先天的。把但丁的词句“本性制约着爱好”(lo vincolo d’amor che fanatura)分开看,这种人已经把自己置身于人类的范畴之外。从今以后,没有什么事物能够把他与人类再结合起来。因此,社会有权剥夺他的存在。

另一方面,人类的道德观不能容忍对另一种类型的犯罪人适用

---

① Carnevale, *La Questione della Pena di Morte nella Filosophia Scientifica* (Turin, 1888).

② 参见前文第一篇第一章第八节。

死刑，即这种人的本性似乎很难说明，他们精神上的异常是较难断定的；尽管这种人有别于正常的人，但总而言之，他们不是精神上畸形的人。我们已经识别出这两种类型的犯罪人与极端的罪犯之  223
间的区别。[①]第一种类型的犯罪人缺乏怜悯情感。正如我们所阐述的，他们的行为与犯罪行为之间是毫无矛盾的；他们在社会、政治或宗教歧视的影响下能实施犯罪行为，或者在暴躁性情或酒精刺激的驱使下也可能实施犯罪行为。第二种类型的犯罪人缺乏正直情感。正直情感与怜悯情感相比较，是新近产生的，也较难在有机体中生根；而且，其起因不仅仅是遗传，多数情况下，也包括习惯的因素、家庭的榜样以及环境的普遍影响。所以，当一种人完全缺乏正直情感时，对我们来说，他们是社会的不幸产物，而不是自然的不幸产物；他们是不幸的人，并不是怪物。尽管他们在道德上天生是空白的，他们仍然是我们的同伴。而且，尽管他们是危害的源泉，我们仍然不能为了自圆其说而剥夺他们的生命，以此作为把他们排斥出社会生活的一种方法。

历史曾给予我们教训。在德拉古（Draco）执政届满后，遵从公众良知，其法律被立即废除。德拉古法对公众良知的损害，比起它所针对的犯罪而造成的损害要大得多。所以到后来，当不顾法律认可，就对没有严重违背道德意识的罪犯处以死刑时，死刑就经常激起公众的愤慨。公众良知对死刑的这种厌恶是容易解释的。人在本性上是社会性的生物，无须与社会缔约，他就构成社会的一部分。他只能在社会中，因为他没有其他地方可去；而且，无论他做什么，

① 参见前文第二篇第一章第六节。

他仍必须停留在社会中，但只有一种情况除外。这种情况就是他呈现出异常，诸如剥夺了他成为社会性生物的资格，并因而导致他不可能适应社会。这是因为，在人类社会中，缺乏共同存在所必需的
224 素质，就意味着社会生活的必要性转变成了相反的需要，即割断与不可同化的个人进行联系的纽带。法律的观念恰恰变成了需要的观念。个人有权进行社会生活，因为他绝对需要社会生活。但是，他进行社会生活的个人需要必须服从于社会的需要。比如说，个体仅仅是社会机体的一个细胞。[①]所以，当个人成为社会机体有害的源泉时，他就不再享有成为社会一分子的权利。

但是，读者们不要误解。上述需要并不存在于每一种侵犯社会道德观的情况中，它仅仅存在于下列情况之中：对社会道德观的侵犯是一种永久性精神异常的症状，该症状导致主体永远不能进行社会生活。我们只能断言（正如前面所述的），第一种类型的犯罪人不能进行社会生活。这种犯罪人仅仅出于利己的动机就易于实施谋杀行为，根本不涉及偏见的影响和环境的过错。完全不能进行社会生活的情况不存在于其他类型的犯罪人，对这些类型的罪犯适用死刑将会引起公众的愤慨。因此，死刑只能对第一种类型的犯罪人适用。

对其他人来说，适应通常是可能的。但是，使适应成为可能的环境却难以发现。我们遇见过与文明的环境不相和谐的个人，他们

① 在此，这个观点完全可以回答德·阿兰布鲁的观点，他所坚决主张的原则仅仅是用来证实他提出的“强权即公理”“多数即权力”（*La Nueva Ciencia Penal*, Madrid, 1887）。这种原则是非常错误的。在这里，我们涉及的既不是强权，也不是数量。在此，我们不是指为另一部分所消灭的部分，而是指一个排除有害组织部分的有机体——两者是完全不同的。

野蛮的天性不可能使他们遵从和平活动的法则。他们只适合于游牧部落或原始部落的生活。只有两种方法才能使社会避免受到他们的侵害，这两种方法就是终身监禁和永久性驱逐出社会。在多数情况下，第一种方法是很残酷的。如果国家拥有殖民地以及依然无人居住的土地，第二种方法就是一种更可取的方法。这是因为，在 225 
上述环境下，罪犯只能忍受苦痛，而且维持生命的需求将不停地驱使罪犯去劳动，因为劳动是其生存所必不可少的条件。因此，总的来看，**流放**是消除职业盗窃犯、流浪者和惯犯的一种必不可少的方法。只有处于这种全新的生存环境下，他们才有可能适应社会生活。历史上的许多事例已经证实了这个结论。[①]

如果罪犯没有实施令人深恶痛绝的残忍行为，或者其仅在所处环境的影响下实施了上述残忍行为，例如他们是特有犯罪的创造者，那么，很明显，消除这种罪犯就不是绝对的，而应当为时间和地点的具体情况所限制。在这方面，“把他们拘留在惩戒营或者安置于海外”就是一种适当的方式。尽管这种方式使罪犯脱离了有害的环境，但正如监狱一样，这种方式并没有贬黜他，也没有毁灭他的能动性。

就少年犯来说，他们仍然有可能被感化，去从事诚实的行为。对他们来说，消除总是**相对的**。对于他们，北欧的农垦地已经创造了奇迹。法国在这方面的实验已经取得了良好的效果。[②]

最后，也需说明，消除并不意味着**把罪犯排斥出他们所处的特**

① See Reinach, *Les Récidivistes*（Paris, 1882）.

② 对这些农垦地的描述，参见 D'Olivecrona, *Des Causes de la Récidive*, pp.167—190（Stockholm, 1873）。

定社会环境之外。例如，永远禁止他们从事与其行为不相配的职业，或者剥夺他们予以滥用的民事权利和政治权利。

226 在这里，我们已经讨论了许多把罪犯彻底排斥出社会交往之外的消除方法。所有这些方法都或多或少地取决于适应一定环境的可能性，以及使适应一定环境成为可能的条件。

四、强制赔偿是遏制的一种方法

转而说到的犯罪等级，我们可以归结为罪犯的种类，但罪犯精神上的异常是很难阐释的。尽管罪犯已经犯了罪，而且犯的是严格意义上的自然罪，并由此而成为下等的人，但我们仍然不能说他们缺乏道德观。他们犯罪的事实，确实说明他们缺乏一种利他主义的情感。但是，这个事实主要来自于很特殊的环境，或者来自于很可能不再发生的情况的逼迫。这样的情况是存在的，例如某人一直有正当的职业和足够的收入，但他却违反职责。这个人以前的行为或者他生活的条件在任何一方面都没有促使他去犯罪。然而，不能基于以上情况就断定我们所涉及的人是一个正常的人。依照我的观点，简直没有什么东西比这句格言更确切了，即“机会造就窃贼”。准确地说，即“机会促使窃贼去偷窃”。天生缺乏正义感，确切地说，天生缺乏正直感在任何情况下，都是对他人的财产实施犯罪所必不可少的条件。然而，如果机会是特殊的，如果有将来不可能再次发生的情况，那么，运用消除的方法就是不必要的。尽管论及的个人基本上是缺乏诚实感的，但如果他成功地拒绝了普通的机会，只不过多次屈从于他完全不可能再次遇到的机会，就这个情况而言，我们就能断定他对社会没有连续的危险。这种断定尤其适合于下列

情况，即犯罪对罪犯是明显不利的，除了失去他违法所希望获取的东西之外，他还发现自己将被迫在经济上受到损失。 227

强迫罪犯赔偿其犯罪所导致的物质上和精神上的损失，就可以达到上述效果。罪犯可能被迫支付一定数额的金钱，或者为受害者的利益而工作，直至达到恢复原状的结果。当前面所论及的情况同样发生在犯罪行为时，也就是说，当罪犯过去或现在的品行以及他的生活条件都没有预示他有可能重新犯罪时，强制赔偿的方法就可以适用于普通的偷窃行为、特定类型的欺诈行为、非法的破产行为、蓄意侵犯财产的行为、对庄稼和正在生长的树木纵火的行为、在争吵中的斯打和伤害行为、诽谤行为、使用侮辱性语言的行为以及轻微侮辱妇女的行为，等等。如果损害是可补偿的，而且罪犯也愿意赔偿，那么，消除就是不必要的方法，而且也是残酷的方法。

因而，**强制赔偿**看来是一种遏制犯罪的新方法。假如赔偿是完备的和充足的，而且对损失的评估既包括物质损害，也包括被害人所遭受的精神损害，那么，强制赔偿就是一种能够适用于许多犯罪的方法。然而，犯罪并不仅仅对被害人造成了损害，从总体上看，社会在精神上与物质上也遭受了损失，这具体表现在：犯罪事实所导致的精神上的损失；由于警察和法庭的开支所导致的物质上的损失，而这一开支由全体公民去承担。因此，不能基于对被害人的赔偿就终止其对社会的补偿，国家收取罚金是必需的。在上述情况下，经常使用的补偿方法就很有助于取代消除方法。但是，为了实施这种方法，我们还必须发现比现在的做法更为有效的一些办法。应当有一种有效的方法来防止有偿付能力的罪犯逃避赔偿；如果罪犯 228

无偿付能力，无论这是否真实，就可以强迫罪犯为被害人的利益去劳动。

五、斯宾塞的赔偿和免除责任学说

现行的理论实际上是赫伯特·斯宾塞所提出的狭义学说。这位著名的哲学家提出，对罪犯承担刑期长短的确定，会使罪犯去补偿其犯罪所造成的损失。如果拥有好名声和可靠财产的人为罪犯规矩的举动作保，那么在罪犯给予赔偿后，罪犯就会被解除禁闭。依照斯宾塞的观点，我们拥有一种“拘留期的自我调节器”。被判有“滔天罪行”的人永远不可能获得责任的免除，并将一辈子呆在监狱中。对于次等罪犯来说，获得必需的保释金将会是很困难的。另一方面，如果罪犯以前的名声是好的，而且他所犯的仅仅是轻微罪行，那么，他就能够容易地获取适当的担保。而且，当他赔偿了损失以后，他就能立即出狱。[①]

依照我的观点，这种学说的弊端在于它忽视了以斯宾塞为代表的一般哲学原理。如果斯宾塞认为适应法则和选择法则也适用于犯罪，他就会立即认识到按照罪犯的心理特征对罪犯进行分类的必要性，也会立即认识到为了确定适应是可能的情况，以及为了确定那些没有适应希望的情况，有必要去区别罪犯。但是，确定罪犯没有适应希望的情况仅仅是一个清除社会有害因素的问题。如果斯宾塞这样认为，他就会看出，在许多情况下，把罪犯从社会环境中
229 **绝对地消除**是必要的，而在其他情况下，**相对地消除**是必要的。既

① Herbert Spencer, “Essays Scientific, Political, and Speculative”, *Prison Ethics*, in Vol.Ⅲ.

然犯罪学完全可以确定这种必要性，任何其他论证完全是多余的，诸如缺乏好名声的人出来为罪犯提供担保便成为有必要消除的理由。犯有“滔天罪行”的人完全不可能找到解救者，这正是斯宾塞的信条。但是，他没有给予我们任何标准，以认清“滔天罪行”的内容。再者，总会有宽厚的少数人，无论犯了什么罪的罪犯都不会长久没有所需要的保证人。此外，正如每个人都知道的，友谊总是乐于宽恕最严重的错误。当友谊动摇时，金钱会占上风。的确如此，保释应由拥有好名声的人来提供。但是，拥有好名声的人从哪里开始和结束保释呢？我不怀疑在商业界，过着富裕生活和没有犯罪前科的人是被看作拥有好名声的人。也的确如此，在一定情况下，免除责任是不许可的：“保释金不能补偿谋杀，因此，为了遏制谋杀和其他极端的犯罪，即使提供了保证，社会也应当正确地拒绝那些完全靠不住的保证。”①但是，作者这里所指的极端犯罪又是什么呢？这个表述似乎含有对罪犯的分类。但是，斯宾塞并没有做出这种分类，或者说这种分类至少也不是他的出发点。极端的犯罪是指那些奸淫幼女、故意残酷伤害身体的行为、残害人的肢体、有预谋的突然袭击、使用致命武器进行抢劫的行为吗？但是，极端的犯罪不也应当包括所有其他的根深蒂固、不可矫正的不道德行为吗？我认为应当包括在内。总之，找出一种没有多少可能性来适应社会生活的罪犯是非常重要的。对这种罪犯，社会毫无疑问地不能容许他们继续成为它的一部分，它有权利甚至有义务尽可能迅速达到消除他们的目的。

① Herbert Spencer, “Essays Scientific, Political, and Speculative”, *Prison Ethics*, in Vol.Ⅲ.

第二节　消除和补偿：关于惩罚的不同概念

230 前面所论述的关于社会遏制犯罪的观点，是所有文明人的基本意识。尽管惩罚的明显目的是社会报复，也就是说，是使罪犯承受与其所导致的后果基本相适应的损失，但我们可以清楚地看到，社会实际希望达到的结果，首先是把罪犯排斥出社会，其次是强迫罪犯尽可能赔偿其犯罪行为所造成的损失。

一、报复

一切惩罚毫无疑问均来源于个人报复的情感。以牙还牙的惩罚法就是对此的证明。尽管报复的情感现在依然存在，但它已具有了比较宽容的特征。这种结果在很大程度上毫无疑问应归于福音的道德教义。然而，引起报复观减到最小程度的因素，是几代人已经习惯于看到罪犯遭受到社会力量的惩罚。这就是为什么报复的情感再现它早期所具有的凶残性、再现于法律不严厉的地方或者法律不严格执行的地方的原因。在较低的社会阶层中，在道德观没有因数世纪的落后活动而影响的阶层中，以及在道德进展落后的阶层中，报复的情感尤为明显。

二、赎罪

在古代一些人中，与损害等值的观点由于与赎罪的观点相联系而得以高尚起来。某些现代理论同样是这种情况。信条就是：除了使被告人痛苦之外，被告人所造成的损害是不能弥补的，特别是

精神方面的损害。只有使被告人痛苦才能洗清其罪孽：痛苦是罪
孽的必要后果。痛苦有助于那些经历悔恨心的人去悔改，有助于引
起那些没有悔恨心的人去悔过。这就是古闪米特人和古印度人惩 231
罚的概念，这种概念胜过基督教会的律法并贯穿于中世纪，而且在
柏拉图和康德的哲学中也有很科学的表述。

然而，这种学说现在不再有市场。这种学说所依据的假设同经验是相矛盾的。在罪犯中，悔改和悔恨的能力几乎是不存在的。而且在任何情况下，这种能力并不能通过使肉体遭受痛苦的方法来产生，这是普遍性的认识。实施犯罪的人跟不上其他人，这可能是因为他们总是缺乏道德意识，也可能是因为在特殊的时机下，他们失去了道德意识。其他的假设是不可能的。很明显，如果公共的道德已经对他们产生了影响，他们就不可能成为罪犯。在上述情况下，我们不得不容忍永久的或短暂的异常。通过惩罚的方法，也就是说，通过使罪犯痛苦的方法来达到道义赎罪的想法，继续适用于这种假定：罪犯像大多数人一样思维和感觉；尽管这样，罪犯仍然为了满足他们的欲望而自动实施犯罪。但是，请注意这里明显的自相矛盾之处。如果欲望战胜职责，这是因为职责并不是强有力的以至于无力战胜欲望。在欲望与职责的相互斗争中，职责经常是屈服的弱者。于是，很明显，罪犯的道德意识是缺乏力量的，或者至少是弱于欲望的，欲望常常胜过道德意识。这是罪犯与正常人的感觉和认识不一致的原因。我们能够通过教育的方法，或者当不可能予以教育时，通过阻止因道德意识的缺乏或薄弱而产生行为的方法，来矫治罪犯道德意识的缺乏或薄弱。如果社会所遭受的损失能够通过罪犯自身所遭受的损失而在道义上得以补偿或抵消，这是不可思议的。换

言之，一种痛苦不可能通过另一种痛苦予以赔偿。

232 在公众言论中，有时仍然可以听到关于血债应由血来还的说法。但是，这种说法包含着报复的情感：它完全不同于道义赎罪这个神秘的概念。道义赎罪的概念起源于悔恨的事实，而悔恨产生于一种正常的良心，也就是能够到达道德情感的良心。当道德情感潜伏一段时间后，它再次显露出来并引起悔过，由此引起一种懊悔的状态和遭受苦难的真实状态，这种状态有时随着忍受生活和生活是痛苦的情况而持续。但是，肉体上遭受的痛苦能够导致上述状态的想法是不可思议的。这种想法使我们回想起古印度人的信条：水能洗刷掉灵魂的污点。这种想法也使我们回想起盛行于中世纪教会的教义：用火来涤除异教。

毫无疑问，罪犯所承受的惩罚有时能引起悔过，因为罪犯知道他所实施的犯罪是他受难的原因。但是，在这种悔过与悔恨对其他人造成损害之间，有着一道无法计量的鸿沟。道义赎罪只能建立在后一种悔恨之上，而且后一种悔恨的产生并不需要肉体遭受痛苦来作为条件。它固然可以与身体遭受痛苦同时发生，但这纯粹是一种偶然的情况。

三、消除是公众情感的要求

无论怎样蔑视赎罪的概念，下述情况是清楚的，即很难将赎罪的概念从报复犯罪的概念中分离出来，因为报复犯罪的概念明显是要求对造成损害的人施加痛苦的基础。我们不能否认，甚至在最文明的人中，惩罚所表述的似乎是社会性报复，也就是说，是痛苦对痛苦的回报。罪犯毫无疑问是普遍仇恨和愤慨的对象，而且这是必然

如此的，这是因为犯罪为什么应归咎于异常的有机条件，是专家们 233
所研究的问题，而不是普通常识的内容。再者，即使仇恨从那些知道犯罪原因的人们的头脑中消失，与仇恨完全一样的另一种情感即厌恶，也将取代仇恨。厌恶是对与其他人不同的作恶者的一种反感情绪。但是，无论是仇恨还是厌恶，其结果都是一样的：都同样要求解除与这种人可能存在的交往或关系。如果这种人的消失能够实现，那就足够了。文明人不再容忍在惩罚中所实施的不必要的残酷行为。现在，不应鼓励诸如对戴米恩斯所实施的严刑拷打。[①]即使在18世纪，对戴米恩斯处以死刑也引起了巴黎公众的愤慨。如果死刑依然存在，那么死刑就是我们使用的唯一完全、彻底和不可挽回的消除方法。假如我们发现另一种具有相同功效的方法，而且这种方法可以饶恕罪犯的生命，那么，我们就可以确信这种方法将会被迅速采用。道德意识若是基本上被损害，它就不能答应那些怀着利己目的而杀死同胞的人，或者显示出杀害同胞企图的人再参与社会生活。当我们得知一些残暴犯罪的消息时，我们所获得的第一个信息就是犯罪人已被逮捕。即使我们确信罪犯逃走也没有危险，我们仍没有忽略这个问题。公众舆论如果是真正的民意，而不是法律理论者的意见，那么，当罪犯确有可能是有罪的时候，舆论就要求
盗贼、谋杀者、伪造者应当立即为社会所隔离。而且，不等罪犯是否 234
有罪的事实被依法确定，公众舆论就要求这样做。在起诉罪犯期间，

① 罗伯特·弗兰克斯·戴米恩斯（Robert François Damiens）在1757年企图刺杀法国国王路易十五。“他被判处杀君罪，并在德格列维广场被四马分尸。在被处死之前，他被非常恼怒的王族拷打。蜡水、铅水和沸油倾倒在他的伤口上。他死后，他的房屋被夷为平地，其兄弟姐妹被勒令改名，其父亲、妻子和女儿被逐出法国”（7 *Encyc. Brit.*，11th ed.，p.788）。——英译者注

如果任凭罪犯自由行动和掌握自己的命运，这就是一件与道德意识相抵触的事情。正是基于这个原因，尽管有教条主义者反对，他们习惯以一种表面和片面的方式来考虑所有的社会问题，但是在审判期间，关押罪犯是一个依然存在的制度，并会继续存在下去。

既然隔离和消除实际上是通过惩罚来实现的，于是社会就要求惩罚应当予以应用；既然惩罚必定导致痛苦，那么受难也是不能避免的。到目前为止，即使罪犯仅仅为了遭受惩罚的目的而实施犯罪，法律也一点没有改变惩罚。为了自己被杀死而杀人的行为，以及为了进入避难所和过无所事事的监狱生活而偷窃的行为，已经为人们所知晓。在这种情况下，尽管绞刑和刑期并不能代表罪犯的恶行，然而它们仍然被应用，而且社会对此很满意，就仿佛罪犯已经畏惧和厌恶惩罚一样。所以，受难并不是公众的要求和反应的目的，而是必然的与实际目的相联系的，即消除那些不可同化的个人。

于是，公众情感就与社会反应的合理方法相一致，而且具有引起合理的社会反应方法的趋势，尽管这或许是无意识的。然而，我们应注意到，这种趋势并不是思考过程的直接结果，这是重要的。消除是否会引起上述罪犯将来不可能或者有可能实施犯罪的社会效应，并不是通过思考的过程来说明的。我们所能说明的是，预防
235 的概念以及使惩罚成为警戒方法的概念会引起公众的情感，并强化它的表现。消除不可同化个人的社会需求，决不取决于对消除效应的**直接**思考。下列事例可以说明这一点：

假如一个人已经受到伤害，或者他相信自己受到了伤害；假如他已被冤枉，或者认为自己被冤枉，在无法缓和的仇恨驱使下，他去杀死真正的或想象中的仇人。在他生活的过程中，他很可能不会再

流血牺牲,因为再没有其他人能值得他去仇恨了,就像仇恨他已经仇恨的仇人一样。

另外,假定有这样一种情况:由于处于贫困的境地,一个人不能再维持如同他所处社会圈内的其他人一样的生活水准。通过下毒或其他方法,作为唯一继承人的他,加速了他百万富翁叔叔的死亡,并由此获取了他叔叔的财产。由于达到了这个目的,他完全不需要再去伤害其他人。

也确有这样的情况:一个被诱奸的少女,为了挽回她的名声而杀害婴孩;出于一些将永不再现的特殊动机而杀害父母。既然公众强烈要求对上述罪行科以严厉的惩罚——这惩罚比对偷窃、纵火和伪造等行为所科处的惩罚更为严厉,尽管这些行为是威胁所有公民的永久来源——,那么,担忧将来就明显地不是公众要求的主要原因。

因此,甚至于即使没有考虑将来的情况,公众道义也要求遏制犯罪。公众道义不仅要求惩罚"无过失的"罪犯,而且也要求惩罚"有过失的"罪犯。

四、"处罚有过失"原则的正当性以及与"处罚无过失"原则的一致性

我们已经看到,公众情感的存在是不容置疑的。但是,现在又呈现出这样的问题:公众情感是不是合理呢?它能否与我们所主张的理论相一致呢?另一方面,它是否应被看作是一种应予纠正和 236
不应遵循的错误思想呢?按照我们的理论,可以这样认为,消除之所以是遏制犯罪的合理方法,其原因在于犯罪是一种体现需要适应

的症状；而且需要适应很明显是与将来有关系的，这是因为，如果被认作是不可同化的个人后来显示出他适应于社会生活，那么，消除就决不再是正当的。毫无疑问，这是正确的。但是，认为一个人已经适应社会是一回事，而认为他**可能**将不会再次实施与他已被判处有罪的罪行完全一样的犯罪，这完全又是另一回事。

我们已经描述了一种在道德上完全堕落的人。他们处于犯罪阶层的最前列，其秉性是完全利己的。而且，为了满足欲望，他们同时又易于狂热和激动。一旦我们与具有这种特性的人来往，我们将不得不说他们不适合于社会生活。尽管他们几乎不可能再次实施**同样的**犯罪，我们也会这样说。我们的确发现有这样一种人存在，道德观不能阻止他们邪恶的秉性和犯罪的冲动。

于是，对于这种人，社会可以这样说："在现在的情况下，我的存在是建立在怜悯和正义情感之上的。你们正缺乏这些情感，所以你们不属于我。已经谋杀了父亲的你可以这样对我说：'你根本不用担心我，因为我杀害的只是我的父亲。'但是，你的话是徒劳的。你的犯罪已经清楚地显示了你完全缺乏怜悯心，在你身上已经没有什么东西能够遏制你野蛮的冲动。凡要敬仰你的人都将顾虑他的名声、财产、幸福和生活。你的异常是如此之大，以至于你不能分享同
237 情心，因为同情心是诚实人们之间共同的结合物。你之所以不能分享这种情感，恰恰是因为你缺乏体验它的能力。在你身上，人们再也看不到同胞的影子。你和他们之间的一切联系都被切断了。对于你，除了遏制之外，再无其他方法。"

上述说法具有很严密的逻辑性。社会所应遵循的遏制方法与其他团体为了一定目的而习惯采用的方法非常相似。正如我们已

经阐述的,在较小的社团中,违背被视为基本的行为准则,就意味着违背者的被驱逐。从这种情况出发,如果社会不以这种类似的方法予以反应,禁止犯罪就将相应地没有禁止不道德行为那样有效。如果那样,违背较小社团的准则导致不能分享社团利益的结果;而另一方面,作为违反全社会基本准则的犯罪行为,却不导致参与社会生活权利的丧失。较小的社团清楚地知道如何清除不合格的成员。而且,社团对不合格成员的判断,是依据其缺乏社团的所有成员应具有的那种特性。

较大的团体——换言之,我们称之为“社会”——在消除那些被证明是缺乏最普遍、最基本和最必需人类情感的成员方面,与较小的团体相比,是毫无差异的。因此,下列人员都是与社会不相容的人,即:不能再重复实施杀害父母的人;不再有杀婴母亲;埋伏着等待杀死不共戴天仇人的人。这些人都缺乏一种公共道德的基本情感,即怜悯心。而且,由于缺乏这种精神抗力,犯罪的冲动是不可抑制的,这已被证明。

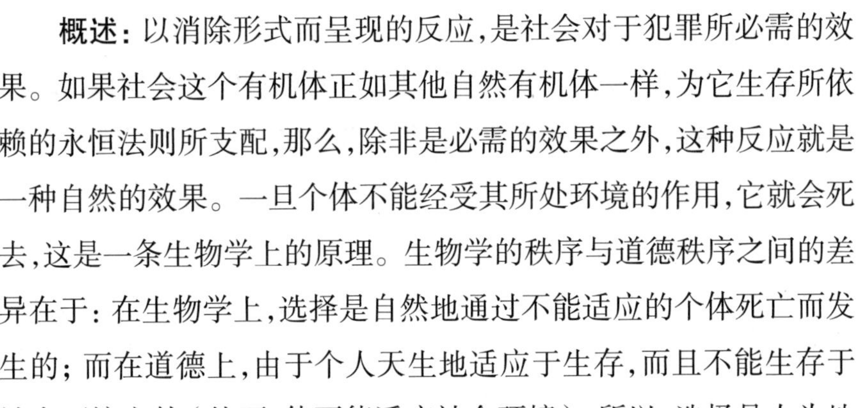

概述:以消除形式而呈现的反应,是社会对于犯罪所必需的效 238
果。如果社会这个有机体正如其他自然有机体一样,为它生存所依赖的永恒法则所支配,那么,除非是必需的效果之外,这种反应就是一种自然的效果。一旦个体不能经受其所处环境的作用,它就会死去,这是一条生物学上的原理。生物学的秩序与道德秩序之间的差异在于:在生物学上,选择是自然地通过不能适应的个体死亡而发生的;而在道德上,由于个人天生地适应于生存,而且不能生存于社会环境之外(然而,他不能适应社会环境),所以,选择是人为地发生的,也就是说,通过社会力量的行动来达到生物学秩序所自然

完成的选择。[①]

再者，消除有助于保护社会这个有机体，它通过清除不具有必不可少适应能力的成员的方式来达到。在两个对立学派的代表人物所设定的公式之间，并不存在真正的矛盾。例如，一方面，康德说："假如文明社会处于灭亡的边缘，为了使每个罪犯都承受其犯罪所导致的惩罚，文明社会就有义务处死监狱中的最后一个谋杀者。"另一方面，罗曼格诺西说："如果仅实施了一种犯罪，而且能在道德上确认无人将追随它，那么，社会就没有权利惩罚它。"[②]正如第一种
239 观点是奇异的一样，第二种观点也不能很容易地被接受，因为按照我们关于自然犯罪的理论，它在理论上是矛盾的。

自然犯罪意味着犯罪人全部或部分地缺乏社会生活的适应能力，它显示犯罪人在道德上的异常（可矫治的或不可矫治的）。换言之，它表明我们所论及的个人具有**犯罪能力**：在其他人中，这种能力或者不被公认，或者不能被明确地确定，也有可能不存在。因此，在真正的自然犯罪情况下，"自然犯罪人很有可能去实施其他犯罪"。只有罪犯是正常人，这种可能性才不存在。但是，在该种情况下，由于犯罪与道德意识的存在不相容，或者至少与道德意识的能力不相容，所以就不会有犯罪。道德意识的缺乏或薄弱经常有可能导致新的犯罪。一旦承认了这一点，犯罪能力就不能被容忍。犯罪

---

① 自然界决不担忧道德败坏行为。她公正地在全宇宙散布生命力，并没有为了询问这是否有利于道德的利益而停止散布生命力。在给予力量和天才方面，她没有区分私生子和婚生子。发展的正常条件和有利的土壤都是她所需要的（Prins, *Criminalité et Répression*.p.72〔Brussels, 1886〕）。

② See Liszt, "Der Zweckgedanke im Strafrecht"（*Zeitschrift für die Gesammte Strafrechtswissenschaft*, 1882）.

能力切断了个人与社会之间的联系，这是因为联接人们的唯一的共同黏结剂是基于这样的假设：所有的人都拥有最低限度的某些情感，违背这些情感就是犯罪。

尽管犯罪是事实，但这并不意味着需要消除罪犯。正如我们已经阐述的，遏制的方法有时可以适当地表现为强制赔偿。在断定罪犯不适合社会生活，并由此断定社会必须消除罪犯之前，如果不着重强调罪犯心理的异常，如果罪行不很严重，以至于社会可以进行试验，那么，就可以适用强制赔偿。在本书的最后一章，我们将较为准确地确定在什么情况下，消除和强制赔偿各自才是适当的。

第三节　威慑

我们一向反对这种说法：已提出的措施完全忽略了威慑的因 240
素，这些措施仅仅与预防已经实施犯罪的行为人重新犯罪有关，而不涉及其他人重新犯罪的问题；简言之，已提出的措施不关心任何儆戒效果。塔尔德说："法律好像只畏惧个人的邪恶倾向，没有必要去对付传播性和危险性的习俗。"①

为了说明我们的反对意见是正确的，首先，有必要总结一些关于刑罚预防性效果的主要观点；其次，有必要调查这种预防性效果是否在任何方面都因消除和补偿措施的采用而减轻，因为消除和补偿是现在刑罚制度的替代物。

---

① Tarde, "Positivisme et pénalité" (*Archives de L'anthropologie Criminelle*, Vol. Ⅱ, p.55〔1887〕).

一、道德动机

在开始时必须指明,刑事遏制正是通过唤起并支持责任感来产生某些行为的动机。我们不可否认,在普遍性道德意识产生的过程中,由于法律承认某些行为具有犯罪的特征,或者由于法律放弃某些行为具有先前所承认的犯罪特征,所以,普遍性道德意识有时会逐渐改变。“如果不惩罚那些已发现的应禁止行为,那么,毫无疑问,这些应禁止行为的数量将会增加。但是,我们并不能立即就察觉出这种增加。除了免罪的情况之外,由于一系列的动机,应禁止行为的数量只能以一种缓慢和间接的方式增加。这是因为,如果先前被禁止的行为现在被认可,那么,与这些行为相关的诚实观和公正观将会逐渐在人们的脑海中消失。”①

所有的观点都可以追溯到已经转变为直觉的推论,甚至可以
241 说,都可以追溯到我们祖先的功利经验。这些经验中含有非道德行为和犯罪行为必定引起痛苦的反应。一旦国家产生,这种反应就由最初是个人的反应转变为社会的反应。这些经验必定引起的推论终及于对犯罪中的恶的本能感受,而且这种本能感受已经作为精神遗产得以传播。强制的成分“来源于几种在文明的发展过程中已经得到承认的约束力。……强制意识间接地与道德感受相联系。既然政治性的、宗教性的和社会性的抑制动机主要由表现为将来的效果所组成;而且,既然道德的抑制动机也主要由表现为将来的效果所组成,所以在畏惧方面,强制意识的表现与前三种抑制动机有许多共同之处,并经常同时被激起,而且通过与道德的抑制动机相联

① Von Holtzendorff, *Das Verbrechen des Mordes und die Todesstrafe*, C.Ⅶ.

系，遂与之连接起来。虽然考虑了禁止行为的内在效果，但对禁止行为外在效果的考虑，会激起一种持续到现在的畏惧感。把强制观与禁止行为的内在效果相联系，会引起一种模糊的道德强制。”[①]

即使道德意识是有机的和高度精炼的，但由于它存在于具有高级心理的个人中，所以，它经常伴随着义务观或责任感，并为之所强化，但义务观或责任感是基于具有损害性的威胁。毫无疑问，对许多人来说，他们会意识到恶行所带来的痛苦，这种意识将会消除犯罪可能带来的快乐，并足以导致他们不去犯罪。他们甚至会无意识地想到社会对违法行为所做出的超出法律范围的反应，即诚实的邻居必定不信赖他们，并躲避他们。而且，这种想法不断地增强他们不去犯罪的决心。这些相关的约束力或许正引起我们祖先的道德 242
意识，并作为遗产而传给我们。尽管这种道德意识在我们中间是固有的，但这些约束力现在仍然激起道德意识，并使之显露出来。如果没有约束力的促进，道德意识可能会衰弱下去，甚至随着时间的发展而消失。

我们也可以这样说，存在着一种与本能地厌恶犯罪相联系的观念，即逮捕、起诉和惩罚会产生伤害效果。这种效果甚至对不会堕落的人来说，仍然是一种有助于保护道德意识的力量。正是道德意识创造了法律，法律反过来也维持、加强和创造着道德意识。如果看不到惩罚的促进因素，惩罚就会以一种缓慢的、不被注意的、长期的方式发展。而且，推论在惩罚的发展中已经转变为有机的直觉。惩罚重罪的意见所引起的厌恶与我们对重罪的厌恶有很大关系，而

① Herbert Spencer, *The Data of Ethics*, C.Ⅶ.

且毫无疑问增加我们对重罪犯所犯罪行的厌恶。例如，在法国和意大利，用“战舰（galley）”一词来表述重罪犯。[①]苦役和黄帽子的说法使得罪犯更加可憎。

毫无疑问，立法者没有权力把公众舆论认为是值得赞扬的甚至是中性的行为确认为无耻的行为。[②]尽管立法者禁止相对的公共道
243 德，但他们可能鼓励其发展，并且强化它，阻止它的衰弱，防止它的消失。简言之，惩罚引起苦痛的事实，加强诚实人们脑海中的道德动机，它为道德意识提供一种新的抵抗力和持续力。除此之外，在许多情况下，惩罚给予诚实的人们以实际的报偿。这是因为：

诚实免除不了诱惑。对于为艰辛所压迫的穷人来说，违法的营利将会缓解他们生活的艰辛，所以他们有机会为一些违法的营利所诱惑。感觉到自己是一个严重违法行为受害者的人，都有着寻求报复的诱惑，以及达到目的后的满足感。但是，道德意识战胜了邪恶的冲动。然而，这并非没有斗争或一些遗憾。很明显，当发现自己拥有这种抵抗力的人看到其他人由于缺乏抵抗力，承受着被审判和惩罚的痛苦、耻辱时，他们也感到同样的满足感。由于他们尽力战胜自己邪恶的秉性，上述满足感就给予他们明显的回报。毫无疑问，

① 法国和意大利有一个习惯做法，即尽可能地为它们国家的战舰配备囚犯。这种做法持续了近两个世纪。在战舰上，劳动实际上是一种流行的劳役监禁形式。法国在1748年废除了这种惩罚方式。不久，意大利也废除了这种方式。然而在法国和意大利，与这种惩罚方式相关的术语仍然在一般演说中运用。在口语上，“战舰”一词相当于“travaux forcés”和“lavori forzati”（“强制性劳动”相当于“劳役监禁”）。——英译者注

② “只有公众舆论才能宣称什么行为是无耻的。公众舆论有待于科学和经验的纠正，它不应为法律所侵犯或禁止”（Filangieri，*Scienza della Legislazione*，Book Ⅲ，C. XXXI）。

这种满足感是利己的，但它的社会效用是无可置疑的。满足感存在的证据体现在：对经常听到一些关于罪有应得的案件得到有罪判决的消息感到满意。

既然道德意识存在于大多数人之中，而且现在已经是有机的，所以，废除惩罚并不会阻止诚实的人们去保持诚实。但是，与诱惑物存在的状态相比，诚实的人们抵制诱惑的努力更加费力，他们成功地抵制诱惑力后的满足感会更小。善行的功利观将会衰弱下去，而且道德意识在其产生过程中也将会逐渐地衰弱。如果恶行没有导致人们产生较少的喜悦感，那么，追求善行的积极性将会消失。但是，实施中性行为的益处又将是为了什么呢？

正如古典学派一致信奉的，被告人面临的损害是“Ceteros meliores reddit”。 244

于是，采纳我们的方法是否意味着丧失遏制的行善作用呢？显然没有。为了产生这种作用，惩罚才足以使被告人处于社会的下等地位。消除能不能达到这个目的呢？消除是不是能够必定产生痛苦呢？在对不太严重的犯罪所运用的强制赔偿中，我们有没有办法来体现真正的惩罚呢？如果以遏制制度来代替现在盛行的制度，公共道德将不会受到损害。

二、畏惧动机

我们现在开始研究更为直接的行为动机，即畏惧惩罚。它对那些倾向于犯罪的人起着作用。“Oderunt peccare mali formidine pænæ”是古人传给我们的另一句格言，但它并没有前面所提及的格言确切。经验科学告诉我们，如何从惩罚的威慑中获取预防的效果。

至于惩罚的范围，我们已经阐述。[1]简言之，我们的结论是：极端的罪犯或谋杀者经常性地被科以死刑。对他们来说，死刑是唯一具有威慑力的惩罚方法；职业性罪犯大胆地面对其职业所伴随而来的危险。在这种情况下，终身监禁至多具有阻止少数人犯罪的效果；冲动或神经性的罪犯不能认识他们犯罪的后果，除非他们犯罪的后果是严重的和直接的；最后，对于特有的犯罪，严厉的（尽管不是残酷的）惩罚是一种有效的预防方法。

然而，有这样一些学者，他们割裂对罪犯的直接观察，孤立地考
245 虑问题。他们试图建立一个威慑的标准。他们说："由于法律所威慑的损害变成一种决定性的行为动机，所以，它有必要抵消从犯罪中所期望获取的喜悦"（费尔巴哈和罗曼格诺西）。

上述就是众所周知的心理强制理论。这个理论含有三个条件：

（1）罪犯是深谋远虑、专为自己打算的人。他们能够准确地估算来自于犯罪的喜悦（这是罪犯未知的）和惩罚所带来的损害（这经常也是罪犯未知的）。

（2）罪犯把惩罚看成是某种损害——这是犯罪所带来的不可避免的后果。

（3）即使罪犯确信了损害，但对间接损害的预见足以阻止他们获得直接的喜悦感和满足其强烈、即刻的欲望。

在综述上面的理论之后，我们认为，经验反驳了这三种主张的每一条和全部，但这种反驳仅仅是重复而已。毫无疑问，畏惧是一种最有效的决定性动机。但是，除了我们被呼吁去处理特有的犯罪，

① 参见前文第二篇第三章第二节。

或者去处理那些较少的、很接近于正常人道德观的罪犯以外，我们甚至无法近似地去估算畏惧的效果。

三、威慑实质上是一种效果，而不是一种惩罚标准

任何试图建立一种基于威慑之上刑事制度的想法，将会使我们陷入最平庸的经验主义，这是因为完全缺乏一个科学的标准。我们怎样才能确定5年的监禁是否足以预防内部的盗窃行为呢？[1]对于这种行为，我们怎样知道判决为什么不应是10年，或者5年的判决是否过长呢？再者，为什么不保留肉刑、贬黜、鞭笞、铁颈圈，[2]甚至 246

断肢和烙铁等惩罚呢？直到19世纪初，惩罚的趋势一直是过度的严厉。但从那时以来，趋势正好相反。这两种趋势都是有害的。在18世纪，例如在那不勒斯王国，对内部的盗窃行为是处以死刑的。但是，尽管这样，雇主却很少或从来不对犯罪的佣人提出控诉而乐意解雇他。[3]因此，正是残酷的惩罚导致罪犯不受惩罚。另一方面，过度严厉的惩罚可能成为严重犯罪的原因，正如法国在18世纪对抢劫犯处以绞刑一样。菲兰杰里说：“如果没有使抢劫犯面临严厉的惩罚，抢劫犯几乎经常会在抢劫中实施谋杀行为，这仅仅是因为谋杀行为消灭了证人，而其证词将会导致抢劫犯被处以绞刑。”

---

① “内部的盗窃行为”是指佣人在其主人的家里进行盗窃，或者工人在他们雇主的房里进行盗窃。这是一种严重的盗窃行为。参见第151页注释。——英译者注

② “铁颈圈”类似于“颈手枷”。它是指一个扣紧在囚犯脖子周围的铁颈圈。一个链条系在颈圈上，以保证罪犯到达指定地点。法国通过1832年4月28日的法律，废除了这种惩罚方式。苏格兰有一段时间普遍使用与这种器械相类似的械具，但它采用的是“the jougs”一词。至于对“the jougs”的描述，参见William Andrews, *Old-Time Punishments*, p.108（Hull, 1890）。——英译者注

③ Filangieri, op.cit., Book Ⅲ.

然而，如果仅在确定惩罚时才考虑到威慑的因素，那么，宽大的方法就是无效力的，而且这种经验容易导致严厉主义。如果死刑不能震慑所有的罪犯，那么至少不能否认，死刑比其他惩罚方式具有更为广泛的震慑效果。

在16世纪，英国的流浪者泛滥成灾。正如卡尔·马克思描述的，在临近16世纪末期，由于封地的滥用以及体现商人阶级利益法律的实施，有一大部分农民的后裔被非法剥夺了其拥有的财产。[①]1530
247 年，在亨利八世（Henry Ⅷ）统治时期，颁布了一个法令。这个法令规定：由于第一次犯罪，应把强壮的流浪者捆在马车的尾部鞭笞，并强制遣返其居所地去劳动。5年以后所修正的法令规定：对第二次犯罪的人，应割去他“右耳软骨的上部”；对第三次犯罪的人，应处以绞刑。在爱德华六世（Edward Ⅵ）统治时期，于1547年颁布了《流浪者法》（*the Statute of Vagabonds*）。这个法令仍沿袭上述法令，它规定：强壮的流浪者或乞丐应判给愿意购买他们的人为奴隶，期限为2年。如果他们在14天内没有为主人服务，则判其终身为奴隶。如果他们两次企图逃跑，则处以绞刑。1572年，伊丽莎白颁布了一项法令。该法令规定：除非流浪者被值得信赖的人带去服务一年，否则将被“猛烈地鞭笞，并在其右耳的软骨打下烙记。如果对18岁或18岁以上的人实施第一次犯罪，除非他能被雇用2年，否则将被处以绞刑。对第三次犯罪的，则只能处以死刑。[②]按照马克思的观点，

① Karl Marx, *Das Kapital*, C. XXⅦ.

② 作者对这些法令所作的描述，均引自Stephen, *History of the Criminal Law of England*, Ⅲ, pp.269—272；以及Pike, *History of Crime in England*, Ⅱ, pp.69—73。作者仅对这些引述作了轻微的修改。——英译者注

他引用霍林斯赫德（Holinshed）作为典据，仅在亨利八世统治时期，被绞死的人就达72,000人。[①]

对于上述方法，心理强制的理论又能说些什么呢？毫无疑问，游手好闲和流浪应被视为真正的社会性犯罪，它们是其他犯罪丰富的源泉。游手好闲的习惯无疑也是一种很难克服的习惯。从严谨的逻辑观点出发，16世纪英国血腥的法令完全是有道理的。然而，我们内心最深处的感情反对剥夺那些只不过被判处游手好闲罪或乞讨罪人的生命。假如给那些被亨利八世和伊丽莎白处以绞刑的 248
不幸人们以机会，他们将会证明自己是可以适应社会的。他们的后代证明了这种情况。在一个比较人道的统治时期，他们的后代被遣送到北美殖民地。同样地，被流放到澳大利亚的罪犯（他们是第一批澳大利亚的殖民者）也证明了这种情况。尽管适应奠定了获取大量财富的基础，但除了消除以外，威慑从来没有起什么作用。

一方面，道德观证明对犯罪做出严厉的反应是合理的；但是另一方面，道德观又阻止对罪犯做出过激的反应。如果不考虑罪犯所带来的威胁就对他们施以惩罚，而且惩罚既没有阻止罪犯邪恶的冲动，也没有矫治他们缺乏社会交际的能力，那么，过激的反应就立即得以产生。同样，如果仅仅考虑可能模仿罪犯的其他人所带来的威胁就施以惩罚，如果罪犯和对他们所科以的惩罚成为威慑模仿者的手段，那么过激的反应也经常会产生。

惩罚是一种**自然的反应**。这个概念清晰地阐述了惩罚的威慑范围。威慑只不过是一种有助于社会自身的**有益效果**，这种效果伴

① Karl Marx, op.cit., C. XXVIII.

随着对缺乏适应能力的被告需要采取全部或部分的排斥。如果威慑被认作是惩罚的主要目的,社会就可以处死那些仍可以适应社会的被告人,或者可以对他们实施无益的拷打;而且,侵犯被告人权利所导致的损害小于被告人违法行为所产生的自然结果。另外,如果为了威慑被告人而对他们实施鞭打,或处以枷刑;如果为了恢复被告人日常的生活习惯而使他们无约束,或者甚至于像现在一样,对习惯性的罪犯只判处几个月或几年的监禁,那么,惩罚将达不到目的。

249 简言之,如果没有把不诚实的个人排斥于社会生活之外,或者他们不适应社会生活,那么,想要对他们的良心起作用的企图就仅意味着使他们受到或多或少比较严厉的惩罚,但这经常是无用的。有这样一种想法:一旦犯罪分子受到了惩罚,他们就可以自由地回归到社会生活中。这种想法与实证主义者关于犯罪的见解是完全不相容的,也与读者们已经熟悉的见解完全不一致。正如我们所确信的,如果犯罪揭示了罪犯适应能力的缺乏或不足,我们所需要考虑的就应转向社会在逻辑上的反应。可见,不是因为惩罚的威慑力才选择了惩罚。威慑依然是作为一种必须附带的消除威胁物和它固有的损害而出现的。

在绝对的消除形式即死亡中,或者在某些情况下,那些可以替代死亡的方法即流放和终身监禁中,威慑的效果是明显的。但是,如果在一定条件下,消除正是矫治特别缺乏社会能力所必需的方法,那么,消除也将会部分地和有条件地产生威慑效果。如果消除的方法可以准确地确定,它就会产生所期望的威慑效果。

为了说明起见,假定在一个小村庄里,家庭生活的长期困难导致一个居民不断攻击或威胁他的邻居;或者假定在类似的村庄里,一个遭到拒绝的求婚者不断伏击和打扰他所追求的少女，那么，他的存在不仅是不能忍受的，而且对公共安全也是一个威胁。按照菲兰杰里巧妙地表述，这样的罪犯可以用“地方性罪犯”一词来表达，这是因为缺乏适应能力是相对于社会环境的情况而言的。在社会环境中，罪犯首先是设想他的仇人，其次是设想他深爱的人。于是，
我们可以假定：如果把某人排斥出他反社会行为的动机得以存在 250
的地方，那么，反社会行为动机的消除将会导致他可能适应于其他地方。社会反应的合理模式正应遵循上述所描述的情形。即使对流放出本地的畏惧感不能战胜实施杀人或其他严重犯罪行为的动机，它至少也足以阻止侮辱性语言和其他轻微的犯罪。正是基于这一点，我们确信，威慑毫无疑问具有一定的效用。

我们不能假定：一旦建立了这个原则，就不再需要严密和严厉的监禁惩罚。监禁惩罚是维持秩序所必需的。在罪犯聚居地，维持秩序经常是一项艰巨的任务。而且在很大程度上，严密和严厉的监禁惩罚应归于试图达到的目的，即彻底隔离罪犯。

于是，依照我们的观点，可以得出这种结论：如果消除的方法真正是环境所需要的，也就是说，它达到了遏制的真正目的，那么，威慑将必然作为一种反射性的效果而予以产生，我们不必特别关注这个问题。

讲到这里，按照我们前面所论述的观点，我们反对这种观点：有许多事例说明消除是一种无用的方法，例如应废除在短期监禁中各种类型的肉刑。[①]的确如此，我们还可以增加一个事例予以说明：拘留

---

① 参见本章第一节。

或监禁几天或几个星期的惩罚方式，与往日的棍打这种惩罚方式是一样荒谬的。但对这种事例，我们已经提出了一种具有威慑效果的方法。事实上，我们关于对犯罪所导致的精神上和物质上的损害进行强制赔偿的方法应当是一种遏制的方法，它比其被取代的惩罚方法更
251 加严厉。正如我们所提出的，在下述情况下，这种情形尤为明显：通过一种强有力的道德力量（这种力量必须比现在的道德力量更加有力），尽可能地使罪犯不能逃脱他们的义务。如果我们由此或者通过强制罪犯劳动直至挣够所需金钱的方法，或者通过罪犯立即支付一定数额金钱的方法来要求罪犯彻底补偿受害当事人所遭受的损失，而且这是罪犯获得自由所必不可少的条件，那么，在预防犯罪方面，这种强制不是明显地具有一种比任何确定期限的监禁更为实用的效果吗？但确定期限的监禁恰恰正是给予罪犯一种坐食公费的义务。

第四节 选择

我们仍然需要考察消除的一种效果，这种效果对于消除措施来说是很特殊的，而且只能在惩罚的其他形式中偶然发现。这种效果就是选择。

一、绝对消除的选择效果

从这之前的简要概述中，我们可以清楚地看到，犯罪不能避开心理遗传固有的规律。[①]由于减少了具有犯罪倾向的个人的出生，

① 参见前文第二篇第一章。

因此，消除最不适合于社会生活的成分，很可能会导致民族道德的改善。

18世纪的个人主义学派试图建立这样一种论点：在父母与子女之间不存在心理上的连续性，父亲的优良特性和邪恶特性都不会遗传给子女。结果他们的努力是徒劳的。事实上，即使一个人不能很好地继承其父母和祖父母的优点和缺陷，他无疑也能继承他们善良或邪恶的秉性、情操、感情和特性。许多事物逐渐证明，心理遗传仅仅是生理遗传的一个方面。[①]这在犯罪方面尤为明显。心理遗传 252
和生理遗传在这点上是无可置疑的。正如我们已经看到的，犯罪的天性经常可以在交往中予以发现，并且在结构上具有差异性和一种特殊人类学的形态。这种形态在极端犯罪的情况下，以一种畸形的形式（有时是非典型的，并经常是退化的）铭刻在罪犯身上。

古人严厉地惩罚冒犯父亲的儿子。在较文明时期，这种目的应当仅仅是防止那些结果很可能是邪恶和堕落的人出生。这不是为了惩罚罪犯的孩子，而是为了防止他们的出生，以达到永久隔离罪犯（指严格意义上的犯罪变态实施者）及人为选择的目的，因为人为的选择会引起民族道德的改善。以上种种目的都是社会所肩负的责任。龙勃罗梭毫不迟疑地认为，我们现时期的人性之所以比以往时期的人性伟大，其原因在于净化人类种族死刑的作用。[②]由于每年处死数以千计的犯罪分子，所以现在的犯罪才不太普遍。如果没有人为的选择，如果这些犯罪分子被释放而增大了他们的家族，如果现在在我们中间有无数盗贼和谋杀者的后裔，那么，有谁能够

① Ribot, *L'hérédité Psychologique*（Paris, F. Alcan, 1882）.

② Lombroso, *L'incremento del Delitto in Italia*, p.30（Turin, 1879）.

断言这将会产生什么样的后果呢？

与过去的人类相比，现在文明的人类更加宽厚，不易为感情所支配，而且更能抵制残忍的天性。人类这方面的进步在很大程度上应归功于选择。为什么这种进步应中断呢？为什么不继续进行这种已经延续几个世纪的净化工程呢？向前发展过程中的每个停顿
253 都意味着倒退。于是，我们有必要去研究这个问题，免得我们的后代谴责我们，认为我们为什么不在地面播“种”，以至于生长了有害的“作物”，破坏了他们的“土地”。

但是，我们也可以提出这样一个问题：现在是不是不存在一种持续发生于所有文明环境中的自然选择呢？即使没有社会力量的介入，它是否也会实现呢？“由于体格的缺陷而实施犯罪行为的罪犯，在大多数情况下体现着一种退化的特征，或者说至少体现着开始危险地背离正常的形态。在自然情况下，期待人类的永久存在意味着立即消除有缺陷的个人，否则将会导致后代在不久就灭亡。”① 然而，这种论述仅仅适用于少数类型的罪犯：他们在生理上呈现出一种显著的病理特征，诸如癫痫病人、精神病患者和神经质者。尽管有很大比例的罪犯清楚地体现出退化和在道德上劣等的特征，但他们在肉体生活上一点也不缺乏适应能力。这些罪犯正是下述这种人：他们身体上的反常局限于退化的特征，这种退化的特征使他们接近于人类的原始民族，或者接近于那些显示出不正常但还不算有病理特征的人。这些人可能很健康，也可能比文明人更健康，但文明人的道德发展是以身体为代价得以发生的。从纯粹的身体立

① Venturi, “La peine de mort” (*Actes du Congrès d’Anthropologie Criminelle*, p.312〔Rome, 1887〕).

场出发,野蛮人优于文明人,他们在肌肉的力度和感官的敏锐度上胜过文明人。[①]无疾病的罪犯与正常人一样,是能够"无限地"繁殖 254
的。事实上,他们的生育能力普遍大于正常人,这已为我们所关注的某些犯罪家族的系统资料所证明。

再者,"在剥夺罪犯生命的过程中,社会帮助和促进使所有的事物服从于社会利益的自然工程。需求社会生活以及社会环境的影响都是社会的组成部分,它们已经改变了为生存而斗争的自然条件。社会的习俗已经取代自然的力量。如果社会畏惧清除自己身上(至少尽可能地清除自己身上)那些构成感染根源的成分,那么,这实际上是很危险的。"[②]

二、相对消除的选择效果

但是,正如我们所知道的,死刑不是唯一能够促进自然选择的消除方法。强制流浪者迁移出英国,迁居到它的殖民地,这在净化英国的人口方面不是没有影响的。现在英国的犯罪率,至少是严重犯罪的百分率,已远远低于中欧和南欧国家。由于我们已经有机会注意到,英国的谋杀和杀人数量,特别是在19世纪后半期,已经急剧下降,所以,人们有理由预言:上述犯罪能够早日在英国完全消除。然而英国政府仍然保留死刑,这是明智之举。尽管在亨利八

① "智力的发展助长神经病状态,在结果上也助长种族的退化和灭绝"(Jacoby, *Etudes sur la Sélection*, Preface to 2nd ed.〔Paris, F. Alcan, 1904〕)。阿尔布雷克特主张,就比较解剖学所涉及的内容而言,作为一个物种的人类,在形态上劣于猿猴,而且文明人也劣于野蛮人。参见*Actes du Congrès d'Anthropologie Criminelle*, pp.105, 111(Rome, 1887)。

② 参见前引Venturi文。

世和伊丽莎白统治时期所实施的绞刑成功地达到了选择的目的，但是，18世纪和19世纪初期所实施的流放仍然人道地继续进行着这个工程。问题在于，如何把典型的罪犯、不能进行新适应的人与那些显示出进行新适应可能的罪犯区别开来。对于前者，可以通过绝对消除的方法达到选择的目的；对于后者，用相对消除的方法就可
255 以完成相对选择的目的，也就是说，把他们与关系到选择的环境隔离开来。

第五节　矫正主义理论

我们已经看到，按照罪犯心理异常所导致的危险程度，或者换一种方式说，按照或多或少根深蒂固于罪犯身上的堕落程度以及很可能再次出现的堕落程度，社会对犯罪所做出的反应应当表现为下列三种形式中的一种。这三种形式是：（1）**完全消除**，剥夺罪犯与社会的一切往来；（2）**部分消除**，把罪犯与其不适宜的特殊环境隔离开；（3）**强制赔偿**罪犯的犯法行为产生的损害。

一、一般理论

但是，假定可以这样表述，下述建议就是没有余地的，即通过适当的教育方法，邪恶的天性能被克服，罪犯能转变成诚实的人。某些心理学家使用确切意义的言语，认为教育的方法有可能改变一个人的特性。除了一些具有特别难以矫治天性的人以外，他们主张所有的人甚至包括那些似乎是很残忍的、非常缺乏优良情操的人，都可以正常地被改造。这种观点产生了矫正主义学派，它反对使用肉

刑和贬低人格的惩罚制度，[①]并把改造罪犯看作是惩罚的真正目的。这种观点已经对立法和法律思想产生了很大影响。如果能够接受罪犯具有可改造性的基本原理，那么，甚至从社会防卫的立场出发，这种理论应值得信奉。为什么保证不再次犯罪的愿望就优于消除罪犯堕落的愿望呢？再者，毁灭罪犯本人或束缚罪犯的身体又为了 256
什么呢？

但在开始时，我们会遇到这种困难：道德改造是不是应该排除身体的痛苦以及惩罚所带来的羞辱感呢？如果应该排除，刑事制裁就应不存在于恶的威慑中，而存在于善的指望中吗？既然最坏的行为将会受到国家的特别照管，所以，当罪犯没有受到身体上的痛苦、其犯罪所获得的唯一后果却是免费教育的特权时，这种做法很明显的结果就是消除行为的动机。这种情况实际上是不可能的。如果不约束罪犯的身体，那么怎样才能使罪犯遵守纪律呢？一旦出现约束的因素，监狱和教养所也就产生了。尽管监禁地的管理是宽厚的，但纯粹的剥夺自由毫无疑问是一种惩罚。于是，矫正主义学派的理论实际上可以简单地归结为：监禁的唯一功能是使囚犯的道德改造成为可能做到的事情。

得出矫正主义学派的观点后，对于我来说，第一件事是所有的罪犯或者至少是某种类型的罪犯是否可以改造，这也是矫正主义学者应考虑的问题；第二件事是通过什么方法才可以达到改造的目的。矫正主义学者不是据此来考虑问题，而是建立矫正性监狱，强迫囚犯劳动。这已论述过了。只能对孩子和青少年进行理性分析。

---

① 参见前文第59页注释①。

即使这种分析产生了良好的效果，这也仅仅是因为只有在这种情况下，才存在达到所期望目的的可能性。

二、教育的有限功效；区别教育功效和遗传功效的不可能性

事实上，教育明显是一种仅对婴孩和青少年起作用的影响力。
257 正如遗传和习惯一样，教育是一种有助于性格构成的影响力。一旦性格得以固定，它就如容貌一样，在生命的过程中不能进一步改变。甚至在少年时期，教育是否能创造一个所期望的道德秉性，这也是值得怀疑的。“教育”一词仍然不应以一种教学的意义予以采用。它意味着外部影响的进一步聚集，也意味着青少年不断经历的一系列生活场面以及给青少年留下深刻印象的一系列道德习俗的进一步聚集。道德习俗教给青少年一些教训，于是，他们通过经验和几乎是无意识的方式，认识到在不同的情况下应采取什么样的行为。家庭对青少年的影响力远远大于任何具有教学性质的教育的影响力。但是，在给予“教育”一词更加广泛的意义时，我们不可能明确教育的效果，或者至少在任何方面都不可能评估教育的效果。①

几乎所有少年在他们生活的早期都缺乏道德意识。他们对动物的残忍是众所周知的，人们也知道他们有夺取属于他人东西的嗜好。他们是完全的利己主义者。在设法满足自己欲望的时候，他们

① “为了使教育完全发挥其影响力，受教育者应该不受形态的缺陷、病态和遗传条件的影响。形态的缺陷、病态和遗传条件已经延续了许多代，并造成神经中枢的彻底麻木”。参见夏曼纳（Sciamanna）的论文，载于*Actes du Congrès d'Anthropologie Criminelle*，第21页（罗马，1887年）。

很少关心给别人带来的痛苦。在大多数情况下，随着进入青少年时期，这种情况有所改变。但是，我们能断言这种心理上的转变是教育的效果吗？在生物进化的简单现象中，我们不是看到了这种情形了吗？生物进化类似于胚胎的进化。在胚胎的进化中，胎儿经历了动物生命的不同阶段，而且其进化开始于最不完全阶段，并结束于成为人的时期。有的学者认为，个人的进化是物种进化的缩影。① 258
因此，具有心理的有机体，其最初显示的天性应是动物的天性；其次显示的是超越利己主义的情感；最后显示的是“自我利他主义”的情感，这种情感是通过一个连续不断的过程获得的：首先通过种族获取，其次通过家庭获得，最后通过少年的父母得到。天性与后来出现情感的共处，不是因为教育或者直接环境的影响，而只是因为遗传的作用。埃斯皮纳斯说：“良心是以与生物体同样的方式产生，并且类似于生物体。它包括思想和行为的自然倾向与预定形式，它们直接导致一种先在的良心。它们可能一时被含糊不清的有机体的遗传所掩盖，但很快就会显露出明确的相似点，实例和教育愈来愈证明了这一点。良心的产生实际上是裂变所导致的一种再生现象。”②

上述假设并不是不可能的。然而，证明这个假设的正确性却是不可能的。如果不区分遗传和教育在少年的道德发展中所分别起的作用，那么就不可能证明这个假设。如何进行这种区分呢？遗传和教育的影响经常在同一方面起作用，这是因为它们几乎经常是来自于同一个人，即父母。家庭教育仅仅是遗传的继续。那些有机体

① See Haeckel, *Anthropogénie*, p.48 (Paris, 1877).

② A.Espinas, *Les Sociétés Animales*, Concussion, § 2.

没有留传的东西将会传送下去，它们是通过榜样的力量，以一种相同的、无意识的方式传送的。因此，如果没有遗传或教育的帮助，也就不可能确定另一个影响会达到何种程度。

所以，一方面，我们不能对达尔文提出质疑。达尔文断言：如果一个爱尔兰人和一个苏格兰人移居同一个殖民地，由于他们遗传的质量不同，苏格兰人将会控制政府和工业，而爱尔兰人则要花费比苏格兰人多10倍的时间。另一方面，我们也没有权利去猜想富勒的论述是错误的。富勒说："如果用爱尔兰少年代替没有从父
259 母那里获得知识的苏格兰少年，如果像培养苏格兰少年一样来培育爱尔兰少年，这也许是很奇异的，但你会得到同样的效果。"[①]但是，从来没有进行过富勒所说的实验，而且也根本不可能进行这样的实验。毫无疑问，确实有数以千计的少年被他们父母以外的人所培养的情况。但在这种情况下，父母一般是未知的。最后，也经常存在着需要加以考虑的隔代遗传的现象，这种现象仍然是模糊不清和未确定的。所有这些都使问题难以解释。

母亲的榜样能够抑制或减弱父亲的天性，这种情况是经常发生的。反之亦然。对于教育的功效，这仍然证明不了什么，因为其结果最终还是仅仅归咎于两种遗传中占最大优势的部分。

然而，我们可以这样说，当遗传的影响不是很大时，教育很可能对未成年人和青少年产生影响——也就是说，教育特别是在树立榜样这个意义上，通过家庭和青少年周围的人们来调整青少年。但是，随着青少年年龄的增长，教育的影响变得越来越弱。随着教育

① Fouillée, "La philanthropie Scientifique au point de vue du Darwinisme" (*Revue des Deux Mordes*, 1882年9月15日).

影响的减弱，它就不能彻底根除邪恶的秉性。无论教育起什么样的影响作用，邪恶的秉性仍潜伏在生物体的心理中。这就解释了下述现象：尽管有父母和他们经常接触人们的模范行为，尽管在他们的培养上花费了很大的苦心，但是，为什么教育不可能矫正某些青少年的堕落？他们的堕落或许是隔代遗传的，并已在他们的早期显现出来。[①]反之，不良教育所产生的有害影响肯定会彻底消灭传统的 260
道德观，并使最邪恶的天性注入道德观。由此，我们可以认为，人为创造的优良品质易于消除，而人为创造的不良品质是不可变更的。这很容易为进化论所解释。邪恶的萌芽和反社会的天性符合人类原始时期的状况，而且深深扎根于生物体中。这恰恰是因为在人类的历史中，它们是最悠久的。因而，它们强于进化已经影响的天性。

① 本纳德·佩雷斯一般不愿接受悲观主义者的指责。他提出一种有影响力和权威的观点：有些青少年的天性是完全不受教育影响的。他说："父母的亲善和美德不能保证对他们的孩子进行成功的教育。即使一对夫妇的身心是健全的，他们的年龄也不悬殊，而且生活在非常卫生的环境下，但他们的孩子不一定就有道德。在这种情况下，我们必须考虑遗传的不幸作用。至于过着不正当生活的人们，以及沉溺于无节制、放纵生活和不良习惯中的人们，不管这些是否是先天所导致的，他们肯定打下了一个种族的基础，罪恶、蠢事和犯罪是这个种族的普遍现象。凶暴和危险的倾向毫无疑问显示在许多年轻的孩子身上。尽管有时这种倾向是周期性的，但在大多数情况下，它是很明显的，所以我们不得不考虑遗传和退化这个决定性规律所导致的不幸受害者"（*L'éducation Morale dés le Berceau*, pp. 109, 110〔Paris, F. Alcan, 1888〕）。

马尼昂认为，在正常人中，不存在事先安排好的犯罪天性。然而，他承认退化的事实。他认为，退化是因为神经方面的或疯癫症的遗传，或者是因为祖先的酒精中毒所引起的（在第二届犯罪人类学会议上宣读的论文）。

塔韦尔尼在第二届犯罪人类学会议上宣读的论文中认为，不可矫正的天性是存在的，这导致无论采用什么教学法，其主体都不受教育的影响。主体不受教育的影响构成事先安排好的犯罪天性。

对于上述同样的问题，请参见莫列特和埃尔贝特在第二届犯罪人类学会议上所作的有趣评论。皮金女士主张，没有青少年不受教育的影响。这个主张的产生似乎是因为女性软心肠的作用，而不是建立在经验基础之上的。

这就是为什么野蛮人的天性从没有被完全地抑制，相反，一旦生存的环境和条件有利于野蛮人天性的发展，它们就猛烈地爆发出来。正如卡莉勒所说的：“文明仅仅是一种外壳。在它下面，人们野蛮的天性以一种地狱般的火焰燃烧着。”

261 如果教育对未成年人道德观的影响是可质疑的，那么，我们以后能期望教育达到什么目的呢？

三、品质模式的稳定性

塞尔吉认为，道德品质的形成是一种复合层次。这种复合层次可能遮盖并完全隐藏先天的品质。社会环境、榜样的效果甚至直接教育都可能引起一种新层次的产生，这不仅能在幼年时期产生，而且能在晚期产生。[①]依照我的观点，接受这种理论只能以下列设想为根据，即新产生的层次不能改变已经形成的品质。具有心理的有机体毫无疑问正如自然的有机体一样，都有产生和发展的时期。正如容貌一样，品质在很早的时期就已成形。它可能变得更加灵活或更加僵硬，它的某些方面可能被抑制或强调。在日常生活中，它也可能被掩饰起来。但是，它是怎样失去其模式的呢？缺乏基本道德意识的人具有一种特殊模式的品质。由于遗传、隔代遗传或病态的原因，品质在生理上是有缺陷的。如果我们设想外部的影响能够弥补这种先天的缺陷，这个设想是不是有道理呢？如果个人缺乏道德意识，作为例外，那么，人为地创造种族的道德意识实际上就是“毫无根据的”创作。

在任何情况下，很难想象上述的结果。当一个人度过了幼年时

① G. Sergi, *La Stratificazione del Carattere e la Delinquenza*（Milan，1888）.

期，上述结果就完全是不可能的。我们不是否认教育的力量。如果教育的任务是使品质完善并精炼已经存在的情感，一句话，其任务是“把丝线织成完整的布”，那么，没有人能怀疑教育达到其目的的奇迹。但是，我们不能承认的是其无米成炊的能力。

四、德斯皮内的观点

在这点上，对我来说，德斯皮内似乎陷入一种奇异的自相矛盾
之中。我们感激他所作的大量观察，这些观察证实了罪犯异常的存 262
在。再者，对于谋杀犯和极端的、凶暴的罪犯缺乏道德意识的情形，他已经系统地提出一种很接近我们的理论。[①]他也宣称：“即使使用最好的言语，教育也不能创造能力。它只能培养那些已经存在的能力，至少只能培养处于萌芽状态的能力。”“单凭智能是没有能力去产生天生的事物和那些来自于道德能力的事物。”“在道德能力中，我们容易认清行为动机的起因。行为的动机呈现于生活在不同条件下人们的脑海中。”[②]最后，他断言：“正如不能证实爱慕、畏惧、希望或者美感的存在一样，再多的推理或智能活动也不能证实责任感的存在。”[③]

可是，在持有上述见解后，他却对罪犯的道德意识提出一种所谓治标和有疗效的处理方法。其主要内容可以概括如下：应阻止罪犯与道德有缺陷的人之间的一切交往；尽管没有办法来改造罪犯的良心，也不应把他们与外界隔离；因为有道德的人适合于观察罪犯及研究他们的秉性，所以，应当安排他们不断与有道德的人接触，也

① Despine, *Delafolie au Point de vue Philosophique*, Part Ⅰ, p.39（Paris, 1875）。

② Ibid, p.40.

③ Ibid, p.46.

应安排他们不断与下述人接触：这些人通过秩序的观念、对工作的爱好以及工作习惯等鼓励的方法，能够影响他们的秉性，并正确地指导他们的思想。再者，国家应该不停地和认真地关心囚犯，以校长的态度来观察他们的进步，并且通过榜样、试验和直接教育的方法，努力改
263 善他们的性情，使他们的性情充满深情、诚实、宽厚和热心。

首先，把上述精神疗法适用于数以千计罪犯的想法明显是空想的。这也就是说，对每一个罪犯都要安排一个守护神。这个守护神应当具有最崇高和最杰出的品质，具有耐心、警惕性和正直的情操。为了熟悉人类的本性，他应当兼备教育和献身的精神。但是，我们到哪里去找这些足够的精神医治者呢？而且，从事这项工作要花费多大的代价呢？再者，暂且假定目前制度的困难是难以克服的，它的效果又是什么呢？

如果罪犯被隔离开他们先前所处的环境，并被消除他们在那里所不断面临的诱惑，他们毫无疑问地将不会再考虑实施犯罪，因为犯罪的诱因和可能性都不存在了。但是，尽管进行了所有的教导，犯罪的病菌仍处于潜伏状态，仍然在体内蓄积，易于回归到罪犯先前所处的环境中。因此，即使没有虚构改造，其作用也不过是显而易见的。

五、人为创造道德天性的不可能性

我们不再认真地接受这种想法，即通过一种实验教育学的方法来改造罪犯。这是因为，即使人类的道德天性确实是无数有效的实验所导致的结果，而且我们的祖先已经进行了数世纪的实验，但是，我们怎么能够想象这些实验可能再现于人类生活这个如此短暂的岁月中呢？而且，如果人的天性没有继承前辈所进行实验的结果，我们怎么能相信

人的天性能人为地提高到其他人所具有的道德水准上呢？再者，就此而言，怎么可能通过剥夺囚犯与外界联系的方法来进行这些实验呢？ 264

试图以德斯皮内提出的上述任何一种空想计划来直接矫正道德的无效性终于为我们所认识。然而，这种信条仍坚持认为，通过一种适当的监禁方式仍然可以间接地矫正道德。这种信条也主张，与外界隔绝、无联系、劳动和教育的方法将会引起悔改和有益的决心，并且有助于改造罪犯。

关于与外界隔绝的问题，我们应该注意到米特尔施泰特有说服力的论述。他说："悲惨和不幸的人、被逐出者以及堕落者所需求的东西并不是与社会的隔离，而是同胞的爱护与接触。"至于劳动，我们也应引用米特尔施泰特的论述。他说："监禁的人道主义者们给他们所留下的东西是毫无希望的困境，他们所得到的结果不过是明白'对囚犯实施教育性劳动'这个准则的含义。他们是不是会把劳动当作一种矫正生活习惯的有效手段呢？如果这样，他们必须消除所有的强制手段，并用自由的方式来替代监禁的方式。然而，他们难道不是保留了强制手段吗？再者，他们也正如往常一样，以惩罚为目的来简单地实施着惩罚。与此同时，改造却消失不见了。"①

但是，矫正主义学者回答说：思想和道德的教育必须与劳动相结合。他们也认为，为了达到这个目的，我们必须建立学校。在学校里，平常是粗野的以及无知的罪犯可以获取他们所缺乏的正确和

① 参见Mittelstadt，*Gegen die Freiheitstrafen*（1880）。对于这个问题，斯宾塞说："通过外部的强制迫使囚犯工作是毫无效果的。当他再次获得自由且强制不存在时，他还是从前的那样。强制必须是内心的强制。即使出狱后，这种强制仍然对他起作用"（*Prison Ethics*）。斯坦利勋爵在议会讲演时，也表述了同样的思想："对人的改造过程决不能是机械性的过程。"

有益的知识。然而,经验已经显示出下列事实,即从总体上看,学校
265 几乎完全没有影响个人道德。以一个缺乏道德意识即怜悯天性的成年罪犯为例。试图通过教导的方法对他的天性进行谆谆教诲,也就是说,反复对他说什么人的责任应当是同情,以及说什么道德禁止我们去伤害我们的同胞,诸如此类,其结果将会怎样呢？如果受治疗者不具有一种标准,我们也可以很好地设想：他们因此将会获取一种标准,将会按照道德的原则,根据这种标准来识别和辨认什么是善行。一句话,他将会获得的只不过是看法而已。这些看法将对他的品行产生什么影响呢？如果一个人的善行不是来自于看法,而是来自于天性；如果天性正好缺乏所提出的情况,那么,接受看法又怎么能弥补他天性的不足呢？他将会知道什么是善行,但如果恶行能给予他快乐,他仍然会去实施恶行。

反复对他进行教导,说什么社会的利益远比个人的利益重要；从长远的观点来看,社会的利益就是个人的利益；作为社会的一分子,我们有责任消除自己的私心,以便其他人也这样做,等等。但这不会有什么效果。用宗教的论点对他进行教导,说什么正直的人必将获得永久的幸福,而做恶事的人必将被罚入地狱。这同样是徒劳的。不论发生哪一种情况,他被教导的论点可以归结为:“如果你做了某事,某种损害必将降临到你的头上；为了避免这种损害,你就必须忍住不去做这种事。”

不幸的是,罪犯宁愿满足一时的爱好和欲望,而不愿牺牲隶属于将来和遥远利益的模糊爱好或欲望。于是,对他进行说教,起不了什么作用。能够清晰地看到别人认为是占统治地位的利益,这并不能阻止他去重新犯罪。所需求的事情是他如同别人一样厌恶犯

罪,这是因为:从终极的分析来看,厌恶犯罪属于个人的特性,也是个人反感的主要形式,反感能说明人类的所有行为。[①]决不能通过 266
推论来创造天性。[②]天性不是别的,恰恰正是天生的;要不然,就是通过自然环境或社会环境的影响而无意识获取的。

这样,我们就回忆起我们所论述的两个主要作用:遗传和环境。教育,就其在教室的范围来说,如果环境没有改变,也就是说,如果对罪犯的惩罚已经终止,罪犯被允许重归他们先前所处的环境中,那么,教育就是无足轻重的,或者是没有效果的。大家都知道这个故事:有些黑人的孩子在婴孩时期就被带到欧洲。为了开化他们同宗族的人,当他们在欧洲长大和接受教育以后,就被送回到原来的部落。一旦他们发现自己处于同宗族的人当中,就会立即忘却他们在欧洲所学到的基本原理、生活习惯等一切东西,并抛弃文明的服饰,又进入森林,变得和他们所不知悉的父辈一样野蛮。[③]如果试用矫正主义学派的原理;如果已经实行的制度,即分格式制度、在奥本(Auburn)应用的制度、爱尔密拉制度等等,有一些标准,那么上述的结果恰恰正是矫正主义学派的原理所期望获取的效果。

六、爱尔密拉制度

爱尔密拉(Elmira)教养院[④]采用一种强制性制度,其目的在于

① See Ribot, *Les Maladies de la Volonté* (Paris, F. Alcan, 1883).

② See Despine, *De la Folie*, p.39.

③ "不久以前,巴西巴伊亚州大学的一名医学博士放弃文明生活,重新漫游于他出生的森林。类似的事例在澳大利亚和新西兰也有记载"(Victor Jeanvrot, "La question de la criminalité", *Revue de la Réforme Judiciaire*, Paris, 1889年7月15日)。

④ 该教养院在美国纽约州。

改善犯人的生理和心理结构，创造一种新的生活和思维习惯。其所采用的方法是使生活、饮食、洗浴、按摩、体育锻炼、军事训练以及学术性和工业贸易的教育等方面处于良好的状态。严格的行为准则
267 和最严格的纪律是普遍的实行方式。如果可以确信被教养人将来的品行是良好的，那么，他们在经过一年的拘留后就可以获得假释，然后对他们进行6个月以上的监督。如果他们的品行仍然是良好的，无论对他们判决的刑期有多长，6个月以上的监督期满后，他们就可以获得完全的释放。这里需要指明的是，这个机构教养的人中没有惯犯。被教养人大多是青少年，他们的平均年龄是21岁。这种制度使他们不断地具有一种能动性。他们被释放后，立即可以找到雇佣单位。然而，尽管这样，大约27%的被教养人在假释后的6个月内都实施了第二次犯罪。虽然没有对其余的人进行考察，但可以断言，他们不再以罪犯的身份出现。但是，这个断言没有涉及时间问题，也没有任何可引证的论据来支持这个断言。再者，这种制度是不是有可能涉及习惯性的罪犯和不知悔改的罪犯呢？另外，这种机构的管理只能委托给那些具有特殊资格的人，简言之，委托给正如爱尔密拉教养院第一任院长布罗克韦先生那样的人。查尔斯·达德利·沃纳是教养院热烈的赞赏者。他说："这种教育性机构的领导必须是品格高尚的人。……他必须受过教育，具有行政能力，能够贯彻纪律。其下属职员在某种程度上也必须像他一样。他们必须具有忠于制度的精神。"①在上述条件下——无须多言，这些条件是很难达到的——类似的机构也可以取得良好的结果。这些

① 参见"The Elmira System"，是在1894年9月9日美国社会科学大会上宣读的论文（〔Am.〕*Journal of Social Science*, No.32, pp.65, 66）。

类似机构的规模与爱尔密拉教养院是一样小的。正如我们所看到的，其所处理的人也仅限于初次犯罪的青少年。

七、累犯统计驳斥矫正主义理论

在所有的国家中，由于惩罚的刑期变得越来越短暂，惩罚也 268 
愈来愈不严厉，因而累犯趋于增多。这个事实是无可置疑的。在法国，不是第一次犯罪的轻罪比例由1851年的21%上升到1882年的44%。在同一时期，同样体现累犯情况的重罪比例也由33%上升到52%。司法部的一份报告说："累犯仍继续增多。……在10年内，已经不止一次实施犯罪的罪犯数量已经增加了39%——几乎是2/5。"[①]在1891年到1895年期间，每年惯犯的平均数达到104,070件，几乎占定罪总数的1/2。然而，在这以后的4年内，累犯开始减少，这很明显是由于实施了关于累犯的新法律和有条件的判决。德国在1889年到1899年期间，惯犯数量的增加超过了100%——具体说来，从88,270件增加到187,136件。意大利在1876年到1895年期间，惯犯的数量也稳步增长。在以后的年代里，在被监禁的45,579名惯犯中，有3,000名实施了6次以上的犯罪行为。

在以上的统计中，我们用实例说明了矫正主义理论的无效性，或者至少说明了应用这种理论的无效性。由于矫正主义学者所提出的原理包含着明显的自相矛盾之处，所以其结果正是如此。一方面，这个理论主张惩罚的目的是改造罪犯；另一方面，它又对每个犯罪规定了确定的惩罚刑期，也就是说，把罪犯拘禁在国家机构中

---

① *Journal Officiel*，1884年3月13日。

多少月或多少年。正如威勒特所说的，这种做法“就仿佛是一个在规定的医院里治疗病人的医生，不顾病人的健康状况如何，就确定
269 病人出院的确切日期”。[①]在为依赖的孩子和已经开始显现出邪恶倾向的青少年所设立的机构方面，我们从这种理论的残骸中只能发现废品。就成年人来说，我们所能做的是努力使他们获得一种期望永久延续的生活习惯，这是因为：当他们被流放到一个新的社会环境中时，这种生活习惯对他们来说，比其他类型的能动性更加有用。但是，这种方法只能适用于不完全堕落、不再危害社会的罪犯。上述结果也只能通过流放这种方式，或者通过把罪犯拘留在农业殖民地（它设立在本国很少有人居住的区域内）的方式才能达到。再者，这也是一个必不可少的条件，即：这种方式的流放应当是终身的，或者至少是预先没有确定的期限。无确定期限的判决可以允许适用于这些罕见的情况，即通过对罪犯的劳动改造可被认作是已经完成。[②]上述情况确有发生，但非常罕见。在一般情况下，我们不能想象：即使罪犯没有被过去驱使他犯罪的力量所影响，无论他暂离多长时间，他还能回归到对他来说是小型的本国这个环境中来。

① See Willert, *Das Postulat der Abschaffung des Strafmasses mit der Dagegenerhobenen Einwendung*.

② 我于1880年提出了关于不确定期限的刑罚思想（参见我的著作*Critero Positivo della Penalita*, Naples, Vallardi）。同年，克雷珀林在他的小册子*Die Abschaffung des Strafmasses*（Leipzig, 1880）中也提出了这种思想。李斯特于1882年在马尔堡大学所作的讲演中也支持了这种思想。最近，许多学者接受了这种思想。这种思想也成为立法机关正式通过的议题，例如1903年的《阿根廷刑法典》。关于这部法典的优秀注解本，请参见R.莫雷诺的著作*La ley Penal Argentina*, *Estudio Critico*（La Plata, 1903）。

第二章　当前的刑法理论

第一节　总论

我确信，不论读者是否了解自然科学或社会科学的知识，我在 270
前面章节所阐述的简明和不言而喻的原理会被理智的读者们接受。当然，细读前面章节的读者也可能认为它们没有包含什么新东西。发表的意见往往包含着真理性见解。尽管读者不能用言语来表达，但他们经常认为这也是他们的意见。如果他们也研究了现在的问题，他们至少可以得出同样的结论。

然而，目前流行的刑法学说基本上不同于我们所提出的原理。
因此，我们有必要说明差异点在哪方面，以便不了解法律知识的读 271
者可以更好地意识到我们所提出原理的意义。为了达到这个目的，我们应当简要地分析那些已被普遍接受的现代刑法理论，把它们提出的种种准则与那些在逻辑上是我们所提出理论的必然结果进行比较。

在前面的章节中，[1]我们已经说明法理学家不像我们一样认为

① 参见第一篇第二章。

罪犯是一种反常的人，在不同程度上都缺乏适应能力。依照他们的观点，罪犯仅仅是这样一种人：他们不遵守国家的法律，应当受到惩罚，而惩罚是法律制裁的有机组成部分。对于迄今在刑法领域中仍然占支配地位的两个主要的学派来说，惩罚具有不同的意义。理想主义学派认为，惩罚是对犯罪所导致损害的一种道义上的补偿。另一学派，确切说来，应称作是法理学派（特别是在意大利和德国，它已成为古典学派）主张惩罚是对法律秩序的维护。[①]至于理想主义学者，我已经在赎罪理论中予以论述。[②]在这里，我要附加说明的是，我们不可能通过绝对公平的思想来解决惩罚的问题，这是因为我们决不可能发现相当于犯罪的绝对公平的惩罚。而且这种理论缺乏自己的标准，被迫从特殊国家和特殊时期的刑事制度中借用

272 “小部分的”制度。如果考察这种刑事制度对谋杀者所处的死刑，我们可以得出这样的结论，即：对纯粹的杀人者来说，死刑是一种不公平的刑罚；在这种情况下，较轻的刑罚例如终身监禁，将会是一种公平的刑罚。但是，假定死刑从刑事制度中消失，刚才提到的终身监禁将必然取代死刑的地位。其结果是，终身监禁一夜之间不再是对纯粹杀人者的一种公平的刑罚。因此，绝对公平的理论明显是不存在的，不过徒有虚名而已。

① “依照古典学派的观点，罪犯不是一种有感觉能力的人，而是基于纯理性所设想出的一种抽象的人。在现实生活中，他们根本不存在。古典学派认为，犯罪不是现实生活的一部分，而是写在法典中的一个法律上的惯用语句。对于古典学派来说，惩罚不是一种社会防护的手段，而是学者们想出的理论上的手段，这些学者不考虑罪犯的本性”（A.Prins, “Les doctrines nouvelles de droit pénal”, *Revue de l’Université de Bruxelles*, 1895—1896）。

② 参见前文。

另一方面，我们所称的古典学派，通过保护公民权利的需要来证明刑罚的正当性。但是，在这种社会需要之上，它把“公正”作为一种调节器或修改者。对于古典学派来说，公正不是从外面输入的，它比社会需要优越。在别处寻求这种调节器，而不在社会需要自身寻找，这种情况表明了形而上学的失误。认为“公正的惩罚是必要的惩罚”的想法，实际上就是认为“不必要的惩罚是不公正的惩罚”。因此，我们迫切需要建立需要的标准，这是因为根据这个标准，就可以避免所有过火的行为。但是，不能通过形而上学的假定来建立这个标准，只有通过实验的方法才能建立。一旦我们掌握了这个标准，就没有必要乞求偶然的因素。如果吸收社会需要确切的意义，并剥去其所有的夸张成分，那么，社会需要本身将是对个人权利的最佳保证。①

但是，我们有必要密切考察公正的因素，古典学派正是通过公正的因素来限制社会防卫的运用。公正的因素引出两个原则，它们对目前刑事科学严格意义上的法律特征来说关系重大。这两个原则是：

（1）除非行为人对其行为负有道义责任，否则犯罪就不存在。因此，犯罪的严重性随着道义责任的轻重而变化。

（2）刑罚量必须与犯罪的严重性成正比。 273

“道义责任”和“刑罚相适应”继续成为刑法的基石，尽管科学研究表明它们具有内在的不可能性。虽然基石已松动，但这种思想与希望将其立即驱逐的通行哲学偏见有着非常密切的联系。尽管驱

① 对于这个问题，参见冯·李斯特：*Der Zweckgedanke im Strafrecht*，§ 32。

逐的任务很艰巨，但最终完成这个任务是不容置疑的。我们正在论及的这些原则被错误地看作是对个人权利的保护，它们实际上是刑法衰弱和衰败的源泉。

第二节　道义责任

一、这个原理的谬误点

有些人在认为惩罚是社会防护的一种方法的同时，又拒绝承认存在非自由意志的犯罪。对于这些人，人们可以提出这样相关的问题：如果犯罪行为是永久病态或内心冲动的结果，如果犯罪行为是由暴力引起的，或者甚至是不可抗力的，而这种情况有可能再次发生在同一人身上，那么有什么理由来废除社会防护呢？难道我们不应认为：为了反对那些因明显地是完全缺乏自由意志而不能控制自己或抵制邪恶冲动的人，社会需要增加防护而不是放松防护吗？就罪犯被正式确定为精神病患者来说，他应当在收容所里进行治疗。但不幸的情况是，即使某人不是真正的精神病患者，由于道义责任被看作是犯罪的必备要素，所以在逻辑上必然产生这样的结果，即他几乎完全不受惩罚。

如果不考虑自由意志的问题，我们敢于断言：道义自由的意识不能扩展得太远，以至于使我们在不同的方面都拥有思考和感觉的权利。274 实际上，只有在一定情况下，我们才拥有思考和感觉的权利。我们知道，自我（the Ego）是不能自己产生的；尽管在品质确定的一瞬间已经有意识地忽略了大部分事实，但通过一系列先前的事实，品质已经形成。[①]如果真是这样，我们将被迫承认：一个真正的奇迹随时都可能发生在每个人身上。这个奇迹就是指不受普遍自然法则支配的思想活动，这个活动的开始决不影响先存的或意外发生的状态。通过上述思想活动，他完全能够决定他是善的还是恶的，是公正的还是不公正的，是不满的还是顺从的，是亲切的还是易怒的。在上述情况下，自由意志是一种不断创造自我的力量。[②]但这不是事实，或者至少我们没有证据来证实这一点。反之，如果我们认为“自由意志”的含义不是指创造自我的力量，而仅仅是指在特定的时候我们所拥有的自我意识，那么，基于道义责任观念之上的刑事制度的不可能性就立即清楚了。自由意志经常为那些可能影响个人意志的内在或外在情况所限定。它通常是相对的，其转化通常也是无限的，而且经常容易把自己转化为无足轻重和难以感觉的最低限度。遗传、隔代遗传和生活中的特殊情况，诸如环境、教育、

职业、气候、饮食和疾病等，都对道义责任施以清楚明白的影响，因 275
此，如果没有“彻底抛弃这种自然的运动圈，此运动导致人们去达到目的”[③]（引自一个法理学派学者的论述），它们就限制或约束了道义责任。

从这个观点出发，惩罚的问题就不能彻底解决。对于个人犯罪，

---

① 塔尔德的自由意志的观点很近似于我的观点。他说：“自我是一些与缓慢发生变化的性格相一致的性情、偏见、能力和学识。……如果意志恰好没有尽力利用道德的力量，这也是因为自我是一种最强劲的表现度，它与自己转让、自己产生的诱惑起因是一致的，如果真是这样，那么毫无疑问，自我不能主观地促成其所不欲的事情。但是，这恰恰说明了自我的邪恶。”

② 参见皮佩尔诺（Piperno）在*La Nuova Scuola di Diritto Penale in Italia*（Rome，1886）中对这个问题所作的大量研究。

③ Pessina，*Il Naturalismo e le Scienze Giuridiche*（Naples，1879）.

我们怎么去区别已论述的那种情况的作用与自由意志的作用呢？我们怎么去确定易受无数偶然情况所限定的责任呢？

假定有些方法能揭去罪犯生活的遮掩物，能够揭示罪犯生活的内部细节、其与外部世界相联系的生活情况以及罪犯从出生至实施犯罪的生活情况。然而，这并不能有助于我们去解决问题。我们依然缺乏其祖先的历史材料，仍然不知道遗传和隔代遗传对罪犯的倾向性有多大影响。即使我们知道这种影响的程度，然而，我们能否断定心理异常对于不应受责备的罪犯起了什么作用呢？智力结构所引起的异常又对此起了什么作用呢？而智力结构只有通过尸体解剖才能予以揭示。

因此，相对的或限定的责任原则不能适用于刑法理论。依据它们所做出的诊断法是一种纯科学兴趣的事，其结论是不完善和靠不住的。

《意大利刑法典》有一条是关于不完全责任的内容规定。如果道义责任的原则引导着我们，这条规定就应当成为法则，应当适用于所有相类似的罪犯：它既适用于那些限定责任的情况很不明显的罪犯，也适用于那些限定责任的情况明显存在的罪犯。没有一个罪犯不具有上述情况。如果这些情况是不明显的，就应当搜寻它们，
276 或者至少应假定它们是存在的。只有在这些情况碰巧显露出来时才予以考虑，这明显是不公平的。于是，从逻辑上说，这个半责任的条款指导着每一种情况。其结果是，通过这个法则建立起来的刑罚证明是无用的，因为不可能通过规定的方式来实施这种刑罚。

但是，通过什么标准，我们才能减轻适用于罪犯个人的刑罚呢？这个问题没有得以解决，它和以往一样也显得突出。即使相

对责任的原理得以承认，纵然我们也知道对自由意志的偶然限制会“无限地”改变，我们怎样去主张相对责任对所有的人都是平等的呢？

简言之，道义责任的原理只能导致刑事遏制的目的失败。

二、不可抗力

但是，这并不是全部的。在现代立法中，已经承认内心的不可抗力之原理，教条主义者认为这个原理具有真正的进步意义。但依照我的想法，这恰恰是相反的。首先，采用这个原理明显地使刑法隶属于特定时期占统治地位的原理。正如前面所阐述的，对于决定论者来说，由于先前存在的原因，犯罪行为就如同其他善行、恶行和中性的行为，是一种必然的结果，是意志的一种表现形式，而该意志处于胜过其他动机的影响之下。驱使一个人在最普通的时机下实施行为的不可抗力，与驱使他去实施最特别行为的不可抗力相比较，并不更小。如果所有的事物都被确定，那么所有的事物同样是不可避免的。可抵制的冲动可能遇见另一种比它更强劲的冲动。不可抗力的冲动比其他冲动更强劲，这已被证明。行为本身就是不可抗力冲动的证据。如果抵制了冲动，那么行为将不会发生。

除了我们所承认的自由选择之外，也就是说，除了任意和未确
定的意志选择之外，“道义责任”只是一种缺乏意义的用语。如果 277
把道义责任认作是犯罪的一个因素，那么，怎样才能理智地宣布判决呢？

由于决定论不是一种很流行的学说，并不能使法官和陪审团有规则地宣判罪犯无罪，它的提出仅仅是为了一致性的缘故，所以，我们可能会被告知：危险并不严重，在数年内危险可能不会来临。无论怎样，以不可抗力的犯罪冲动为借口而宣判十足的恶棍无罪的情况确实有可能发生，而且事实上已经发生了。用最直率的方式说，这个原理抵消了社会防护的行为，这是因为甚至连罪犯都畏惧的罪大恶极罪犯的邪恶冲动是很迫切的。

注释者并不是没有确定不可抗力明确的范围，这是事实。他们大多数也认为，为了包括在这个原理的范围之内，不易识别的冲动应当来自于似乎有理的动机，最低级和最邪恶的动机对认识冲动是无用的。尽管没有隐瞒这个原理，也使它得以运用，而且它一直是迫在眉睫的，但是，限定不可抗力范围的所有企图都只是一些可能在一夜之间就改变的观点。不可抗力被认作是一种没有人能够抵制的力量。如果别人委托一个出纳员照管的钱引起了他的贪心，那么，谁能告诉我们这个出纳员的贪心与失恋者的单相思相比，是不是更能予以抵制呢？谁能告诉我们单相思与被情人抛弃后的心情相比，是不是更能予以抵制呢？再者，对于不同的个人来说，其冲动应当予以抵制，但事实上没有予以抵制。对于这种情况，我们怎样去评估抵制的程度呢？

这些联想是来源于事实的。在意大利，不可抗力的原理不再通行，它已经从新的刑法典中删去。但在它作为刑法法则期间，它导
278 致各种类型的杀人犯逃脱了定罪。这种数以百计的情况已经发生。一个流氓被雇佣去玷污背信弃义的女雇主，不可抗力的原理实际上有时就会导致这个流氓被宣告无罪。这个原理有时也十分有利于伪造者，甚至有利于盗贼。简言之，由于这个原理在法律上是有效的，所以它为罪犯提供了避难场所。在意大利，当对极为残暴的犯

罪所作的起诉进行答辩时，不可抗力并不经常提出，这是因为被告人的辩护人知道陪审团对此充耳不闻。普遍的情感反对纵容某种罪犯的说法。基于不可抗力的冲动而实施犯罪的人不应被惩罚，如果不考虑这是否是法则，那么，尽管谋杀者的冲动明显是不易识别和由疾病所引起的，陪审团将总是宣判那些基于纯粹的残暴和乐于看见流血的动机而杀人的谋杀者有罪。盗贼越是经常地实施犯罪行为，他所遭受的惩罚也就越严厉。可是，假定一个职业性盗贼出身于犯罪的家庭，从幼年起就被传授偷盗的经验，被排斥于诚实人的社会之外，不断与其他罪犯交往，总之，他完全缺乏畏惧感或约束感，而且不可能或不奢望去改变他的生活方式。我们到哪里才能发现一种不能抵制犯罪冲动的完人呢？如果不可抗力的答辩几乎没有成功的希望，以至于被告人的辩护人不敢提出这种答辩，那么，这明显是自相矛盾的。如果不可抗力的原理得以公认，那么在这种情况下，它怎么能被拒绝呢？事实上，社会的利益，即危险的犯罪应当被彻底禁止，完全地压倒了不可抗力的原理。为了剥夺危险罪犯的自由，陪审团有必要去发现他们应负责的问题，即发现他们能够抵制堕落的冲动。但是，如果他们缺乏善良的秉性，如果他们既不是自重的人也不是畏惧上帝或法律的人，那么他们怎么能抵制堕落的 279
冲动呢？难道果真需要决定论所断定的结论，即“罪犯不是别的，而正是罪犯”吗？

如果那样，罪犯就不负责任。因此，按照我们正在讨论的理论，他们也就不应受惩罚。社会有理由感谢陪审团不经常以这种眼光考虑问题。事实上，不可抗力冲动的存在已经成为宣判无罪的根据，但这种情况在逻辑上并不能百分之百地说明应当承认不可抗力的理论。尽管这个理论很显然几乎没有被极力主张，但是，当它在意大利法律中通行时，可以时时听到对滥用这个理论的控告。不可抗力的答辩被确认的新事例，足以招致陪审员处于公众义愤风暴的顶点。陪审员根据自己的确信，已经回答了摆在他们面前的问题：他们已经发现其所确信的事情是事实。但是，以公众的意见看，陪审员做错了，因为他们的裁决导致极端的罪犯被宣告无罪。为了保持诚实，他们是不是应违背自己的良心来回答摆在他们面前的问题呢？人几乎不能处于违反原则而行事的地位。

以上就是不可抗力原理所导致的情况。这个原理是依据抵制犯罪欲望和冲动的可能性来确定责任的。有一种荒谬的学说认为："除非罪犯是蓄意要实施犯罪的，否则他就不是罪犯。"不可抗力原理的推论与这个荒谬的学说是相同的。

第三节 道义责任：精神病

法理学家对犯罪的研究没有考虑精神病方面的问题。一旦精神错乱的事实得以确立，就会加速对法理学家研究的否认。在此，我们遇见一个问题，这个问题在逻辑上是我们所讨论的最后一个问题的继续。如果在确定谁是罪犯和什么是犯罪时，把道义责任的
280 因素放在一边，是不是就会导致这种结论，即：不考虑作为犯罪原因的精神病因素，社会就应当对精神病患者所实施的犯罪做出反应呢？我们可能期望立即得到这种回答："当然，社会应做出反应。事实上，社会通过把精神病患者收容在精神病院的措施来对此做出反应，这种措施也正是将精神病患者从社会生活中予以消除的一种

方法。社会甚至不考虑精神病患者是否实施了有害行为，仅基于精神病的事实就采取了这种方法。精神病患者在精神方面的病态，可能导致他们实施所有类型的有害行为。正如游手好闲的事实，道德上的病态也有可能导致他们实施所有类型的犯罪。但是，当精神病患者所实施的行为对于健全人而言是犯罪行为时，那么在这种情况下，对精神病患者所采取的收容在精神病院的方法就完全不同于惩罚的方法。”

毫无疑问，精神病患者所实施的行为可能显示出犯罪行为的外部特征，而他们实际上不是罪犯。以莫兹利提及的情况为例：一个女人“梦见她的孩子对她哭喊，说房子着火了。在醒来的混乱状态中，她为了救她最小的孩子而将孩子扔出窗外”。[①]没有人会认为她是罪犯。除非行为与目的是一致的，否则犯罪是不存在的。上述法则也指导着这种情况：行为是癫痫发作的结果，是精神病冲动的结果，或者是导致良心丧失的躁狂症发作的结果。但是，如果一个疯子想要实施他所计划的行为，那么，这个情况能否使我们有理由确信他所实施的行为就是犯罪行为呢？我们知道，在许多情况下，精神病患者的确打算破坏或烧毁财产，或者甚至打算实施杀人行为。对上述问题的回答必须是否定的，这是因为按照我们的理论，犯罪仅仅是作为品质的显示物以及不正直、邪恶的结果而予以存在的，
它们可能是先天的，也可能是后天的，但都转化为一种本能。天生 281
的犯罪引起我们对精神病患者所实施的新犯罪的认识。因此，疾病并没有夺去个体想象的能力，这个认识对于犯罪的存在来说是必需

① Maudsley, *Responsibility in Mental Disease*, C.Ⅶ.

的。即使个体缺乏想象的能力，但除了他的品质完全湮灭之外，这个认识不再是可更改的，而这也是我们不得不予以处理的问题。简言之，他不再具有精神上的个性，这种结果也发生在躁狂症、痴呆和进行性的麻痹等情况中。

就某些颅骨痛或精神神经病来说，虽然它们没有消除想象的能力，但也或多或少地导致想象能力的严重失调，个人的品性也经常剧烈地变化，以至于不能被认识。精神错乱事实上是精神变态的原因，但它并没有阻止持久特性的产生。癔病和忧郁症也是这样的。如果这种精神病患者易受犯罪的冲动影响，如果他们显露出杀人、盗窃、放火、强奸（杀人癖、盗窃癖、放火癖、色情狂）的倾向，或者显露出犯罪的倾向，那么，由于其中的任何一种癖好都破坏或损害了道德意识，我们将被迫得出这种结论：他们已经具有了犯罪的特性，而且在他们身上可以看到继续犯罪的迹象。①

于是，问题就得以解决了。事实上，他们是罪犯，是患有精神病的罪犯。换言之，他们是一种特殊的罪犯。他们精神上的异常很可
282 能随着他们所患疾病的不同阶段而波动；他们的品性能够改善，甚至能够回复到以前的状态；道德感的完全回复或者完全消失都是可能的。

---

① 关于这个问题，如果引用塔尔德的论述，可以这样说，如果罪犯是正被谈论行为的引起者，他就是他自己。对于塔尔德来说，责任的基础是个人的品性；对于我们来说，责任的基础是道义上的特性。依照我的观点，这两者都可以归结为同一种情况。如果精神病实际上存在于系统化的关于犯罪的观念中，其结果就应是上面所提到的。当道德意识被破坏时，就应该用刑法来处理。关于这个问题，请参见普利亚所著的一篇优秀文章“Il principio genetico del diritto di punire”（Scuola Positiva，Naples，1892年1月15日和30日）。普利亚完全支持这种理论。关于这个问题，也请参见G.菲奥雷蒂：“Genio e follia”（Naples，1902）。

如果事实是这样的，那么很明显，就应对患有精神病的罪犯予以特殊矫治，即矫治导致他们犯罪的疾病。得出这个结论并没有使我们陷入自相矛盾之中。相反，它又重申了我们的主要理论，即根据罪犯的个性来遏制犯罪，也就是说，一方面，根据罪犯不爱社交的程度；另一方面，根据罪犯适应的可能性来遏制犯罪。这个结论（在这点上，我们与法理学家的观点相一致）的最主要含义是指对患有精神病的罪犯不应适用死刑。对此，我们的观点似乎是不连贯的。但是，事实恰恰是相反的。如果疾病损害了一个人的道德意识，破坏了他的品性，那么就不能以观察其他罪犯的眼光来同样观察由疾病所引起的堕落现象。如果他丧失了社会生活的适应性，那么就显示出一种不幸的征兆；尽管他可能与谋杀者一样危险，但他不是与谋杀者一样是令人憎恶的。由于适用死刑的一个必备条件是不存在对罪犯的同情，所以，对患有精神病的罪犯适用死刑就是不合适的。就疾病而言，同情感比消除感更强烈，因为患者是需要帮助的，而且帮助患者是社会的责任。其结果是，如果社会要对患有精神病的罪犯做出反应，它就没有权利消除他们。如果消除是必需的，也只能通过把他们终身收容在为这种罪犯所设立的精神病院的方式来实现。

因此，那种认为我们的理论是过高推论的批评是完全缺乏根据的。波扬在1880年这样说过："如果我们要接受加罗法洛的理论，我将会问道：我们是不是要区别罪犯与不可矫治的精神病患者呢？为什么我们不应处死那些其疾病是不可矫治的、危险的疯子呢？"①

① *Revue Philosophique*, Jul. 1880（Paris, F. Alcan）.

283 我们需要进一步研究的不是波扬所说的区别，而是我已经设立的理论本身。这种进一步的研究是从犯罪的概念开始，以适用死刑的条件而结束。如果一个罪犯的品性不是永久堕落的，也就是说，如果一个罪犯不是典型的罪犯，而是偶然犯罪的罪犯，那么，我们就不能设想对这个罪犯所适用的死刑。精神病并不能产生永久的道义特性，道德堕落是短暂的并能够改变。对患有精神病的罪犯予以遏制是我们惩罚制度的一部分，这是因为我们对“惩罚”一词的理解与法理学家的理解是不一样的。但是，对患有精神病的罪犯的遏制应具有不同的形式，这些形式应适合于疾病所导致的品性变化，适合于随着疾病的不同阶段而波动的品性变化。毫无疑问，从决定论的观点出发，正如不能因为畸形而责备畸形的东西一样，也不能因为患有精神病而责备精神病患者。然而，这两种情况对社会同样都是危险的，因此，必须遏制这两种情况。但是，遏制的方法是不一样的。如果违背怜悯情感构成犯罪，那么，处死患有精神病的罪犯就违背了怜悯情感；但对极可恶的罪犯处以绞刑，并没有违背怜悯情感。

但是，我们可能被问道：如果怜悯这种社会的情感并不及于天生的罪犯，那么，随着认识的发展，这种社会情感会不会发生变化呢？如果所有的人都认识到谋杀者的残忍是基于心理结构的缺陷，他是不是就值得怜悯呢？是不是应以观察精神病、癫痫病和其他神经错乱症的眼光来观察他的反常呢？对此，我认为上述的变化是不可能的，这是因为怜悯情感与理性的结论是完全一致的。这两种患
284 者是完全不同的。对于谋杀者，人类学的发展将会明确它的意义，而我们不得不处理这种在本质上是犯罪的个人特性，而且这种特性是永远不变的；对于精神病患者、癫痫病患者和其他神经错乱症患

者，由于偶然的事件，他们的个人特性变成犯罪的特性，但这种特性未必是永久的。简言之，个人天生的特性与偶发的特性在性质上是截然不同的。天生的特性构成他真实的和难以恢复的特性，而偶发的特性来自于他身体的恶化。偶发的特性就像其突然产生一样，也可能突然消失，这是因为它不是基于生物体内的力量而产生，恰恰相反，而是基于一种向生物体开战并试图摧毁生物体的力量而产生的。

前面所述的仅仅是那些证明死刑是正当的众多观点中的一种。但是，我现在不关心这种论证。前面所述是为了明确适用死刑的确切范围，而死刑的适用是需要依据自然犯罪的理论的。

患有精神病的罪犯是一种特殊的罪犯。对此，我们的观点不同于法理学家的观点。按照法理学家的学说，精神错乱的事实阻止着犯罪的存在，一旦这个事实得以确立，就超出了刑法的管辖范围。另一方面，我们主张，尽管精神错乱的事实得以确立，犯罪仍可以存在。然而，这种犯罪不同于其他犯罪，即不同于这些犯罪：它们不是由永久的起因所决定的道义特性导致的，而是由短暂的病症所决定的道义特性，以及可以改进、恶化或变化的道义特性导致的。由于罪犯的疾病是变化的，所以，罪犯的危险性可能增加，可能减小，甚至可能完全消失。因此，在这种情况下，应当有一种特殊形式的遏制方法，这种遏制方法不是彻底地消除，而是把他们无期限地收容在精神病院中。例如，如果最初是由杀人起因的躁狂症转化为痴
呆症，这种情况是时常发生的，那么，对此就不再需要这种遏制方 285
法，而且患者可以在其他地方得到关照，或者回到他的家庭。于是，我们拥有一种消除方法，这种方法适合于患有精神病的罪犯，正如

其他形式的遏制方法适合于普通罪犯一样。通过这种方法，社会可以防护自己受到患有精神病罪犯的侵害，这正如通过一种不同的方法，社会可以防护自己不受非精神病罪犯的侵害一样。为什么一定要把这种犯罪排斥在刑法的管辖范围之外呢？

需要进一步指出的是，就选择而言，把精神病患者收容在精神病院是符合我们认作是真正的遏制之需要的。这似乎缺乏一种效果，即威慑效果，正如前人所说过的话："人们是不愿成为疯子的。"但我们应该记住，正如古典学派所论述的，威慑仅仅是一种次要和附属的效果，它不是惩罚的真正标准。再者，问题不是预防精神病，而是预防精神病患者可能实施的犯罪。如果精神病患者仅仅是瘾癖者，无期限监禁的威慑对他们并不是没有影响的。正如莫兹利所指出的，健全人做或忍住不去做的动机，在一定程度上影响了精神病患者，而且健全人绝大部分都认为剥夺自由是难以忍受的痛苦。[①]

如果患有精神病的罪犯可能被判有罪，并被处以无期限的监禁，他们很可能不会假装患有精神病。如果考察一下这种假装的情况，它
286 与想象的情况是一样普遍的。泰勒的调查使我们确信了这一点。泰勒调查了许多被宣判无罪的真正罪犯。他们都借口患有精神病，但通过调查发现，他们根本没有显示出患有精神错乱的症状。[②]在意大利，已经获悉了这种情况：以患有精神疾病为借口而被宣判无罪的谋杀者，由于确信将来不受惩罚，以至于公开宣称他们不畏惧

---

① Maudsley, *Responsibility in Mental Disease*, C. Ⅰ.

"由于害怕可能蒙受因沉溺于极端的嗜好所导致的损失或更严密的管束，收容在精神病院中的精神病患者毫无疑问在一定程度上不敢做坏事，而且将自我约束"（Ibid., C. Ⅴ）。

② Taylor, *Principles and Practice of Medical Jurisprudence.*

法律。甚至在这种情况下，有一个罪犯已经谋杀了两个人，并且企图杀死第三个人。据说他公开宣称他可能不冒最小的危险而杀死他乐意杀死的人。[①]

此外，法理学家基于需要而武断地设立患有精神病被告人的范围，他们拒绝考虑患有偏癖狂被告人的利益。[②]如果罪犯所患有的精神病成为刑事遏制的原因，就不再需要设立患有精神病被告人的范围。如果没有歪曲科学的学说，社会将会发现上述所说的适当的保护方法。基于这一点，社会将会用一种处理特殊罪犯的方法来处理患有偏癖狂的罪犯。为了处理这种罪犯，社会将使用一种必要的消除方法，即把罪犯无期限地收容在一种半监狱、半医院的机构中。如果这种罪犯已经完全消除了危险性，审判和判决他们的义务，以及考虑他们自由的义务就会委托给司法权。

现行制度所具有的无意义的明显特征，是把不完全的精神病看作是可使罪行减轻的情节。在这种情形下，虽然处以法律所规定的刑罚，但监禁的期限被大大地削减了。正是因为这种明显的特征，杀人、放火的情况发生了，事实上这种犯罪每天都在发生。除了极为危险的罪犯之外，偏癖者可能会逃脱几年监禁的判决。如果我们
坚持这些罪犯是真正的精神病患者，其结果将是终身监禁他们，或 287
者更为切实可行的方法是无期限地监禁他们。

实际上，这种可使罪行减轻的情节似乎仅仅是为了精神病学家的利益而存在的。正如某个作者所公正论述的："不管刑法的缺

---

① See Lombroso, *Incremento del Delitto in Italia*, p.107 (Turin, 1881).

② 关于这个问题，请参见Adolphe Franck, *Philosophie du Droit Pénal*, C.V, p.140 (Paris, F. Alcan, 1880)。

陷有多大,刑法所导致的损害不能与精神病学家所遭受的损害相比较。也就是说,如果被告人看到这种可使罪行减轻的情节不适宜于断定他完全不承担责任,那么,至少有一个精神病学者可能用一个犯罪的情况来证实被告人所承担的部分责任。如果法官和陪审团有时敢于不考虑这种证据,或者完全厌恶证人的答辩,那么,由此所不断导致的无罪判决将是众所周知的丑事。"[①]

第四节　道义责任:醉酒

我们坚决主张的学说与盛行的刑法学说是有较大差别的,这种差异点就在于醉酒的状态。为了确定刑法应如何处理醉酒的状态,逐渐形成了许多不同的理论。其中一些理论已经不幸地被刑事立法所采纳。普遍适用的条款已经试图去确定责任的问题。醉酒实际上已经被置于与精神错乱同等的地位。如果这样,刑罚的严厉程度就取决于罪犯醉酒的程度,结果是罪犯或多或少地被严厉惩罚。但是,如果罪犯没有喝醉,他所遭受的刑罚就轻。

相反,实证主义学派的犯罪学学者不寻求建立任何一般的法则。他们区分醉酒和酒精中毒;醉酒的结果仅仅使特性逾常,而酒
288 精中毒实际上是一种疾病,并能够彻底改变特性。在醉酒情况下,对罪犯的处理应当依照处理在正常状态下实施犯罪的同样方式,这是因为酒精的刺激仅仅是偶然原因,它揭示了犯罪的天性。具有温和特性的人无论喝了多少酒,也决不会在酒馆的争吵中刺死他的同

① Frassati, *Lo Sperimenta Lismo nel Diritto Penale*, p.327 (Turin, 1892).

件。于是，醉酒的人可以比作是性情暴躁的人，他在大发雷霆中，实施着宁静性情的人不会做的行为。尽管性情宁静的人可能叫嚷、做手势和实施放肆行为，但他决不会实施真正的犯罪行为。除非犯罪的天性是与他的狂怒相联系的，否则在上述情况下，他不可能因狂怒而成为谋杀者，这正如具有同样犯罪天性的、性情宁静的人，在明显不动感情的情况下，他也会成为谋杀者。我们在此面临的问题不是责任的扩大或减少，而是社会如何防止谋杀者、不动感情的人、性情暴躁的人以及精神病患者和醉酒的人。社会必须采取的方法可能是不同的，但每一种和所有的方法都应直接达到目的，而不是走上歧途，去无效地寻求责任的确切程度。

为了确定醉酒的人是否实施了犯罪行为，我们必须查明犯罪人的本性是否与个人的特性一致；必须查看行为的残忍性或邪恶性是否因为与罪犯的倾向一致，以至于可以确定醉酒是决定罪犯倾向的唯一结果，并且使这些倾向清楚明白。在醉酒状态下实施的犯罪行为大多在这种情况下发生：被告人因同类的犯法行为而在先前已经被宣判有罪。也有其他一些情况：尽管先前没有宣告被告有罪，但被告人所拥有的坏名声是众所周知的。如何处理上述罪犯呢？必须彻底地不考虑罪犯的醉酒状态，应当明确以他们没有喝醉
的方式来处理他们。但是，如果可惩罚的行为与被告人的特性明显 289
不一致，那么就可能出现问题（特别是在除了杀人和盗窃以外的其他犯罪中），而这不一致要求我们把犯罪仅仅归因于酒精的刺激。这种情况经常发生在诸如攻击（“袭击”）、伤害、放火、猥亵和诽谤等案件中。如果发生在喝醉之前，可惩罚的行为不是预先计划的；如果被告人没有企图利用酒精的刺激来强化已形成的目的，那么可

惩罚的行为就应认作是过失犯罪，而不应认作是真正的犯罪。

如果罪犯是由于慢性酒精中毒而成为容易感情冲动的人，那么情况就不是那样了。这时我们会发现一个持续的犯罪原因，这个原因将要持续下去，直至其堕落的原因消失。所以，这里所描述的罪犯其所需要的不是宽大的惩罚，而是特殊的矫治。正如患有精神病的罪犯一样，他们应被收容在精神病院中，这个精神病院兼有监狱和医院的特征。只有彻底矫正他们的堕落之后，他们才能出院。

第五节　道义责任：催眠状态

关于催眠的问题，本来无须长期纠缠我们。到目前为止，使用催眠术来诱发犯罪的事例并不太多；另外，也很难去证实这些事例。如果催眠术成为更加普遍的认识，而且罪犯趁机利用它，那么就需要一个明确的法则。依据任何一种学说，如果那样，尽管进入催眠状态的人仅仅被视为被动的工具——由于轻率地使自己易受催眠术的影响而过失地犯罪，那么，严格地说来，他也同真正的犯罪人一样，是可惩罚的，除此之外别无他法。然而，这会出现一个非常
290 不同的情况，即行为人为了防止自己的决心最终可能变得衰弱，因而使自己自愿进入催眠状态。按照古典学派的理论，他这时不存在犯罪的问题。无论他以前的企图是什么，如果在实施强奸、杀人或其他犯罪行为时，他不再拥有道义上的意志自由，并因而不能收回去完成先前的企图，那么，始终如一的陪审团就不得不宣判他可以不受惩罚。

我们理论的逻辑性引出一种相反的结论。在上述情形下，如果

关于强化已经形成决心的想法仅仅是一种导致犯罪企图不可改变的方法，这就不存在减少社会防护必要性的问题。这种情况类似于被告人在实施犯罪行为以前，故意使自己立即喝醉的情况。而且，只有在主体被命令去做的事与他的道义特性相一致时，他才会按照建议去行动。除非是相一致的，否则他就会拒绝建议，并使建议达不到效果。这看来是正确的。在许多年以前，我就提出了这种观点，这种观点现在已经被普遍接受。尽管可以引用许多例子来支持这种观点，[①]然而，这些证据仍然不足以得出明确的结论使我们必然断定：在按照建议的命令而采取的行动中，应当排除主体自愿参加的成分，或者建议仅仅驱使主体去做他想去做的事。

第六节 道义责任：未成年

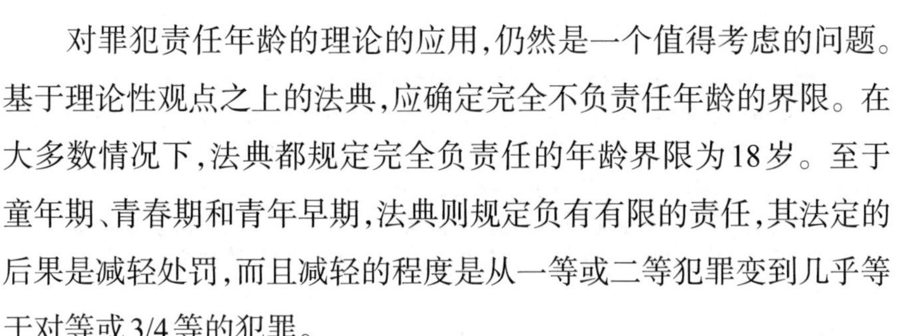

对罪犯责任年龄的理论的应用，仍然是一个值得考虑的问题。
基于理论性观点之上的法典，应确定完全不负责任年龄的界限。在 291
大多数情况下，法典都规定完全负责任的年龄界限为18岁。至于童年期、青春期和青年早期，法典则规定负有有限的责任，其法定的后果是减轻处罚，而且减轻的程度是从一等或二等犯罪变到几乎等于对等或3/4等的犯罪。

这种比较粗糙的法则完全没有考虑性别、成熟期和疾病的特征，就仿佛这些特征是不重要的。无须多言，实证主义的犯罪理论是不能接受这个法则的。正如我们已经指出的，犯罪心理学和

① 西格海勒在其著作 *La Foule Criminelle*（Paris，F. Alcan，法文版）中，叙述了许多关于这种特征的例子。

人类学为我们提供了认识那些天生犯罪少年的方法，也为我们提供了认识那些受家庭、朋友或不可救药的罪犯的不良榜样所影响的青年之方法。马罗和龙勃罗梭说道："有一定比例的罪犯，早在他们很小的时候就已经是罪犯了。这种结果可以归因于遗传。为了使情况更加清楚，可以这样说，如果他们当中有些人是不良教育的受害者，因为他们大多数都接受了不良教育，那么这种结果的出现也可以不归因于遗传。"[1]大量实例证实了这种观点。实施暴行和杀戮行为的倾向有时在年龄很小时就开始显现出来：除了完全没有受到刺激之外，这种倾向导致少年无聊地实施一系列严重侵害身体的行为。对于这些行为，法律一般只处以几天或几个月的监禁。这些行为屡次发生。如果一个人从来没有机会去
292 查看罪犯的档案，[2]那么他通常很难相信这些行为。即使注意到了罪犯的档案，它也不过说明了部分情况，即说明了那些已经成为司

[1] "I germi della pazzia morale e del delitto nei fanciulli"（Archivio di Psichiatria, Scienze Penali, etc., Vol.Ⅳ, No.2）。关于这个问题，请进一步参阅G.C.斯佩兰扎所著的一篇很有趣的文章"Criminality in Children"（*Green Bag*, 1903年11月）。也可以参阅佩雷斯：*L'éducation Morale dès le Berceau*, p.110（Paris, F. Alcan, 1888）。

[2] "犯罪记录"如实地表明着已归档的案件情况，它是一个提供分类的陈列室。由于使用了这种归档材料的陈列室，"犯罪记录档案室"一词已经被适用于被判有罪的个人档案。

"就犯罪的和矫正的情况而言，……由于'犯罪记录档案室'制度的建立，对嫌疑犯经历的调查就成为可能。其必备的观念在于保存本地的登记簿，保存个人出生的县级司法档案，保存无论何时何地对他所宣判的判决。……无论嫌疑犯或被告人何时出庭，由于了解了他们的出生地，所以，没有比获得他们司法上的个人经历更容易的事了。因此，在适用与再犯有关的法律方面，'犯罪记录档案室'是一种附属的机制。"基于需要，档案管理人员应提供"报告书"，或列举以前犯罪的摘录。这种制度是博纳维尔·德·马桑吉（Bonneville de Marsangy）提议的。1850年法国政府颁布了一个行政命令，开始实施这一制度。后来，意大利和其他国家也采用了这一制度（Garraud, *Traité de Droit Pénal Français*, Ⅲ, pp.168—170）。——英译者注

法审理范围内的罪犯的行为。

在许多情况下，残忍的谋杀行为直接、迅速地揭示着罪犯杀戮的天性。很久以前，人类学家可能就发现了这一现象。可是，我们经常容易饶恕这种罪犯先前所实施的犯罪行为，而这仅仅是基于他们在年轻时期实施犯罪这一事实。尽管他们经常有天生和持久堕落的现象，而且这些现象随着年龄的增长而增加，但事实上，他们不是应特别关心的主体，也不应认为激情是他们所具有的情绪。特别是在上述情况中，人类学对犯罪学给予了重要帮助，它为我们完整地描述了天生的谋杀者或盗贼在生理和精神方面**典型的相貌特征**。对于这种少年犯，如果犯罪学家确信他不得不处理天生犯罪的个人，不得不处理随着年龄的增长而对社会日益产生危险的罪犯，那么，他就应当要求采取适当的遏制方法。他应当坚持认为，终身隔离或者至少是无期限的隔离，应当取代监禁在所谓“矫治所”（确切地说，应称为“腐蚀所”）中几个月的方法。但监禁在“矫治所”中的方法通常是依据现存法律而对上述罪犯适用的。

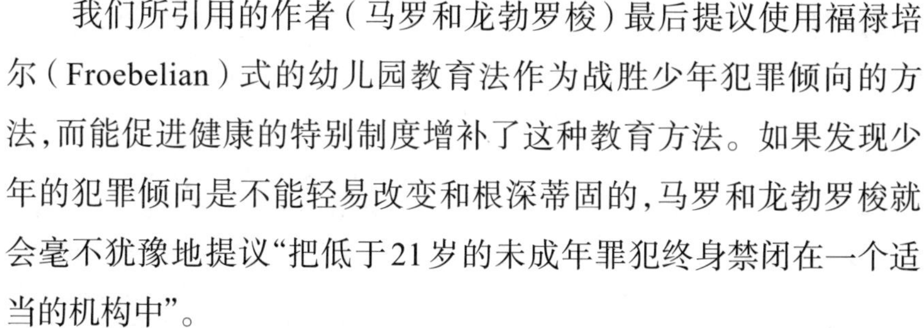

我们所引用的作者（马罗和龙勃罗梭）最后提议使用福禄培 293
尔（Froebelian）式的幼儿园教育法作为战胜少年犯罪倾向的方法，而能促进健康的特别制度增补了这种教育方法。如果发现少年的犯罪倾向是不能轻易改变和根深蒂固的，马罗和龙勃罗梭就会毫不犹豫地提议“把低于21岁的未成年罪犯终身禁闭在一个适当的机构中”。

对犯有滔天罪行的低于14岁或16岁的少年犯，法典只处以几年的监禁或监视，而且减轻与他们的有限责任相应的惩罚。在这一点上，刑法和科学研究所造成的惨痛是多么地明显！①

从我们对道义责任问题的扼要分析中，我们不是能得出这种结论，即上述学说明显地与社会防护的目的相矛盾吗？而且，甚至对于那些在一定程度上相信罪犯的自由意志是存在的人来说，这种矛盾的事实不是显然明了的吗？正如我们在后面所要看到的，尽管上述学说自称是把保护社会的利益作为自己的目的，但是它所导致的立法事实上什么也没有保护。这种学说在实践中的彻底失败可以从它理论上的无效性中看到。

第七节　罪刑均衡

294 我们必须注意古典学派的其他基本原理，即刑事均衡法则，换言之，刑罚的轻重应当与罪行的轻重相一致。粗略地看一下法则，它也许不是要不得的，但是，如果对它进行深入研究，就足以发现它所固有的缺陷。如果对这个法则所包含的两个术语进行详尽的研究，我们就可以立即发现，不可能在这两个术语之间确立任何对社会防护有益的关系。

① 前意大利刑法典确定21岁是负完全责任的年龄。然而，如果18岁至21岁之间的未成年罪犯实施了严重侵犯人类情感的犯罪，诸如杀害父母、附带杀人的抢劫行为以及相类似的犯罪，前意大利刑法典是不允许对他们减轻惩罚的。这种例外违背了法理学家一致性的想法，而且成功地置身于新法典之外。其结果是，出现了只有残忍的野兽才能做得出的犯罪行为。当这些罪犯在监狱服刑几年以后，他们又开始损害社会利益。必须说明的是，对于所有类型的犯罪，刑法典草案确定18岁为负完全责任的年龄。但是，上、下议院一致认为应确定为21岁，所以法典最终采纳了这种意见。

一、罪行的严重性

第一个术语，即罪行的严重性，是不能予以严密限定的，这是因为缺乏一种一致的标准。其标准有时是犯罪行为所造成的损害，有时是犯罪行为所引起的惊恐，有时又是犯罪行为所触犯的责任的价值。在这一点上，不同的学者有着不同的观点。意大利学者特别偏爱前两种标准，而罗西所创立的法国学派却支持第三种标准。然而，这些标准本身肯定是不能对问题的解决予以适当检验。其所得出的结论肯定也是相同的，这是因为作为实际的问题，惊恐必然由非道德的行为所决定，同时也由损害所决定。然而，由于罪行的种类和亚种类是有差别的，所以，罪行的等级正是与法律理论相抵触的一种武断的折中物。

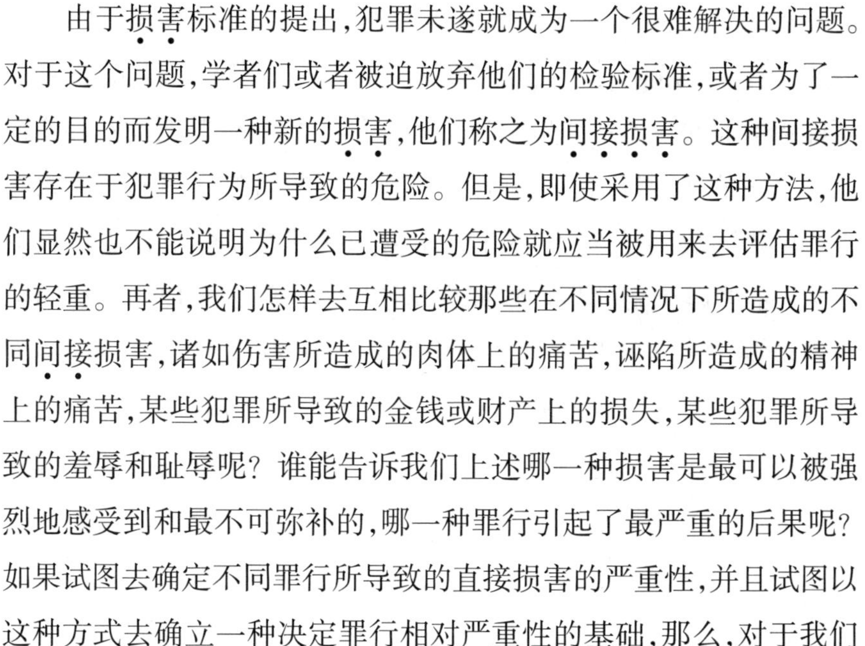

由于损害标准的提出，犯罪未遂就成为一个很难解决的问题。对于这个问题，学者们或者被迫放弃他们的检验标准，或者为了一定的目的而发明一种新的损害，他们称之为间接损害。这种间接损害存在于犯罪行为所导致的危险。但是，即使采用了这种方法，他们显然也不能说明为什么已遭受的危险就应当被用来去评估罪行的轻重。再者，我们怎样去互相比较那些在不同情况下所造成的不 295
同间接损害，诸如伤害所造成的肉体上的痛苦，诬陷所造成的精神上的痛苦，某些犯罪所导致的金钱或财产上的损失，某些犯罪所导致的羞辱和耻辱呢？谁能告诉我们上述哪一种损害是最可以被强烈地感受到和最不可弥补的，哪一种罪行引起了最严重的后果呢？如果试图去确定不同罪行所导致的直接损害的严重性，并且试图以这种方式去确立一种决定罪行相对严重性的基础，那么，对于我们

来说，这种企图是完全没有希望的。如果我们使用损害的检验标准，我们就被迫去评估间接的损害或社会的损害，也就是说，惊恐和不良事例的影响。但是，在这一点上，由于罪行的相对严重性应当由时间和地点的不同情况所决定，所以，我们只能从十足的经验论出发。我们应当按照公众对危险和惊恐所作的评价来评估它们的轻重，而不是按照限定的轻重来评估。这样，如果不了解罪犯的生活经历和心理，就不可能评估危险和惊恐的轻重。社会的危险并不是个人已经遭受的危险，而是持续下来的危险。就危险本身来说，已经遭受的危险并不具有社会性的意义，其意义仅在于它是一种能够使我们确定将来所面临危险的因素。

二、被违背责任的价值

如果把被违背责任的价值作为一个标准来予以适用，就只能产生一个新的问题。[①]我们怎么去认识不同责任所具有的相对价值呢？罗西回答道："如果问到什么是人类的良心，甚至幼童都能说出。公正的概念肯定不能在法律中找到它的渊源。"[②]但是，对人类良心的回答要到什么程度才能是确凿和一致的呢？罗西自己被迫
296 承认：不能以个别的事例来研究所谓"良心"问题。他的方法同样也不能确定基本的范畴。对此，怀疑是占优势的。"也许存在一个永恒的道德标准，能够确定某些行为是邪恶的；但毫无疑问，不存在普遍的和永恒的道德标准，让我们可以用来判断某种行为比其他

① See Carrara, *Programma del Diritto Penale*, § 184.

② Rossi, *Traité de Droit Pénal*, Book Ⅲ, C.Ⅳ.

行为更为邪恶。”[①]一位德国学者补充道：“在任何情况下，我们都不能断定：依据道德的观点，一些特定的罪行在严重性上胜过其他罪行。”[②]对于不同类型的责任，不仅个人的理解是很不一致的，总体的社会阶级对它的理解也是很不一致的。必须着重指出的是，这里相比较的术语不是同类的。毫无疑问，公共良知会毫不犹豫地断定：诸如偷盗、强奸、诈骗和渎职等行为是犯罪行为。但是，如果问到上述每一种犯罪行为所固有的非道德的程度，公共良知就只能缄默无言。

无论什么方法都不能使我们绝对地去确定罪行相对的严重性，这是事实。有许多需要考虑的因素。我们不得不考虑物质损害的严重性、非物质损害的严重性、行为所固有的非道德的严重性、危险的严重性以及惊恐的严重性。对于这些因素，我们有什么权利只考虑某一因素而忽略其他因素呢？

三、刑罚的轻重

尽管有这些困难，但至少对主要的犯罪种类建立了犯罪的等级；针对犯罪的等级，也建立了相似的刑罚等级。如果刑罚的最高等级和最低等级与罪行的最高等级和最低等级相一致，那么，刑事问题就视为解决了。这样，我们就明白了古典学派所谓的“刑事均 297
衡”。最伟大的思想家并不因为疑虑而不赞成“刑事均衡”，这是事实。例如，罗西认为“这种方法并不是使我们走上正路的里程碑”。但他没有提出其他方法。对于我们所面对的犯罪和刑罚这两种对

① Carrara, op.cit., § 184.

② Von Holtzendorff, *Das Verbrechen des Mordes und die Todesstrafe*, C.19.

应的关系，他认为："正如我们转而说到的等级问题，我们有可能认识几种刑罚或刑罚的等级与几种罪行之间的关系。"然而，他后来又认为我们缺乏正确的出发点，因而问题依然没有解决。[①]

如果这个杰出的学者能够完全使自己听从于这里所论及的方法，这也仅仅是因为，他不认为通过预防犯罪而进行的社会防护是刑罚的真正目的。他信奉绝对的公平，并因此认为必须以恶制恶。那些认为预防是刑罚的主要目的的学者也采纳同样的方法，这是令人费解的。从逻辑上看，因为实现预防似乎是刑罚的主要目的，因而，我们的第一步应该去发现预防的程度，因为不同的刑罚所导致的威慑能够实行预防，而不应是去设立一种纯理论的均衡，因为这不可能有助于实行预防。

罗曼格诺西和费尔巴哈所提出的理论多少有点合理的成分。在这一点上，刑罚与犯罪的欲望或犯罪的冲动程度是相均衡的，所以，刑罚可能有助于反冲动，能够去战胜犯罪的欲望。但是，正如已提出的理论，这种理论趋于威慑——也就是说，倾向于对有罪的人设置一种手段，社会可以藉以震慑他人。按照他们的理论，刑罚的增加应该与犯罪冲动成正比，这是因为，按照他们对此的解释，犯罪冲动愈强烈，对社会的危险也就愈大。如果我没有误解，这也正是

298 这种理论论证不充分的论点。这个论点也就是说，一旦犯罪行为予以实施，它对社会的危险也就减小或者不再存在。在将来，犯罪冲动可能不再具有同样的能量，因为实施犯罪行为时的冲动力可能是在特殊情况下作用的，而这种特殊情况将不再发生。假使那样的话，

---

① Rossi, op.cit., Book Ⅲ, C.Ⅵ.

我们就应该惩罚罪犯，这不是因为由罪犯所引起的危险，而是因为他人所担忧的危险。另一方面，即使引起犯罪的冲动是微弱的，这也并不能证明将来就不存在强烈的犯罪冲动。正是因为对犯罪冲动的遏制是软弱无力的，才可能激励犯罪的冲动力。欲望并不需要是很强烈的，情欲也不需要是很激昂的，仅缺乏道德意识就足以导致盛行的犯罪活动。再者，在现在，反冲动是不适当的，正如以前反冲动是过分的。因此，刑罚的唯一目的应是间接预防。对罪犯处以刑罚，不是因为他有实施犯罪的倾向，而是因为其他人可能以他为榜样而实施相应的犯罪。阻止我们采用威慑理论的原因已经充分说明了，这里就不再赘述。我们信奉这一点，即对罪犯必须施以损害仅仅是因为罪犯自身所引起的危险。**特殊预防**应是刑罚的直接目的。**一般预防**是刑罚的偶然效果：正如已经认识到的，当所采用的方法完全适合于罪犯个人时，一般预防也就产生了。

于是，我们必须评估的并不是犯罪欲望的强弱，而是抵御犯罪冲动的强弱，换言之，即罪犯个人道德观的强弱。也只有这样，我们
才能认识到底担忧罪犯什么。如果这是可能的，问题就彻底解决了。 299
问题依然是，使预防的方法与行为人持久的堕落程度相适应。因此，寻求一种罪行的定量标准是完全无益的。

因为在比较的术语之间缺乏共同性，所以要建立上述一种标准是困难的。我们在上面已指出了这一点。即使我们可能把比较限制在同种犯罪中，我们的努力也不会有什么结果。使用损害的检验标准只会使我们去评估受害者应受的物质或金钱上的补偿。至于上述所提及的其他标准，除了说明罪犯持久堕落的因素之外，它们没有什么价值。

于是，必须彻底抛弃刑罚的等级。随着刑罚等级的消失，所寻求建立的关系也就失去了它的意义，而且刑事均衡的问题也就不存在了。

四、正确的调查应针对适应问题

反之，我们应当处理的问题是在各种类别的犯罪中，**罪犯对社会生活的适应问题**。换言之，我们的努力不应是评估罪犯所承受的损害程度，而应是确定遏制的方式，而且这种方式应当很适合于罪犯的特性。

有些人可能会喊叫道："什么？你难道要混淆对偷窃20法郎的人和对只偷窃20生丁的人所实施的惩罚吗？"

我的回答是我不清楚，因为问题是不能抽象地决定的。对此，我们所要确定的重要问题是，在这两种盗贼中，哪一种具有较强烈的犯罪倾向？哪一种对社会的危险较大？这很可能是前者，但也很有可能是后者。

我们的目的不是根据所偷窃东西的价值来确定犯罪所导致的
300 损害程度，而是要指出适当的遏制方法，换言之，是要指出可以防止危险的方法。因此，只能以一种方法来系统阐述问题。"通过什么方法，我们才能确定罪犯持久的堕落程度和他依然保持的社会性程度呢？"

为了回答这个问题，我们首先需要回想我们在研究罪犯的异常时所得出的结论。通过分析，我们已经确定了不同种类的特性，所以，我们应当比较这里所论及的特殊罪犯和其他类别的罪犯。我们应当谨慎，不应排除犯罪的"客观"情况，现存的法律正是根据这种

“客观”情况来确定罪行的严重性。相反，我们应当从中进行选择，选择那些真正表明堕落情况以及那些能使我们把现有的事实划入适当的类别中的情况。例如，表明加重盗窃特征的情况毫无疑问应进行审查。但是，这种情况只能作为其中的一种因素，使我们能够确定是应把罪犯划入天生盗贼的类别中，还是应划入游手好闲的盗贼、在少年时期因未被好好地照管而盗窃和堕落的盗贼、不良交往所导致的盗贼、因家庭环境的不良影响所导致的盗贼等类别中。

为了达到这个目的，我们应当了解罪犯先前的历史，而且必须尽可能详细调查罪犯的家庭和社会关系。罪犯的年龄应是一个很重要的情况。我们也应当调查罪犯所受的教育、职业和生活的一般目标。

我们已经强调了进行这种调查的困难。然而，刑事法庭每天也在进行着完全一样的调查，这是事实。不同的是，它们所调查的结果在已经进行的判决中没有被充分地考虑。依据通行的法律，上述
情况只影响了惩罚的程度。然而，对于我们来说，这些情况恰恰决 301
定着所需要的遏制方式以及必需的惩罚方式。

罪犯适应的可能性将会自然指出遏制的方法，也就是说，如果罪犯所处的环境条件可能导致他不再是危险的，那么，这个环境条件将会自然指出遏制的方法。例如，如果一个罪犯实施了盗窃行为，那么，所要确定的第一件事（而且是从主观特性出发）就是：我们是必须对他适用消除的方法，还是对他仅仅实施的强制赔偿的方法就足够。如果发现消除是必不可少的，我们就应考察是否该把罪犯终身或无期限地拘留在海外的惩戒营；如果罪犯的年龄证明有希望对他进行道德改造，那么，是否就不应采取把他关押在农业殖民

地或工业企业中的消除方法。

波莱蒂在认为已指出的标准是有效的同时,已经力图使标准与责任理论相符合,也就是说,使标准与相对责任的理论相符合,因为他不能再构想出其他的事物。他说:“就预防而言,如果对行为增加责任感,以及增加对刑罚的畏惧感,因为在一般情况下,刑罚足以阻止犯罪,那么,我们就能实现标准与责任理论的相符合。至于遏制,我们也能达到同样的效果;如果责任感和畏惧感不足以预防犯罪,那么,我们更要实施具有威慑力的刑罚,而且刑罚的程度应当是法律所认定的足以防护自己的程度;另外,我们更要抑制实施新犯罪的欲望。”但是,法律所认定的足以防护自己的程度是否就是经验所显示的不足以防护的程度呢?这似乎不太可能是作者的观点,因为这种假设不能有助于目的。如果法律所确立的刑罚真的足以预防同样一部分罪犯去实施新的犯罪,那么,是否由此在逻辑上就得出
302 这种结论,即所提出的标准是切实可行的解决问题的唯一标准。

如果我们采纳波莱蒂所论述的观点:“犯罪现象是缺乏与他人进行合法交往适应能力的结果,而且对这种人的矫正应采取刑罚的方式,”[①]那么,为什么我们就不专注于上述出发点所必然导致的结果呢?如果把上述出发点归结为刑罚的标准,为什么我们不接受由此所导致的后果呢?如果废除死刑,为什么我们把所有的刑罚折合为一种类型,即预先明确确定一定期限的监禁呢?我们被告知人拥有被尊重的权利。这种回答完全忽略了这种事实,即每一种刑罚都必然触犯人所拥有的一些权利。人的权利应限制在一定范围内,兼

① Poletti, *Il Sentimento Nella Scienza del Diritto Penale*, pp.126, 127 (Udine, 1882).

顾个人和社会的双方需要。但是,“个人”一词不具有刑法科学上的意义。对于通过实施犯罪而践踏他人权利的个人,如果社会不侵犯他们的权利,那么社会就不能防护自己。妨碍社会做出这种反应,我们又能获得什么呢?我们不直接关心去发现一种方法,藉以应或多或少地施以痛苦,我们所需求的是在目的与达到目的的方法之间认识最低限度的关系。所有的问题都转化为社会真正需求的问题。确定这个问题和准确地认识这个问题,这才是我们应付诸努力的问题。如果试图在其他方面寻求一种标准,这将会产生错误;假如立法采纳了这种错误,这将会造成灾难性的后果。

因此,依照我的观点,所谓均衡的古老标准应让位于适应的标准。在我早期的一本著作中,我就以一种略带差异的形式提出了 303

这种标准。[①]为了指明行为人积极、持久的堕落程度和其所畏惧的损失程度——换言之,为了指明行为人犯罪的能力,我发明了“可畏的”(temibilità)一词,此词在法语和英语中具有不同的意义。这种 *309*
检验标准只是在逻辑上补充说明了所谓刑罚是社会防护的武器的理论。如果在现在情况下有一些陌生因素,那么,它肯定不在于发表了这种检验标准,而在于社会防护理论的鼓吹者从来没有考虑使用这种检验标准。如果这种检验标准真的达到决定实施犯罪的地步,那么,有些社会防护理论的鼓吹者就会求助于罪行的客观严重性,而这种严重性是通过损害或惊恐来评估的;另一些鼓吹者则会求助于实施犯罪的驱动力。这两种情况都易受道义责任理论的限制。在考察刑罚在不同情况下所固有的价值方面,而这与所追求达

① *Di un Criterio Positivo della Penalità* (Naples, 1880).

到的目的相联系，他们都不认为这种检验标准是有意义的。

然而，要克服对一些词语所存有的偏见是不容易的。对于人类行为的“优点”或“缺点”、奖赏和惩罚的“公正”等词语所包含的意义，我们大概认为是无关紧要的。但是，我们不应持有这种想法。这些词语经常表述真实的事情——只要人类存在，它们就会持续下去。无论特性的形成过程是怎样的，无论转而构成特性的天性和倾向性是怎样的，也无论决定意志的动机可能具有怎样的诱发性，人类行为的优点或缺点正表明它们是由个人的特性和意志所决定的。尽管有些道德品性明显是由性格所决定，不可能由个人的自由选择所决定，但是，公众舆论不可避免地认为它们是值得赞扬的。这些
304 道德品性是英勇、坚忍、冷静和沉着。难道因为我们知道英勇在一个战士的家庭中是遗传的，就不应赞扬这个战士的英勇事迹吗？难道因为我们知道一个懦弱的逃兵不能抵制畏惧的力量，就不应谴责他吗？我们经常这样说：一些人通过不懈的努力而形成自己的特性。的确如此，但形成特性的意志力来自哪里呢？关于这种意志力的来源，我们只能在具有精神有机体的自然特性上去寻求。如果我们确信动机事实上是存在的，那么，至于哲学家所关切的动机是明显的还是模糊的问题，这又有什么关系呢？

对于我们习惯称作“天生赠品”的说法有着同样的看法。身体上的优点，诸如力量、美丽、优雅和才能等，都博得赞美，而身体上的缺点则引起厌恶。有一部分人是幸福的客体，尽管他们没有自由或者不可能拥有上述特性或缺陷，但是，赞美的表示必然引起他们幸福感的增加，而厌恶的表示则必然引起他们幸福感的减少。对善行的赞扬和对恶行的谴责正说明上述情况。如果善行和恶行是我们

自己特有的，也就是说，如果它们来自于我们的特性，来自于我们的个性，那么，对周围的世人来说，这足以使我们承认：幸福感的增加或减少是习惯于回报那些明显缺乏道德优点的行为。

如果决定性的力量不是别的，而正是自我，那么，为什么我们要拒绝承认一个已决定的行为所值得赞扬或该受谴责的方面呢？①
自我是决定性的力量，还是非决定性的力量呢？这是公众舆论需要  305
探究的唯一问题，也是为了给予赞扬或谴责、奖励或惩罚等所要探究的唯一问题。剩余的问题，诸如自我是什么，就只是一个无足轻重的问题。对我们来说，邪恶的人、残忍的人、堕落的人以及罪犯，的确都不能转变为诚实和善良的人；同样，他们的确也不是能够在空中飞翔的爬行动物。但是，世人和罪犯都不能控制自己的行为：他们没有自由去给予或撤回怜悯或憎恶、赞扬或谴责、奖赏或惩罚。一方面的需求面临着另一方面的需求。“优点”和“缺点”通常是与由道德品性所决定的行为相联系的。词语本身是不需要变化的，所需求的是纠正对词语意义的理解。

但有人坚持认为，对那些仅仅是堕落生物体的受害者施以痛苦就是对公正的损害。这也就是说，如果所施以的痛苦对社会的防护来说是必需的，那么就让抽象的公正去采取这种冒犯行为吧。所有的人都不断看到类似的不公正行为。人受到痛苦是因为精神上和肉体上的缺陷，是因为缺乏精力和智力，是因为生活中的不幸处境，而人们对此不具有改变的力量。缺乏记忆力或注意力的孩子在学

① “我们仍然需要探究，道德感能否适用于确定一个已决定的行为是否应赞扬或谴责。我相信道德感是可以适用的……”（波扬对我写的小册子*Di un Criterio Positivo della Penalità*之评论，载于*Revue Philosophique*，1880年7月）。

校是不会取得好成绩的。无论他是否发现这是他蒙受羞耻的最大缘由,他通常仍然位居全班的末尾。某职员因为智商低而没有提升的希望,他可能或早或晚地预感到会被辞退。我们能认为这些情况是不公正的吗?如果孩子的贫穷是因为父亲欠债,法律由此去谴责这个孩子,那么,法律自身是不公正的吗?如果优雅退缩于肮脏,那么,优雅是不公正的吗?如果一个听众用嘘声责骂一个在舞台上不能歌唱的男高音歌手,如果平民大众呵斥一个不胜任的将军,我们能说这是不公正的吗?

生活决不是没有使人苦恼的现象。我们拒绝相信富人可能
306 欣赏穷人的情况。这个富人可能是遁世者,也可能是唐璜(Don Juan)。有些妇女的微笑被热切地企求,而她们的姐妹却从未引起最卑微男人的粗略扫视。我们看到一些充满健康和活力的男人,也看到其他患有不可治愈疾病的男人。强壮的男人处于支配地位,而虚弱的男人则处于服从地位。为什么会这样呢?为什么所有的男人都并非是强壮、英俊、富裕、有吸引力和幸福呢?为什么不能让他们也享受几年可能存在的乐趣呢?为什么大自然对我的邻居是如此地奢侈,而对我却是如此地吝啬呢?

这些不公正的现象在创世时就已形成。在一种气候下,人是冷淡的;而在另一种气候下,人则是激动的。有的行星为耀眼的光环所环绕,有的行星充满着光和热,而有的行星则处处干旱和荒芜。我们甚至找不到两片完全相同的叶子。大自然是憎恶平等的,我们怎能企求人类社会也是平等的呢?

既然世界上没有平等的事物,那么必定有幸福的人,也有不幸的人,两者中无一不是由于他们的命运关系才如此的。这种不公正

的现象是不可避免的。人类的公正只有模仿大自然的公正,实现的方式是排斥不相宜的事物。但是,正如评估一个病人在医院中接受关照程度的标准完全不同于他得病的可能性程度,以及他可能避免得病原因的可能性程度,所以,评估遏制程度的标准也完全不同于实施犯罪的可能性程度,以及罪犯可能避免犯罪原因的可能性程度。

如果这有损于公正,毫无疑问,这是因为现存的刑法制度不能较好地运作。根据不可抑制的冲动不受惩罚的原理,现存的刑法制度认为不需要负责任的原因既不是天生的堕落,也不是在少年时代就抑制善良情感、根除优良天性以及消除悔恨可能性的破坏因素。它介入游手好闲的情况,也不顾这是自愿的,还是非自愿的。它对富人和不幸的穷人都科以同样数量的罚金,这笔罚金对富人来说是少量的数额,而对穷人来说,则耗尽他辛苦劳累多年才积聚起来的少量钱财。对普通人来说,监禁是一种无法想象的痛苦,而对流浪者来说,监禁则会给他们提供舒适的住处和惬意的场所,但是,现存的刑法制度对这两种人都科以监禁。有的人仅仅为了食物和避难所而实施犯罪行为,而有的人则发现监狱就像是一座活坟墓,但是,现存的刑法制度都将这两种人收容在监狱里。这据说是公正的!这种所谓的公正不是太远离产生我们制度的完美典范了吗?我们应当根据实验性的资料来考虑罪犯将来的危险可能性,而不是需要法官去权衡他们难以预测的因素,即犯罪冲动的抵抗力。我们不应提倡科以无用的刑罚,尽管刑罚是与体现罪犯自由意志的、假定的和难以下定义的因素相均衡的。反之,我们应提议,罪犯应当适应所需求的现有预防措施,应当严格地服从于社

会的需要。依据这种方法，罪犯将承受其应受到的惩罚，但这不是根据罪犯不确定的智能，而是根据构成罪犯个性的所有因素，即罪犯的精神、天性和特性。

我们的目的不是去产生不幸的事，反之，却是防止社会产生新的不幸，而这新的不幸已经预示要出现。对于不需要判处死刑的罪犯，人类的怜悯情感会介入，以便保护他们的生命，这是因为他们仍然有希望适应社会生活。但在其他情况下，诸如有些人由于畸形的道德而不再是社会的一部分，只是社会的敌人，那么，人类的怜悯情感则会默不作声，也没有人会对他们处以死刑表示痛惜。既然这样，莎士比亚说过："饶恕并原谅那些除谋杀者之外的杀人犯吧！"[①]但丁也说过："当她死亡时，就怜悯她吧。"[②]

308 如果为了预防其他人犯罪，就对那些没有证实是完全堕落的罪犯处以死刑，那么，这才真正地有损于公正。为了儆戒而科以刑罚，不管对个人还是对下层民众来说，这很可能是不公正的，但在战争时期、剧烈变革时期和专制政府统治时期，这种情况是出现过的。但是，如果刑罚的唯一目的是消除社会的敌人，如果刑罚只是一种**直接**预防和**特殊**预防的方法，如果刑罚适合于罪犯的**个性**，那么，刑罚就是公正的。刑罚无疑是具有惩戒性的，但它只能通过自然的效果来实施，根本不影响对自然效果的确定。这才是真正的公正。有句格言说明了真正的公正："人民的福利是最高的法律。"除了一个人的个性是应受惩罚以外，没有人应或多或少地承受损害。仅仅通

① 参见《罗密欧与朱丽叶》，第3幕，第一场。

② "如果她死了，就怜悯她活着时所做的一切吧！"参见 *Divina Commedia*, Book Ⅰ, Canto ⅩⅩ, 26, 27（Cary）。

过这个法则，我们就能排除利己主义和功利主义浮夸的可能性。

第八节　犯罪未遂

进一步补充关于现行刑法中的责任和刑事均衡的学说是次要的。现在需要对它们进行仔细的考察。首要和最重要的学说是关于犯罪未遂的学说（“暂定的学说”）。这种学说的创立是为了使自己适应于古典学派的理论，而这是相当困难的。

一、未遂的客观学说

在德国和意大利，有一种关于未遂的客观学说。依据这种学说，只有当意图在某种程度上已经实施，未遂才是可受惩处的。因此，这种学说认为，未遂只是意欲实施犯罪的未完成部分，正如意欲实 309

施的犯罪一样，具有客观方面（奥森布吕根、热伊）。最近也有这样一种理论，认为未遂是“一种适应于达到所意图的结果和具有犯罪的物质特性之行为”（科恩）。[①]在法国和意大利，犯罪意图需要通过完成在本质上可以引起犯罪的行为来证明。因而，如果行为人错误地使用不能犯的，或者不适当的手段来达到预期结果，未遂就可以免除刑罚。再者，绝对不能犯的手段和相对不能犯的手段之间是有区别的。尽管手段在特定情况下才能证明是不能犯的，但如果在一般情况下能够证明手段是能犯的，那么犯罪未遂就是存在的（卡

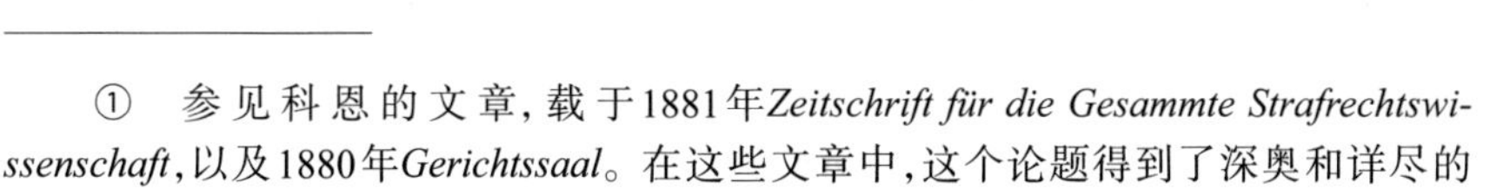

① 参见科恩的文章，载于1881年*Zeitschrift für die Gesammte Strafrechtswissenschaft*，以及1880年*Gerichtssaal*。在这些文章中，这个论题得到了深奥和详尽的论述。

拉拉）。这已是大家所公认的。我们也能够得出进一步的结论：尽管行为人选择了已经证明是有效的手段，但如果行为人对一些情况全然无知，并使用了证明是不能犯的手段，那么，这种未遂就是不受惩处的。假如A相信他使用的枪是装有弹药的，他用这把枪瞄准X，意欲杀死X并扣动扳机。但如果枪实际上没有装有弹药，那么，A的行为就不受惩处。同样，如果A不知道枪发生了故障，以至于开不了枪，那么，A的行为也不受惩处。

这些观点与下列原理保持一致，即未遂是部分地实施意图，换言之，它是构成犯罪事实的物质部分。这个原理坚决主张，法律不能承担对无内在有害行为的审理权。行为人是否不道德，甚至于是否危险，这并不重要，需要注意的是，危险是否是行为所固有的。如
310 果行为不具有犯罪的功效，犯罪就不存在。[①]“刑罚不是针对行为人所实施的表现为客观行为的犯罪，而是针对伴随于行为人所实施犯罪的行为”（卡拉拉）。

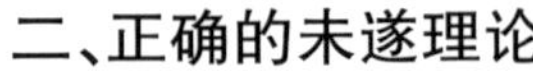

二、正确的未遂理论

依照我们的意见，正确的法则恰恰相反。我们在这方面的体系与法理学家体系之间的歧异并不太明显。关于犯罪未遂，我们认为是正确的观点，很接近许多德国学者所提出的主观学说。赫茨、施瓦策、范·比里和冯·李斯特都提出了著名的主观学说。按照罗马法的学说，意图只有在确定未遂问题时才有价值，物质性的事实是没有意义的。如果没有引起损害，那只不过是意思决定受到了打击。

---

① Geyer, “Über die sogenannten untauglichen Versuchshandlungen” (*Zeitschrift für die Gesammte Strafrechtswissenschaft*, Vol. Ⅰ, p.30).

这种意思决定是否使用了没有成功可能的手段，这并不重要。再者，不可能同时评价意思决定和行为，因为它们只有在行为完成时才能同时出现。在未遂时，它们是分离的。而且，只要意图没有实施，客观因素即行为已经完成的部分，就是微不足道的。除了表明行为人的意思决定以外，行为对具体情况是没有影响的。意欲达到的结果没有产生的各种情况，经常表明具体和相对的不可能性。如果行为人认为手段是能犯的，那么，探究其他人是否也这样认为，就没有什么意义。让我们想想看，一个人正朝着特定地点走去，由于桥梁塌陷，他发现不可能进一步前进。从他出发之时至到达桥梁，他所有的行为都是无用的。可是，就他所知，就没有估计到意外之事，朝目的地行走的行为是抵达目标的最直接的手段。另一方面，从知道阻 311
塞情况的人的观点来看，他所做的一切都是徒劳的：他的行为表明一种不能犯的手段。

意图已经完成的部分是完全没有客观价值的。“例如一个旅行者发现自己处于无人迹的沙漠中央，忍受着饥渴的煎熬。突然，他发现远处有一个低坡，上面长满了草木，好像有人居住。尽管他使出了最大努力，但如果他的体力不能使他抵达这个安全地点的一多半路程，他就必定会死去，除非有人来帮助他。他所行走的不能抵达绿洲的一半路程，并不能止住他一半的饥渴。”①

而且，没有人的行为是不能完全产生既定结果；另一方面，也没有人的行为必然引起既定结果。“行为绝不是不能发生结果的原因。行为人所使用的手段不能产生预期结果的事实，本身就说明完

① Von Buri, “Versuch und Causalität” (*Gerichtssaal*, Vol. XXXII, Book 5, pp. 367, 368〔Stuttgart, 1880〕).

成意图的手段具有不能犯性质。一般可以这样说,在所有情况下,不存在完成不能犯的手段,正如不存在完全能犯的手段……。意图的夭折是行为人的过错,因为他没有预见到阻止意图实现的情况的介入。于是,设法鉴别那些使行为人产生过错的情况,我们又能得到什么呢?为什么我们一定要查明以下情况呢?例如,障碍是否从行为开始时就存在;在行为的过程中,障碍是否介入;行为人是否错误地估算了自己的力量和能力;行为人是否忽略检查他所使用手段的形式和分量;行为人是否没有选择最合适的手段;行为人是
312 否没有以最有效的方式来使用手段,等等。”[①]

然而,法国和意大利的法理学家却拒绝接受关于未遂的主观学说。在德国,它甚至也遭到激烈地反对。但是,正如已经所提出的,它是唯一与我们的理论有联系的学说。

一旦通过罪犯的堕落程度来决定刑罚,使用不能犯手段而产生的未遂问题就迎刃而解了。如果未遂正如已完成的犯罪一样,足以说明行为人的犯罪行为,那么,这两者之间是没有区别的。如果不考虑手段的能犯或不能犯问题,我们所要解决的问题首先应当是罪犯是否具有误解的情况,其次应当是罪犯是否具有危险性。我们必须查明第二个问题,因为社会不需要遏制那种不能转为行为的堕落因素。

我们所要考虑的最后一点,是关于未遂主观理论的条件。在一

① 参见德意志帝国最高法院于1880年5月24日颁布的判决(Rechtsprechung des Deutschen Reichsgerichts, Vol. Ⅰ, p.819 et seq.),这已被热伊在前面所提到的文章中引用。也请参阅李斯特“Das fehlgeschlagene Delikt and die Cohn’sche Versuchstheorie”(Zeitschrift, etc.before cited, p.103)。

些情况下，考查所使用的手段不是没有意义的。手段的选择也许有助于说明行为人的聪明或愚笨。如果A想用糖或食盐去毒死X；如果A知道枪并没有装上弹药，或者从射程以外的地方向X射击，那么情况就正是这样的。在这些情况下，犯罪是不存在的，这并不是因为手段不能犯，而是因为行为人的愚笨才引起手段的不能犯。行为人的犯罪愿望不是别的，而正是不导致行为的单纯愿望。就行为而论，他是无害的。因此，在这种情况下，刑事遏制是不必要的。[①]

但是，如果A为了毒死X，声称自己是药剂师，买到砒霜，并且使
用了他自认为是砒霜的糖，那么，情况就完全不同了。如果A为了 313
用枪杀死X，亲自把弹药装入枪膛，但A并不知道其他人已经把弹药退膛，那么情况也完全不同。如果A想杀死X，从射程以内向X射击，但是，他射击的距离恰好只超出任何一种火器的射程一点点，情况同样也就完全不同。行为人的错误并不能减轻他的罪行，因为它一点也没有证明他的愚笨。我们可以退一步承认，行为本身是没有危险的。但是，这种事实状态并不能阻止行为自身去揭示危险性。如果不对手段不能犯进行特别的分析，例如不分析在一种毒药的品种或剂量上所犯的错误，就不可能知悉手段的不能犯，上述的事实状态也同样适用于这种情况。这种特性上所犯的错误在任何程度上并没有说明行为人的愚笨。计算的错误并不表明投毒者的无害性。

就青少年罪犯而言，要得出一种适合于所有情况的法则是比较困难的。青少年经常缺乏最基本的知识，但这并不足以说明他们的无害性。他们可能是天生的罪犯；如果他们长大了，他们的笨拙可

① 汉诺威、布伦兹维克、拿索和巴登以前的法典都曾规定，如果选择不能犯的手段是由于迷信或愚笨，那么就不应惩罚不能犯手段所导致的未遂行为。

能并不足以表明他们的无害性。我们所需要知悉的是，他们是否具有辨别和分辨的能力。如果他们具有这种能力，这就足以使我们确信：随着年龄的增长，他们不再是无知的，并成为危险的主体。尽管不同的特殊情况产生了分歧，但下述的一般法则或许有助于克服困难："不能仅仅通过考查行为人所使用的手段就确定行为人是否愚笨，而应当全面考查事实情况。"只有手段的选择显示了行为人的无害性时，手段的选择才是重要的。它是一个没有绝对价值的量。采用不能犯的手段可能非常适合于明智的和不屈不挠的意思决定。[①]

三、关于惩罚未遂的问题

314 既然已经明确了未遂在哪方面是可受惩罚的情况，我们现在就可以着手考虑适用惩罚的程度。正如我们所知悉的，先前的犯罪学家已经为我们描绘出"犯罪发展"的几种等级。他们区别那些仅仅是预备的行为、间接未遂以及严格说来应称作未遂的行为。近来，他们又进而论述受挫的犯罪。前两种行为在一般情况下是可受惩罚的，后两种行为只有在特定情况下才是可受惩罚的。然而，几乎所有的现代刑法典都同样规定要惩罚未遂的行为和受挫的犯罪行为，只是惩罚的程度没有已完成的犯罪行为严厉。《法国刑法典》也许是唯一的一部把犯罪未遂认作是实质性犯罪的法典，[②]但是这项规定遭到法理学家的猛烈批判。事实上，通过作为一种减轻刑罚

① 关于这个论题，请参见我写的小册子*Il Tentativo Criminoso con Mezzi Jnidonei*（Turin，Loescher，1882）。

② 参见该法典第2条。

方式的减轻情节，这项规定经常被规避。这就意味着惩罚的严厉程度随着实施意图的急切程度而不同。相应地，《意大利刑法典》在这一点上是严密地符合逻辑的，它对受挫犯罪所规定的惩罚程度比简单的未遂行为严厉。

把犯罪行为分级的原因是：既然实施未遂行为的人没有达到“犯罪发展”的限度，那么在未遂情况下，他在实施最终的行为之前，就有可能停止行为的实施。但是，这是一种不受犯意决定所影响的可能性，因为障碍物的介入可能导致行为人中途停止行为的实施。在受挫犯罪的情况下，证明减轻惩罚的正当性甚至更加困难。由于行为人已经实施了实现其意图所必需的行为，我们就没有余地去怀疑行为人实施其意图的坚定性。

“但是，”罗西解释说：“对人的意识本性来说，我们既不能忽略 315
可补偿的损害与不可补偿的损害之间的差别，也不能忽略通过人们行为的后果来判断其行为价值的倾向。”[①]正如我们所看到的，这是一种不值得考虑的事。不同的价值与计划的成功或失败是一致的，它仅仅取决于在某种情况下是痛苦的感觉，或者在另一种情况下是欣慰的感觉。如果一种犯罪行为已经实施，我们则对受害者所遭受的损害抱有同情态度。另一方面，当犯罪没有得逞时，在犯罪行为所侵犯的人的意识中，欣慰感是占上风的，而且我们同样也感到欣慰。当行为人能够轻易地预见那些阻挠行为完成的情况时，如果我们通过行为人的危险性来评估行为的价值，那么犯罪行为是否完成，或者是否为一些介入的情况所挫败，这些问题就仅仅是一种与

① Rossi, op.cit., Book Ⅱ, C. XXXⅢ.

此相关的情况。如果行为人没有预见到那些阻挠行为完成的情况，行为人就不是严格意义上的罪犯，也不是危险的客体。依照我们的观点，除此之外，没有其他问题需要考虑。如果试图将实施犯罪的几个阶段的差别认作是科处刑罚的一种标准，那么这种差别似乎完全没有意义。

关于上述情况，有另一种批判性意见是引自于塔尔德的，[1]我也不能考虑接受这种批评。塔尔德设立前提，不关心法理学家所谓的“小逻辑”。他认为，只要未遂或者细微的迹象，甚至于未完成的行为显示出犯罪的倾向，就表明它们对社会有危险。但他又继续说道：如果犯罪事实上已经完成，危险就增加两倍，这是因为新生的犯罪习惯是与新生的犯罪实例联系在一起的，而这两者都是遏制的
316 对象。对我来说，如果行为人事实上能够实现其目的，也就是说，行为人事实上能够抢劫受害人，我就不能理解：附随于受挫谋杀行为的盗窃怎么能够被认作是阻止犯罪人的一种情况呢？

比如说，由于纯粹是偶然的事件，受害人幸免于或者逃脱了被伤害。这两种事实中的任何一种怎么能够说明犯罪实例的影响力得以减轻呢？这可能使我们联想到，攻击者由此容易发现和识别这种情况。但是，这种情况根本不对其他作恶的人有劝阻的效果。它只能使他们认识到，他们的安全在于更有效地击毙受害者和保证使受害者死亡。与此相类似的情况也引起同样的结果。一旦他们获得更好的方法，他们迄今为止一直使用的方法就会不再使用。犯罪分子落入警察手中的经历，对于坐在巡回审判法庭旁观席上的犯罪

① Tarde, “Positivisme et pénalité” (*Archives d’Anthropologie Criminelle*, Vol. Ⅱ, No.7, pp.35—37〔Paris, Lyons, 1887〕).

初学者来说,是起作用的。他们非但没有放弃其职业,反而决定利用他们前任所犯的错误。然而,塔尔德承认,他所作的区分“没有提出真正的理由来解释为什么法官和陪审团难以看出完整犯罪的特性,以及由于偶然事件而导致实施同种犯罪受挫的未遂犯罪的特性。区分上述两种犯罪为加罗法洛所坚决主张,而且许多刑法典都规定了这种区分”。塔尔德所提出的真正的理由,很接近罗西所提出的观点,也就是:“适合于所有情况的无意识具有较重要的价值,而这种价值必须与意外事件和偶然事件相符合。”我们习惯于“承认没有什么东西就合理地隶属于某个拥有好运或者厄运的人。当一个企图炸毁一列火车而未遂的人被审讯时,每个被意欲侵害的受害人都认为自己是幸运的,因为炸药在爆炸之前导火索已熄灭”。我们的学者似乎没有确切地证明这种为一般人所接受的感情是有道理的。他继续说道:“如果这个罪犯已经完成其意图,如果他在所
有人的眼中拥有无可置疑的好运,那么,他所实施的犯罪行为就与 317
上述情况没有什么差异。凭借一种对称关系(尽管它是无意识的,却是经久不变的;是不合理的,但却是根深蒂固的),我们模糊地认为,否认他拥有这种特性,在逻辑上就会导致否认他所拥有的大部分已确立的特性。这或许是荒谬的,但是这种不合理深深地扎根于我们所提出理由的精髓中。”

只要对犯罪的判决不断地为一般人所接受,上述情况就是不容置疑的,而且将要继续下去。我们并不是凭借一种不合理、荒谬的情感才建立一种防护社会的遏制制度。我们被告知:“陪审团总是怜悯那些实施谋杀或盗窃行为未遂的行为人。”然而,这并不一定就意味着法律应该使自己适应这种不合理的趋向。我们所需要的是

一种具有取代性的合理判决,而这种合理的判决是陪审团做出裁决的依据。假定我们是法官,拥有必不可少和合理的权力去确定罪犯堕落的事实,也就是说,罪犯是否是危险的持续性来源;假定法官具有逻辑性,而且其所做出的决定是一致的;假定法官处以的惩罚是适当的,不是仅仅为了减轻公众的恐慌,而是为了真正预防可能发生的危害。于是,我们将会看到:怜悯将会给予那些因纯粹的偶然事件而挫败其谋杀或偷窃企图的罪犯。

因此,我们的结论不是别的,而正是下述这样的:只有未遂的行为人显示出与既遂犯罪相同的危险性,才应把未遂犯罪当作是实质性犯罪来处理。我们总是可以确定行为人是否是真正的罪犯;尽管行为人只显示出犯罪的意图,但我们也总是可以确定其不能的事实是否应视作既成的事实。至于对受挫犯罪的探究,正如前面所述的,可以不去考虑行为人所采取的手段是否是内在的能犯,只去调查他着手实施其意图的手段,对损害来说,是否说明它们完全是
318 不起作用的。对于真正意义上的未遂,必须进一步调查行为人是否在实施最终的行为之前,由于缺乏不能预见的情况而自动停止行为的实施。并不是对上述每种情况都予以减轻惩罚,而是根据法官所发现的犯意决定是否是不可改变的,比照既遂犯罪的惩罚程度来决定上述每种情况的惩罚程度,否则,就可以完全免除惩罚。那些仅仅是预备的行为有时可以为决定同类性质的惩罚提供根据。为什么预备行为不应被认作是真正意义上的未遂行为呢?如果我们确信没有遇到阻碍的行为人执意实现其目的,那么,继续否认行为的一个或几个阶段,这又有什么影响呢?于是,许多古典法理学家,诸如奥尔托朗、热伊、罗西都承认,可以像惩罚未遂一样来惩罚预备行

为。而且在罗马法中,预备行为可以具有“间接未遂”的意义:“cum quis, exempl:gratia, gladium strinxerit”。

《加洛林纳法典》规定对下列罪犯科以死刑:“Qui furti faciendi causa, noctu, cum telo ambulaverit”;“Qui in alienum cxnaculum se dirigunt, furandi animo”;“Is qui cum telo ambulaverit, hominis necandi causa”;“Qui, cum vellet occidere, id casu aliquo perpetrare non potuerit”;“Qui emit venenum ut patri daret, quamvis non potuerit dare”。可以明显地看出,在上述每种情况中,罪犯仍完全没有实施最终的行为。然而,它们却明确地显示出罪犯的犯意决定和倾向。罪犯所实施的行为是令人信服的证据,它们使我们确信:如果没有外界力量的阻止,罪犯将会完成其所预期的犯罪。于是,为什么我们要区分直接的实施行为和间接的实施行为呢?为什么惩罚的程度要受到最终行为的直接或间接的影响呢?

如果我们不得不处理简单的预备行为,我们就必须查明两种情 319
况:首先,行为人的目的是否正是实施犯罪,或者其犯意决定是否是无可争议的;其次,如果行为毫无疑问是为了达到犯罪目的,那么,行为人最终是否持续实施行为直至完成犯罪行为。至于严格意义上的未遂,则只需查明第二种情况。

但是,我们可能会被问到:我们做出的结论怎样才能达到所必需的、明确的程度呢?尽管提出一般性的法则可能是困难的,但对特定情况提出法则并不是很困难的。例如,假定在一家远离其他寓所的、装潢考究的住宅门口附近,两个侵入他人住宅的职业罪犯在躲藏处被抓住,而且他们持有盗窃工具。对此,我们能合理地怀疑他们的犯罪意图吗?如果一般人都认为这是一种盗窃未遂行为,为什么法律对此就应适用不同的名称呢？假定一个职业性罪犯实施形成其特性所必需的特种犯罪行为，毫无疑问就能认定其犯罪意图。当然，这是一个假设。但是，在没有进行科学研究的学科内，原理被认作是无价值的，这仅仅是因为假设是学科的基础。我们没有权利拒绝接受原理，除非假设本身显示出是完全无根据的，或者它至少忽略了一个应认真考虑的相反的盖然性。

一般说来，要证明那些简单预备行为的犯意决定是困难的。因此，在这种情况及在“间接行为”的情形下，我们必须仔细考查行为
320 人的情况。如果我们据此发现行为人是天生的罪犯，完全缺乏利他情感，或者他是拥有贪婪欲望或放纵激情的猛兽，或者他沉溺于淫欲而完全不顾刑罚和公众舆论，那么，就人力可能涉及的范围来说，我们可以确信行为人没有自动放弃他的犯意：其危险性几乎等于犯罪已经完成所造成的危险程度。就遏制措施而言，要区分这两种情况是不可能的。另一方面，如果我们的考查说明：行为人所受到的影响是暂时的，而且很可能将不再发生；尽管行为人的道德观是劣等的，但他并没有完全丧失道德意识，那么，我们就会承认这种可能性，即在行为人所实施罪恶冒险行为的某些中间阶段，他善良天性的抵制力，或者对被发现和刑罚的畏惧感，将会导致他自动停止罪恶行为的实施。基于这个原因，尽管危险性是可能存在的，但危险不是很可能存在的，而且社会也没有权力仅根据一种可能性就去打击这种危险行为。

就将手段不能犯的未遂认作是不受惩罚的情况而言，现行的法律是不合理的；至于对未遂的惩罚应当比已完成的犯罪轻，这是荒谬的；至于决不惩罚预备行为和总要惩罚严格意义上的未遂

行为，这是不公正的。这些结果体现着一种有损害的进程——一
种不利于社会防护的进展。确有助益的学说达到完全不同的结局，
而在上述情况下，确有助益的学说与现代法理学家的学说相比较，
更接近于罗马法。确有助益的学说主张，尽管手段是不能犯的，但
假如这些手段的选择没有证实行为人不能的事实；假如在某种情
况下，预备行为可以被认作是真正意义上的未遂行为；假如因偶
然事件而受挫的犯罪应受惩罚，就仿佛罪犯已经完成他的目的一
样；假如在某些情况下，对间接未遂的惩罚应像惩罚实质性犯罪 321
一样，而在其他情况下，根本不应惩罚间接未遂，那么，未遂就是该
受惩罚的。

第九节　共同犯罪

其次应予考察的是共同犯罪（“共犯”）的理论。[①]在这方面，我们不能否认有一种理论明显地具有进步意义。这种理论认为，仅就共犯对被指控的犯罪有认识而言，尽管应把具体的情节归咎

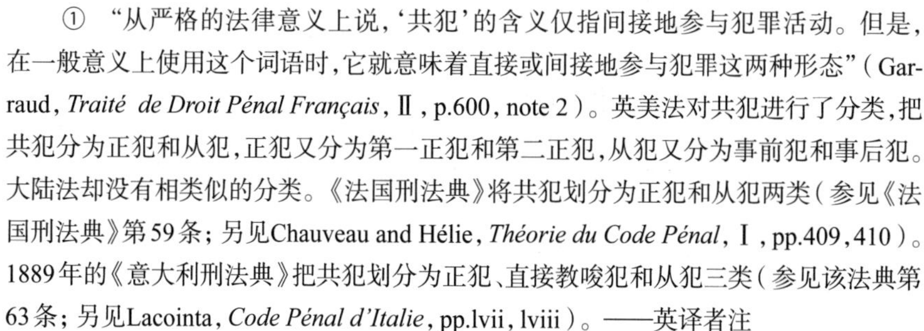

① “从严格的法律意义上说，‘共犯’的含义仅指间接地参与犯罪活动。但是，在一般意义上使用这个词语时，它就意味着直接或间接地参与犯罪这两种形态”（Garraud, *Traité de Droit Pénal Français*, Ⅱ, p.600, note 2）。英美法对共犯进行了分类，把共犯分为正犯和从犯，正犯又分为第一正犯和第二正犯，从犯又分为事前犯和事后犯。大陆法却没有相类似的分类。《法国刑法典》将共犯划分为正犯和从犯两类（参见《法国刑法典》第59条；另见Chauveau and Hélie, *Théorie du Code Pénal*, Ⅰ, pp.409, 410）。1889年的《意大利刑法典》把共犯划分为正犯、直接教唆犯和从犯三类（参见该法典第63条；另见Lacointa, *Code Pénal d'Italie*, pp.lvii, lviii）。——英译者注

于共犯，但也不应把属于个人的情节归咎于共犯。[①]但是，只要这种理论在刑罚的轻重等级上存有争论，我们就应进一步研究这个理
322 论。我们不能理解为什么对主犯和共犯竟然会科处**同种的**刑罚，因为他们不属于同一类别的罪犯。如果一个人为了替蒙受他人野蛮伤害的家人报仇，雇佣一个亡命徒去杀死实施伤害行为的人，那么，这个人就是一种完全不同于基于受雇而实际上实施谋杀行为的罪犯。但是，为什么竟然会对上述两种罪犯科处同种的刑罚呢？为什么竟然会对一个初犯的盗贼和一个影响初犯参与犯罪的职业盗贼给予同种的处理呢？

① 这里所涉及的情节是指那些用来加重罪行和引起刑罚轻重等级增加的情节。"属于个人的情节"也称作"主观的情节"或者"固有的情节"。一般说来，它是指那些"涉及认识上的、意志上的、精神状态上的、物质关系上的、法律关系上的或者契约关系上的情节，而这些情节存在于被告和受害人之间……。"（Lacointa, *Code Pénal d'Italie*, pp.48, 49, note）。"具体的情节"（经常被称作"客观的情节"、"实际的情节"或者"非固有的情节"）是指那些由犯罪本体所引起的情节，换言之，是指那些行为本身所固有的情节、预备行为的情节、行为发展的情节或者最终行为的情节（Ibid.; Garraud, *Traité de Droit Pénal Français*, Ⅱ, p.723）。上述两种情节的区分在大陆法所规定的共同犯罪的问题上占有重要地位，因为它影响着对几种罪犯的罪行等级的确定。例如，一个仆人在主人家中实施盗窃行为。仆人服侍的事实是一个加重的情节，而且由于这个事实来自于主人与仆人之间的个人关系，所以它也是属于个人的情节。一旦这个情节被考虑，这个仆人将被认作犯有内盗罪，并被科处比简单盗窃罪更重的刑罚。但是，假定一个不在主人家帮佣的共犯帮助了这个仆人，那么，就产生了这样一个问题：用来加重仆人罪行的属于个人的情节是否也能归咎于这个共犯，这个共犯是否也被认作犯有内盗罪。又如以暴力实施盗窃。使用暴力的事实是一个加重的情节，而且由于它是犯罪行为本身所固有的，所以它也是一个具体的情节或者客观的情节。于是，没有参与暴力行为的共犯是不是也应适用于这个加重的具体情节并被加重刑罚，而不是被判处简单的盗窃罪呢？依据前面所提出的原理，第一种共犯只应被判处简单的盗窃罪，因为加重情节是属于仆人个人的情节，而不能归咎于共犯。第二种共犯只要明知使用暴力，他就应被判处加重的盗窃罪。

可以对免除情节和减轻情节进行相类似的划分。对上述两种情节进行调查的内容是：如果既定的免除情节或者减轻情节明显地有利于一个参与犯罪的人，这些情节是否也就有益于他的共犯。——英译者注

我们认为，法理学派的另一种理论是完全没有根据的。这种理论就是：假如A雇佣X去实施一种犯罪行为，而X自动停止犯罪行为的实施，那么，尽管X接受了雇用，A也就被免除刑罚。罗西说道："推论的过程并不能证实那些仍未开始的事物的存在。如果认定一个人犯有根本不存在的犯罪，这是不公正的，也是不合理的。"[1]然而，他也承认在某些情况下，雇用他人去实施犯罪行为本身可以认作是一种特殊的犯罪，并科处相应的刑罚。[2]

依照我的看法，解决问题的真正办法就在于运用我们藉以处理 323
手段不能犯未遂的理论。减弱和停止实施行为的代理人确切地体现着不能犯的手段。于是，我们应予查明的是：罪犯是否有可靠的理由来确信他的代理人是一个能够完成犯罪行为的有效手段。假定在一个贫穷地区，雇佣杀手的行业依然存在，某人雇用这个行业中一个有名的杀手去实施谋杀，而且杀手所接受的任务是容易完成的，并且几乎没有危险。如果交易成交，佣金已预先支付，那么，是不是就可以认定雇主已经做了他所做的一切呢？就雇主的罪行来说，他的犯罪企图是否失效，或者甚至于其代理人是否采取了措施去实施犯罪行为，这又有什么关系呢？我的无罪或者有罪能够取决于他人的行动或者失职吗？为了犯罪能够发生，我已经做了我所做的一切；而且，我所做的一切可能成功，也可能失败，这要取决于他人，而不取决于我的意志，应该这样决断吗？上述情况表明，理想主

① Rossi, op.cit., Book Ⅰ, C. XXXVI.

② 1859年的《撒丁岛刑法典》把雇用他人去实施犯罪行为当作犯罪未遂来处理（参见该法典第99条）。《德意志帝国刑法典》、1889年的《意大利刑法典》和其他国家的刑法典对此未作规定。

义者的观点怎样真正地导致刑法的物质化。实证主义学派的功利主义观却与此形成鲜明的对照。他们把立法者的注意力引向罪犯，而不是引向犯罪，并且根据比较重要的目的因素来有助于刑法的进步，保持刑法的尊严。

第十节　数罪

目前应予进一步注意的问题，是同一行为人所犯的数罪问题。这是一个应与再犯问题相区别的问题，因为它与再犯问题不同，不
324 需要以先前所判的罪为前提。就再犯来说，罪犯已经经历了审判和判决，此后他又实施了一种新的犯罪。按照通行的学说，尽管罪犯先前已经被一次或多次处刑，如果他还是持续地蔑视法律，那么，对他再犯事实的处刑就应比现行犯的处刑更重。因为社会已经不能采取必要的遏制措施，就把错误归咎于罪犯：它自认为是公正的，就仿佛一个医生要求他的病人应对因他没有给出正确的处方，或者因不适当的混合药物而引起的不良后果负责一样。另一方面，如果没有前科，而仍然重复犯罪，通行的学说则提倡宽大处理罪犯；如果遇到争论，其中不乏某种无意识的古怪念头，通行的学说则主张：由于罪犯没有受到先前惩罚的警告，所以就把罪犯再次触犯法律的事实归咎于对他的定罪轻。

这样一种标准可能导致一种幼稚的学说来规定惩戒。但是，如果把这种标准应用于天生犯罪的领域，它就只能是滑稽可笑的。

依据这种为大多数国家的法典所接受的理论，对于不是再犯的重复犯罪，法官没有权力去改变刑罚的性质。无论罪犯实

施了多少次诈骗或欺诈行为，法官也只能对他科处同样次数的矫正性刑罚，而且每次刑罚都应限制在法律对偶犯行为的规定之内。对于已经实施了3次或4次谋杀行为的罪犯，如果没有一次谋杀行为可受超过有期徒刑的刑罚，法官就没有权力对他处以终身监禁。简言之，法律要求法官对再犯的处理决不能不同于对初犯的处理。这正是对这种学说所谓的智慧而做出的显著评注。

在这里，要详细说明现行制度所引起的截然不同的结果，似乎是不必要的。我们认为，已经实施多次非预谋杀人行为的人，与偶然实施非预谋杀人的人相比，在某些情况下，可能是更加堕落、更加危险的。因此，我们不能理解为什么对前者的惩罚就应该比后者更 325
加宽大。依照我们的观点，尽管职业犯没有前科，但对职业犯的惩罚还是应当比惯犯严厉，这也许有很好的理由。如果我们不得不处理惯犯或者不可改造的罪犯，那么，为什么先前所判处罪的事实就应如此重要呢？唯一的理由就是存有一种偏见，认为这样有利于达到刑罚所预期的改造效果。

第十一节　累犯

更为令人惊讶的是，某些严谨的法理学者开始抨击对累犯所处的特有惩罚。他们有人主张，累犯的事实至少不应影响刑罚**种类**的实施。“累犯的事实并没有给予立法者以权力，用刑事处罚去代替矫正性处罚，或者把终身监禁作为有期徒刑的替代物，甚至于作为死刑的替代物，这是因为累犯的事实决不能改变可受惩罚行为的性质。”①推理的程序就是上述那样的，而这与我们的推理不相容。我们所关心的事情并不是考虑累犯是否改变行为的性质，而是考虑累犯是否需要将行为人从一种罪犯转移到另一种罪犯。在法理学家夸大犯罪客观方面的重要性之前，只有普通的常识告诉人们这一点。②

326 但是，改革者们仍需进一步研究这个问题。他们不仅反对改变刑罚的性质，而且也坚决认为，刑罚等级的增加，只能适用于特殊的再犯，也就是说，第二次犯罪与第一次犯罪在性质上是完全相同的。这种理论在德国已处于支配地位。在德国，除了屡次侵犯财产权的犯罪行为之外，刑法典根本不对累犯的问题做出规定。这种理论也几乎盛行于1889年的《意大利刑法典》。依据这种理论，除了累犯所实施的新罪与前罪是同一性质以外，它对累犯没有规定严厉的措施。③

按照我们的认识，这正好相反。如果一个人已经实施了盗窃行为，后来又实施了谋杀行为，那么，这个事实就为我们提供了确定性的证据，即：正如这个人不拥有诚实情感一样，他也决不会拥有怜悯情感；或者换言之，他完全缺乏基本的利他主义天性。于是，我们也可以认为他完全缺乏社会性，因此，消除他就应是绝对的。然

① Haus, *Principes du Code Pénal*, C.Ⅲ, § 624.

② 在中世纪，尽管犯罪行为本身是不严重的，但第二次再犯就是处以死刑的根据：“Si tamen reiteratur teria vice, potest pro tribus furtis, quamvis minimis pæna mortis jmponi”（Farinacci, *Praxis et Th. Crim.*, *Questio*, XXIII）。在亨利八世和伊丽莎白统治时期，死刑适用于惯常的流浪者。对实施可处以终身劳役监禁犯罪的惯犯，《拿破仑刑法典》规定对其处以死刑。

③ 参见我对再犯问题所著的论文，载于*Actes du Congrès Pénitentiaire de Paris*，1896年。

而，我们也不能否认这种情况的存在，即屡次实施不同性质犯罪的情况被证明是说明不了什么的。但是，这些情况的存在仅仅证明法则所规定的“先天的推理”的不可能性，以及认识许多区别的必要性。特殊的累犯或者一般性的累犯对我们来说，只是一种确定罪犯分类的因素，但它们依然是一种最重要和有益的因素。

依据我们提出的方式，我们不能理解：为什么适用于累犯的刑罚应当具有适用于初犯所特有刑罚的性质。实施新罪的事实是目前最好的证明，它证明对前罪的处罚没有达到目的。知道这一点，我才容易理解为什么相应地增加对累犯的矫治量是 327 
适当的；但是，如果一个医生在第二次治疗失败以后，并没有采取其他已经由医学界推荐的治疗手中病症的其他措施，而是固执地采用他最初采用的疗法，那么，我们又能对这个医生说些什么呢？

最后，法理学家主张，只有在第一次犯罪被定罪后的一定时期内——例如5年或10年，而这取决于罪行是重罪还是轻罪——，而且罪犯再次犯罪，法律上的累犯才能成立。这是因为，正如前面所述，多年实施善行的事实说明了遏制的功效。[①]对此，我们有一个法律上的虚构，它经常被可叹地妄加滥用。假定犯罪已被揭露，犯罪者已被审判并被证明有罪，这个犯罪就是已经实施的唯一犯罪，而事实上，它只是所有犯罪中微小的一部分。如果一个骗子已被定罪判刑一次，即使把这个事实作为一个根据，也仍然不能合法地宣告他是累犯，因为5年的期限已经消逝。有谁能告诉我们有多少欺诈

① 参见司法部长曼契尼《关于意大利新刑法典草案的报告》，第227页（罗马，1877年）。

犯罪行为实际是上归咎于这个骗子呢？

然而，假定我们相信这个虚构，假定罪犯在5年或10年之内行为良好。但是，如果这个罪犯在间歇5年或10年以后，又再次实施同种性质的犯罪，这个事实是不是就强有力地表明了他牢固的犯罪天性呢？这个罪犯的犯罪天性可能很少显示出来，而且可能依然潜藏着，一旦时机成熟，就将显露出来。当人们认为他的犯罪天性已经永远消失时，其邪恶的倾向会突然再现。于是，我们是不是应当感谢这个罪犯在这些年内抑制了犯罪呢？尽管这个罪犯的"恩惠"有力地帮助了对他分类的确定以及对他最需要采取的遏制措施的
328 确定，我们是不是还应当通过对他这种"恩惠"的回报，来忽视在他先前生活中就已经发现的犯罪因素的存在呢？

依据我们提出的方式，累犯是一个很重要的问题，无论如何也不能忽略对它的研究。它有时是一个最显著的迹象，说明罪犯是天生和不可改造的。但是，如果我们要正确地评估其价值，正如在本篇上一章中所论述的，就不应孤立地研究它。因为它的正确意义在很大程度上取决于犯罪的性质，所以我们对它的研究必须与不同种类的罪犯相联系。

我们应该称赞法国政府对此所采取的适宜观念。法国政府漠视所谓严谨的诡辩，采取有力措施来遏制累犯。早在1854年，法国政府就颁布了一项法令。根据这项法令，被判处8年和8年以上劳役监禁的罪犯，在监禁期满后，被强制终身居住在新喀里多尼亚殖民地。正如所期望的，这种措施使累犯显著减少。在1851年至1855年，每年累犯的平均数由1,200例降到1861年至1865年的864例。1871年在1,710名罪犯中，只有80人再度实施先前所判的犯

罪。[1]但是，累犯的动态并没有停止。1885年法国政府通过一项法令。这项法令规定，如果先前所犯罪的数量超过一定的最小数量，不论所犯罪的种类，对于所犯的罪行甚至不很严重的累犯，则将其终身拘留在一个殖民地。自从德国获取它的非洲殖民地后，也提出了相类似的建议。[2]

在其他国家，由于法理学者强有力的影响，潮流的方向被扭转
了，这是令人遗憾的。法理学者们撰写了大量书籍，藉以证明再犯
与初犯一样，在道义上同样是不可信赖的。无疑，其中某些观点是 329
正确的。正是从这个前提出发，引出一种完全无根据的结论，即再
犯不应蒙受比初犯更加严厉的惩罚。[3]

有一些闭门造车的空谈逻辑学家通过对他所提出的原理进行演绎推理，来达到自娱自乐的目的。这不仅仅是一种无害的消遣问题。对此，我们所面对的问题是这样一种令人惊恐的事实：法律上的因素对立法机关全体成员的影响是占优势的，立法机关可以毫无顾虑地把这些相类似的、有错误的结论规定在法律中。但是，这种后果恰恰支持了社会上的敌人，并鼓励他们残忍地危害社会。

第十二节　减轻情节

附带简述关于减轻情节这个问题，这也许是适当的。在这里，

---

① Reinach, *Les Récidivistes*, p.58 (Paris, 1882).

② Bruck, *Die Gegner der Deportation* (Breslau, 1901).

③ 参见Orano, *La Recidiva nei Reati* (Rome, 1883)。巴齐莱在他所写的小册子*La Recidiva e il Metodo Sperimentale* (Rome, 1883)中，猛烈地批判了奥拉诺的这本著作。

所论及的原理引起与道义责任学说相联系的法律对其做出相应的规定。它在逻辑上的推论是：行为该罚性的减少是与犯罪冲动的强度以及不可抵制性成反比的。它轻视遏制的真正目的，也附加证明道义责任的学说是与社会防护完全不相容的。

应当考虑罪犯的堕落，而不是像上述那样来考虑问题。这样，我们就可以领悟到那些一般被认作是减轻情节的许多情况完全是无关紧要的，否则就需要一种遏制方式；这种方式并不是心不在焉地被予以规定，也决不能用“轻微”和“严厉”等词语来规定。这些词语必定要从犯罪学家的词汇表中消失，因为他们引入这些词语的想法与刑罚的目的是没有联系的。

330 基于对减轻情节的认可而建立起来的一种最不合理的制度，是一种把真正隶属于重罪的情况认作是矫正性惩罚对象的做法。例如，如果法庭愿意认为所盗窃物品无足轻重的价值是一个减轻情节，那么，因闯入和进入而有加重情节的盗窃罪[①]就有可能失去重罪的性质，而因此成为一种轻罪。财产已经被复原的情况经常被认作是一种减轻情节。同样，罪犯的年龄也经常作为一种免除惩罚的借口，而把减轻情节适用于本来很严重的犯罪。重罪与轻罪之间的区别因此也就失去了存在的根据。我们只有把轻罪限制于仅仅不服从法律的行为、非特殊的天生道德败坏的犯罪，以及由于轻率和粗心大意所导致的有害行为，重罪与轻罪之间的区别才能证明是正当的。但是，《拿破仑刑法典》所进行的改革以及我们在这里所提到的做法，正愈来愈趋向于背离这种区别的概念。而且，现在我们可以普遍地看到这

① 参见前文第151页注释①。

种情形，即触犯人类最本质情感的行为被划入轻罪范畴，而且其结果是被免除应受重罪的惩罚。需要特别提到的是，现行的刑罚只有这样做，才能完成消除任务，尽管它可能是不完善和暂时的。

第十三节　现行的刑罚制度

我们不必长期纠缠现行制度所规定的刑罚。在前面各章中，我们已经说明了预先确定短期自由刑的无效性。正如我们所看到的，这恰恰是现在一种占主要地位的刑罚方法，而且法理学派主张用它来完全取代其他的惩罚方法。我们是否以教养所、监狱或者改造所等措施来谈论惩罚，这并不很重要，因为这些惩罚方法在实质上都 331
是一样的，只是在调整的形式上有所差异而已。然而，其他种类的刑罚仍然存在：诸如死刑、终身监禁、流放、拘留在海外的惩戒营和罚金。但是，如果罪犯没有支付能力，罚金刑就转变成一定期限的监禁刑；拘留在惩戒营是一种只能小规模使用，以及为少数几个国家所使用的方法；流放或放逐只可能适用于政治犯；尽管死刑几乎在欧洲是处处实施的，但这只是一个非常特别的情况。

如果我们要考察现行的刑法，就需要说明几种犯罪与刑罚之间的法律关系。但这可能使我们远离主题，而且从结果上看，可能没有益处。公众所认识的法律并不是立法者所制定的法律，而是他们所看到的、为法官所应用的法律。尽管道义责任的原理与已为法律所规定的，或者仅适用于审判者决断的减轻情节相符合，但它们几乎很难使法律所规定的刑罚得以应用。

例如，《撒丁岛刑法典》正如法兰西法典一样，规定对无预谋的，或者埋伏着等待出击的杀人犯处以终身劳役监禁。但是，一旦巡回审判法庭对这种罪犯通常处以在教养所监禁6年或7年的刑罚，法律就成为一纸空文。刑罚所具有的功效应当归咎于这种公众实际上所看到的处以6年或7年的判决，而不应归咎于终身监禁所导致的无效的威慑，这种威慑力仅为那些研究法典的人们所了解。“我知道这样一种情况，”科森扎说道，“即已被判处杀人罪并被处以20年劳役监禁的
332 囚犯，丝毫也不怀疑这种刑罚是非法的，因为在他的国家中，直到那时还没有杀人犯被判处超过几年监禁的刑罚。在其他情况下，对杀人和杀人未遂都处以25年的劳役监禁，这种判决在行为发生的社会中是前所未闻的，一般被认作是错误行使权力或滥用权力的结果。”①如果我们实施这些短期的刑罚，例如预先确定有期限的隔离，那么，法律所规定的所有惩罚就被遗弃了。而且，这种隔离只是相对的，因为维持教养所机构所花费的大量开支是由公众负担的，绝对和连续的隔离不是事实。分格式制度另辟新径，使惩罚处于所谓尽善尽美的状态，而这与矫正主义学派的学说是相一致的。分格式制度准许同狱犯人有一定程度的接触，即使他们不在同一房间居住，至少也应在一起工作。

尽管处以3年、5年或者10年监禁的判决对罪犯自身丝毫没有影响，然而，我们也不能否认它们产生了社会效益，因为隔离事实上使社会或多或少地免除了一些犯罪。例如，对职业盗窃犯处以5年监禁，意味着几乎免除了100起到200起盗窃行为。这是应予考虑的。如果现行制度所规定的刑罚可以严格地应用，它至少可以产生这种相对的效用。但不幸的是，成文法是一回事，而司法上的法律

① 参见科森扎于1884年在圣玛丽亚法庭上的就职演说。

（判例法）又是另一回事。司法上的法律所期待的唯一目的似乎是
尽可能地减轻刑罚。这种情况的出现，是由于某些原则已经牢固地
扎根于法理学家的头脑中；在这些原则中，有一些这样认为：在解
释法律时，地方法官应倾向于罪犯一面。“如果涉及到人类奴隶般
劳动的问题”，我们再次引用科森扎的话，“古代的法官就决定‘同意 333
自由权’，因为他们认为，尽管奴隶制度已经被法律所确认，但它与
人性和正义不相符合。如果查看我们的法庭在刑法问题上所做的
决定，就可以容易地想象到：正如古罗马法学家所认识的，我们也
有同样的观念，即认为奴隶制度是一个重要的制度，只是我们把其
称作是惩罚罪犯的制度。我们应研究适度的惩罚方法；不仅如此，
我们还应尽可能地废除罪犯所承受的很严重的法律后果。我出席
了一个罪犯被宣判无罪的场合。由于失误，一个否认的回签被记入
供陪审团考虑的主要问题中，尽管对次要问题的回答清楚地证明了
这个错误。[①]陪审团对裁决的纠正并无意义。法庭认为，对主要问

① 在法国（这种做法在意大利实际上也是一样的），“依据法典的规定，庭长应向陪审团说明，他们应记载他们所要回答的问题……。陪审团对每个问题的回答必须是‘是’或者‘不是’。如果法庭采纳了陪审团的回答，这将使法庭履行他们的职责。于是，法国所采取的陪审团参加审判的结果，并没有得到一个有罪或无罪的裁决，而是得到陈述在一种类似于特殊裁决中的事实，或者得到类似于对民事案件所做出的特殊裁决”（Stephen, *History of the Criminal Law of England*, Ⅰ, pp.553, 554）。

假如一个雇主起诉他的一个雇工犯有盗窃罪，（陪审团所要回答的）问题就可以表现为以下形式：

“（1）N是不是被告人；他在过去10年内，是不是犯有有损于X的偷窃木材和器具的行为？

（2）在上述偷窃期间，N是不是X所说的是他所雇用的雇工？

（3）上述偷窃行为是不是发生在X所说的工厂内？

（4）这个工厂是不是与X所居住的寓所相连接？

（5）上述所提到的偷窃行为是不是通过闯入和进入的方法？

（6）偷窃行为是不是发生在夜间？”

通过陪审团对上述问题的回答，法庭就能确定被告人是否犯有盗窃罪；如果犯有盗窃罪，上述问题中所提及的加重情节是否就能适用他所犯的罪行。参见Garcon, *Code Pénal Annoté*, Ⅰ, p.1236, note 481；前面部分的问题也摘自于此。——英译者注

题所做出的否认回答产生了一个有利于被告人的权利。这个决定使我回忆起一种情况：由于一个女奴隶在怀孕期间享受到一定的
334 自由，依据罗马法的规定，她的孩子因此而获得了自由的权利，尽管这是由于一个错误所导致的。在这一点上，我们的前辈起到了人道主义的作用；我们也似乎正仿效这种做法，允许罪犯逃避他应承受的惩罚。按照古罗马的习惯，对冒险与红衣主教相对抗的罪犯也予以仁慈宽厚。我们对古罗马的这种习惯做法一笑置之。但现在，一个没有较大关联的非本质属性可能会影响陪审团的投票，这可能完全意味着无罪判决的宣判。”①

如果刑罚过分严厉的思潮转变为刑罚缓和的思潮，我们就不难理解法庭所进行的公正审讯应有利于被告人，诡辩也不再走向极端。对减轻情节的认可已经成为一项通则。其实，它应当是一个例外。有些法庭几乎把这种认可作为行动的方针，而且根据很不重要的理由，例如被告人已经供认的事实（尽管这不利于他否认指控）来证明这种认可是合理的。在一些情况下，法庭并不考虑是否适合，就通过这种方式来减轻法定的刑罚，很少处以比法定最低刑重的刑罚。于是，再犯的事实就几乎被忽略了。在我的经历中，我查看过罪犯的档案，它告诉了一个几乎难以置信的内情，即准许减轻情节适用于下列情况：先前被判处10年以上有期徒刑的惯犯；因第5次或第6次犯罪而被判处2个月和3个月监禁的盗贼和骗子；法律已经多次予以处理的残忍嗜杀的恶棍，他们使他人遭受射杀或刺杀的痛苦，或者逃脱因实施同一性质的新罪

① 参见前面所引用的科森扎的就职演说。

而被拘留达几个星期的惩罚。

在那些惯于使用匕首和左轮手枪的地区，射杀和刺杀的数量已经引起一种习惯做法，即把这些犯罪行为作为矫正性管辖的对 335
象。为了防止巡回法院管辖的案件数量过于庞大，这种习惯做法已被采用。这种习惯做法的实现，或者是通过准许减轻情节的适用，或者是通过把射杀或刺杀的行为当作隶属于轻罪等级的伤害行为来处理，而不是当作杀人未遂来处理。其结果是，有许多罪犯，例如把匕首刺入受害人的胸膛，或者用左轮手枪向受害人头部射击的罪犯，并没有被划入杀人犯的等级中。他们的责任已被忽略，他们现在依然是完全拥有合法权利的自由公民。从一千个实例中举出一个例子，例如被告人已经把枪口紧紧抵住其对手的口腔，但被告人在这个位置上却移开了扳机。有人认为，这些事实并不能构成杀人未遂。因为武器并未开火，法庭就因此认为确信杀人意图的证据是不充足的，而且被告人在此所犯的唯一罪行是用致命武器威胁他人的轻罪。

虽然杀人行为实际上已经实施，且杀人意图是没有争议的，但很不重要的情况却被用来作为一个宽恕的理由。如果犯罪在先前就予以改变，于是，没有尽力考虑争端来自于何处，也没有尽力考虑哪一方应受谴责，有人就可以立即断定被告人是被激而实施行为的。假定一个人只是以举手打击或者用手杖轻叩罪犯的方式蛮横地侮辱罪犯，那他就是冒险来做此事的。因为通过这些行为，他已经把生命权交给了他人，或者把死亡给予了他本人。罪犯很可能去寻找一把左轮手枪，而且在半小时以后返回。如果实施侮辱行为的人不考虑这个情况，罪犯很可能会在公共街道上将他打死。如果法

官和陪审团不采取主动,就不能充分地从某个事实中发现被告人是
336 缺乏预谋的,而这个事实就是：被告人在实施行为时,其情感依然是因他对受害人所实施的轻微肉体上的报复而感到懊悔。基于同样的原因,法官和陪审团可能发现被告人是被激才实施行为的。如果他们不考虑对他适用有利于他的不可抗力的原则是否合适,他们将会对他适用可减轻情节。假使在这种情况下不宣判他无罪,在上述情况下通常对他所处以的刑罚,至少在意大利,只是3年至5年的监禁。这就说明了为什么被短暂隔离后的同一个人有自己的根据来实施3次或4次杀人行为。这种类型的谋杀者十分清楚地知道,实施犯罪前的一个轻微争执将会使他避免遭受严重的后果。因此,他会有意识地安排这种轻微争执的发生,挑逗他的对手发怒、报复。一旦这种情况发生了,罪犯也就达到了目的。当罪犯手持血淋淋的匕首被抓获时,他会大声喊道:“好吧！我将会为此被处以18个月的监禁。但是,我已经做到了我长期以来想要做的事。”直到出现这种情况,处于所谓文明时期中叶的我们,仍然还要宽恕谋杀罪。

在上述所说的内容中,我只不过将汲取的一些情况以一种法定的资格予以联想而已。我没有机会去引用其他情况。对于这些依然是很少的情况,我充分发挥了自己的想象力。上面所引用的微少情况依然为我所用；而且,如果需要,我所主张的证据能够为一些人所利用。虽然他们不熟悉法庭和审判的情况,但他们可能依然想要指责我言过其实。

但是,有人可能会说：这些滥用的情况并不是法律本身的缺点,而是适用法律的责任。这或许是正确的,但并不能改变情况。如果滥用的原因不在于占统治地位学说所提出的原理,那就在于适

用法律有误。正是这些原理才引起判例法倾向于罪犯一边。如果通过道义责任的标准来确定有罪问题成为法官的职责，我们就有权利要求法官不应去寻找减轻情节。依照道义责任的标准，上述减轻情节实际上存在于大多数情况中，甚至有时被错误地忽略。当我们 337
确定一个人是否应真正地承担其所做事情的责任时，其结果是我们经常发现他不应承担责任。正是这种充斥于整个制度中的谬论，才引起现在遏制无效的后果。所有的责任都应归咎于道义责任和刑事均衡这两种原理。

上述原理解除了法官的职责，而且导致他们没有权力去有效地承担遏制犯罪的责任。例如，由于囚犯臭名昭著的历史，他已经不能被他人雇用，诚实的人们都躲避并藐视他，其结果是：引用塔尔德的表述，他发现，只有在犯罪这个微观世界中，他才受欢迎。如果法官知道这一点，他又怎能坚定地宣称：再犯的罪行比初犯的严重，并对再犯处以相应的惩罚呢？法官又怎么可能判断这种人能够像那些因畏惧失去已有的清白无瑕名声的人一样，去抵制犯罪倾向呢？法官比法律更具有逻辑头脑。如果我们看到法官所处以的刑罚是如此地荒谬和徒劳无益，从社会预防的观点来看，是如此地完全无用，以至于成为讥讽的笑柄，那么，错误就不在于法官自身，而在于他们自认为所依据的正当理论。

第三章　现行刑事诉讼的缺陷

338 从前面的章节中，读者已经发现，占统治地位的理论以及与其相一致的审判法的存在似乎是为了保护罪犯，而不是保护社会。但是，只有当我们研究刑事诉讼程序规则的时候，我们才能最充分地认识到这一目的。这是因为，正是成文法本身，通过向罪犯指出逃避刑罚的方法，或者通过长时间地拖延刑罚的实施，才使得成文法中一个部门法的规定给另一部门法的实施带来了困难。

第一节　公诉和自诉的界限

我们可以从区分公诉和自诉的界限入手。这种区分通常是基于罪行的客观性质而不论其动机的邪恶性；有时则是以法律所规
339 定或者由法院所判处的刑罚种类为根据的。例如，就绝大部分而言，猥亵罪（attenfatsà la pudeur）并不属于公诉的范围，或者说，在罪犯被起诉前，需要来自受害人方面的控诉。作为违警罪应受惩罚的恐吓、殴打和伤害（coups et blessures），以及根据某些国家的刑法典应受惩罚（不论是什么惩罚）的欺诈案件，也是如此。在意大利，缩小公诉案件种类的倾向越来越明显。所有这一切，动机的个性化完

全被忘记了。对于他是否是惯犯,他预谋和实施犯罪的方法是否能说明他是一个危险的罪犯,他是否对所造成的损失进行了补救等问题,没有给予丝毫的注意。这样,公民个人就成了遏制社会功能的裁判者。社会法的违犯者是否应受惩罚,是应当被监禁还是任其逍遥法外,对这一问题做出判断的任务就交给了公民个人。国家向公民摆出了这样一个问题:“你是希望应该防止那些曾使你成为受害者的职业诈骗犯去骗取其他人,还是希望诈骗犯像骗取你一样去骗取其他人?”

国家的这种态度几乎会使人怀疑,我们是否回到了“惩罚只是受害人或其家族的报复”这样一个时代。

至少就我们可定义的自然犯罪而言,适用于刑事起诉的“自诉”这一表述是毫无意义的。对殴打和伤害(coups et blessures)、恐吓、强奸、欺诈、伪造等犯罪,不论是否有投诉,一旦社会了解到这些犯
罪,社会是不可能无动于衷的。因此,如果国家主动采取措施,罪犯 340
是不可能像现在在某些地方经常发生的那样,通过恫吓受害人使其撤回起诉而挫败正义的。

客观地看某个犯罪似乎并不特别严重,但这一点并不很重要。问题是,要弄清楚我们正在对付的是哪一类罪犯,去熟悉他的人格,决定他的类型,判断他是否属于那些缺乏适应社会环境的能力,因而必须对其采取消除性措施的人。如果调查表明,违犯者并不属于真正的罪犯那一类,尽管他有过失,但是从性质上来说,他与人类的普遍性并没有不同,那么,也只有在这个时候,正如我们在前一章中所讲的那样,采取不同形式的遏制措施总是必要的,即强迫其从精神上和物质上补偿因其加害行为所造成的损害。

第二节 损害赔偿判决的执行

对补偿这一问题，我们与法理学家有更为明显的不同意见。后者总是赞成这样一个原则：对违犯者所作的有罪判决带有赔偿损失这一义务。[①]根据他们的观点推论，义务的履行是普通的民事诉讼程序规则所要调整的问题。他们把义务看成是"由侵权所引起"的义务，就好像原来是"由合同所引起"的义务一样，它与犯罪者没有关系。

在实践中，即使被告人并不属于无偿债能力者，但在大多数刑
341 事案件中所作的损害赔偿判决无异于是个嘲弄。因为在结案（arrêt définitif）判决正式做出以前，无法发出扣押令。这意味着，在司法调查期间，甚至在有罪判决做出以后，如果正在对案件做最后复审，那么，被告人可以对其个人财产进行任意处置，使其消失。确实，根据有些国家的法律，在签发逮捕证[②]以后，可以查封被告人的不动产；但另一方面，这样的案件只占一部分，只是那些在司法调查期

① "……在法国的刑事程序中，从遭受的微不足道的损失到蒙受的严重损失，受害人都可以诉诸于'附带民事诉讼'。在某些情况下，如果他这样做了，被告人就对他所遭受的损失负有责任。因此，法国的刑事审判既是为了赔偿犯罪行为引起受害人损失的民事程序，同时也是对被告人蓄意起诉的程序"（Stephen, *History of the Criminal Law of England*, Ⅰ, p.524）。意大利也是如此，也称作"附带民事诉讼"。——英译者注

② 只有被告人不能获得临时自由或保释时，才能签发逮捕证。预先的令状包括通知出庭的传票和传票，前者保证传唤，后者是保证授权。"……当嫌疑人依据通知出庭的传票，或依据传票而面临法官时，他必须被审问。……如果他的回答是令人满意的，无论他是否依据押票被押候，都应当释放他。在审问的任何时期，押票都可以变更为逮捕令（然而，它只有依据检察官的通知单才能被签发）。这两者之间的主要区别在于：逮捕令是限定的，而押票是临时的"（Stephen, *History of the Criminal Law of England*, Ⅰ, pp.531, 532）。——英译者注

间认为有必要将被告人予以扣押的最严重的案件。因此,就大多数案件而言,受害人的要求既不优先,也无保证。只有在被告人愿意的时候,被告人才会支付;但完全可以想象,这种情况是很少发生的。由于民事程序规则既适用于赔偿额的确定,也适用于判决的执行,所以,争讼、复审以及各种各样的迟延有时需耗时数年。这就解释了科森扎所断定的事实:已知的因谋杀案而提供的补偿额不超过300、200甚至100法郎。他写道,情况是这样发生的,“被害人的兄弟厌倦于诉讼,只好妥协,接受谋杀犯的50法郎。”至于那些无偿债能力的罪犯,法理学家们说,去谈论他们都没有意义,因为“不能 342
给付自己没有的东西”。因此,大多数罪犯都逃避这一义务。无法逃避的人履行义务的情况几乎不值得一提。

对这一状况,法理学家们无可奈何,因为在他们看来,这里所涉及的义务是民事义务,因而只能依靠普通的民事诉讼程序手段来实施。更严厉的强制形式都属于野蛮国家才有的权力滥用,并且与法律进步等完全不相符。

在我们看来,因合同而发生的债务和因刑事犯罪而发生的债务之间存在着巨大的差别。前者债务的支付违约是可以预见和预防的,而后者债务的产生不是违反两人之间约定的行为规则的结果,而是违反为人类社会所普遍承认的行为规则的结果。人们没有向无偿债能力的人出借,或没有保障地出借这种习惯。如果有人这样做,那是他不够谨慎,因而必须承担后果。但是,无偿债能力的人所可能遭受的攻击是完全一样的。那么,为什么破产应该享有这样的特权呢?既然两类债务的起源和本质是如此不同,为什么强制支付的手段应该是一样的呢?

我们已经让读者了解了我们对这个问题的看法。[①]我们把对无偿债能力的犯罪者所采取的最严厉的强制形式认作是公正的。他应当支付他所有的债务以及他在监狱中的生活费用，在这以前，他应当被监禁。不能对他表现出哪怕是最轻微的宽容。就像我在其他地方说过的那样："让他卖掉他的房子、商店、铁匠铺——不管他失去什么，他必须弄到钱。"[②]问题的实质是，他必须赔偿犯罪所造
343 成的损失。法律应当冷酷无情地强迫他这样做。如果他没有偿债能力，他必须从他的每天所得中，用超过他实际需要的每一便士去支付，也就是说，用超过为维持生命和健康所绝对必需（不论其社会条件有什么不同）的每一便士来支付。如果证明罪犯是难以改造的，或者有合理的根据确信他的无偿债能力的情况是假装的，那么就应当对他无限期地实施这种强制。在其他情况下，应当根据犯罪行为所造成损害的严重性来确定较长的或较短的期限，以免犯人为了支付判决中所确定的一个不可能支付的数额而处于被终身监禁的危险之中。

从下一章中可以看出，这些主张是适宜于付诸实践的。

前面的考虑已经使我们的读者明白，在补偿这个问题上，我们的制度与法学家们的制度之间的鲜明不同了。如果我们所倡导的规则被严格地采纳，那么，对于那些没有危险到需要消除这种程度的罪犯，任何惩罚都可以免除。其结果是，所谓惩治性的刑罚完全消失。这将意味着不再有拥挤的监狱，不再存在成千上万的人由于经历了监狱的污染而无法再成为好公民这种现象。而且，以下情况

① 参见前文第三篇第一章第一节。

② *Actes du Premier Congrès d'Anthropologie Criminelle*, p.307（Rome，1887）.

也不再可能出现，即：犯人经过几个月或几年的惩治性监禁后，一方面平安地享受着从其邪恶的活动中所获得的果实，同时又自由地将其交给朋友或亲戚。在解除我们社会的敌人的武器这一方面，预先防止其可能性这种方法，比我们目前所采取的、旨在改造罪犯的可笑惩罚这种方法要强有力得多。[①]

第三节　司法调查

另一个需要考察的方面是审判前的司法调查。[②]根据教条的说 344 
法，司法调查应当公开进行，被告人和他的律师都应当在场。他们认为，只有这样，才能确保公正。但是，他们忘了，在大多数案件中，为了弄清事实真相，需要严格保密。向被告人和他的律师展示哪怕是难以察觉的细微线索，如果这是导向需要证明的事实这一迷宫的唯一线索，那么，这无异于破坏了这一线索。即使在最不复杂的案件里，让被告人了解对他不利的证词也不是没有危险的做法。

尽管存在这样的问题，法国的立法机关还是于1897年对《刑事

① 关于这个问题，请参见*Actes du Congrès d'Anthropologie Criminelle*, u.s.p.23 et seq., 306, 363 et seq.; *Actes du Congrès Pénitentiaire International*, p.185 et seq., pp.200, 201（Rome, 1885）；以及我所写的两本小册子：*Ci ò che Dovrebbe Essere un Qiudizio Penale*（Turin, Loescher, 1882）；*Riparazione alle Vittime del Delitto*（Turin, Bocca, 1887）。

② 包含在本书意大利第2版中的下列节段，对司法调查具有解释作用："在我们的程序中，法官的责任是审查被告人所提出的证据，收集、确认被告人清白或无罪的证据。这种地方法官的唯一职责是使案情清楚明白地显示出来，而不是花费代价去找替罪羊。被告人有权利提出正当的理由去反对针对他的合法逮捕令。他也有理由去反对辩护人和起诉书所提出的意见（参见前文第193页注释③）。辩护权因此在诉讼的最初阶段就应被准许。……既然法官的职责既不是起诉，也不是辩护，所以，为了节约时间和物力，法官对于当事人之间的争讼应持公正的立场"（第395页）。——英译者注

诉讼程序法典》[1]中关于对被告人的审问这一规定作了修改。结果是，法国的法律允许律师从被告人被逮捕之时起就介入，允许律师
345 出席对被告人的第一次审讯。我认为这是非常危险的制度，因为这有可能使律师成为犯人和讨好的证人之间的掮客。在意大利，甚至提出了一个更为危险的议案，有关详细情况我无法在这里阐述[2]。根据一位报纸作家的贴切比喻，只是由于紧随的内阁危机，才使得意大利法官免于降低到由两个对手轮流提线的木偶这种地位。对于最重要的犯罪案件，如果还没有发现指向嫌疑犯的决定性证据，那么，公开进行司法调查，就意味着放弃查明事实真相的一切希望。有数以百计的案例可以证明，只有在司法调查中绝好地保密，才能获得证实犯罪的决定性证据。因此，可以想象，如果对律师机构中一些人所主张的从程序的开始至结束的每一步骤都完全公开的夸夸其谈不加注意，公众将会遭殃。

第四节　临时自由[3]

但是，刑事诉讼中争议最大的问题与案件做出最终判决前对被

① “《刑事诉讼程序法典》”是官方的标题。——英译者注

② 参见我的载于*Nuova Antologia*（Rome，1900—1902）中的文章。

③ “Liberté provisoire”在英国法中直译为“保释”，但在大陆法中，这种直译法却不准确。依据法国的法律，“当最高刑罚为2年监禁时，刑事被告人若有住处，而且没有前科或被判处一年监禁，其就享有被释放的权利。当临时自由不涉及权利时，被告人就可以被保释”（Stephen，*History of the Criminal Law of England*，Ⅰ，p.535）。在意大利，尽管临时释放涉及到权利，但如果刑罚少于普通监禁刑3年，只有被告人是穷人，而且调查结果有利于其先前的良好道德特性时，也准许其被保释（参见《刑事诉讼法典》第214条；*Digesto Italiano*，XIV，pp.848，882—883）。——英译者注

告人的拘押有关。我们听到有人说，这常常是不正当的措施，只有在极端的情况下，即只有在有理由确信被告人会逃避审判的时候才可以采用。经过那些没有刑事案件经验的法律理论家的一再鼓吹， 346
这类论点几乎已经成了陈词滥调；新闻界采用了这些陈词滥调；在一个天气很好的早晨，当我们醒来的时候，我们发现这些陈词滥调已经变成了法律术语，成了那些由于他们的私人职业兴趣而反对严厉镇压犯罪的不称职的或属于其他情况的人草率起草的法律内容。

首先，如果说审讯期间的监禁只有防止被告人逃跑这一个目的，那是不准确的。为了防止被告人销毁犯罪的物证（traces matérielles）；阻止他与同案犯串通或者让他的朋友来证实他所说的情节；为了减少威胁或贿赂证人的可能性；为了感化犯人，促使他交待（这种情况并不经常发生）；最后，为了保护被告人本人以免受到受害人或其家属的报复，实施审讯期间的监禁通常都是必要的。至于逃跑的可能性，只要所涉及的刑罚比较严厉，或者有可能使罪犯遭受惨重的经济损失，除一些例外情况外，这种可能性总是明显存在的。

毫无疑问，制定一个适用于所有案件的普遍规则是困难的，但是，除了由法官依据职权对一些合法的案件作为例外处理外，对于下列情况，应认为有必要采取审讯期间的监禁措施：

（1）如果被告人将来被判处的刑罚可能较重，对他来说，所判处的刑罚属于两害中较大者，因而有可能逃遁者；

（2）如果是殴打或伤害案件，在受害人伤情完全恢复以前；

（3）受害者有可能对攻击者采取血腥报复措施的； 347

（4）被告人是累犯、惯犯，或者是没有谋生手段或固定住所的；

（5）被告人是被当场抓获的盗窃犯或诈骗犯；

（6）最后，如果被告人有可能威胁或贿赂受害人或证人的，或者有可能妨碍、阻挠司法调查的。

如果应当发出收监令的案件是根据这些条件来做出决定的，那么临时自由（liberté provisoire）制度将完全失去存在的理由。除非法官有充分理由相信被告人是无辜的，否则就不应该再存在这样的事。

目前存在的这一制度是最严重危险的源泉。它看来是为鼓励罪犯团体而特意设计的，也证明了立法者的天真，他们没有将文明赋予犯罪分子的新武器考虑进去。在古代的小城市里，或者甚至在中世纪的大城市里，那些被控犯有轻罪或者重罪的人，在审判结果做出以前是如何逍遥法外的，这是容易理解的。旅行是非常困难的，在外国生活则更不容易。逃跑是自愿流放，而根据罗马法规定，流放被认为是特别严重的惩罚，是头等惩罚。[①]但是，事先是采取了预防措施的：如果没有一个有名望的人在适当的时候给他出具一份
348 担保，囚犯是不能被释放的。[②]对于最严重犯罪案件的释放特权，罗马法总是作为例外的。[③]即使在英国这样一个有《人身保护令法》的国家，也流行着一种类似的例外；在其他情况下，只有当所提供的保释金足以使人确信他会出庭并服从对他的审判结果，法律才会允许释放被告。

在拉丁语系国家，我们曾注意到法律理论家的高谈阔论，并特

① Dig., Lib. XLVIII, Tit.1, "De pub.jud.", § 2.

② Cap.Karoli II, anno 873, Jan.4 (229, Pertz, Hanover, 1835).

③ Dig., Lib. XLVIII, Tit.3, "De custodia reorum", § § 1, 3.

别受到了耸人听闻小说的影响。小说中描写了一个无辜的主人公，由于受到错误的犯罪指控而被囚禁在可怕的地牢里，并遭受到精神折磨。其结果是，在很多情况下，法律确认了被告人在诉讼程序结束前**有权**要求释放。而且在是否准予释放这一方面，法官被授予了最为广泛的自由裁量权，甚至对性质最严重的犯罪案件也是如此。穷人免于提供任何形式的保释金—— 一种类似于古代等级特权的豁免权，这是无产者的真正特权。即使在有罪的判决做出以后，在上诉程序或复审程序所造成的迟延期间，也有被同意释放的情形。结果是，被认定有罪的人，虽然仅仅是被判处了惩治性的刑罚，却可以走出监狱，只有在上级法院做出不利于他的判决时，他才有必要回到监狱。甚至可以说，释放便利的增加与有罪的确定程度成正比。一个仅仅是由于怀疑而被逮捕、根据并非确凿的证据而被关押的人，在宣布他有罪的庄严判决做出以后，却发现自己马上被释放了。

这类事难道不是完全违背理性和常理了吗？不管有什么样的理由来为这一制度辩护，都不能否认这是不正常的，是没有根据的，是无法为普通的智力所理解的，尤其无法为一个南欧国家人的普通智力所理解。对于无远见、对不是眼前事物不敏感的这些南欧人性 349
格的民族，怎么能想象他们会对在一个不确定的期限过去以后才会生效的监禁威胁有强烈的印象呢？这个不确定的期限可能是一年或两年，如果上级法院裁定再审的话，则可能更长。这种遥远的威胁，对那些冷酷和自私的人是不可能没有影响的。在北欧，这在一定程度上是可以理解的；但是在南欧，可以适用斯宾塞的一句话：

"必须有可以明确预见的、严厉的、立即的和具体的刑罚。"①

在那不勒斯，当1865年的新法律将临时自由制度适用于甚至是严重的伤害案件时，下层阶级普遍认为，这样的犯罪已经不再会受到惩罚，或者最多是将保释金没收，而保释金的数额很少超过50法郎。结果是，在这些阶层的人民中，经常可以听到这样的说法：用50法郎你就可以买到捅别人一刀的乐趣。这表明，法院判处的经过长期拖延才执行的惩罚并不重要。能够打动南欧人的是支付50法郎，因为这是立即执行的。②

至于这一制度对公众所产生的影响，可以毫不夸张地说，是可叹的。解释这一制度的努力是徒劳的。事实仍然是，受法律摆布的犯人已经不再受法律的控制了，因为是法律本身将其释放的。也许
350 受害人还正在为伤口的疼痛而呻吟呢，也许他已经终身残废，或者由于聪明的诈骗犯的诡计使他陷入贫困。但是，当他们看到，在经过几个月的关押以后，尽管法官已经做出了等候审判的决定，罪犯还是被释放了，并且在该案经过上诉法院和最高法院的漫长程序以前，罪犯拥有完全的和绝对的自由。试想一下，受害人的邻居、朋友、亲戚对这一程序会有何感想呢？这就意味着，如果他高兴，罪犯可以自由地继续他原来的生活，可以和受害人肩并肩地生活在同一幢房子里。也许我们可以在众多的案例中引用一个案件：有一个农民，为了消除农场租赁的竞争而向邻居开了枪。杀人的企图没有得逞，但在18个月后，这位邻居的伤还没有恢复。与此同时，那位仅被控犯有伤害罪的杀人未遂的凶手却平平安安地待在家

① Herbert Spencer, *Prison Ethics*.

② Turiello, *Governo e Governati*, Ⅰ, C. Ⅲ (Bologna, 1882).

里。凶手住的房子和伤者的住宅都朝一个公用的院子开着门,两家的门正好相对。结果是,痛苦地躺在床上的受害人被迫看着杀人犯在院子里抽着旱烟,喝着酒,却只有忍受着。难道这就是司法制度的进步吗?

但是,这有可能并且事实上产生了严重的后果。罪犯经常对曾经作过对他不利证词的证人实施报复,或者重新实施他原来没有成功的企图。这里,我们同样可以从数以百计的悲剧性事件中选择几例。一位向年轻妇女求爱而被拒绝的男人,用左轮手枪向这位妇女射击,幸好没有击中。他被逮捕后又被准予临时自由。结果在案件提交审判前的这段时间里,他杀死了这位姑娘的兄弟。在另一案件中,一个卡莫拉组织的成员禁止服务员注意一位年轻妇女,因为这位违法分子的朋友们对这位妇女有不良企图。服务员没有服从,结果他的一边脸被剃刀划了一刀,以作为惩罚。这位年轻的服务员一面向警察投诉,一面又继续他的工作。几个月后,他的另一边脸又挨了同样一刀。两个可怕的伤疤使他终身毁容。罪犯被捕后,被惩治法庭判处4年监禁。该服务员先是上诉,后又对上诉所作的判决申请复审,结果4年就过去了。与此同时,这个卡莫拉组织的成员每天在该服务员被雇佣的咖啡馆前招摇过市,还不时向这位受害人的脸上吹雪茄烟。这个可怜的家伙曾多次拒绝向他提出的私了方案,但是最后,长时间的拖延使他对结果感到绝望,于是同意接受罪犯私了的钱款。最后法庭做出了一个裁定重审的判决,起诉撤回了,新的证人为想象的起因作了证明,结果这个恶棍只被判了几个月的监禁,并且连这也由于正好宣布大赦而被免除了!

有时受害人完全失去了耐心,其后爆发的愤怒成了新的犯罪的

351

原因。不久以前,在巴黎法院的管辖区内发生了一起悲剧,克罗维斯·胡戈夫人(Madame Clovis Hugues)开枪打死了毁坏她名誉的人。这位夫人向法院提起诉讼已经好几个月了,尽管毁坏她名誉的人被判处了监禁,她却仍然看见他逍遥法外。

同样,这一制度对犯罪行为的仿效和蔓延的有害影响也是难以估计的。在南意大利的一个村里,一个因为用剃刀将拒绝他献殷勤的农妇毁容的男人,被捕后获得了临时释放。与往常一样,上诉和复审程序使他得以逍遥法外达两年多。与此同时,其他那些爱慕女子的失意者纷纷仿效。这类案件发生得如此之多(正如我在前面
352 所指出的那样),以至于最漂亮的妇女由于恐惧而嫁给了附近那些最大的恶棍。[①]难道我们还不能把这些罪过归咎于临时自由这种制度吗?因为,如果那个带头的坏蛋不被释放,而在审判前后都将其关押,直到5年或6年监禁期满,那么就根本不可能有仿效者。事实上,这正是一位仿效者的话,他前面的所有人都获得了临时释放,而他却被拒绝了。他坦率地承认,如果他原来就预料到他会得到和其他人不同的待遇,他就不会去犯这个罪了。

而且,有一条理由可以排除我们所讨论的实践中的所有争论。临时自由使被告人有接受所判处刑罚的自由,也有逃避它的自由。因为在当今时代,一个人可以不受妨碍地从世界的这一端旅行到另一端,甚至几乎连护照都不需要。就此而言,罪犯为什么非要把自己流放或真的远走高飞呢?他只要躲避在一些纷乱的大城市中就可以了。如果他已经在那里生活了,他只需改变一下住所,警察就

① 参文前文第195页。

会在笔录上记上“没有找到”。除了一些轰动性的犯罪案件会使全国的电报线路保持忙碌外，警察并不给自己增加麻烦。而且，总的说来，在社会第二次有求于他们的时候，并不会指责他们已经提供的服务。他们发现了罪犯，并且面对我们不知道的多少困难，他们逮捕了罪犯。于是，在崇高原则的名义下，在人身自由的神圣名义下，盗窃犯或凶手凭他们自己的宣誓而被释放了，就像在以前的时代里，绅士根据自己的诺言而被释放一样。在事件发生两年后的现
在，警察们还在现代巴比伦（伦敦）的一些角落里寻找那个早已被 353
忘却的隐匿的坏蛋，以使他接受被判处的3个月或6个月监禁。还有比这更可笑的吗？[①]

但是，如果所涉及的刑罚是如此之短的话，罪犯是用不着去逃避警察的。被迫被限制活动这么几个星期，对他有什么关系呢？在冬天，农民罪犯还真的欢迎这样的惩罚，因为这意味着在他的劳动没有效益的季节里，他可以省钱。一个被判处2年或3年监禁而身体健康的人，特别是有钱的人，在叩开监狱大门的时候，没有必要担心太多。巨额诈骗犯或者盗窃几万法郎的犯罪者，在根据陪审团的判决被处以仅仅是惩治处罚（在意大利经常发生的一种情况）后，在上诉或复审期间还是被释放了，对这样的案件又有什么好说的呢？他有可能出庭并服从法律吗？任何人都知道，有了20—30万法郎的人，完全可以不在乎职业，随便用个他喜欢的名字，不会受任何干扰，就可以在邻居尊敬的气氛下生活下去。

总之，我们认为，准予临时释放的做法是所有刑事法律制度中

① 在这段里，我特别注意了意大利的法律。根据意大利的法律，在许多轻罪案件中，临时释放是被告人的权利。

最糟糕的制度，它直接抵消了遏制活动的作用。这一制度直接鼓励了犯罪分子，使受害人和证人失去信心，使警察士气低落。在做出一审判决后再将罪犯释放是荒谬绝伦的做法，而上诉被驳回后，在完全为了拖延时间的复审期间，仍然允许罪犯逍遥法外，这种非理
354 性的支配简直是莫名其妙。最后，在本书所建议的制度中，这种制度是无法接受的。我们已经考察了有必要在诉讼期间采取监禁措施的情况，因此，除非负责司法调查的地方法官认为证据不足，否则就不应该考虑临时释放。但是，如果有理由相信被审判的罪犯属于应被消除的人，则不得适用保释措施。因为社会有必要消除有害因素，所以，为了达到这一目的，不能指望犯罪分子的良好愿望或他们的顺从精神。

至于很少发生的不正当关押案件，在被告人的无辜得到完全证实以后，我会像其他许多人所做的那样，毫不犹豫地建议由国家向这些在法庭上有过欺骗性露面的受害者支付适当的赔偿。这样的补偿权利一旦得到承认，就不再会有因这类错误所通常引起的抗议了。首先，这种情况并不是一种无法容忍或无法弥补的损害，而只是一起不愉快的事件，对于一个真正诚实的人来说，对事件的承认本身就是一种补偿。同样，在大多数案件中，被告本人的鲁莽、轻率和他的古怪行为，或者他与不道德朋友的来往，对错误的造成也是有责任的，很少有完全属于警察过错的情况。因此，在确定补偿数额的时候，应当考虑被告人本人促使对其产生怀疑的部分。我们所不能理解的是，仅仅是由于几个孤立的案件和少数易于补救的司法错误，为什么就要提出将诉讼期间的监禁完全废除的措施——这只是意味着遏制的削弱和很多罪犯的免受惩罚。

第五节　刑事审判：陪审团

现在有必要论述刑事审判的模式。严格意义的审判所具有的 355
遏制功能已经引起刑事审判具有民事审判的性质，而这相似性的出现是不自然和误入歧途的。在民事审判中，有原告和被告；而在刑事审判中，警察局[①]取代了原告的位置。它仿佛是“债权人”，以惩罚的方式强使被告人偿还债务。审判庭去裁决要求是否正当，并宣判被告人是否应当与社会清算账目。

目光短浅的改良主义者主张，这种起诉制度是最好的制度。他们甚至把起诉制度重新设立在一种纯粹的控诉基础上，并且使审判成为纯粹的争辩。在最残暴的中世纪，反方辩护人的雄辩术就在这种纯粹的争辩中运用。正如一位学者所观察的：“起诉制度特有的性质在于诉讼经常在双方当事人的对抗中进行，因此需要核实和遵照双方，但这不是绝对的，只是相对的。争论点不在于被告人是否清白或无罪，而在于哪一方胜诉。争辩的担保物已经成为保释保证书。原告越是挑战，被告也就越挑战，陪审员也就越质疑——继言辞冲突之后，就是武器的碰撞——，激辩的基本特征依然存在。”起诉制度的所有特征“证明着与其说它具有公共的功能，不如说它具有私人的功能。……调查制度为中世纪的教会法庭所采用，也为法
国的路易七世所采用。这无疑是一个进步，因为调查制度认为程序 356
是公正地发现事实真相所必不可少的，而这应当成为每个合理和合

① “警察局”是指起诉官员的总体称谓。关于法国的警察局，请参见斯蒂芬：《英国刑法史》，第一章，第524—525页。——英译者注

法的审判程序的目的。”[①]

这种调查制度，特别是在政治性问题上，已被妄加滥用，这是不容置疑的。其所需要的是增加对被告人的担保物，并且限制法官的权力。但是，在设立怪诞的陪审制度和夸大审判程序口头特性的重要性时，这种调查制度仍在实施，这简直是已过时的起诉制度的复归。

无论不利于被告人的证据多么确实，也无论这种证据是多么无懈可击，如果精于辩论的辩护者能够突然对陪审员的想法产生影响，这种证据的全部效用就可能化为乌有。人们和法律界都承认，巡回法院的审判结果完全取决于机会。可是，尽管公众舆论，至少在意大利，对这种陪审制度明显抱有反对意见，[②]却没有呼声要求立法机关废除陪审制度。

这是因为存有这样的想法，即：陪审制度与陪审团的政治特权
357 紧密相联——这种看法在英国或许确实存在。在英国，陪审团是固有和传统的；但在其他国家，却不存在这种普遍性的看法，这些国家为了行使审判权而特意设立地方行政官。于是，在英国，国民的特性、国民对罪犯的不同情以及他们对每种违法行为的苛刻和顽固

---

① 参见P.埃莱罗：*Delle Origini Storiche del Diritto di Runire* ,第18页（波隆那，Zanichelli）。也见梅因：《古代法》，第五章。克鲁皮在其著作 *La Cour d'assises* 第150页（巴黎，1898年）中，表述着同样的想法：“它依然是古代的神裁法和司法决斗。争论点依然是技巧、竞争和胜负。谁将证明是更具口才呢？古代的武士装备着戟，而现在‘武士’的兵器是言辞。但是，如果我们考察古代这两种制度在发现事实真相上的逻辑性和合理性，两者之间的区别简直是无足轻重的。”

② 塔尔德在赞扬意大利的实证主义者“讥笑地反对陪审制”时，也抱有同样的态度。请参见“Positivisme et pénalité”（载于*Archives de l'Anthropologie Criminelle*，1887）。也见他的著作 *Philosophie Pénale* 第七章（Lyons，1890）（美国版“刑事科学丛书”之一：《刑罚哲学》〔Boston：Little Brown & Co.，1912〕）。

的严厉,使得这种制度依然可以切实可行。而且,只有当被告人抗辩“无罪”或者拒绝辩护,却在法庭上提出“无罪”时,英国的陪审团才被召集,而欧洲大陆国家的陪审团却与此不同。再者,陪审团的裁决必须是一致的。于是,一个明智的陪审员就可以使无知的多数人无能为力,只要宣布不能达成一项协议。如果陪审团的意见不一致,就必须重新审判案件。最后,只有当陪审团的职责完成后,陪审员才允许脱离,或者与局外人接触。这样,设法腐蚀陪审员的做法就不会有机会存在。在拉丁语系国家,当法庭审理可能延长10天或更长时,在陪审员回家或去餐馆就餐时,设法腐蚀陪审员的做法是很普遍的。

陪审团所进行的审判,实际上绝大部分是愚昧无知的,这或者是因为陪审团不能领会许多法律术语的含义和懂得提交给它的无数问题的真正意义、联系,[①]或者是因为当有罪的证据不是一眼就能看出时,它缺乏必需的能力和经验去审查证据、评断反对和赞成的理由。陪审员有时宣布无罪的裁决,藉以反对政府。这在意大利时常发生,例如对贪污公款的案件宣判无罪——窃贼因此而逍遥法 358
外,财政部长只能对此表示恼怒。在小城市的巡回法庭中,陪审员来自不同的地区。他们下榻于同一旅馆,并且面临着多种影响。“当一些在政治生活中赫赫有名和作为一名国民议会议员而享有盛名的雄辩家和辩护人为刑事被告人辩护时”,图列洛说道:“甚至于最诚实和最理智的陪审员们也不能抵御对他雄辩术的羡慕。如果没有正确的理解,或者没有时间去考虑,他们就会有争论;在这种情

① 英国和大陆国家的陪审团在这一点上也不同。英国的陪审团只需决定犯罪的一般问题,并且宣布“有罪”或“无罪”这一单纯的裁决。

况下，就会屈从于一种尊敬才能的情感，而忘记所要审查的问题。而且，只要剧院的观众向演员鼓掌，他们也会以裁决的方式向雄辩家喝彩，审查事实和发现真相也就相应地显得不礼貌。简而言之，不管是雄辩家神经质的敏感性，还是他艺术性的易感性，我都不能明白：当意大利人被召唤去作为法官，他们怎么能阻止自己容易动感情呢？除非他们为了履行职责而经过了特殊的训练。”①

有必要进一步说明的是，为了使陪审员对明确的证据产生质疑，辩护人经常使用多种手段来混淆陪审员的想法。他们甚至有时向陪审员陈述纯粹是虚构的论据。正如在英国，我们没有被禁止去利用陪审员的易激动性情和引起陪审团去同情被告人及其家庭的命运。于是，一个辩护人可以通过描绘刑事被告人被定罪判刑后其妻子和孩子的不幸处境来胜诉。但是，刑事被告人从未抛弃其妻子和孩子的情况是无足轻重的。另一个辩护人将会以很真挚的语气告诉你：被告人的母亲由于悲痛而精神错乱，并临近死亡。其实呢，

359 她的身体非常健康，而且早已声明同她先前的儿子脱离了关系。雄辩家流着眼泪在诉说，并绝望地挥舞着双手，庭长在微笑，而陪审员们却天真的被欺骗着。这看起来完全是一出滑稽可笑的悲剧。②

这并非全部。由于不能细查和考虑证据，或者由于瞬间激动的影响，结果导致许多不公正的无罪裁决。除此之外，其他一些情况，诸如欺骗、胆怯或现实的腐败，也引起不公正的无罪裁决。例

① 参见图列洛：*Governo e Governati*，第三章（波隆那，1882年）。

② “雄辩术的发展是现在司法机制的自然产物。正如碾磨机生产面粉一样，这种机制也生产着辩术。修改这种产物需要从总体上改变机制。”参见克鲁皮：*La Cour d'assises*，第168页（巴黎，1898年）。

如，在那不勒斯，陪审团非常害怕卡莫拉分子，以至于几乎不可能对这种组织的成员做出有罪裁决。说到西班牙陪审团在1873年至1875年期间审判案件的可叹经历，西尔韦拉告诉我们，在有些省份，从未对有权势的人做出定罪判决，“尽管其所犯的罪行是非常严重的”。[1]西西里岛的陪审团经常服从黑手党的命令。在罗马格那（Romagna），对政府的仇恨经常引起对罪犯的无罪判决，而这些罪犯已经谋杀了许多宪兵（Carabinieri）。[2]最后，各地经常对卑鄙的人们（诸如伪造犯、伪造货币者、犯罪的破产者）宣判无罪的后果已经对公共的道德观产生了不良影响，而这应明显归咎于金钱的无所不能。

实际上，常设的法官并不能经常超越腐败的影响，他可能也易受畏惧感或其他方面的影响。但是，他要保护自己的名声，保护自 360
己尊敬的地位。出于谨慎和需要，他获取着勇气和坚定，因为一点点的嫌疑就有可能使他丧失地位。于是，来自于这方面的丑闻并不普遍，陪审团每天迫使我们所见的那些事情并不太触目惊心，这也是自然的。

在一些省份，陪审员们有一定范围的费用，做出无罪裁决有一份价钱，而准许减轻情节的适用也有另一份价钱。有这样一种情况被报道：西西里岛的陪审员向国民议会的议员报怨，认为某些审判没有给陪审员带来物质利益。[3]经常发生这样的情况：陪审团宣判

---

① 参见M.西尔韦拉：*Le Jury Criminal en Espagne*，第41—42页（蒙彼利埃，1884年）。

② “Carabinieri”指意大利宪兵。——英译者注

③ 参见*Relazione della Giunta Parlementare per L'inchiesta sulle Condizioni della Sicilia*（Roma，1876）。

贫穷的共犯有罪，却对拥有财产、是真正犯罪的实施者宣判无罪。在意大利南部，当富人有时基于报仇的动机而实施杀人罪时，做法是普遍的，即从未对其定罪判刑，而且这很少被弄错。“1879年11月16日，在Potenza，一个通奸的妇女和她的情夫由于谋杀她的丈夫而被审判。尽管两人都已供认，但在一家公馆准备了一顿宴会，目的是为了使两人被宣判无罪。期望没有落空，因为事实上，当审判结束后，在审判室里的被告人、陪审员和观众都对无罪裁决鼓掌，聚集在指定场所的所有人都庆贺这一判决的结果。”①

我们确信，在法国，陪审员一般是尽职的。事实是他们很少注重开庭。我们可以回忆起的某些被摘录下来的刑事审判，并不能准确地告诉我们法国陪审团深层次的想法。在这些审判中，有一起Marguis de N.案：他被指控在一个遥远的地方杀害了他妻子的私生子，而且把尸体从悬崖顶部扔下，结果在崖底发现了死尸。我

361 们也没有忘记自从在艾格斯姆特（Aiguesmortes）发生的案件之后，做出了大批的无罪裁决。在艾格斯姆特，一些法国工人以图谋低工资为借口，袭击了一些15岁的意大利工人，并蓄意用棍子打死了他们。再者，正如在意大利一样，在法国，减轻情节经常被做出，以适用于激情犯罪；而且，当被告人是妇女时，无罪裁决是预料中的必然结果。

各地对陪审团都有抱怨。在英属印度，许多犯罪都未受惩罚。而且，正如布赖顿告诉我们的，在那里，通常认为腐败是最可耻的。阿拉哈巴高等法院的首席法官宣称：改革陪审制度的唯一方式是

① 参见前引图列洛书，第338页。

废除它。[①]

但是，假如我接受所收集的实例，所收集的就必须是可以引用的数以千计的实例。公正和公平的裁决有时无疑是可以获得的，但这些本应是通例的裁决都是例外的。即使证据是绝对确定的，结果也有理由担忧罪犯将会逃脱。在上述情况下，我们焦急地等待着裁决，就仿佛裁决有怀疑之处。我们经常担忧审判犯大错误，担忧审判极不公正。这个情况证明我们对陪审团的正直或理解力缺乏起码的信心。信心的缺乏表明一种可能性，即罪犯将不受惩罚（这必定鼓励罪犯），这不是清楚明白的吗？如果这是确凿无疑的，那么，当政府真正对保证法律的遵守有兴趣时，它就会立即剥夺巡回法庭对所涉及的特别违法行为享有管辖权。我们在此不就认识到陪审团履行遏制任务的疲软性和不确定性吗？

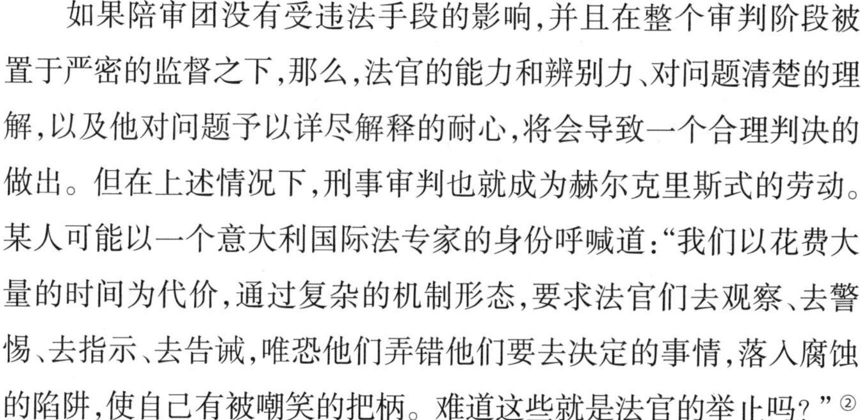

如果陪审团没有受违法手段的影响，并且在整个审判阶段被 362
置于严密的监督之下，那么，法官的能力和辨别力、对问题清楚的理解，以及他对问题予以详尽解释的耐心，将会导致一个合理判决的做出。但在上述情况下，刑事审判也就成为赫尔克里斯式的劳动。某人可能以一个意大利国际法专家的身份呼喊道：“我们以花费大量的时间为代价，通过复杂的机制形态，要求法官们去观察、去警惕、去指示、去告诫，唯恐他们弄错他们要去决定的事情，落入腐蚀的陷阱，使自己有被嘲笑的把柄。难道这些就是法官的举止吗？”[②]

经常有这样一种论点，认为在陪审团服务是对公民的良好锻

① 参见《伦敦时报》，1903年11月4日。

② 参见帕维亚：“Studii sulla criminalità italiana nel 1881”（载于*Archivio di Psichiatria*, *Scienze Penali*, Vol. Ⅳ, No.1〔Turin, Bocca〕）。

炼。对于这种论点,西尔韦拉在对西班牙的陪审团进行著名的论述时,已经予以了充分地回答:“如果说陪审团是一所教育的学校,这是否就意味着它的学生能熟练地犯错误呢？我们究竟应尊重哪一种能够把公正的圣堂转变为培训学校的制度呢？陪审员有时不公正地定罪判刑,难道这就是对陪审员们教育的结果吗？不幸的被告人很难使自己顺从于这种观点。难道陪审员们不是通过宣告罪犯无罪而逐渐地学会和开始学习什么是无罪或有罪吗？社会决不会默许这一点。”

另外,也有这种观点,认为陪审团代表着人民,善良或邪恶的人因而获得应得的公平。不可否认,这种观点是通过事实证明其完全是有根据的。因为陪审团事实上如实地说明了所有政治性、社会性、宗教性的或反宗教性的成见,而这些成见在特定时期支配着一个民族。如果受当地居民欢迎的普及性新法劝告丈夫去杀死违背婚姻

363 誓约的妻子,陪审团就会认可这种宣告杀人者无罪的建议。有些国家的妇女若表达其爱慕之情,必须经过她家中男人(诸如她的父亲、兄弟和舅父)的同意。如果她违反这种习俗,按照流行的成见,她就应被处死。因此,在这些国家中,代表着人民的陪审团必然会在旁观者的掌声中宣告杀人犯无罪。这些事实是不容置疑的。

这个问题的实质在于:陪审制度是否有可能有助于教育民众呢？它是想缓和那些盛行于某些不文明人们当中的残忍习性吗？假如大不列颠王国在有吃人肉习性的毛利人中建立陪审制度,并且由土著人所组成的陪审团去审判同类相食的罪犯,这难道会产生什么效果吗？如果我们把谋杀案交付给陪审团去审判,而陪审员们却饶恕那些基于激情或刺激而谋杀的杀人犯,那么,其所涉及的原理

就完全类同于上述情况。

即使一个民族不能行使审判职权，也没有理由剥夺这个民族的审判权。无论是否应剥夺其审判权，它都应享有审判权，否则它将永远不会达到较高的文明阶段。克服其野蛮习俗所需的事物并不是陪审团，而是法官。法官并不代表这个民族，他既不带有激情，也不带有偏见。简而言之，法官与本民族根本不相像。

最后，有这样一种论点，认为陪审团的设立是为了保护公民防止滥用权力。这种论点至多只在涉及政治性问题时才值得考虑。如果陪审制度也适用于普通犯罪，它就只能是荒谬可笑的。这需要极好的想象力来设想司法部完全屈从于诚实公民的检举——错误地使地方法官去保护真正的盗窃犯、放火犯和谋杀犯，却对许多完全没有犯盗窃罪、放火罪和谋杀罪的人们定罪处刑。没有一个政府曾经利用上述手段去反对其最险恶的敌人。在专制暴君的统治下，364
想象中的阴谋有时会被热情的警察捏造，而成为起诉的对象。但是，基于对臭名昭著阴谋的虚假起诉而把公民投入监狱的做法却从未目睹过。现代国家诉诸的手段在什么方面是不光彩和易于立即遗弃呢？暂且假定上述情况有可能存在。12位无名的公民组成的陪审团与常设的法官相比较，对政府来说是不易腐败的，可以这样想象吗？与政治性问题相关的陪审团历史所证明的却是相反的结论。在16—17世纪的英国，以及在大革命和王政复辟时期的法国，陪审团几乎经常证明是最忠诚的侍从：它屈从于各种专制，不论是君主的暴政，还是平民的专制。[①]

① 关于这个问题，请参见诺韦利斯：*Il Giuri*（那不勒斯，1885年）。

第六节 刑事审判：法官

在主张废除刑事陪审团时，我们完全不提倡审判者应当求助于法理学家，因为法理学家系统的理论包含在《学说汇纂》准则的要点之中。无论上述认识在处理民事案件时如何有价值，它在审判和分类刑事案件时，却没有多少或者完全没有用处。在所有政府官员中，现在的法官或许最不适合这项工作。由于习惯于从抽象的观点来考虑人类的行为，他们主要关心准则。民法完全不同于涉及到精神和物质特性的事物：债务的合法性完全不受债权人善行或恶行的影响。这种严格的法律特征一点也不以刑事科学的原则为基础，
365 因为刑事科学的目的是反对社会的疾病，即犯罪。这两种学科只有极少数的接触点：正如我们所观察的，它们是两种性质截然不同的学科。于是，为什么我们要雇佣在本质上彼此不相关的两个公共部门的同样官员呢？民事法庭人员被指派去负责刑事审判，这仍然保留在他思维的习惯之中。他的注意力不应指向个人，而应指向对事实的合法界定。他只关心法律的利益，社会的利益与他无关。他在科处刑罚时所起的作用几乎是机械的。他运用算术来进行审判。他计算着各种情况，从其他情况中予以增减，最终是应用现成的换算法。很普遍的法典换算法已经被详细地制定出来，这正如众所周知的审判法（"判例法"）一样。审判法是一种最便利的方法，它可以避免调查的麻烦和评估时出现的新事实。最后，法官能轻易地忽略下列情况：在科处刑罚时，主要的考虑点应是刑罚所具有的一些益处；效用应当通过不同的个别手段来达到；通过对个人的精确审

查来确定刑罚种类和程度。

我们坚决主张革新刑事科学。刑事科学主要应从民法学方面对罪犯进行分类，它自然应承担一项任务，即区别限定民事法官和刑事法官这两种官员之间必不可少的基本原理。刑事法官特别应当具备统计学和监狱制度方面的知识，也应当具备犯罪人类学和犯罪心理学方面的知识。因此，他们应当构成一种独特的团体，以区别于民事法官这个团体。这两种官员之间的相似之处只不过似是而非和表面性的，而且这种表面性的相似之处明显不是确定其功能的检验标准。

第七节　刑事诉讼时效

法律提供给罪犯的另一种恩惠是刑事诉讼时效。我们能够理 366

解民事案件的时效问题。当原告在特定时期内没有维护其权利，为了防止他后来侵犯别人基于诚信而享有的新权利，就推定他默认放弃了上述权利。但当我们处理犯罪问题时，如果罪犯在特定时期内成功地置身于警察的控制之外，是否就可以推论不能去干扰罪犯呢？确实有一种理论，根据犯罪是轻罪或是重罪，罪行是较重的还是较轻的，认为当时间过了5年、10年或12年后，起诉的权利就失效了。而且，所有的法典都依据于这种理论。于是，请注意法律是如何保护社会的敌人的！在拥有辉煌成就之后，一个聪明的诈骗犯就会变更他的名字，并且去从事新的投机买卖。当他最终被抓获时，如果自他第一次犯罪之日起，时间已过了5年，那么就只能以新的罪行对他起诉。而且，如果缺乏证据，就不能以新的罪行对他定罪处刑。这样,他就必然会再次从事他恶毒的行业!

然而,这并不是说犯罪时效就应废除。它应予以保留,但只应局限于某些犯罪。这些犯罪的行为人能提出证据,证明他不是反社会的人,而且决定犯罪条件的意外变化将来不大可能出现。例如,假定游手好闲和贫穷是侵犯财产犯罪的决定性因素,但是,成功地躲避警察的罪犯只是在5年或10年之后才被发现,而正如让·瓦莱扎在《悲惨世界》中所说的,这时他的道德已经发生了变化,变成了
367 诚实的工人,而且他的正直已为周围的邻居所公认。这种情况可能一千年才发生一次。但假如这种情况意外出现,人们不就会同意下述观点吗?诸如刑罚不再是需要的;科处刑罚是无益的残忍行为;所需求的是赔偿损害。在某些侵犯人身,诸如攻击和伤害、侵犯贞洁等犯罪中,当行为人后来的善行和已变为成熟的事实,共同保证社会不再遭受其犯罪行为的侵害时,上述同样的情况实际上也会出现。另外,在不是惯犯的人所实施的犯罪行为中,如果罪犯落入我们所提及的存在于真正罪犯和诚实人们之间的中间地带,那么,上述情况也会出现。

再犯的事实打断了刑罚的时效,这是为某些国家的刑法所认可的原则。我们所要做的是抓住这个原则,或者说抓住它的精神,并且在诉讼时效中利用它,也就是说,对于没有执行附有刑罚的判决,如果罪犯没有犯新罪,则**消灭时效**;如果罪犯的道德已经发生变化,则**取得时效**。上述准则会自然防止谋杀类型的天生罪犯取得时效,因为他们现行的堕落是不易改正的。这样,我们就不必再忍受罪犯所上演的令人反感的场面(他们在"舞台剧"中实施残忍的行为),我们也就可以免受由于下述事实而导致的侵害,即自犯罪行

为实施后，时间已过了几十年。

第八节　刑罚时效

上一节的思考点也同样适用于解决刑罚时效所出现的问题。一些刑法典规定了刑罚时效的替代物，而其他刑法典则没有认可 368
它。在这里，正如前面的实例所有力证明的，实证主义理论反对任何绝对的法则。可能有个别实例决定社会防卫的需求。当时间已经逐渐地改变罪犯的道德，并使他成为有益和适合于社会的人时，刑罚的目的就停止作用了。如果罪犯后来的品行证明他是不可救药的，时效的所有恩惠就不适用于他。①

第九节　执行赦免

为了保护罪犯，国家进而利用的手段是行使赦免权。对于国家所禁止的犯罪，诸如政治性犯罪、违反财政和行政法规的犯罪等，准予**赦免**是一种可以理解的宽大行为，没有人质疑政府对仅伤害自身的犯罪享有宽容的权利。但是，我们不能认为政府有权力去赦免在

① 在一篇著名的专题著作（*La Dottrina Morale nel Diritto Penale*, Turin, 1902）中，卡尔内瓦莱拒绝承认：时间或多或少的消逝能够宣告犯罪行为无效，或者在上述情况下，对危险罪犯的完全免刑与一个文明国家的道德观是相和谐的。我们给予罪犯免刑的机会太多了。一个认识到自己职责的自尊国家应当全力减少这些机会，而不是通过诸如犯罪时效等制度去有助于这些机会的增加。然而，下列想法却并非卡尔内瓦莱的观点，即自犯罪之日起到罪犯被逮捕，如果时间已过了很长时期，就完全没有什么效果了。他只相信：至少对于比较严重的犯罪，很长的时间流逝不应产生什么效果，除非减少惩罚的期限，或用一种适合于已经产生新环境的不同惩罚取而代之。

总体上伤害社会的行为，因为这种伤害行为是为社会这个有机体的
369 自然法则所禁止的，而政府正是为了保护社会才存在的。当其他不合理的特权已经被进步的制度所取代，而赦免这种权力却设法幸存下来，这是很让人难以理解的！

大赦是大规模地赦免全部犯有普通刑事犯罪的罪犯。大赦不能被超越，这是不可思议的。由于大赦取消了犯罪本身，国家实际上就是对罪犯说："你昨天所做的事是犯罪，将来也是犯罪。但在今天，我们不认为它是犯罪。"无论这个公式多么幽默，它抹去了罪犯在档案中的每一起犯罪痕迹，所以，由于国家实施了大赦，累犯就不再是累犯。幸运的是，在现今很开明的国家中，准予大赦的权力很少被滥用。然而，我们仍希望这种制度的消亡不会太遥远。

准予**特赦**的权力在其他方面只影响着刑罚。我们发现这种权力在所有的政府形态中都被确认，既为共和制政府接受，也为君主制政体承认。然而，在共和制政府下，对于最严重条件的特赦，应经过最高行政长官复审的程序，其目的是：当有理由认为陪审团的裁决是错误的或过分严厉时，特赦可以防止死刑的执行。当然，有限的赦免权应予保留，因为对于极端的犯罪，它毕竟比司法机制中的衍生品要有益。

但因为它是令人费解的，所以在许多国家中，赦免权这个概念并不盛行。在这些国家中，赦免仍保持着它最初的意义，是一种仁慈、宽大、豁免的行为。它之所以被认作是一种与刑罚目的相一致的行为，只是因为这些国家勉强认为刑罚不是一种报复行为，而只是一种遏制犯罪所必需的手段。

370 为了完全的公正，政府应当对它赦免的罪犯所实施的新罪承担

责任。它至少应赔偿由于鲁莽的仁慈所导致的损害。但是，假如它喜欢这样做，它怎样才能赔偿新剥夺的人命呢？更不必说它赔偿由于政府官员的过失而导致罪犯逃离监狱（这在一些国家中经常发生）所造成的损失了。有些谋杀犯杀害了不幸的监狱看守、负责放逐他们的警察或者所犯罪行比他们轻的囚犯。但是，赦免这些谋杀犯的实例并不罕见。这种使杀人犯继续实施杀人行为的宽大行为，是多么的奇特呀！

可是，我们发现有些政府一贯拒绝批准死刑判决的执行。自1863年以来，比利时政府就是这样做的。这个程序对瑞典奥斯卡国王并没有吸引力。在1875年，他被请求减轻对两个因抢劫和谋杀而被处以死刑的人之判决。他认为，在这种情况下，赦免权的行使只意味着废除法律所确认的死刑。他说："现在，不管我个人如何看待死刑的公正和有利之处，我深信，我没有权利通过行使赦免权而践踏法律，因为法律是经过国王和议会的共同同意才通过的。"①

这个著名的言论是完美无缺的。由于诸如卢梭、贝卡里亚和费尔巴哈等伟大思想家的抨击，赦免权明显与我们所坚持的理论不相容。对我们来说，刑事审判是审查罪犯，刑罚是实现社会防卫所必需的手段。当公众舆论确信被定罪判刑的人无罪时，就没有什么 371
比由高等法院或最高行政长官自己去复审案件的规定更公正的了。当刑罚似乎过于严厉时，基于实用和公正，上述的复审应当准许。最高行政长官有权蔑视社会为了反对它的自然敌人而采取的手段，这怎么能被完全接受呢？赦免危险的罪犯就是侵犯公民享有的永

① 参见贝卡特拉尼-斯卡利亚：*La Riforma Penitenziaria in Italia*，第241页（罗马，1880年）。

远不受侵害的权利。在现在的情况下,个人被发现缺乏适应能力的事实是毫无价值的。我们首先知悉的是,政府介入赦免,并为缺乏社会能力的人提供机会。这种宽大的行为不是比国家的大慈大悲行为更加不妙吗?正如斯宾塞充分阐述的,这种宽大行为所导致的唯一结果是鼓励流浪者,而使诚实的工人贫困。

第四章　合理的刑罚体系

在前三章中,我已经指出那些争论的原理在普通的犯罪、犯罪 372
未遂、共同犯罪、累犯、程序和惯例等方面所引起的必然结果。现在依然继续存在的这些结果将要证明**适应**标准的实际运用应取代道义责任和刑事均衡的标准;换言之,这些结果将要指出适合于不同种类罪犯的遏制手段。

最后,我们要求读者们把我们在“犯罪异常”①一章中,以及在讨论“适应法则”②时所提出的分类和观点牢记在心。

第一节　对谋杀犯的刑事处罚

依据前文的分类,我们首先接触的就是极端、典型的罪犯,他们 373
缺乏道德意识和甚至最低程度的怜悯感。在某些情况下,仅依据犯罪的性质,就可以立即看出这种罪犯所具有的上述基本特性,因为犯罪性质本身就足以表明行为人先天的心理异常,由此导致他不能同化在人类社会中。只有谋杀犯才具有上述这种情况,他们具有天生和固有的残忍性。在任何社会阶级或环境中,残忍性都是一种反

① 参见前文第二篇第一章。

② 参见前文第三篇第一章。

常的特性。对于这种罪犯，我们使用一个在制裁时所使用的名称，即**谋杀犯**。

预示谋杀犯道德畸形的主要迹象有时是犯罪动机，而有时却是实施犯罪的方式。

一、第一部属的标志：犯罪动机

不论罪犯所处的环境是如何堕落，基于纯粹的利己目的，例如设法获得金钱、权力、宠爱、性满足、利益、愉快，或者隐藏先前的错误，或者其他方面的获利、好处、愉悦而实施的每个谋杀行为，都证明谋杀犯是异常堕落的，或者完全缺乏利他主义情感。如果动机是为了满足一些畸形的欲望，剥夺他人生命的那些情况就应归类于上面所描述的谋杀犯种类中。附带强奸行为的谋杀是同一种类的行为，因为它也是仅仅为了享受看见流血和血肉模糊的人体之乐趣而实施的谋杀行为。再者，也有一些在下列情况下发生谋杀的实例，即受害者所做的事不值得谋杀犯憎恨，或者引起谋杀犯的愤怒；由于血缘关系或公认的利益关系，谋杀犯认为是激怒的原因，而对正常人来说却不是激怒的原因。一般说来，上面情形下所发生的谋杀行为是杀害近亲的犯罪行为，因为甚至于一个独特的情形，例如被父亲所控制，并不能驱使正常人用杀戮的行为方式为自己报仇。另外，杀人犯本应该尊重和服从的人或恩人被杀害的行为，也属于上述谋杀行为。最后，也有这种类型的谋杀犯，即一些不触犯他人的
374 非当事人被杀，而谋杀犯的动机不是别的，正是期望展示他身体的勇猛，或者运用武器的技巧。这些残忍行为的不同现象，除了在文明人中间很少发生以外，在残酷成性的人中间仍然是普遍的；而且

它们与一种普遍的特征相联系，即受害人的行为不能引起一个正常人的反应，换言之，谋杀犯认为是损害或者明显是不公平的行为，但正常人并不这样认为。

二、第二部属的标志：实施犯罪的方式

谋杀犯的第二部属迹象表现为实施犯罪的方式。如果谋杀行为伴随着拷打，如果罪犯故意延长他们所实施的伤害行为，我们就可以确信他具有天生的残忍性，因为正常人经受不住受害人所发出的呻吟声，或者受害人极度痛苦的翻滚。当剥夺生命的故意甚至没有清晰地显示出来时，拷打的事实本身就足以证明罪犯完全缺乏怜悯情感。基于这个原因，《法国刑法典》将“谋杀”一词适用于这种犯罪行为，即实施犯罪的方式包括故意实施伤害肉体的残酷行为，[①]这是恰当的。

三、预谋不是判断异常的某种标准

在此提醒读者注意：我们没有使用预谋的标准，这并不是不合适的。预谋的标准在法理学派的理论中占主导地位，他们把它作为识别剥夺他人生命这种最严重犯罪的方式。谋杀犯的特性并不取决于考虑时间的长短。行为所遵循的意思决定之速度与行为人的可矫正性或不可矫正性是没有关系的。行为的迅速实施与行为人完全缺乏道德意识是相一致的。另一方面，也有这样的情况：杀人者并不是典型的罪犯，尽管他有时间去考虑。如果杀人者遭到严重 375

① 《撒丁岛刑法典》也包含这项规定。但是，无须赘述，这项规定受到当代意大利法理学家的谴责。

的伤害，体验到残暴的犯罪，例如自己的生命和自己的家人被残杀，或者他确信报仇是他神圣的职责，那么他就有可能去实施谋杀行为。再者，预谋并不意味着激情的不存在，因为已显示的迅速性程度取决于个人的性格。[1]

尽管谋杀者有时是非预谋的，也不存在受害人挑衅的因素，但仍然有确凿的迹象表明谋杀者具有天生的残忍性。德斯皮内说："极端、凶暴的罪犯与那些实施残酷犯罪的行为人完全一样，都缺乏道德意识。"[2]假定一个拥有实施暴力名声的人正在酒馆喝酒。在他情绪不好的时候，他与附近的一个人争吵起来，这个人可能与他同桌。他侮辱并且打了受害人。当受害人被激而予以反击并把酒杯掷向侮辱他的人的头部时，后者拔出手枪击毙了受害人。在这种情况下，尽管杀人行为是瞬间和非预谋的，但我们仍可以清楚地看到一个呈现出谋杀犯心理特征的罪犯。

然而，有一种情况是无可争辩的，即不应受罚的情况和受到完全无法容忍挑衅的情况，说明谋杀者感觉的方式接近于大多数人感觉的方式，而且在大多数情况下，上述情况阻止我们认为极端反常的特性是谋杀犯所具有的特性。这种情况也许会在有预谋的犯罪中遇到，也可能在那些凭一时冲动而实施的犯罪中遇到。因此，预谋的事实并不是用来识别极端罪犯心理异常的标志。在许多情况下，尽管是无预谋的，但一起杀人行为也许就是隶属于谋杀犯类型

① Von Holtzendorff, *Psychologie des Mordes* (Berlin, 1875); *Das Verbrechen des Mordes und die Todesstrafe*.

② Despine, *De la Folie au Point de vue Philosophique et Plus Spécialement Physiologique*, p.39.

中的一分子所实施的行为，尽管在其他情况下，事实恰恰相反。

综上所述，我们的结论是：已经实施的谋杀行为所具有的残忍性与缺乏受害人严重挑衅的事实是两个标准，它们应当取代预谋的标准。通过这两种标准，我们就能够识别那些被我们称之为谋杀犯
的杀人者与其他杀人犯之间的区别，也就是说，我们能够识别极端、 376
天生或者典型的罪犯，他们可以被认作在道德上完全堕落，以及永远缺乏社会性的能力。

四、死刑作为消除措施的必要性

一旦清楚地认识到罪犯适应社会的不可能性，绝对消除明显就是需要的。我们不能想象社会机体在特定的情况下，应当容忍这种可怕行为可能为同一个罪犯重复实施的可能性存在，尽管它是微弱的。只有死刑才适合这些极端的罪犯。适用死刑的唯一例外是已经确认的、在精神上错乱的情况，其理由在前文已经予以说明。[①]在上述情况下，把行为人禁闭在为患有精神病的罪犯而设立的精神病院中，直到完全确信他已经治愈才予以释放，这是必需的。

至于死刑本身所涉及的内容，在此没有必要去证明它是正当的，这在本书的其他章节已经予以充分地讨论。

然而，有这样一种主张，认为终身监禁作为一种消除措施，足以取代死刑，因为终身监禁能够预防犯罪人重新进入社会，并且能够使犯罪人不可能再次犯罪。我们必须对这种主张的准确度表示异议。首先，每年发生的罪犯逃跑的数量证明终身监禁所引起的消除

① 参见前文第三篇第二章第三节。

377 是不彻底的。[①]其次，经常有大量的意外事件发生，诸如越狱、特赦、大赦等，而罪犯通过这些事件的发生得以重新复归社会。最后，也经常发生这样的问题，即囚犯谋杀看守人，或者谋杀负责将他从一个监狱转移到另一个监狱的警察。[②]

因此，监禁并不是一个绝对和不可能改变的消除措施。即使监禁是一个彻底的消除措施，但这也不能足以证明监禁应优于死刑。我们发现不能用很好的理由来证明应当保留那些本应永远被排斥于社会之外的人的生命，以及应当保存一个纯粹是野兽般实体的存在。我们也不能理解：为什么国家的公民就应该上税，而上税的目的是为了给社会的永远敌人提供食物和住所。[③]

假如前面所考虑的观点完全没有涉及到实质，那就仍然存在着决定性的因素。假定消除的两种方式——死刑和终身监禁——同样是绝对的。既然我们不得不从两者中进行选择，为什么我们就不应该支持那种具有无法估量的威慑效应的方式呢？的确如此，我们
378 已经拒绝把威慑作为刑罚的一个标准；而且在一定意义上，我们认

① 在意大利，每年平均发生15起罪犯从监狱脱逃的事件和大约110起从其他拘留所脱逃的事件。

② 有这样一个实例：尽管一个人已经两次被处以死刑，但每次都被赦免，结果他又实施了第3次杀人行为。又有一个实例：一个被赦免的罪犯在Alessandria火车站杀死了一个卡宾枪手。还有一个实例：罪犯杀死Favignana监狱的监狱长（Beltrani-Scalia, *La Riforma Penitenziaria in Italia*, p.250〔Rome, 1879〕）。一个正在同一监狱服刑的囚犯企图杀害一名看守人，结果他被判处终身监禁。当判决宣告时，他在法庭上挑衅地宣称：无论他被囚禁在哪个监狱，他都要实现杀死看守他的人之目的（参见帕尔马市总检察长的演讲，1880年）。

③ 截至1900年12月31日，在意大利的监狱中，有3,041名囚犯被处以终身监禁，有1,198名囚犯被处以超过24年的监禁（*Prison Statistics*, 1902）。为维持这支谋杀犯大军的生活，诚实的公民每年被指定交付的费用，据粗略估计，大约为200万法郎。

为一个人所遭受的严重痛苦，如果超过其个性所需求的量，仅仅是为了儆戒或恐吓，这种做法就是不公正的。我们已经说明，对每个罪犯所适用的遏制措施必须适合他的个人特性，而所依据的是罪犯缺乏社会生活能力的程度，或者罪犯或多或少地可以被同化的可能性；否则，为了预防犯罪，就可能实施激烈的不公正行为和残酷行为。然而，如果罪犯不可能被同化，而且也应该被消除，那么，我们就会发现消除只能通过死刑来彻底实现，这并不过分，也不是不公正的。现在，有人提议用另外一种想象中的等值方式来取代死刑。但是，很明显，在废除死刑之前，我们必须考察另外一种措施是否呈现出同样的间接作用——这种作用虽不具有决定性作用，不过仍应具有应有的价值。这样一种作用就是威慑效应。死刑具有一种自然的影响力，而限制自由的刑罚只是在次于死刑的程度上产生自然的影响力。

毫无疑问，这种目的是可能达到的。尽管绞刑并不能震慑所有的罪犯，但它仍然可以恐吓相当一部分不畏惧监禁的罪犯，无论监禁的时期有多长。如果死刑能够消除所有谋杀犯的顾虑，那么就没有必要去应用死刑。但毫无疑问，死刑消除了许多谋杀犯的顾虑。再者，当国家处死谋杀犯时，它就不能再做什么了。然而，如果国家没有做到它所能做的一切，它就应对其他本不应被剥夺生命的人负责。当国家尽一切可能去预防一种特定行为时，它就有必要使行为人蒙受最大限度的损害，以此震慑那些将要实施这种行为的人。自由的丧失并不能导致行为人蒙受最大限度的损害，因为他的生命依然存在。当国家废除死刑时，这就等于它认可了谋杀行为，也等于向罪犯宣布：“你杀害一个人所冒的风险是住所的改变；你必须

379 在我指定的地方内，而不是在你自己的住宅内度过你的一生。”事实上，死刑没有被废除。如果国家放弃自己应用死刑的权力，它就由此而承认别人有剥夺生命的权利。现在我们面临着一个恶性循环。国家所实施的死刑是不是没有个人剥夺生命的做法更好呢？这是唯一的问题。

此外，我们也必须注意到死刑的影响力并不限制在它所直接震慑的罪犯种类之中。死刑甚至可以有力地影响次要的罪犯，因为正试图实施犯罪的人并不确切地知道他在什么方面去实施犯罪，或者他的犯罪行为可能招致什么样的惩罚。于是，当他意识到“有一种力量可能剥夺某些罪犯的生命”（尽管他并不是明确地知道这一点）时，他的这种意识就有可能成为一种足以瓦解他犯罪倾向的强有力的动力。[①]

历史学和统计学证实了上述主张的真实性。在比利时，正如比利时总检察长所说的，民众认为死刑已是历史，这种信念的产生是基于政府在1850年以前的一段时期内对死刑所采取的态度，而且这种信念导致1850年以来严重犯罪数量的增加。随着1863年赦免制度的恢复，严重犯罪成倍的增加，而且是“以一种令人心悸的方式增加，因为废除死刑的信念已经越来越扎根于民众的脑海之中”。[②]就事实而论，从1865—1880年期间，对谋杀行为的起诉由34件增加到120件。

众所周知，意大利南部于1861年爆发了令人生畏的土匪掠夺行为，只是通过迅速处决已被定罪罪犯的措施，这种可怕的行为才

---

① Turiello, op.cit., C.Ⅲ.

② 引自于Beltrani-Scalia, *La Riforma Penitenziaria in Italia*。

得以镇压。在英格兰，对谋杀罪一直是运用绞刑来予以惩罚的，其结果导致英格兰是欧洲唯一呈现出犯罪明显减少的国家。[①]在 380
普鲁士，多年来几乎没有执行过死刑，而犯罪的统计显示出在1854—1880年期间，杀人案的数量持续增加，而且以连续的级数发展，从1854年的242起增加到1880年的518起。在瑞士，作为1874年废除死刑的结果，据估计，杀人犯罪以每5年75%的速度增长。[②]这种情况的出现，促使瑞士的许多州决定重新设立死刑制度。

至于法国，只要死刑的判决得以正式地继续执行，严重犯罪就会减少。但在1878年，明显是为了进行“净化灵魂”的试验，格雷维总统只许可7件死刑判决得以执行；而在1880年，只许可执行2件；到1881年，只许可执行1件死刑判决。一旦这种宽大的行为被犯罪人注意到，谋杀行为就更加时常发生。与1877年的31件死刑判决相对照，1880年有35件死刑判决被执行。判处杀近亲者罪的案件，由1878年的8起增加到1882年的14起。在1882年，谋杀案的数量增加到36起。从那时以来，公众舆论的指责导致赦免权的行使更加有所节制。1886—1900年期间，被判处死刑的罪犯几乎有一半予以执行，其结果是谋杀案的数量从224起减少到175起。

一个与我通信的人从智利写信对我说：随着有计划地将死刑减轻到“监禁”15年或20年的做法在那里盛行，谋杀案和应受处罚的杀人案也随之增加；以1898—1902年期间，这些犯罪每年发生的平均数是950件，也就是说，每10万居民中就有35人实施这些犯罪。这个为我提供消息的人又说道：这种剥夺人类生命犯罪发生

① 参见前文第202页。

② Freuler, *Für die Todesstrafe*, p.57（Schaffhausen, 1879）.

381 的特别频率，致使开拓殖民地几乎是不可能的。农民处于一种持续性的恐惧状态之中，他们首先关心的事是离开他们所居住的地区。尽管这样，报纸和政客们仍然鼓吹“废除死刑”。[①]

在意大利，自1876年以来，除军队以外，其他地方均没有执行过死刑判决，结果是严重犯罪已经达到了几乎难以置信的程度。反之，在英国，每年杀人案的平均数仅有300起，而在意大利，尽管其人口数量几乎与英国相等，但它每年杀人案的平均数达到了3,814起，而且其中几乎1/3是真正的谋杀案。自1892年以来，每年杀人案的平均数只有轻微变化，1899年的平均数是3,586起。其原因或许是犯罪的饱和状态已经达到了最大限度。不管死刑是存在的，还是不存在的，没有哪个国家的居民希望以切断对方喉咙的方式来自娱自乐。唯一的事情就是，由于死刑的不存在，那些倾向于死刑应转向的人们没有任何理由再犹豫不决了。

举出一两个切题的例子或许是有价值的。在那不勒斯市，一个消防部门的官员被残酷地杀害，而杀害他的人竟然是他多次予以亲切关照的下级职员。谋杀犯的供认显示出他十分明白死刑并不是一个他加以考虑的事情，因为他宣称他犯罪的动机是为了获得他后半生所必需的食物和住所，以便不必去工作或乞讨。1884年发生了这样一起事件：一个名叫米斯蒂（Misdea）的士兵，在一天夜里，在位于那不勒斯市的Pizzofalcone兵营中，用一支步枪向熟睡的同伴

---

① 这个与我通信的人又附加了一个令人难以理解的细节。在法耳巴拉索，正当我所写的关于抨击废除死刑的小册子的译本在那里出版时，为赦免3个有罪的谋杀犯而进行的煽动活动也正在进行当中，结果没有一家报纸有勇气宣布这本小册子的出版，这主要是害怕有损于对这3个谋杀犯的赦免。

射击。他的这个谋杀行为持续了一刻钟，共杀死了10名士兵。当
他被军事法庭判处死刑时，他拒绝认真接受这份判决。因为他坚 382
信：在意大利，执行死刑是不可能的。这起残杀事件发生后才几天，又发生了士兵谋杀其同伴的行为，但这些罪犯均被处死。从那时以来，在意大利军队，再没有发生一起同一性质的事件。

如果害怕失去生命的畏惧感能够影响那些从他们冲动的性质来看，需要经常面对死亡的人去实施行为，那么，又怎么能设想同种的畏惧感对大多数人是没有功效的呢？

实现贝卡里亚计划的任何努力，以及为了灌输恐惧感而实行非常严厉的终身监禁的任何努力都将是完全无用的。①首先，实施所必需的残酷行为是令人厌恶的；其次，我们为了把监狱加上恐怖的成分而所做的一切，除了能对那些出于好奇而参观监狱的人们产生凶恶的印象以外，是没有任何效果的，因为囚犯的绝望除了引起牢房墙壁的回声之外，它引不起任何共鸣。

第二节　对暴力犯的刑事处罚

一、杀人犯

现在，我们转向对第二种罪犯的讨论。根据这种罪犯的情况，有人认为，犯罪主要归因于表面层次的特性；他们按照这些表面的

---

① “已经参观过监狱的任何一个人都可能自认为他已经看到了犯罪人心满意足的情景”（参见 Lauvergne, *Les Forcats*，这被奥布里在他所写的*La Contagion du Meurtre*〔Paris, F. Alcan, 1888〕一书中所引用）。

特性，又提出一些错误的想法和偏见，例如名誉或者报仇的责任，认为这在家庭或一个社会阶级中是传统的。这种罪犯并不能否定纯粹是自我满足的动机之存在。当他们被政治上或宗教上的偏见所驱使，他们所实施的犯罪是一种“自我—利他主义”的结果，是“自爱”的结果，是他们所抱有的名誉受到损害的想法之结果，或者甚至纯粹是受错误的利他主义指导的结果。

383 正如我们所指出的，罪犯的异常通常是与他被激的严重性成反比的：罪犯被激的严重性越严重，从正常人看来，罪犯感觉的方式就越直接。于是，犯罪就可能表现为一种反应的形式。除了极端的犯罪以外（需要提及的是，正是因为这种过度的行为，才需要证实反常的事实），这种反应的形式大体上是合理的。尽管罪犯的感情被夸大了，但罪犯的情感是可以说明的。就罪犯的感情而言，被激必须是可以感觉到的，它本身具有这种性质，即罪犯自身拥有道德意识。完全涉及罪犯个人感觉方式的一切情况应不予考虑，因为正是罪犯心理上的异常才导致他以一种逾常的方式去感觉外界的影响；也正是罪犯心理上的异常才引起这种事实，即对他人来说是很无关紧要的事，而对他来说，则是一个严重的损害，是不公正的，因而他迫切需要报仇。因此，被激必须被大多数人认作是真实的，或者至少被那些隶属于同一社会阶级中的人们或部分国民认作是真实的。只有这样，罪犯才能或多或少地接近于正常人，随着他所蒙受的损害或不公正的严重性的不同而不同。

所举出的一个切题的实例就是这样一种犯罪：它体现为对严重侵害自尊心的行为产生立即和无预谋的反应。自尊心的普遍盛行导致犯罪并不十分丑恶，所以，我们通常愿意饶恕那些在蒙受无

法容忍侮辱的一瞬间使用武器的人们所做的行为。

我们所担忧的是，饶恕的情况在实践中被妄加滥用。特别是在拉丁语系国家中，很难使陪审团宣判激情犯有罪。废除由陪审团进行的审讯应当是刑事科学改革的第一步。①

此外，也有这种情况，即动机是为了一个亲属的被谋杀而复 384

仇。如果遵照当地的成见，或一个社会阶级的成见去实施这种复仇行为，这种犯罪就可以称作是“地方性的犯罪”。然而，它在实质上不同于那种由可原谅的被激原因所引起的谋杀行为。如果把我们生活环境中所通行的观念认作是伤害行为，我们则认为这种伤害行为是真正的：至于这个环境是整个的世界，还仅仅是我们所居住的微观世界，或者只有我们才熟悉的微观世界，这并不很重要。毫无疑问，这种复仇行为的特征是为原始习俗所规定的血态复仇，而这种习俗在南方的一些地区，诸如科西嘉、西西里和加拉巴利亚，依然存在。

然而，无论谋杀的动机是什么，有预谋的行为经常意味着残忍的本性。由于哈姆雷特不具有这种本性，所以，他度过了一段长时期犹豫不决的日子，不能使自己实施背叛其本性的行为。但是，他所处环境的影响，以及受到一个迷信想法的影响，即需要为死去的父亲或子女的名誉报仇，在很大程度上限制了他去履行犯罪的职责。这必须归咎于个人的特性，也就是说，应归咎于杀人犯在道德上的异常。这说明非利己、形式上的动机处于支配的地位和决定性

① 在意大利，刑事陪审团的保留主要是出于50多名律师的考虑，其中包括国民议会的议员，他们的专长是审讯巡回法庭的案件。公众的舆论明显是与这种制度相反的。

的地位。除非现在有其他事实能够使我们产生相反的想法，否则，我们就不能相信罪犯永远缺乏社会性。

本节所论述的罪犯都不能归入谋杀犯的类型中。但我们有理由认为，在他们当中，有些人在道德上是异常的，他们的怜悯心处于社会生活所需要的程度以下。因此，对他们采取消除手段是必须的。首先，必须将罪犯个人流放到其所处的环境之外，因为在那里，通行的成见几乎证明他的犯罪是正当的。但是，这种消除手段既不
385 应当是绝对的，也不应当是永远的，而且不应当预先予以确定，这是因为：首先，我们不可能证实罪犯堕落的程度很深，以至于有根据去担忧同一犯罪人进一步实施犯罪行为；其次，我们不能区别由于罪犯个人的道德异常所引起的犯罪与由于环境影响所引起的犯罪之间的差别。

针对这种罪犯所采取的适当的遏制办法，似乎应当是把他们拘留在某地，例如拘留在一个岛屿或殖民地。在那里，罪犯被准许自由活动，但为了防止他们逃跑，依然需要对他们予以一定的监督。刑罚所持续的时间不应预先确定，而应取决于某些情况，其中年龄和性别是最重要的情况。如果我们正在处理一个很年轻的罪犯，则可以认为这个罪犯即将来临的成熟期，将会缓和他过度的感受力，因为这种过度的感受力导致他逾常地忿恨触犯他的行为，并且导致他滥用精力。对于女性罪犯，婚姻和已出生的孩子可以作为一个充分的保证。对于成年罪犯，老年的临近有着同样的效果。这里所说的每一种情况都标志着生活的变化，说明处于支配地位的激情在强度上的衰退，或者被其他情感所取代，以至于完全消失。最后，当被拘留的罪犯经过某些年的拘禁后，如果已经清楚地显示出一种始终

如一、温和的性情，那么，就应当加速他复归社会的速度。基于这些原因，有必要建立对罪犯考察一定时期的制度。这应随着情况的变化而变化。然而，考察的时间不应过短。最后，如果法官面前有一份详细的报告，说明所有的事实已经清楚地显示出罪犯的特性，那么，法官就应当决定刑罚是应当结束，还是应当继续进行下去。

二、严重侵害人身或道德的罪犯

犯有同一性质的其他罪行的罪犯，也就是说，犯有其他侵犯怜 386

悯情感行为的罪犯，应当受到刑事处理，而这种刑事处理完全不同于现存制度所规定的肉刑和矫治性惩罚。这种类型的罪犯包括实施下述犯罪行为的个人，诸如有目的的残害，或者毁坏容貌，或使身体的器官永久地或暂时地伤残的行为；使他人肢体残缺的行为；使用暴力的劫持行为；强奸行为；残酷地虐待无防御能力的人；诬告；长时间拘禁受害人的绑架行为，等等。这种罪犯的犯罪天性有时是持久的。通过前面章节所提及的、对罪犯的堕落特征进行检查的方式，连同对罪犯的习性和特性进行详细、长期的调查和观察的方式，就能确定罪犯的犯罪天性是否持久。罪犯或许患有瘾病，这尤其可能发生在罪犯所实施的罪行是诬告行为、残忍地欺骗孩子的行为时。所以，当所考虑的罪行是伤害行为或强奸行为时，罪犯有可能是一个癫痫病人，或者是一个因酒精中毒而没有理性的人。在这种情况下，就有必要把罪犯禁闭在为患有精神病的罪犯而设立的精神病院中。

再者，尽管一个实施过残忍行为的人已经没有机会去实施谋杀行为，也没有显示任何患有精神病或神经病的迹象，但是，他有可

能继续显示残忍、堕落的特征。针对这种罪犯所采取的唯一手段，应该能够使社会防护的必要性与人类的情感相一致，因为现在人类的情感并不赞许对那些没有剥夺他人生命的人适用死刑。这样，唯
387 一的手段就是流放。而且，既然这种罪犯的天性真正是野蛮人所具有的天性，就应当把罪犯放逐到遥远的地方，在那里，文明还没有弥漫，罪犯可以设法自己去谋生，并消除有害于文明人的一切可能性。假使这样，这种把罪犯放逐到孤岛的流放方式就是唯一合理的惩罚方式，因为对公众来说，这是最简易和开支最少的办法。至于流放的地点，位于太平洋中的群岛和位于非洲的沙漠就可能使这种遏制办法持续到下个世纪。

另一方面，如果这里所论及的犯罪特征显示出罪犯所处的生活环境是孤立的，并且不能证实罪犯完全缺乏社会性，那么将罪犯拘留在海外的惩戒营就是最适合于这种罪犯的措施。在充分考察罪犯一段时间以后，惩罚就可以结束；但如果罪犯在考察期间内已经向被害人或其家属支付了法官所确定的赔偿费，并且获得了法官让其复归社会的准许，惩罚也可以结束。

三、少年犯

如果精神上和道德上的进化有可能改变少年犯的天性，那么考察一定时期的制度也必须适用于少年犯，尽管他们犯有蛮横的残酷行为或强奸罪行。这种可能性的存在不应当取决于对未达到法定年龄所确立的牢固和僵硬的法则，而应当取决于对个人情况的具体判断。

正如我们已经指出的，在年龄很小时所实施的一系列带有暴

力和残忍性特征的行为，有时可以揭示其杀戮的天性。尽管少年 388
犯缺乏力量的事实阻止了严重后果的发生，但这种情况仍然要求法官进行认真的考虑，而不是依据现行的制度，草率地对他们处以拘留几天或几个月所谓的矫治性惩罚。这些不严重的犯罪屡次发生，有时几乎是难以置信的，以至于最终导致了滔天罪行的发生。于是，我们只有停止考虑少年犯的履历。如果我们把少年犯提交法官去审查，那么该少年犯就应该一直是天生的谋杀犯，人类学学者们很早就告诉了我们这一点。行为的性质和发生率、罪犯心理和人类学上的特征以及可以称作“证据之王”的事实，例如不道德的、疯狂的和犯罪的遗传史，将会使观察者们发现凶暴、性情暴躁和残忍的孩子，而我们已经把这种罪犯称作谋杀犯，并且提出了遏制手段。如果这些遏制手段被采用，它们将会挽救一个或更多的生命。

对于现在所描述的少年犯，首先应当把他们禁闭在为患有精神病的罪犯而设立的精神病院，并进行一段时间的观察。这有可能会发现一些精神病态的存在。如果不能发现，而且在少年犯的青春期到来之前，仍然有希望改变他们的天性，那么其次所采取的必要措施就是把他们放逐到农业殖民地中观察一段时间，而且观察的时间是不定期的，也就是说，直到有确切的理由确信他们的危险性已经消失。对于再犯的少年犯，如果确信他们缺乏道德意识，以及他们残忍的天性是持久的，而这种特性迟早会引起谋杀，那么，在上一节中所提到的流放手段，即把他们放逐到孤岛，似乎就是唯一的措施，因为凭借这种措施，国家就可以阻止剥夺那些无辜的生命，与此同时，也能饶恕那些仍未实施谋杀行为的少年犯的生命。

四、仅缺乏道德修养或约束的罪犯

389 其次，也有这样一种罪犯：他们处于天生犯罪人的边缘，或者更确切地说，他们介于罪犯和正常人之间。他们所实施的罪行并不是最严重地违背怜悯的情感，而且几乎不能归咎于严格意义上的残忍性，更确切地说，归咎于可称作“未开化”的作用，或者缺乏道德修养或约束。这种情况有：（1）发生在相互殴打中的攻击行为，这明显缺乏杀人意图，例如刑事被告人在他的对手倒下后，停止继续攻击；（2）由于罪犯的疏忽或粗心——漠视他人的生命经常标志着利他主义情感处于低下状态，因而导致的死亡或身体上的伤害；（3）不严重的侮辱行为和恐吓行为。我们也可以把诱奸行为包括在上述情况中。

正因为那样，我们就能用强制罪犯补偿其所导致的物质上和精神上的损失，并且予以严格执行的办法来取代监禁刑，因为这样做是有利的。这种办法是采取要求罪犯交付双重罚金的形式，其中一重罚金是为了国家的利益，用以赔偿其对社会的骚扰，也用以支付进行诉讼所花费的开支；另一重罚金是为了受害人的利益。当然，每一重罚金的数额应当取决于刑事被告人的支付能力。如果被告人具有支付能力，就应当考虑他所拥有的私人财产状况；如果刑事被告人没有支付能力，就应当考虑他通过劳动所得而可能支付的数额。应当极其严格地确定有偿付能力的罪犯所应交付的罚金数额。应当给予受害人享有对被告人的不动产予以留置的权利；对于被告人财产的剩余部分，受害人的请求权
390 应当是针对优先偿付的和有保证的债务。为了挫败被告人欺骗

性地转让其财产的任何企图，时间的计算不应始自最终判决的时刻，而应始自决定把刑事被告人交付审判的时刻。最后，如果受害人拒绝接受这些权益，应归于他的数额就应当解入赔偿基金之中；赔偿基金的设立，是为了把预付款贷给那些蒙受犯罪行为侵害的贫穷的人们。

对于无偿付能力的罪犯，应当使他们赔偿国家和受害人双方的利益；如果受害人拒绝接受赔偿，他们就应当赔偿上面所提及的赔偿基金方面的利益。他们的全部收益，除留下其生活所必需的部分，即住处和那些足以解决其饥饿所必需的食物外，其余部分都应当全部赔偿给国家和受害人双方。至于工厂的雇员和相类似的人员，雇用者在支付他们工资时，有义务拒绝支付超出他们生活所必需以外的数额。最后，拒绝遵守这些措施的罪犯，连同那些不能遵守这些措施的人们，例如流浪乞丐、固执的游手好闲者和没有固定住处的人，都应当编入国营的公司中。他们在这些部门所获得的工资名义上应不少于支付给自由工人的工资。然而，国家实际上支付给他们的工资仅仅是维持其生活所必需的部分，剩余部分应当不时地解入赔偿基金，以便把适当的部分交付给受害人。

采用上述措施将会产生三重效果：首先，被害人的不满情绪将更快地得以减轻；其次，公众将摆脱无益的负担，不再供养许多长期栖息在矫治性监狱中的那些悔过自新的罪犯；最后，将防止罪犯 391
本人由于在监狱内的交往而道德更加败坏和堕落，也将阻止罪犯由

于制度强制他游手好闲而更加残酷无情。[①]

第三节　对缺乏正直感罪犯的刑事处罚

我们现在开始考虑适用于第三种主要类型罪犯的刑事处罚。这种类型的罪犯或者完全或者部分地缺乏正直感。[②]

一、天生的和习惯性的罪犯

我们已经看到，作为称作是盗窃癖这种病态的相对物，偷窃的倾向有可能存在于那些头脑健全的人们之中，而其偷窃的倾向来自于遗传或隔代遗传，这种倾向通过人类学的外部特征，特别是通过有特色的相貌，可以经常地显示出来。如果一个人不是极度缺乏或严重缺乏上述特征，那么这个人的上述特征连同他再犯的许多事实，就足以说明他是一个天生的和不可改造的盗贼。如果一个诈骗犯也同样经常地显示出有特色的特征，那么，上述情况对他也依然适用。

正如我在前面章节中所论述的，[③]绝对的消除措施应当只适用于谋杀犯，因为罪犯的罪行没有给怜悯情感带来严重的和不可弥补

---

① 这些建议已经在我的著作*Riparazione alle Vittime dei Delitti*（Turin，1887）中予以提出。而且在1885年的罗马国际监狱学大会上，在1889年布鲁塞尔国际刑法学会大会上，在1890年圣彼得堡国际监狱学大会上，以及在1891年佛罗伦萨召开的意大利司法大会上，都宣读了我的论文。请特别参见《1891年意大利司法大会汇编》，第185页以下；参见载于*Actes du Premier Congrès d'Anthropologie Criminelle*（Rome，1887）中菲奥雷蒂提交的著名论文；也请进一步参阅本书中的“附录1”。

② 参见前文第二篇第一章第125—130页。

③ 前文第三篇第一章。

的损害，怜悯情感本身就反对剥夺罪犯的生命。为了防护社会免遭上述敌人的侵害，对他们采取一些次于绝对消除措施的方法就足够了。首先，我们可以不绝对地消除那些有盗窃癖和放火癖的人，也 392
可以不绝对地消除患有癫痫病的盗贼和纵火者，而是把这些罪犯送进为患有精神病的罪犯而设立的精神病院中，并在那里对他们予以适当的矫治。同样的，我们不得不予以处理的心智健全的罪犯也包括：盗贼、纵火者、诈骗犯和伪造者，他们没有患有精神错乱症，只是具有犯罪的天性（或者按照贝内迪克特的观点，只是在精神上患有神经衰弱症）。另外，同样的，我们不得不予以处理的心智健全的罪犯还包括这种习惯性的罪犯：无论他们缺乏正直感的状况是天生的，还是来自于外界的意外事故（例如不良的榜样、不良的教育和不良的伙伴），他们缺乏正直感的状况后来已经变成天生的和不可改造的。对于这些罪犯所采用的适当措施是：把他们流放到遥远的和人口稀少的地区，以及新开拓的殖民地；在那里，为了维持生存，辛勤地工作是完全必须的。严格地应用所谓"不劳动者不得食"的箴言，使罪犯认识到他所剩余的全部岁月必须在这种流放中度过，或许能驱使罪犯做出一些努力；这样，他很可能设法使自己的生存不至于太不安全或太过于忧虑。但如果罪犯的神经衰弱症是不可克服的，而且罪犯在拘留地发现了实施犯罪活动的方法，于是，就有必要采取进一步的消除措施。在这种情况下，所应采取的手段就是，把他们放逐到孤岛上。这种手段已经在本章第二节的第二部分中予以涉及。

可是，有人坚决主张流放已经经历了它的时代。我们也被告知，鉴于大洋洲正在被迅速地开拓为殖民地，文明正不断地进入地球上

其他荒芜的地区，不久将没有更多的流放地区可以获得。

然而，法国仍占有新喀里多尼亚，这是一块几乎没有开拓的殖民地，而且法国仍将习惯性罪犯遣送到那里，尽管澳大利亚政府反对法国的这种做法。毫无疑问，澳大利亚政府的反对是出于担心将
393 来商业上的竞争，这种担忧比担心澳大利亚将变成逃脱罪犯的避难所更大。俄国在西伯利亚也拥有一大块人口非常稀少的地区，并用来作为放逐罪犯的区域。英联邦的印度政府继续把罪犯流放到安达曼群岛。1877年在加尔各答举行的监狱学大会上，讨论的主题不是废除流放，而仅仅是对习惯性罪犯的限制，这个限制措施与我们的计划是完全协调一致的。

或许将来总有一天，空间将会缺乏。就此而言，将来总有一天，世界上煤的供应量将会耗尽，甚至有人计算过有多少国家将会出现这种后果。但是，难道因为一种不明确的可能性，我们就必须停止利用现在已发现的世界吗？在波利尼西亚群岛和马来西亚群岛之后，求助的地点不得不是撒哈拉，而到最后，就不得不是点缀在太平洋中无数的珊瑚岛，因为它们中的大多数都是安全无人居住的。我们可以确信：对即将来临的诸多世纪而言，将不会缺少荒芜的土地来接受文明国家中的有害分子。

当然，有一个经济上的问题需要解决，这就是，流放的费用和监管的费用，也包括保护那些居住于远离祖国流放地中的人们所花费的费用。[①]但是，必须予以考虑的执行这个计划所花费的最初开支

① 关于流放的问题，请参见莱韦耶所写的一本很有趣的著作*La Guyane et la Question Pénitentiaire Coloniale*（Paris，1886）。也请参见布鲁克的*Die Gegner der Deportation*（Breslau，1901）；法尼的*La Deportazione*（Perugia，1896）。

尽管是较大的，但从长远观点来看，则意味着节约。通过减轻国内刑事机构管理习惯性罪犯的负担（需要指明的是，国内刑事机构所管理的罪犯几乎占犯罪总数的一半），这种措施将会引起监狱拨款数额的减少，而现在估计到的监狱拨款的数额却在不断增长。因为 394
被拘留的罪犯必须通过农业劳动来谋生，他们并不缺乏进行农业劳动的机会；但对监狱来说，为囚犯找到有益的职业一直是件非常困难的事情。[①]

二、非习惯性的罪犯

我们应当注意刚才论述的罪犯，这种罪犯既包括天生就缺乏正直感的罪犯，也包括由于习惯而导致其本性变成缺乏正直感的罪犯。与此同时，由于这种罪犯所实施罪行的严重性或者次数，他们不断地危及着社会。现在我们不得不处理另一种罪犯，这种罪犯的堕落特性依然是不完全的，而且他们仍未变成习惯性的罪犯，或者对社会具有极端的危险性。

这种罪犯的数量是众多的。这种罪犯的典型就是正直感没有深深地扎根于其脑海中的个人；由于他以模仿的方式去仿效一个不良的实例，结果就去实施犯罪行为。一个最初的错误经常导致另一个错误。即使生活在社会地位最低下的环境中，拥有一个好名声也是必需的。被发现犯有盗窃行为的佣人或工人将很难再找到工

① 例如，在意大利，有3/7的囚犯完全是游手好闲的，而且其余囚犯的劳动所生产的总产量简直是无足轻重的（Beltrani-Scalia, *La Riforma Penitenziara in Italia*, p.307）。在法国，截止到1884年12月31日，25,231名囚犯中，有10,087名是游手好闲的（D'Haussonville, "Le combat contre le vice"，载于 *Revue des Deux Mondes*，1888年1月1日）。

作。于是,他有可能开始一个新的生涯,既然目前仍然有效的、最有力的约束力(即畏惧被宣布为不正直)不能再阻止他,他就会立即开始新的生涯。对这种罪犯唯一可能采取的矫正办法是:改变他们所处的环境,改变他们的习惯,改变他们工作的性质——简言之,使他们开始新的生活。如果国家所处以的惩罚正如它现在所做的,
395 将是改善情况而不是使情况更加恶化,那么,它必须看到已经对犯罪起决定作用的起因。因此,我们有必要按照犯罪的起因来区别具有这种特性的不同罪犯。

（一）为不良榜样所影响的青少年犯

我们首先予以处理的青少年犯是那些已经为所处环境的不良实例所影响,或者为家庭的不良榜样所影响而实施偷窃行为的青少年。有必要使青少年犯立即脱离他所处的有害环境,而且这种必要性是显然的,因为阻止青少年成为惯窃犯的唯一希望正取决于这一点。这种必要性长期以来已被公认,而且论及这个问题的每一个学者几乎都认识了这一点。唯一的难点就是对采取措施的决定,即所采取的措施是否应包括矫正所、工业性收容所或农业性殖民地。但是,按照乌利韦克罗纳的观点,农业性殖民地无疑是更可取的措施。①

自1850年以来,由于不能了解青少年犯所实施行为的性质,法国把被宣判无罪的青少年犯和被判处6个月以上、2年以下监禁刑的未成年人遣送到农业性殖民地。在这些殖民地中,有些是政府建立的,有些则是个人建立的,但现在已为国家所控制。个人建立

① D'Olivecrona, *Des Causes de la Récidive*, p.171(Stockholm,1873).

的殖民地所接受的惯犯只占6.42%，而政府建立的殖民地所接受惯犯的比例则较高，达到11.29%。拘留期限从3年到6年不等。从事农业劳动是所运用的主要措施，但从事其他劳动，诸如铁匠和木工等工业性劳动，也是所运用的措施之一。“国家从未有益地使用公众的财富，”乌利韦克罗纳说道，“因为通过这种措施，每100个国家中，有93个国家再次使一种人适应于社会，而这种人的绝大部分都成为监狱的居民，至于其余的人，他们的生活则由公众来负担。”[1]当 396
拘留期限终止时，殖民地的总督就要为他所管的农民寻找工作，不然就同意他们报名参加陆军或海军。这样就导致个人彻底地脱离他先前所处的环境。英国、比利时、荷兰、德国、瑞士和美国都存在着类似的殖民地。

几乎不需要说明，上述制度能够安全地在一个文明国家中予以确立。对这里所论述的罪犯进行监管将会是一件容易的事情；而且，即使发生脱逃事件，也不会对邻里居民的安全构成威胁。有些人专注于农业性殖民地制度，其人员由被判处劳役监禁的成年人组成——这种制度已经在意大利尝试过，但依照我的观点，这种制度是一个十分严重的错误。与这种制度相比，上述制度的建立是一点也不困难的。

（二）已成年的初犯

如果现在着手研究那些青春期已经出现的个人，我们将会发现一大批初犯的盗贼。这些初犯由于疏忽、游手好闲、没有职业或者倾向于流浪生活，已经被迫去实施犯罪行为。无论盗贼的天性是什

① D’Olivecrona, *Des Causes de la Récidive*, p.163.

么,除非我们不得不处理的盗贼已经清楚地显示出其难以恢复的天性,那么,对这种罪犯的处理就经常是一种实验性的处理。处理的办法是指派罪犯到一家企业中去,而这家企业的工人是为国家所雇用的。在这里,罪犯的工资名义上等同于一般标准,但应当留出一部分工资,以便支付应交付于国家的罚金和受害当事人的赔偿金。在这个企业中,只有当他适当地完成了他日常的定额工作量时,才应当给予他食物;而且,他也应当面临选择:或者选择工作,或者选择挨饿。即使他交付了应交纳的数额,也决不意味着他就应彻底地被释放。反之,他应当交付一小笔保证金,以保证他良好的行为,而且他也应当在一些工厂或其他工业性机构中找到雇佣单位。如果他犯了新罪,保证金就应立即被没收;否则,只有当他在一定期限

397 内仍保持良好品行时,保证金才应交还给他。如果国家拥有殖民地,并且鼓励去拓居,那么当罪犯立即移居于其中一个殖民地时,他就可以免交保证金。对于累犯来说,终身被拘留在海外的惩戒营是一种必须立即采取的措施。因为此时的证据显示出一种持久性的个人原因,即反对去工作,所以,对他采取其他措施将是没有效用的。

上述处理办法同样适用于初次作案的诈骗犯和伪造犯。

（三）心理失常或贪心的罪犯

下述情况也是经常发生的,即罪犯既不游手好闲,也不是流浪者。他拥有一份工作和职业,而且他的收入是充分的,或许甚至处于中等富裕的状况。然而,由于不可思议的心理异常而实施了盗窃行为,由于十足的贪心而私吞了由他照管的钱财,或者突然成为诈骗犯、伪造者或犯罪的破产者。这种情况证明了他的不正直感,但这并不存在驱使他再次犯罪的坚定动机。于是,如果使这种罪犯的

贪心彻底落空，迫使他认识到：为了自己的利益，正直才是上策，那么，他将不再重复他的缺点。为了达到这个目的，所能采取的较好的行动步骤就是在本章第二节第二部分中所指出的措施，即强制他向国家交纳罚金和向受害当事人支付赔偿金。采取这种措施还会对社会产生其他方面的益处。假定一个不正直的出纳员或欺骗性的破产者确实知道：一旦被发现，他不是被准许去享有最小部分的不义之财，而是被迫把不义之财全部交还，否则就要为他所盗取的不义之财付出无定期的劳动。假如他事实上已经滥用所偷窃的钱财，而不是把它们交托给他的友人，那么，他所偷窃的不义之财是不
可能立即得以归还的。而且，从所有观点来看，这里所提出的计划 398
不是比对罪犯处以确定刑期的监禁之做法更加有益处吗？对罪犯处以确定刑期的监禁，对任何人都没有益处，只能增加供养那些已经导致损害事实的刑事被告人的费用。

如果所盗取的不义之财已经真正被滥用，罪犯就应不断地劳动，以便赔偿其所滥用的不义之财。当罪犯拒绝亲自去寻找工作时，就应强制他进入一家企业，而企业的工人是国家所雇佣的；正如前面所论述的，在这家企业中，工作是他摆脱饥饿状况的唯一手段。在经过许多年以后，如果罪犯依然不能挣得其所私吞的全部钱财，就应考虑他的年龄和心理异常充分愈合的状况。这种强制措施所持续的期限甚至可以确定为10年或15年；然而，一旦罪犯有逃避义务的倾向，无论何时显示出来，这种强制措施所持续的期限就可以无期限地延长。

当罪犯已经全部赔偿了受害当事人所遭受的损失，并且全部交纳了应归于国家的罚金，他就应被释放。如果是这样，而且具有

刚才所提及的情况，即罪犯凭借自己的能力交纳了其所必须支付的全部数额，并且在若干年后被释放，那么，除了已经被剥夺的政治权利、被禁止担任任何公职，以及由于罪行是犯罪性的破产而被禁止从事任何商业性事务以外，这个罪犯就不应再遭受更进一步的惩罚。

然而，假如罪犯实施了上面所描述的新罪，就应该对他适用前文为游手好闲者和流浪者所提及的处分措施。罪犯第二次再犯的事实必然导致他被终身拘留在海外的惩戒营，因为再犯的事实足以证明罪犯并不是一个在孤立的场合下实施犯罪的个人，而是这样一种个人，即他不正直的特性伴随着一个实施不正直行为的持久性的动机。

第四节　对色情犯的刑事处罚

399 现在，有必要论及那些剥夺受害人贞洁的罪犯。他们不能列入暴力犯的范畴。对这种色情犯的惩罚不能适用对暴力犯的惩罚方法，而需要一种不同的处分制度。[①]这种罪犯大多数是堕落的，但不是永久的精神病态患者。当真正的精神病态没有清楚地显示出来时，对这种罪犯所适用的适当的处分制度是将他们拘留在海外的惩戒营，而拘留的时期是不确定的。对他们的释放取决于新的生活习惯和附随产生的年龄、家庭情况所引起的变化，正如本章第二节第一部分所阐明的。但如果罪犯是精神病态患者（至于他是性虐待狂，还是老年色情犯，或者是其他形式的变态者，这没有什么关系），

① 参见前文第二篇第一章第六节。

那么，对他所必须采取的措施就是把他禁闭在收容所里。这种收容所是为了一定的目的而设立的，正如那些为癫痫病人和患有慢性酒精中毒的人而设立的收容所。[①]

第五节　保留现行刑罚的情况

需要注意的是，现代刑法有代表性的刑罚之一，即预先确定刑期的短期监禁刑，在刚才所描绘的制度中是没有一席之地的。引起我们反对这种刑罚的原因已经在我们讨论的过程中予以充分地阐明，不再赘述。我们已经尽力把所有的刑罚指向一个目标：社会效用，但现在这一目标未被考虑。通过在逻辑上严格遵循合理遏制犯罪的原则，我们已经试图做到这一点。正如我们所看到的，有时所必须采取的措施就是消除，即绝对的消除通过死刑来实现，而相对
消除的实现方式有：禁闭在一家为患有精神病的罪犯而设立的精 400
神病院中；将罪犯终身或不定期地拘留在海外的惩戒营，而拘留的时间取决于许多情况。在其他情况下，正如我们已经进一步说明的，所必须采取的措施就是补偿，即向受害人支付赔偿金以及向国家交纳罚金。为了实现这一点，如果有必要，则可以强制罪犯在公共企业中劳动一段时间，劳动时间可以无期限地延长，而且国家可以扣留罪犯的工资。

（一）例外情况，诸如伪造者

就一些犯罪而言，限制罪犯活动的人身自由依然是预防罪犯再

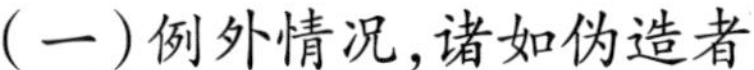

① See Viveiros de Castro, *Attentados ao Pubor* (Rio de Janeiro, 1895).

次犯罪所应采取的唯一措施。例如，这些犯罪包括伪造纸币或伪造硬币。为了消除这种犯罪行业而把伪造者放逐到惩戒营，这是不适当的。强制赔偿也不可能很有效。这种类型的罪犯绝大部分是合伙的，而且他们手中有足够的钱来支付罪犯的赔偿金，并使他们重新开始犯罪。基于这些原因，有必要对伪造者予以监禁和隔离，直到足以确信他们的同伙监禁和隔离的期限已经届满。但如果限制罪犯的活动对社会防护是完全需要的，那么，这里所描述的情况就只反映了全部伪造者中的一小部分，对此，就应该采取让罪犯在监狱中服刑的方式。

（二）不涉及天生犯罪的情况

最后，预先确定期限的监禁刑或拘留可以保留，以适用于这些罪行；它们已经被我们排除在所论述的犯罪范畴之外；[①]这些罪行也包括一种**特殊的**不道德行为，而这种不道德行为与构成现今伦理
401 道德基础的利他主义情感不是不相容的。这些行为的不道德之处主要在于蔑视权力，或者不遵守法律。如果这种政治上的因素处于支配地位，刑罚就有必要表现为一种能够强制某人尊重法律的严惩形式，而不是通过适应社会生活的标准来决定刑罚。它不是一个关于真正罪犯的问题，而是一个关于使自己反对法律的人们的问题。由于没有我们研究的余地，同样也就没有我们得出结论的余地。于是，我们就停止研究国家政策应在哪方面取代适合于社会有机体的自然法则。

---

① 参见前文第一篇第一章第六节。

第四篇

国际刑法典所依据的原则纲要

第一部分：总则

第1条（法典的目的） 405

该法典的目的是与其他社会力量协同起来规定一种制度，以便消除或者至少逐渐减少犯罪现象。

第2条（法典的范围）

该法典只处理**自然犯罪**，即触犯人类情感的行为，或者违背为当代文明人共同的或普遍的正直感所需要的行为准则之行为。

第3条（法典的国际化）

（一）该法典的范围决定着它应是国际化的，应规定几个国家之间相互引渡逃犯，而这几个国家都已参加已成立的国际性组织。至于罪犯不是上述国家的公民，则不应阻止对他的引渡。

（二）已经采用相互引渡逃犯的国家所委派的警察、法官和其他司法官员可以直接交往，不必通过外交途径。

（三）为了使上述国家可以实施拘留在海外惩戒营的刑罚方法（这将在以后论及），拥有海外惩戒营的国家应当接受和监管那些自身不能实施这种刑罚方法的国家所科处同种刑罚的罪犯，但后者应向前者支付适当费用。

406 **第4条(例外的可受惩罚之行为)**

在该法典范围之外的可受惩罚之行为应当受《反违令者法》和《反违警罪法》的管辖,每个国家可以根据各自的需要来制定上述法律。

第5条(刑罚的特征和宗旨)

(一)刑罚应当体现为一种适合于引起罪犯停止危害社会的手段。因此,刑罚应当干预罪犯的活动,作为一种足以使罪犯的活动无效的阻碍因素。刑罚可以是:(1)一种物质力量,包括外部力量的运用;(2)一种自然力,使罪犯认识到:从他自身的观点来看,实施正直与和平活动要比实施犯罪活动更有益处。

(二)再者,刑罚不应必然地引起罪犯遭受肉体上的痛苦。然而在所有情况下,它应使罪犯处于低下的社会地位,而这是罪犯所不希望得到的。

(三)准许审判者自行处理的减轻情节的法则在刑法中不应占有一席之地;特赦和大赦制度也不应占有一席之地。

(四)应当废除预先确定刑期的监禁刑。分格式的监禁刑可以保留,在必要的情况下可以临时运用。

(五)被宣判有罪的罪犯应当交付为供养他所花费的费用;如果他没有应交付的财产,则应强制他劳动。

第6条(罪犯的种类)

所有的罪犯(即所有自然犯罪的实施者)都隶属于下列种类中

的一类：

（1）谋杀犯；

（2）暴力犯；

（3）缺乏正直感的罪犯；

（4）色情犯。

第7条（谋杀犯和暴力犯） 407

（一）第一种罪犯或第二种罪犯可能犯有下列罪行：谋杀罪；应受刑事处罚的杀人罪；纵火罪；爆炸罪；残害他人肢体罪；残酷侵害他人人身罪；虐待老人、青少年和其他无谋生能力人罪，而虐待行为有损于他们的健康，或者抑制青少年的发育。

（二）在把一个实施上述犯罪的人划入谋杀犯的范畴之前，一般说来，他必须显示出下列事实：（1）具有杀害的目的，或者拷打他人肉体的目的；以及（2）实施达到自我目的的行为，而且被害人没有实施能够被认作是无法容忍或不公平的挑衅行为。

（三）然而在某些情况下，残酷行为本身足以证明行为人隶属于谋杀犯。

（四）实施攻击他人生命或身体完整、干涉他人自由（包括诱拐行为）、侮辱和威胁行为的罪犯，如果缺乏本条（二）、（三）所规定的因素，他们就可以列入第二种罪犯，即暴力犯的范畴。

第8条（缺乏正直感的罪犯）

（一）在此之前指明的缺乏正直感的罪犯包括盗贼和伪造者

（faussaires[1]）。

（二）盗贼的种类包括：接受被盗物品的人；通过欺诈手段获取金钱的人；犯罪的破产者；犯伪造产品罪的人。严格意义上的盗贼、接受被盗物品的人以及通过欺诈手段获取金钱的人是：（1）初犯；或者（2）惯犯。

408 （三）伪造者是指那些以伪造官方文件或私人信件，调换儿童，隐瞒民事身份，[2]或者做虚假陈述（出现在伪证罪和诬告罪中）等方式，直接或间接损害他人民事权利、财产权或者名誉权的人。

第9条（色情犯）

由于放纵情欲而实施剥夺受害人贞洁行为（在某些情况下，对未成年人实施猥亵行为）的人，以及实施诸如众所周知的性虐待这种性反常行为的人，都可以列入色情犯的类别中。

第10条（特别处理的情况）

（一）尽管漠视道德、缺乏道德意识、道德意识薄弱和激情的影响都可能使道义责任无效，但它们并不能阻止犯罪的存在。然而，这些情况可以引起特别的处理。

（二）特别的处理同样也可以适用于下列人：（1）妇女；（2）年老的人；（3）幼儿和青少年；（4）进入催眠状态的人；（5）醉酒的

---

① “Faussaires”通常译作“伪造者”，但正如本条第三款中所显示的，它在本条是指广义的“伪造犯罪”的实施者。因此，这里的每一种翻译都是狭义的。——英译者注

② 关于“隐瞒民事身份”的问题，参见前文第41页注释③。——英译者注

人;(6)犯罪的偏癖者。

第11条(刑罚的标准)

关于使刑罚与罪行的客观严重性,或与罪犯的道义责任相均衡的所有观念,都必须予以抛弃。刑罚必须适合于不法行为者犯罪的自然倾向。

第12条(刑罚的目的)

目的不应是惩罚犯罪行为,而应当打击行为人所实施的犯罪行为,而且这种行为已经被事实所揭露。

第13条(犯罪未遂)

(一)当犯罪未遂揭示着行为人犯罪的自然倾向时,犯罪未遂就应当认作是犯罪自身。使用不能犯的手段并不总是证明犯罪的自然倾向;在青少年犯罪的情况下尤为如此。

(二)简单的预备行为可以认作是真正的未遂行为,而这应
具备以下条件:(1)犯意决定是确凿无疑的;而且(2)没有理由 409
怀疑罪犯在没有意料之外的情况阻止下,已经持续实施了犯意决
定。如果行为人是惯犯,而且预备行为在行为人进行专门研究的特
殊犯罪中是必备的行为,那么,一般情况下,犯罪意图就是清楚明
白的。

(三)简单的预备行为,以及还未进行到直接阶段的未遂行为不应受到惩罚,除非上面所阐述的要素毫无疑问地说明了行为的真正趋向和行为人犯罪的自然倾向。

第14条（共同犯罪）

（一）属于个人的情况不应归咎于共犯。只有在共犯应承担知道的责任之情况下，具体的情况才应归咎于共犯。[1]如果主犯和共犯属于不同种类的罪犯，而且在犯罪的自然倾向上有所不同，那么，就可以对他们适用不同形式的刑事处罚。

（二）如果一个人雇佣他人去实施犯罪行为，但由于雇佣人没有清醒地认识到被雇佣人并不会实施其所接受的任务，甚至由于被雇佣人在实施最终行为之前，自动停止行为的实施，结果导致雇佣者的意图没有成功。在这种情况下，雇佣者就应认作是犯了未遂罪。

第15条（数罪）

数罪足以说明罪犯是惯犯，尽管他没有前科。

第16条（累犯）

（一）如果累犯所实施的犯罪种类不同于前罪，就可以认为其比特殊的罪犯更加严重。

410 （二）累犯不应被认作是罪行更轻一些的惯犯，因为自对他最后一次定罪以来，时间已经过去了许多年。

（三）不论是一般的累犯，还是特殊的累犯，再犯的事实经常表明他们是不可改造的罪犯。这将在第20条和第21条中论及。

---

① 关于“属于个人情况和具体情况”的问题，参见前文第321页注释④。——英译者注

（四）然而，如果有根据将罪犯的犯罪习惯归咎于他们出身、培养的环境以及完全缺乏教育，那么，再犯的事实并不表明青少年犯、刚出现青春期的人犯以及完全无知的人犯是不可改造的。

第二部分：刑罚体系

第17条（刑罚所导致的必不可少的效果）

所有的刑罚至少应当产生下列两种效果之一：（1）消除那些已经查明不能与社会共存的罪犯；（2）由罪犯去赔偿其所导致的损害。

第18条（绝对消除）

对于谋杀犯，消除应是绝对的。能够实现绝对消除的唯一刑罚是死刑。

第19条（相对消除）

对于其他种类的罪犯，消除应通过下列一种方式予以实现：

（1）放逐到孤岛。

（2）终身拘留在海外惩戒营。

（3）不确定期限地拘留在海外惩戒营。

（4）不确定期限地禁闭在收容所（它适用于患有精神病的人和慢性酒精中毒的受害者）。

（5）强制在公共性企业中劳动，而企业的工人是国家雇佣的。

应对罪犯的劳动支付工资（名义上应与普通标准持平）。然而，主管的官员应当扣留罪犯的工资，用以支持为供养罪犯所花费的费用和赔偿受害人的损失。

第20条（放逐到孤岛）

（一）放逐到孤岛的刑罚只应适用于那些天性倾向于杀戮的 411
暴力犯和习惯性的盗贼，而且他们已经被查明不能同化于文明的环境。

（二）然而，在对罪犯执行一定时期的拘留（拘留的形式是前面已经指明的所有形式之一）中，在证明他具有难以回复和危险的犯罪特性之前，不应宣布他不能同化于文明环境。

（三）应当在遥远的、完全与文明世界断绝联系的地区实施这种刑罚。

第21条（终身拘留）

（一）终身拘留在海外惩戒营的刑罚应当适用于习惯性的盗贼或职业盗贼。但对于在犯罪环境中培养出来的青少年，只有在不确定期限的拘留不成功之后，才对他们处以这种惩罚。

第22条（不确定期限的拘留）

（一）不确定期限的拘留（除对第21条提及的青少年犯适用之外）可以适用于那些是累犯但不是职业犯的盗贼、伪造者[①]，属于暴

① 参见前文第407页注释①。——英译者注

力犯的危险犯以及色情犯。

（二）在运用不确定期限刑罚的所有情况下，应当根据行为人堕落的程度，建立观察一定期限的制度，观察的期限可以是5—10年。这种制度的建立是为了依据观察期限的流逝，查明那些清楚地显示出罪犯能够适应社会生活的事实。婚姻和子女的出生（尤其是女犯）、壮年期或者老年期的到来，都应作为根本性改变罪犯特性的趋向而予以考虑。罪犯不是通过言语，而是通过清楚明白的行为表现出来的赔偿受害人或其家庭的愿望，可以视为罪犯改过自新的唯
412 一真实的迹象，而罪犯的改过自新能够引起对他所处刑罚的终止。

（三）对于盗贼、接受被盗物品的人和通过欺诈手段获取金钱的人，更可取的刑罚方法应当是把他们拘留在一个新建立的殖民地中，而这里的人口是非常稀疏散乱的。只有当他们获得劳动的习惯和学会某些有益的手艺之后，才可以释放他们。如果这些罪犯在被拘留的地方实施犯罪活动，他们就应当被终身拘留。

第23条（强制劳动）

（一）如果非累犯所实施的罪行主要归咎于游手好闲、无感情或者流浪，那就应当强制他到一家企业去劳动，这在前面第19条（5）中已论及。在这家企业中，假如他没有完成每天的定额工作量，他就得不到食物。应当有各种类型的工作，以适合每个人的年龄、性别、健康状况和教育程度。只有当罪犯履行了赔偿受害人的义务，并向国家支付了罚金，才可以得以释放。如果罪犯应交纳的全部赔偿金超出了他的资力，并且不能通过他的劳动收入来完全偿付，那么就可以根据具体情况予以调整，赔偿金可以是不完全的

和一部分的。

（二）释放罪犯时，主管官员可以向罪犯提供帮助，协助他在本国或者殖民地找到自由人的工作。主管官员也可以要求罪犯交纳一定数额的保证金。如果罪犯实施了新罪，就可以没收这笔保证金。

第24条（强制赔偿）

（一）除了前面的规定以外，暴力犯和非累犯如果既不是危险犯，同时也有支付的资力，那么，除了强制他向受害人和国家赔偿之外，不应在其他方面再惩罚他们。强制赔偿可以采取双重罚金的形式，每一重罚金的数额都应由法官确定。在确定数额时，如果罪犯拥有财产，法官就应当考虑罪犯的财产情况；如果罪犯没有财产， 413
就应考虑罪犯通过劳动收入来交付罚金的可能性。

（二）然而，如果被定罪的人犯在规定期限内没有履行交付双重罚金的义务，就应当强制他到第23条所描述的企业中劳动，并强制他遵守上述企业为管理他而订立的规则。

（三）尽管罪犯由于向受害人和国家支付赔偿（正如前面所指出的）而被免除刑罚或得以释放，但仍然可以剥夺他的政治权利和从事特定行业或职业的权利。

第25条（赔偿的程度）

（一）罪犯向国家交付的罚金数额应与他的社会地位和经济状况相适应。

（二）如果罪犯对受害人造成的损害不是金钱方面的损害，而是精神方面的损害，那么在确定赔偿金的数额时，就应当考虑罪犯和受害人两者的社会地位和经济状况。

第26条（赔偿基金）

国家应当设立赔偿基金，用以赔偿：（1）犯罪行为所侵害的受害人，而受害人已经不能从罪犯手中获得赔偿金；（2）在起诉之前已经遭受监禁的人，而根据法律所进行的审判却宣告他无罪。

第27条（命令的置换）

（一）不应当命令诉讼或者审判。但是，如果罪犯的品行和生活方式从他犯罪之日起，经过一段时期后，显示出他的道德意识发生了真正的转变，并由此成为社会性和有益的人，那么，司法当局既可以在判决有罪之前，也可以在判决有罪之后，命令停止进一步的诉讼活动。

（二）然而，上述行为并不能豁免罪犯赔偿受害人的义务。

第28条（进入催眠状态的人和醉酒的人）

在受催眠术影响或醉酒状态下实施犯罪的行为人，可以适用第19条（4）所指出的处罚。然而，如果有其他情况证实其犯罪特性和有前科的事实，就应对他予以一般性惩罚。

第三部分：程序

第29条（司法调查）

除警察局之外，进行司法调查的地方法官应当独立于机构之外[①]；而且除特别规定之外，他们只能按照政府机构的请求予以调查。司法调查应当是保密的，但依照法官的命令，公开调查有助于发现事实真相的除外。如果公开调查，地方法官可以准许当事人和证人在每一方到场的情况下，做出有利或不利的证明，但辩护人没有到场的除外。

第30条（受害人的控诉）

当警察局认为不适合起诉时，受害人可以直接向法官提出控诉。

第31条（提交审判）

除犯罪嫌疑人已经死亡外，被告人应当被提交审判，而提交只能根据法官在诉讼期间宣告的命令。

---

① 参见前文第355页注释①。——英译者注

第32条（刑事诉讼的开始）

官员应当主动处理法典所规定的犯罪。受害人的控诉不是刑事诉讼开始的必要步骤。

第33条（诉前的关押）

（一）诉前的关押是一个必要的措施，应当由法官来命令。它适用于下列情况：

415 （1）当对犯罪嫌疑人科处的刑罚可能很重，以至于被逮捕的犯罪嫌疑人为了免遭这种刑罚而进行搏斗或隐藏时；

（2）当犯罪嫌疑人可能销毁犯罪物证时；

（3）当有理由确信犯罪嫌疑人企图贿赂证人，或者在其他方面阻碍、阻挠起诉时；或者

（4）当犯罪嫌疑人在某些情况下，处于向受害人和其亲属采取暴力行为的危险状态时；

（二）不应准许被关押的犯罪嫌疑人享有临时性自由权，但法官认为缺乏上述中的一种或所有情况除外。

第34条（法庭）

（一）应当废除刑事陪审团。

（二）刑事审判的职责应当由地方法官行使，由地方法官组成的刑事法庭与民事法庭的组成在性质上是截然不同的。刑事法庭的成员只能从那些全面掌握国家所统计的道德方面、犯罪心理学方面和监狱制度方面知识的人中间选任。

第35条（审判和判决）

（一）警察局不应作为起诉者。[①]它的职责是与审判官员就调查和审判结果进行协商。

（二）刑事被告人可以为了自己的利益而要求鉴定人的证明，或者要求审查新的证据。除了供认、没有怀疑根据的事实真相以外，应当允许辩护人为他辩护。

（三）一旦事实得以确认，公开审判就应结束。

（四）据此，法庭就可以评断罪犯的道德品性，以便把他归入适
当的罪犯种类中。为了调查罪犯的履历、家庭情况和生活环境，法
庭可以中止审判。法庭可以委派医生对他进行诊断，或者指派本法 416
院一名负责研究罪犯的精神、道德品性和界定罪犯自然倾向或堕落
程度的人员，对他进行检查。最后，法庭应确定对罪犯是采用消除
的方式，还是采用强制赔偿的方式。

（五）如果法庭所判处的刑罚是不确定的，那么，刑罚终止的问题以及实施第20条、第21条和第22条所规定的新的惩罚方式的问题，就应由原判法庭予以宣判。

第36条（上级法院的复查）

（一）在下列情况下，复查程序可以成立：

（1）当判决没有得到审判法庭成员的一致同意时；

（2）当有罪判决或无罪判决的做出是依据伪证或者其他可受

---

① 程序并不因此就表示是相反的。审判并不意味着双方之间的辩驳，而是意味着法庭所进行的调查。参见前文第355页以下。——英译者注

惩处的行为时；或者

（3）当能够改变判决结果的新证据已经显示时；

（二）只有当对不正当程序的控告在实质上影响着下级法院的判决时，上级法院经过复查确定为错误的、不正当的程序，才可以作为推翻原判决的根据。

附　录

附录1

监禁的替代——强制赔偿

我在前文的论述中提到了强制赔偿。[①]出于为强制赔偿制订一 419
个更为切实可行计划的考虑，在这里有必要重新提及我在1900年布鲁塞尔国际监禁代表大会上的论文。

这个问题当时是这样阐述的："基于巴黎监禁会议上所论述的观点，采取何种切实可行的办法才能确保罪犯为其犯罪付出代价，而使被害人得到赔偿呢？"下面是我作为罗马最高上诉法院的代理检察总长所宣读的论文。

一

我的目的是提请法治社会注意，依我所见，现在所论及的问题是一个已经存在许多年、对刑事立法具有头等重要性的问题。早在1885年罗马监禁代表大会上，我就提出了探究合适的方法，以
解决罪犯的强制赔偿问题。[②]并且作为"世界刑罚联合会"的成员 420

① 参见前文第226—228、389—391、396—398页。

② See *Actes du Congrès Pénitentiaire International de Rome*, 1885, pp.185, 191.

之一，[①]我在1890年圣彼得堡监禁代表大会，以及1891年佛罗伦萨司法会议上宣读的论文中，证明了我在这方面的不懈追求。

这种追求也许不是徒劳的。普林斯在1891年克里斯蒂娜会议上宣读的论文中，承认了我的计划在实践上的重要性。[②]而且，他还补充了以下观点，即：

> “不应为这种强制赔偿思想的新奇担忧，正相反，这种思想是古代法律的回归。”
>
> “没有理由否定针对依赖于监狱魔术般力量的狭隘理论所做出的适当反应。”
>
> “不应忽视强制赔偿在实际应用中的障碍，有必要对这种思想可以在多大范围内介绍到现行狱政系统中去进行考察。”

最后，我高兴地看到这个问题被列入1895年法国巴黎会议的日程。它被归纳为：

“现代刑法是否有必要使刑事被害人获得足够的手段，以帮助他们从罪犯那里得到有效的赔偿？”

这个问题的答案必须是一个确实的结论。负责考察这个问题的委员会通过了下列结论：

“（1）刑事立法和刑事司法应在现在做出更大的努力，以确保

---

① 参见我在布鲁塞尔会议（the Congress of Brussels，1889）和巴黎会议（the Congress of Paris，1893）上宣读的论文。

② 参见M.阿道夫·普林斯（M.Adolphe Prins）的论文，载于*Bulletin de l'Union Internationale de Droit Pénal*，1891年7月，第128、131、135页。

被侵害的人得到赔偿。

（2）如果被害人为谋求赔偿的起诉是确有根据的，被害人就不应承担诉讼费用。[①]

如果被害人只是加入已由司法部开始的刑事诉讼，则应该只在 421
败诉的场合下，才应被判决对由于他的介入而引起的那部分诉讼费用负有义务。

（3）如果需要，在法庭进行刑事审判之前，被害人即应得到司法协助。

（4）在公诉的情形下，不论是刑事的还是矫正的起诉，司法部均应向法庭提起审理被害人的赔偿之诉，并且不收诉讼费用。应该在允许或者拒绝被害人的损害赔偿要求时，向其做出合理的解释。

（5）应当允许被害人通过对罪犯的动产及不动产的一般留置权获得财产赔偿上的保障。这种情况同以一般留置权保障公诉费用的状况相一致。

（6）会议声明：上列建议中的有关财产事项，可以溯及罪犯在服刑期间的所得，亦可以通过建立一个特别赔偿基金的途径加以解决。这些财产可以给被害人提供以满足其损害赔偿要求，这些建议需要给予最严肃的考虑。但是，由于尚没有足够的建议使我们对此立即采取行动，会议决定在下一次国际会议上就上述问题给予更深入的考察。”

虽然我没有能够参加会议的讨论过程，但这些结论与我在此之前的提议惊人地一致，特别是同我在1891年在佛罗伦萨会议上宣读的论文一致。这一事实表明：尽管欧洲各国刑法有所不同，但都

① 参见前文第340页注释①。——英译者注

422 对被害人的保护不充分，这个问题已在世界各地得到共同的承认。宣读委员会报告的M.弗朗丹先生，以及参加讨论的著名专家学者，诸如莉迪亚·珀特博士、朱克、普林斯、阿门戈列·科尔内、艾森曼、斯洛斯伯格等先生，特别是莱韦耶先生，都表示了与我在我的著作《犯罪学》中所详细解释的观点相同的看法。我的关于有效赔偿的建议已被会议推荐。在那些有效赔偿的方法中，即有我关于建立一个特别公共基金的方案——基金来源于法庭适用的罚款——以便在那些不能从罪犯身上得到确实赔偿的被害人中间予以分配。

二

在这篇文章中，我已经讲了许多我已反复阐述近20年的观点。正如多拉多-蒙特罗先生在为我的一本著作撰写的序言中所讲的那样，这个赔偿的问题可以说一直使我“全神贯注”，“先是单枪匹马的开始，随后即得到众多专家学者们的支持”，我“从不放过任何一个讲述此问题的机会，最终得到了世界刑法学会郑重而明确的承认”。[①]这就是为什么我甘冒重复的危险，情不自禁地旧事重提的原因。而现在，这个问题已被第二次列入了世界监禁代表大会的议程。

但是，还有必要对“本篇论文不合时宜”这一可能存在的反对意见做出解释。我们正在谈论的这个问题，可以说是一个纯法律问题。一个狱政会议为什么会对此产生兴趣？应该明确，我们是在“刑事
423 立法”阶段，但是难道我们因此而被限制住了，以致不能以刑罚效果

① P. Dorado-Montero：“Introduction to *Indemnización á las Victimas del Delito*”, by R.Garofalo, pp.14, 15（Madrid）.

的观点去评价刑事立法了吗？简而言之，在确保被害人得到赔偿的方式与特别针对犯人处遇的刑罚科学，以及寻找罪犯道德上的改善与公共安全之间究竟有什么联系呢？乍看起来，这种联系是不易判断的。但两者之间确实存在着联系，其间的联系点比可能出现的疑问更加为数众多。

一方面，强制赔偿比短期监禁具有更为强大的预防作用。如果能使罪犯们确信：一旦被发现，他们不能逃避弥补因其犯罪所造成的损害，这将对罪犯，特别是职业扒手和骗子产生阻力，这种阻力比当代剥夺自由的刑罚所产生的对于犯罪的阻力要大得多。

是毫无效率而不是风险，使得人们遗弃一项生意机会。在目前的条件下，扒手和骗子也正在“做生意”，并从中获得可观的回报，而实际上，这比任何正当贸易的回报都要大得多，其风险只是几个月或是几年在狱中失去的自由。与这种风险相对应，由于缺乏任何有效的手段要求他们赔偿和为损害做出支付，罪犯几乎可以确切地期望拥有其犯罪活动的收益。一旦他们的刑期届满，他们会取出隐藏在某一地点的盗窃财产，或是从其服刑期间狱外的帮手那里取得这些财产。对职业罪犯来说，这种情况同商业活动中虚假的破产是相同的。唯一的区别不过是个程度问题。他们从不需要做出赔偿，从不支付因其犯罪而应有的赔偿。尽管经过许多次的起诉、判刑，他们还是时常富裕起来，时常有相当可观的款额在其支配之下。即使法官也
不可能意识不到这种情况。法官时常能够看到这些人在拥护者们的 424
陪同下出入法庭附设的酒吧，而那些陪同者们是没有无偿服务习惯的。如果通过一种确实的手段，通过一个不可分的、附加的诉讼，强制罪犯做出补偿或者赔偿，使罪犯对于其隐藏的掠夺物有着同其自

身安全一样的危机感，则这种犯罪的“贸易”将没有什么追随者了。

但是，另一方面的考虑更为重要。由于监狱制度和刑罚个别化在计算和表述上的困难，过量的囚犯被关押在监狱中。这是个相当大的负担。狱中过量的囚犯的刑期大多在8—10天或2—3个月。在法国，每年有12,000名囚犯的刑期不超过12个月；约有50,000个案件中，罪犯只服刑1—5天。在意大利，每年有100,000名囚犯的刑期不超过3个月。1896年，拘留所有174,902名囚犯被判处3个月以下徒刑或6个月以下其他形式的监禁。为这些囚犯提供食宿——即使许多人仅在狱中服刑几天——花费了大量的开支。正如我在其他地方说过的那样：“在这些囚犯的后面是饱受犯罪之苦的公民，他们不得不承受着增加的税收负担，以供养这些数以千计的罪犯，而且得不到哪怕是微弱的收益，以平衡这些支出。”明显的事实是，这种如此短期的监禁完全缺乏威慑效果，至于其矫正的效果就更是不用赘述了。即使最热情的矫正工作者也必须承认：在期望囚犯的道德改善
425 之前，必须有足够的时间教会囚犯工作和获得工作的习惯。我认为，没有必要坚持那种观点，即只有狱中囚犯的人数能够被减少到比现今状况要小的比例时，监狱制度才会有明显的改进，刑罚个别化（即通过特殊的方式，按照不同罪犯的特性来实施刑罚）才会有成功的效果。

在我看来，解决这个问题的答案在于——你也许已经知道了——从社会的真正需要及被害人的利益出发去探讨这个问题。我主张将监狱的应用限制在一个狭小的范围内。我认为，监狱只有让囚犯服相当长的刑期，且只对危险的罪犯、累犯、有劣迹的罪犯及没有劳动能力的流浪汉才有效果。作为短期监禁的替代物，我宁愿用对罪犯的强制赔偿取代极端严厉的强制手段。在轻罪案件中，这

种赔偿将基本满足被害人的赔偿要求，擦去违法行为给被害人留下的痕迹。就这方面的作用而言，镇压手段是无能为力的。

在这里，我不想重复强制赔偿在体系上的构成，那将使我走得
过远，至少是与目前讨论的问题关系不大。然而我还是情不自禁地
想表示我的满足：在这方面已经取得了不少的成绩。而在25年前，
当这种提法第一次出现时，还被某些人认为是法律上的异端邪说
呢！今天，它已被普遍地接受了。例如，在普林斯令人钦佩的著作
Science pénale et droit positif（第391—396页）中，作者用一整章指
出强制赔偿的观点在实际运用中肯定会遇到的困难，并站在了完全
支持的立场。“目标将会达到”，在克里斯蒂娜会议上，他首先这样 426
说，“这不过是在镇压的方法中引进了经济因素。无论如何，我们将
会取得明显的效果。如果罪犯通过自己的辛勤劳动（藉以达到获
得自由的目的），或者通过其亲属的劳动，或者甚至通过有志于帮
助罪犯改邪归正的私人或政府提供的慈善捐赠，这都能使被违法行
为所侵害的私人利益得到补偿。罪犯亦可由此免除其部分甚至全
部刑期。……这种改革只能逐步进行，它需要公众的普遍承认，需
要谨慎、富有远见，且需要司法部门认真、精心的配合。”①

三

为证明在狱政会议上讨论这个问题是正当的，我看已经说得够多的了。回到已经确定的话题上，我们需要探讨最可行的方法，以

① 并非普林斯一人有此观点。伦敦霍华德（Howard）协会秘书长塔利亚克先生在1899年6月给《泰晤士报》的一封信中，也表述了同样的看法。

便给被害人以赔偿。

为达到这个目的，需要确定的手段可分为三种类型：（一）预防性的手段，以便罪犯在审判前通过犯罪后欺骗性的转移财产这一逃避执行的企图不能得逞；（二）审判过程中的手段；（三）在罪犯服刑过程中实施的手段。

在**审判前**即应做出指令，不论罪犯在什么阶段进入诉讼，检察官均应有权采取预防性的方法，扣押罪犯的个人财产并对其不动产采取留置权，以便不仅确保起诉的费用，而且也确保裁决给被害人
427 作为赔偿的财产。需要说明的是，只有在地方法官拥有足够的证据证明嫌疑犯有罪时，这些方法才能适用。对于在犯罪现场被当场抓获的罪犯，扣押财产的步骤在抓获罪犯的当时即已执行了。但在其他情况下，这一步骤需要延期到被告人被讯问之后或延期至被告人逃避预先逮捕令的送达之时。为了使审判前的预防性方法富有成效，司法部门应采取进一步的指令。其应该宣布：自犯罪之日起，罪犯任何财产的转移均属无效。同样，罪犯在犯罪之日起偿还的债务也是无效的。应该建立一种事实上的推断，即罪犯在在押后待审期间的财产转移均属欺诈行为。因此，其受让人和债权人需证明其受让和主张债权的合法性。这种推断与商法中有关破产的法律规定颇为相似，只是后者更为严格。我认为，没有理由阻止这种假定在刑事程序中推行。因为我们在这里要保护的不仅仅是商业上的债权人，而且是被扒手、骗子及其他类型罪犯所损害的无辜的被害人。

在**审判过程中**，检察官在被害人没有律师的情况下，应该有权以被害人的名义出现，并注意被害人对赔偿要求的适当描述。法官在宣布其判决时，应批准此前的有关财产方面的裁定并确定被害人

应得的赔偿数额。

虽然我刚刚谈到的方法有助于弥补刑事立法的缺口，但是，这些方法在实际运用上必然被限制于那些有偿付能力的罪犯、拥有不动产或至少有一些个人财产的罪犯。应该承认，这种类型的罪犯在 428
数量上是有限的。

对于那些没有偿付能力的罪犯，对受害人的赔偿必将求助于**判决本身和判决的执行**。无偿付能力意味着缺乏依法充公的财产，但并不表明绝对的贫穷或丧失了挣钱的能力。更有甚者，无偿付能力经常是一种虚构。事实上，许多无偿付能力的罪犯具有挣钱的能力并且也确实挣到了钱，只不过其挣钱的途径是通过犯罪，或者是通过隐匿盗窃所得，或者是通过欺诈手段转移财产，以形成其无偿付能力的假象。还有一些罪犯，将违法所得以他人名义存入银行或投资于证券，等等。确实，罪犯的这些非法手段是举不胜举的。财产存在的形式除合法占有外，必然还会有许多其他形式。例如在意大利，有的罪犯将非法所得以他人名义存入政府储蓄银行。因此，强迫无偿付能力的罪犯归还其非法所得以满足赔偿被害人的需要，这一目标在实际运作过程中会遇到不少困难。

针对上述困难，古代社会有一种非常简单的方法，即强制苦役。作为一个原则，无能力支付或不愿支付的债务人，将成为其债权人的奴隶。甚至即使在以后，在更为人道的立法制度的影响下，“附加(addictio)”变成了普遍的替代品。强制苦役仍被保留，以适用于那些其债务是因犯罪而引起的债务人。[①]这一制度的最后保存可在那

① 当债务人应受刑罚惩罚时：“qui noxam meruisset”。参见Livy，Ⅷ，28。

些限制身体自由的处罚上找到。这些处罚被附加了许多限制之后，适用于因重罪或轻罪而对损害赔偿负有义务的罪犯。但是，由于适用起来不方便，目前几乎已经全部不适用了。

429 无论如何，我们应该承认，值得考虑的妥善处理虚假无偿付能力的唯一方法是剥夺债务人的自由。

是否应该为因缺乏规范性的方式以致无权进入涉及财产判决的执行方式而担忧呢？我看答案应该是否定的。我看不出有什么理由使我们拒绝在处理因犯罪而形成的债务时采取一种特殊的诉讼方式。由刑事不法行为产生的义务在特征上与其他形式的义务完全不同，以至于用相同的程序规定是不能评价其正确性的。这一点难道还需要详细讨论吗？刑事不法行为人所触犯的不是若干个人所同意的行为准则，而是社会作为一个整体而制订的行为准则，指出这一点难道还不够充足吗？需要指出的是，在民事行为中，因为一个人可以保护自己免受民事欺诈，可以用全部的法律预防手段保护自己，因欺诈而引起的民事赔偿在总体上不是被归咎于债权人的缺乏细心，或是对债务人的过分相信吗？如果被欺诈的人没有尽心地使自己确认其债务人的诚实或债务人的财务状况，那么就是他自己的过失。这里就不存在债务人是否有偿付能力的问题。

刑事不法行为所产生的债务则是一个完全不同的概念。首先，没有什么预防措施完全充足，天衣无缝，以至于可以保护我们免受犯罪分子的侵害。另外，公共利益也要求对犯罪分子造成的损害给予赔偿。而公共利益在任何情况下对社会都是至关重要的。这比起相信一个人会遵守诺言要重要得多。为了实现赔偿的目的，应当允许制订和适用更为严格的手段。在民事行为中，当事人双方自由

地签订协议（合同或准合同），如果使签约人相信对方会遵守协议， 430
如何规范由合同引起的权利义务关系，这与解决由刑事不法行为所产生的债务问题比较起来，就简单得多了。

除此之外，我不再论及了。我并不强烈主张在民事程序中引进一些针对因非法行为产生义务的特别强制办法。这种引进在实践上会遇到太多的麻烦。但我确信，一旦产生了基于犯罪而引起的义务问题，我们可以运用刑罚手段本身作为给赔偿提供保证的手段。

首先，短期监禁——其无用性已在今天被普遍承认——应被废除。监禁刑期应被延长到足够的期限。同时，允许罪犯（累犯和惯犯除外）通过支付金钱，付出诉讼费用，支付由法官确定的、用以赔偿被害人被侵犯利益的罚款。满足上述条件后，罪犯可被免除监禁刑。

另外，判决应该是**有条件的**。这一点同允许罪犯支付金钱具有同等重要的价值。普林斯也赞同这种观点。他说：“如果被起诉的人在法院确定的时间内支付了判决中所要求的金钱总额，监禁刑即不应再适用。”[①]立法机关如果采用这个简明的原则，将会产生意义深远的效果。比例很大的、犯有针对个人的轻微罪行的罪犯（如人身攻击、侮辱、诽谤），或犯有针对财产的轻微罪行的罪犯（如不履行托管协议、通过虚假欺诈获得少量金钱、一般盗窃、蓄意毁损财物等），以及犯有违反社会正常行为标准的罪行，但尚未发生严重
后果的罪犯（如在非公众场合侮辱妇女、诱奸未成年人、诱拐、通奸 431
等），将会愿意赔偿被害人的损失并支付诉讼费用，而不是选择在狱中度过不少于一年的刑期。这些急于赔偿、犯有上述轻罪的罪犯，

① 据我所知，挪威在1894年通过了类似的法律。

将有可能达到全部被判犯有轻罪的罪犯的1/2—2/3。

通过采取这种方法，纳税人的负担将会有实质性的减轻。不仅国库将省去监禁数以千计犯人的花费，而且也补偿了大部分诉讼费用。对罪犯来说，比起只服刑几天或几周来说，这将是更为严厉的惩罚。而被害人最终将得到赔偿——这种赔偿时至今日尚未解决。

现在，我们来考察一下犯有更为严重罪行的罪犯，即那些犯有危害国家安全罪行的罪犯，这些罪犯应被剥夺自由。说到这个方面，我们必须提一提在几乎所有欧洲国家刑法中目前都存在着的一种制度，我将其归纳为“**有条件的自由**”。

普遍认为，根据“有条件的自由”，假定狱中犯人在服过一段相当长的刑期后，将会在出狱后有良好的举止。问题在于如何确定这种假定。众所周知，犯人自身的忏悔和悔罪的表示并不是狱政人员关注的重点，且犯人在狱中的良好表现也绝不意味着是其出狱后良好表现的保证，也并不意味着罪犯出狱后绝不会重操旧业。当我有幸成为意大利司法部的成员时，我曾经尝试过一种试验，在我负责的大多数案件中，我尝试用这种方法去确定狱中囚犯的道德改善问题。个人通常是重视钱财的，尤其重视通过其自身劳动挣得的那
432 部分。罪犯比工人更重视钱财，因为他通常是一个农民或其他劳动者，且从未成功地积累起哪怕是很少的钱财。而罪犯在监狱或教养所度过了一段较长的时间后，通过在8年或10年内一天天地劳动所得，他发现自己已是几百法郎（有时多达800—1000法郎）的拥有者。他第一次能够积攒起一小部分属于自己的钱财，这笔钱财将在

其刑满释放时退还给他本人。这种状况在意大利并不少见。①

由此我产生了一种想法：如果一名罪犯自愿放弃其大部分的个人积蓄来赔偿被害人的损失，这将是一个有力的证明，证明其已经意识到了自己的违法行为，证明其已经有了改过自新的愿望。这种证明比起那些有关良好举止的承诺和对过去忏悔的表白更有证明力。据此，我向所有应用"有条件自由"的司法工作者提出建议：这些罪犯应向被害人支付相当比例的积蓄。根据不同情况，比例从1/2—2/3不等。许多囚犯将会愿意这样做。而拒绝这样做的囚犯，其出狱的请求将被拒绝。在工作中，我不太在意狱政管理人员的介绍。这些狱政工作者并不需要注重其所管理的囚犯们所犯的罪行。他们也不关心那些从未见过面的被害人。他们只关心囚犯自身。并且，对狱政工作者来说，要剥夺囚犯那些可怜的积蓄在心情上是难以接受的，会使人觉得过于严厉，不够仁慈。但是，矫正的目的不是通过温柔的手段完成的。当考虑到投入监狱的杀人犯数量时，人们不可能不注意到：对于囚犯出狱后的良好举止缺乏足够的保证。这种保证也不是靠仁慈和温柔能够解决的。

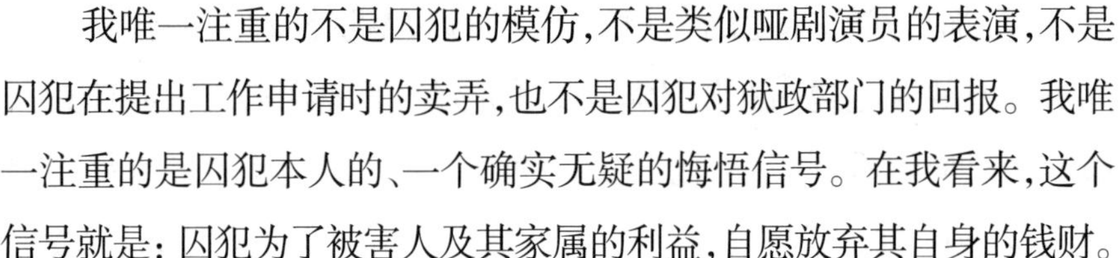

我唯一注重的不是囚犯的模仿，不是类似哑剧演员的表演，不是 433
囚犯在提出工作申请时的卖弄，也不是囚犯对狱政部门的回报。我唯一注重的是囚犯本人的、一个确实无疑的悔悟信号。在我看来，这个信号就是：囚犯为了被害人及其家属的利益，自愿放弃其自身的钱财。

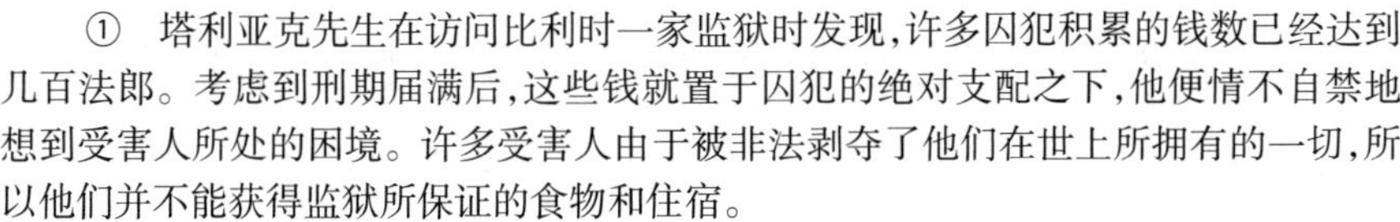

① 塔利亚克先生在访问比利时一家监狱时发现，许多囚犯积累的钱数已经达到几百法郎。考虑到刑期届满后，这些钱就置于囚犯的绝对支配之下，他便情不自禁地想到受害人所处的困境。许多受害人由于被非法剥夺了他们在世上所拥有的一切，所以他们并不能获得监狱所保证的食物和住宿。

在墨西哥，囚犯劳动所得的四分之一必须通过监狱机构支付给受害人。

综上所述，这里需要解决的，仅仅是将我以一种行政手段所做的事赋予一种法律形式而已。

在这里，我再一次荣幸地发现我和普林斯先生是一致的。而且，这位博学的比利时犯罪学家比我又进了一步。他主张："在一个特定的关押阶段结束后，囚犯可以被有条件的释放。这个条件就是：在特定时间内，囚犯基于赔偿的需要而支付给被害人钱财。基于完成了债务，囚犯的自由就是必须的了。在执行这个条件时，如果没有足够的支付，将在严格的刑罚原则的形式下，执行其未服完的刑期。"他还补充说："任何提供真诚赔偿的囚犯，无论其是全部还是部分的赔偿，也无论赔偿是发生在犯罪后的什么时间，这一情节均应视为对免除刑罚或减轻刑罚产生作用。"

当然，也要认识到普林斯的最后一个建议将不适于惯犯和累犯，也不适于谋杀、蓄意杀人，抢劫或放火犯。简而言之，不适用于任何重大犯罪。对于这些情节严重的罪犯，社会利益的要求是消除这些罪犯，这种要求要高于被害人被侵害的利益。

针对这一方法的唯一理智的反对意见是，它将减轻富有罪犯的负担，加重贫穷罪犯的负担。但这可以得到补救，而补救的方法是对富有的罪犯提高赔偿的数额，对贫穷的罪犯则只要求放弃其积
434 蓄。同时应该看到，不可能建立一种绝对公平的遏制制度。尽管监狱本身外在的表现形式是统一的，但对不同阶层的人来说，其效果归根结底是全然不同的。譬如，对习惯于较高生活水准的人来说，监狱是一种持续不断的折磨；而对另外一些人，监狱则提供了比其家庭更为舒适的生活，提供了一种比他们在自由时更有保障且不那么令人劳累的生活。

现在我们来谈最后一个问题：建立国家基金，以确保不能获得
损害赔偿的被害人至少能得到部分的赔偿。基金应该源于罪犯们
支付的罚金。基金应该在规定的期限内，在被害人与饱受牢狱之苦、
尔后又被证明无罪的人中间均衡地分配。这种类型的基金在两个
西西里王国时期就存在过，也在图斯凯尼公爵领地存在过，但它还
从没有给那些提出要求的人多少帮助，而财政部门却总是把它列入
法院的经费。在今天，问题主要是财政问题，既然这些基金出自违
警罪及部分种类轻罪的罚金，这些基金就应该排除在国家预算的管
理之外。当然，财政部长们是不会立即同意这个建议的。但是这种
反对意见必须克服。应该看到，这笔基金的总额不过是一年几百万
的屈屈之数。[①]基金的建立肯定会增进赔偿的原则。而且，基金的 435
建立必将对立法者产生特别影响。我们在这里讨论的问题不是私
法上的问题，而是司法与社会安全的问题。当国家考虑到对刑事犯
罪的被害人予以赔偿，并把这种赔偿列为一项公共职责时，那无疑
将是前进过程中的一个飞跃。[②]

① 到目前为止，我还没有获得意大利收取的全部罚金额的数字。塔利亚克先生在英国同样也遇到困难。但是，他告诉我们：在苏格兰，每年收取的罚金数额是40,000英镑。法国在1896年至1900年期间，每年收取的罚金平均数额是2,831,102法郎（*Compte Général de l'administration de la Justice Criminelle*, p.cxii）。

② 在狱政大会上，普林斯先生再次表述了这些观点，而且成功地反击了古典学派的攻击。检察官杜穆塞先生在狱政会议上宣读了一篇很重要的论文，提议创设赔偿基金，并且极力主张均衡罚金与违法者的收入。监禁判决应当包含罚金。即使在含有减轻情节的案件中，罚金也不应少于罪犯在判决执行期间每天的固定收入。这种制度具有双重优点：完全的公平和保证国库有收入来源，用以补偿所有的损害项目。杜穆塞先生的论文也包含某些类似于我的建议：采取措施，防止罪犯处理其财产。正如我在以前的狱政会议上的做法，他进一步主张：除非罪犯清楚地显示出其没有能力赔偿，只有按照罪犯的财产状况，全部或部分地赔偿之后，才可免除其刑罚。

附录2

对犯罪的比较统计

436 掌握显示每个文明国家周期性发生的不同犯罪的数字表格，这是很重要的。不幸的是，获得上述比较性的资料为多种困难所阻挠，其中最主要的困难是警察机构和警察职能的差异、刑法的差别以及缺乏一致的统计方法。不过，我们还是试图对某些犯罪的种类进行比较。然而，比较应限定在一些国家。这些国家在行政和司法上的差异并不完全阻止我们对犯罪种类的比较。

意大利统计局总长博迪奥子爵已经对发生在意大利、法国、德国、西班牙、比利时、奥地利、英格兰、苏格兰和爱尔兰等国家的杀人罪、攻击性犯罪、伤害罪以及盗窃罪进行了成功地比较。后来，罗马大学统计学教授博斯科子爵一直把这些比较记录到1899年。我感谢博斯科教授最近的著作 *La delinquenza in varii d'Europa* 以及下列表格：

国家	报告到官方的重罪和轻罪		审判		定罪	
	平均数	每10万个居民中的平均数	平均数	每10万个居民中的平均数	平均数	每10万个居民中的平均数
1.杀人						
意大利（1895—1899）	3,814	12.15	2120	6. 75	2,017	6.43
法国（1895—1899）	1,251	3.27	617	1. 61	475	1. 24
西班牙（1895—1899）	/	/	1,000	5. 64	896	4. 90
奥地利（1894—1898）	/	/	/	/	429	1.72
德国（1897—899）	/	/	554	1.01	447	0.81
英格兰（1895—1899）	415	1.34	/	/	131	0.42
爱尔兰（1895—1899）	112	2.46	/	/	44	0.97
苏格兰（1897—1899）	46	1.08	/	/	15	0.35
2.（1）攻击、伤害、蓄意残酷侵害人身的行为						
意大利	86,106	274.36	66,098	210.60	34,700	110.56
法国	75,598	197.54	57,341	149.84	33,284	86.97
奥地利	/	/	/	/	75,883	304.52
德国	/	/	124,412	230.15	118,057	214.94
（2）袭击						
英格兰	/	/	/	/	31,248	101.46
爱尔兰	/	/	/	/	10,349	227.36

437 续表

国家	报告到官方的重罪和轻罪		审判		定罪	
	平均数	每10万个居民中的平均数	平均数	每10万个居民中的平均数	平均数	每10万个居民中的平均数
3.盗窃						
意大利	130,690	416.41	61,450	195.80	56,848	181.13
法国	120,776	315.60	39,548	103.34	40,742	106.46
奥地利	/	/	/	/	123,953	497.42
德国	/	/	156,954	285.76	102,998	187.52
英格兰	/	/	/	/	38,445	123.79

438 一、杀人

从上述表格中我们可以看出：在列入的8个国家中，意大利和西班牙所显示的杀人罪名列榜首。在1895—1899年期间，它们每10万个居民中被定杀人罪的年平均数分别是6.43和4.90。再者，如果不是因为在西班牙的统计中，通过火器企图杀人的行为不作为犯罪的种类（而在1899年，有1,633件这种行为被定有罪），那么，西班牙的数字有可能更高。

其次是奥地利和法国。在1894— 1898年期间，奥地利每10万个居民中被定杀人罪的年平均数是1.72，而法国在1895—1899年期间的年平均数则是1.24。

爱尔兰（在1895—1899年）和德国（在1897—1899年）位于第三。它们每10万个居民中被定杀人罪的年平均数是低于1，但都在0.50以上。

英格兰和苏格兰位于最末，因为前者从1895—1899年期间，以及后者从1897—1899年期间所显示的每10万个居民中被定杀人罪的年平均数都低于0.50。基于这个原因，我们可以说：在大不列颠，谋杀罪已趋于消亡。

匈牙利虽未被包括在这个表格中，但稍微过时的资料统计说明它处于一个显要的位置。从1885—1899年期间，匈牙利每10万个居民中被定谋杀罪（但杀害婴孩罪不计算在内）的年平均数是7.50，实际数字是1,262件。

按照同一时期的统计，荷兰、丹麦、瑞典和挪威与爱尔兰、德国一样，都处于同一等级，它们每10万个居民中的年平均数虽低于1，但都在0.50以上。

比利时则降到第二等级，接近于法国和奥地利，它每10万个居民中的年平均数是1.48。

依据博斯科统计的资料，我们仍然可以看出：从1885—1899年期间，在欧洲部分的俄国，每10万个居民中有3,266人被定杀人罪，它每年的平均数是3.71。因此，它处于中间位置，虽低于匈牙利、意大利和西班牙，但高于奥地利和法国。但是，这里所提及的数
字完全不同于我们根据俄国政府于1901年提出的官方资料所确定 439
的数字。按照俄国政府最近的资料来源，1901年报告到法官的杀人数字达到了庞大的总数，为15,326件。据估计，俄国的人口数是113,629,270人。因此，它每10万个居民中的比率几乎应该是13.5。的确如此，这些数字没有给我们提供定罪的数字。但是，假定一方面，被定罪的罪犯占被告的2/3；另一方面，假定两个或者更多的被告人

经常卷入同一犯罪中,那么,俄国在欧洲将处于最前面的地位,除希腊、多瑙河各国和巴尔干半岛各国除外。虽然我们没有这些国家的统计,但据我们了解,这些国家在这种犯罪上可能拥有很高的比率。

然而,应该注意到,俄国、小俄国的比率与德国各州的比率,以及与波兰、高加索山脉、格鲁吉亚、亚美尼亚的比率相比,有很大的差异。上述最后3个地区都聚集在题名为"第比利斯审判法院"之下,它们尤其显示出很高的数字。这3个地区拥有9,201,710人口,但报告到法官的杀人数字是5,045件,大约占俄帝国总数的1/3。于是,这3个地区显示出每10万个居民中每年所发生的杀人案是55件。如果我们排除第比利斯审判法院管辖的地区,俄国每10万个居民中的平均数就降到10。如果我们不考虑意大利南方各地区,意大利的情况也是相似的。波兰大约有950万人口,却发生了1,172件谋杀案,这也说明波兰发生的谋杀犯罪的数额比严格意义上的俄国(即圣彼得堡、莫斯科、哈尔科夫、敖德萨、喀山、基辅和维尔纽斯等司法地区)要高。严格意义上的俄国拥有95,000,000人口,它所发生的杀人案的数量是8,790件。

二、袭击,等等

440 现在,我们着手研究那些攻击人身完整性的行为。英国的法律把这种行为归类于"袭击"的术语之下,而这种行为在其他刑事制度下,被称作"攻击、伤害和残酷侵害人身的行为"。粗略地看一下这个表格,第一眼就可以看出:列出的这几个国家的比率变化是很大的。在每10万个居民中,奥地利有304.52人被定有罪,德国是

214.94人，爱尔兰是227.36人，而意大利是110.56人，法国是86.97人。就攻击人身完整性的犯罪而言，意大利的比率接近于英国，因为英国的比率是101.46人，而英国对谋杀行为的定罪数量比意大利少1/12。但是，由于缺乏一致的统计方法，我们难以得出它们有相似点的结论。首先，被称作“袭击”的犯罪种类所包含的内容，比攻击、伤害这种犯罪种类要多，它包含威胁的情况以及对人身不严重的攻击行为，而这些情况在法国被看作是纯粹的违警罪。其次，在英国，尽管被侵害人所遭受的损害是轻微的，但被侵害人几乎总是把问题交付给警察去处理，结果对这种问题的起诉是很频繁的。再次，由于对犯罪的审判是迅速的，罪犯几乎都必然地被判有罪。最后，过度饮用致醉的液剂在下层社会中仍然普遍存在，这在很大程度上说明了这种犯罪发生的频繁性，尽管这种犯罪正在逐步减少。

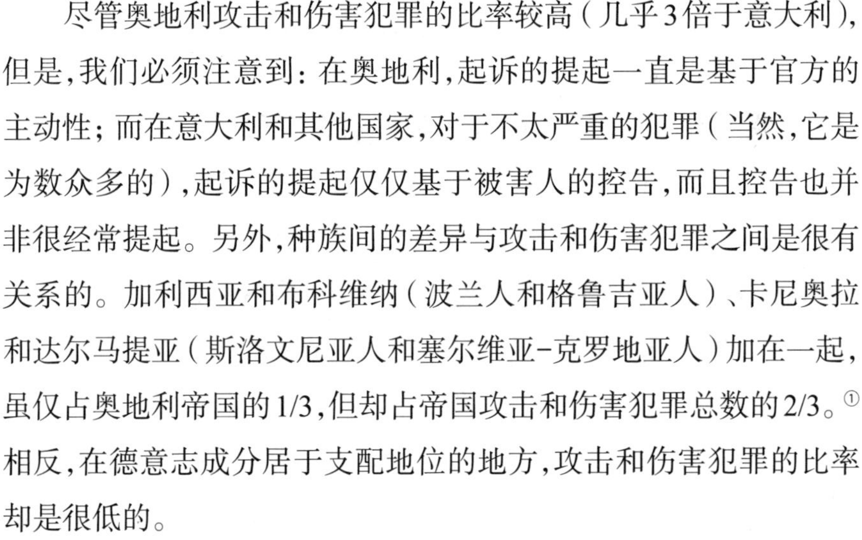

尽管奥地利攻击和伤害犯罪的比率较高（几乎3倍于意大利），但是，我们必须注意到：在奥地利，起诉的提起一直是基于官方的主动性；而在意大利和其他国家，对于不太严重的犯罪（当然，它是为数众多的），起诉的提起仅仅基于被害人的控告，而且控告也并非很经常提起。另外，种族间的差异与攻击和伤害犯罪之间是很有关系的。加利西亚和布科维纳（波兰人和格鲁吉亚人）、卡尼奥拉和达尔马提亚（斯洛文尼亚人和塞尔维亚-克罗地亚人）加在一起，
虽仅占奥地利帝国的1/3，但却占帝国攻击和伤害犯罪总数的2/3。[①] 441
相反，在德意志成分居于支配地位的地方，攻击和伤害犯罪的比率却是很低的。

① A.Bosco, op.cit., p.86.

但是,我们怎样解释发生在德国的这种犯罪行为的数字较高这一现象呢?原因似乎是:在德国,起诉是比较严格的,而且通常对不严重的暴力行为也予以起诉。手持匕首或类似器械实施严重伤害的犯罪数字,据估计,甚至不少于总数的1/10。[①]

不幸的是,如果匕首一直在最轻微的争执中起作用,就不能宣称意大利和德国具有同样的情况;如果“匕首(navaja)”是农民和工人不可分割的伙伴,那么,同样也就不能宣称西班牙与德国具有同样的情况。[②]然而,按照官方的统计,西班牙位于攻击和伤害犯罪的最末位置。这种情况的出现,主要应归咎于西班牙不习惯控告这种犯罪,或者是因为被害人期望支配法律,或者是因为起诉的结果对被害人似乎并不合算。

三、盗窃

就盗窃的范畴而言,我们应注意到,最有利于盗窃的环境似乎是在英国和法国。在每10万个居民中,英国只有123人被定有罪,法国则有106人。与英国和法国相比,意大利是181人,德国是187人。奥地利的情况看来更加严重,因为奥地利每10万个居民中被定有罪的比率是497人。但我们也发现,在奥地利,被认作是轻罪的许多犯罪,依照其他许多国家的法律,可以被当作违警罪来对待。而且在被定有罪的人犯中,有3/4的人可以被处以少于8天的监禁刑。这个事实说明,在这些盗窃行为中,大多数是无关紧要的。博

① A. Bosco, op. cit., p.109.

② Ibid., p.71.

迪奥子爵认为，如果有一个欧洲国家考虑到控告和起诉相对的便利性，那么，欧洲国家在处理盗窃犯罪上所存在的差异可能会很小。

四、一般性犯罪

用言词表达一般性犯罪的趋势，这或许是适当的。意大利显 442
示着一般性犯罪连续增长的趋势。报告到官方的重罪和轻罪的总数，1887年是357,430件，在1899年则上升到511,682件，每年的增长率是3.5%。而同一时期人口每年的增长率仅仅是1%。在德国，被判处一般性犯罪的数量从1882年的309,720件，上升到1899年的440,534件。在这期间，德国犯罪增长的比率几乎是人口增长率的2倍。在奥地利，1865年被判处重罪的数量是18,154件，而1898年则达到31,000件；1875年被判处轻罪的数量是202,193件，而1898年却是306,007件。在西班牙，一般性犯罪逐步增长的趋向一直持续到1890年，但从1890年以后，开始逐步减少。在1891—1895年期间和1896—1899年期间，西班牙一般性犯罪的每年平均数的差异不很明显，分别是20,102件和19,943件。对于法国，我们已经注意到：在1861—1895年期间，犯罪总数是增长的；但从1895年以后，犯罪总数开始出现明显减少的趋势。在英国和爱尔兰，犯罪的总数不断减少。然而，苏格兰在19世纪的最后几年内，却出现轻微增长的趋势。

索　引

人名索引

（索引中的页码为英文原版页码，即本书边码；
中括号［ ］系引用英译者注）

M

N

O

P

Q

R

S

T

V

W

X

Z

术语索引

（索引中的页码为英文原版页码，即本书边码；
黑体数字系突出第四篇《国际刑法典所依据的原则纲要》）

B

C

D

E

F

G

H

J

K

M

O

P

Partie Civile　附带民事诉讼,340注释①

S

T

U

V

W

Y

Z

译后记

加罗法洛（1852—1934），是意大利实证犯罪学派的主要代表性人物之一，师从龙勃罗梭。他生于意大利那不勒斯的一个贵族家庭，在司法机关和议会都有过工作经历，曾担任那不勒斯大学刑法与刑事诉讼法教授、那不勒斯皇家科学院成员。加罗法洛的著述颇为丰富，其中在1885年出版的《犯罪学》一书，是他最为重要的代表作，在犯罪学领域享有盛誉，它的出版标志着犯罪学作为法学中独立学科的诞生。其英文版的译者认为：在所有研究犯罪和犯罪人的欧洲大陆学者中，任何一位所拥有的英文读者都无法同加罗法洛相比。[①] 我国也有许多学者认为，该书在犯罪学领域的历史地位，是不言而喻的，最为重要的就是提出了自然犯罪的范畴，使犯罪学家可以在更广阔的视角下探讨“犯罪问题”，可以在刑法规定之外研究犯罪问题，并确定了犯罪学的名称和框架。[②] 该书的首版语种为意大利语。1914年，根据加罗法洛亲自翻译的法文版，该书又被翻译为英文出版。

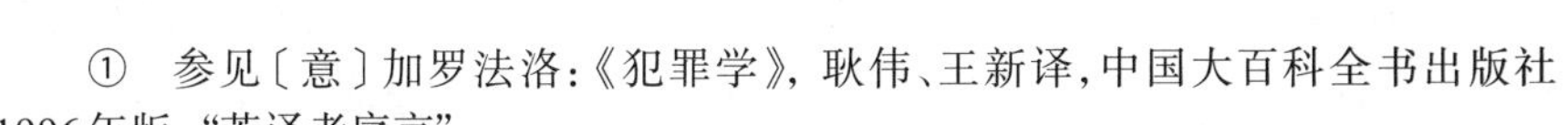

① 参见〔意〕加罗法洛：《犯罪学》，耿伟、王新译，中国大百科全书出版社1996年版，“英译者序言”。

② 参见张旭、单勇：《犯罪学基本理论研究》，高等教育出版社2010年版，第80—81页；吴宗宪：《西方犯罪学史》（第二版），中国人民公安大学出版社2010年版，第465页。

在加罗法洛的《犯罪学》一书中，最为人周知的奠基性理论就是自然犯罪。加罗法洛认为，犯罪是对情感，且主要是对道德感的侵害。这与以往通常认为犯罪是对权利侵害的观念有着重大的差别。我国著名犯罪学家王牧教授指出，在当时的时代背景下，加罗法洛从社会学角度提出的自然犯罪概念，对习惯于仅仅从法律上研究犯罪的传统刑法学理论来说，确实产生了巨大的挑战和冲击，这标志着在犯罪问题的理论与实践上都实质性地向前迈进了一大步，即从犯罪问题的单一的刑法学研究，深化出犯罪问题的社会学研究；从犯罪问题的单一的规范研究，深化出犯罪问题的事实研究；从犯罪问题的刑法学研究，深化出犯罪问题的犯罪学研究；从刑法学的古典学派，深化出刑法学的实证学派；从犯罪问题治理的单一的事后惩罚措施，深化出犯罪问题的事前的预防措施。[①] 与自然犯罪的概念相联系，加罗法洛认为罪犯是怜悯感或正义感全部或部分缺失、薄弱或者退化的人，并且在界定犯罪人本质特征的基础上，将犯罪人划分为谋杀犯、暴力犯、侵犯财产的罪犯和色情犯。

在论述自然犯罪和犯罪人的重要概念之基础上，加罗法洛率先倡导社会防卫的思想。他认为，刑罚的主要目的是阻止犯罪人重新犯罪，从而保卫社会，而不是改造或矫正犯罪人，所以应该用遏制或者淘汰犯罪人来取代威慑犯罪人。加罗法洛将达尔文的自然淘汰规律以及斯宾塞的赔偿和释放学说应用于研究对付犯罪人、保卫社会的方法，发展起了一种以适者生存的达尔文主义和

① 王牧："略论加罗法洛的'自然犯罪'概念"，载《预防青少年犯罪研究》2016年第1期。

斯宾塞的社会有机体论为基础、强调防卫社会的社会防卫理论。[①]据此，加罗法洛对各类犯罪人设置了不同的处遇措施，诸如完全的消除方法、不完全的消除方法和强制性赔偿，使刑罚与犯罪人将来对社会具有的危险性相适应。同时，加罗法洛设想的对自然犯罪及其刑罚的刑法典，是一部通行于文明世界的国际刑法典，故在《犯罪学》一书的最后一篇，加罗法洛设计了一个国际刑法典所依据的原则纲要。

摆在读者面前的这本《犯罪学》中文译本的前身，是我们两位译者于1994年在北京大学攻读刑法学博士学位的第二学年期间共同合译的，由储槐植教授审校，并且作为“外国法律文库”丛书之一，由中国大百科全书出版社在1996年1月出版。在当时，由于我们无法找到《犯罪学》的意大利文和法文版本，只能以英文版为翻译原本，这也算是不得已而求其次吧！自从该书出版后，在我国理论学界产生了较大影响，促进了我国犯罪学理论研究的深入。例如，有学者认为，加罗法洛提出的自然犯罪概念，对于犯罪研究的定位功不可没，正是这个重要的理论使得犯罪学的研究视野不局限于法律文本之中。[②]也有学者认为，其刑罚思想可以说是以消除和遏制犯罪、预防社会为目的的功利主义刑罚思想，强调特殊预防，主张刑罚目的是使罪犯不再犯罪或者远离社会，科处刑罚的主要标准是犯罪人的道德状况或人身危险性，将刑罚

① 参见吴宗宪：《西方犯罪学》（第二版），法律出版社2006年版，第139页；徐爱国：《西方刑法思想史》，中国民主法制出版社2016年版，第115页。

② 参见张旭、单勇：《犯罪学基本理论研究》，高等教育出版社2010年版，第80页。

的中心由行为转向行为人。[1] 对于自然犯和法定犯，加罗法洛分别采取刑法典和独立于刑法典之外的违法法典的二元违法犯罪控制体系的观点，也引起了我国学者的注意，认为其对于人身危险性的具体判断标准的努力和贡献，既避免了人身危险性的空泛所带来的人权问题，又解决了古典学派由于未找到真正犯罪人而难以明确刑法打击重点的问题。[2] 对于加罗法洛在国际刑法观中的前瞻性，我国学者更是不吝溢美之词。

在中国大百科全书出版社对该书的版权到期后，鉴于此书在我国学界的影响力，商务印书馆与我们联系，拟再次出版该书，我们欣然同意。为了使再版的译本更加符合原著文义，我们在长期收集二十多年来专家和读者的反馈意见后，分别对原先各自负责的翻译内容，在文字等方面再次予以润色和修改，从而形成现在的译本，敬请专家和读者指正。同时，中译本在每页的边缘都标出英文版本的对应页码（即本书边码），以便读者核对原文。在此，我们还要特别感谢商务印书馆的编辑马冬梅博士，本书的再版离不开她的卓越眼光和专业性的建设意见。

译　者

2020年1月

① 参见康树华、张小虎主编：《犯罪学》（第四版），北京大学出版社2016年版，第44页。

② 米传勇："阅读加罗法洛——以自然犯、法定犯理论为中心"，载陈兴良主编：《刑事法评论》（第24卷），北京大学出版社2009年版，第158—163页。

【附记】：本书的翻译分工为：（一）耿伟（中国银行董事会秘书）：译者序、第一篇、第二篇；（二）王新（北京大学法学院教授、博士生导师）：第三篇、第四篇、附录、索引；（三）储槐植（北京大学法学院教授、博士生导师）：全书审校。

图书在版编目(CIP)数据

犯罪学/(意)加罗法洛著;耿伟,王新译.—北京:商务印书馆,2024
(汉译世界学术名著丛书:120年纪念版:珍藏本:增订本)
ISBN 978-7-100-23759-8

Ⅰ.①犯… Ⅱ.①加…②耿…③王… Ⅲ.①犯罪学—研究 Ⅳ.①D917

中国国家版本馆CIP数据核字(2024)第077010号

汉译世界学术名著丛书
(120年纪念版·珍藏本·增订本)
犯罪学
〔意〕加罗法洛 著
耿伟 王新 译
储槐植 校

商务印书馆出版
(北京王府井大街36号 邮政编码100710)
商务印书馆发行
北京市十月印刷有限公司印刷
ISBN 978-7-100-23759-8

2024年5月第1版 开本710×1000 1/16
2024年5月北京第1次印刷 印张32¼
定价:170.00元